Pu
10

ÉTUDES
sur
L'HISTOIRE D'HAÏTI.

Paris. — Imprimerie de MOQUET, 92, rue de la Harpe.

ÉTUDES

SUR

L'HISTOIRE D'HAÏTI

PAR B. ARDOUIN

ANCIEN MINISTRE D'HAÏTI PRÈS LE GOUVERNEMENT FRANÇAIS,
ANCIEN SECRÉTAIRE D'ÉTAT DE LA JUSTICE, DE L'INSTRUCTION PUBLIQUE ET DES CULTES.

TOME SEPTIÈME.

PARIS
CHEZ L'AUTEUR,
RUE VANNEAU, 40.

1856

PÉRIODE HAÏTIENNE.

SUITE
de la
DEUXIÈME ÉPOQUE.

LIVRE DEUXIÈME.

CHAPITRE V.

Le sénat remplace plusieurs de ses membres qui ont pris parti dans la rebellion de Christophe. — Il décrète une amnistie pour les fautes et délits commis antérieurement à la constitution. — Il rend une loi sur l'organisation de l'administration générale, placée sous la direction d'un seul secrétaire d'État. — Conduite de Gérin à cette occasion. — Loi sur les patentes. — Pétion est élu *Président d'Haïti*. — Lois abolissant le quart de subvention remplacé par l'impôt territorial, et sur le cabotage. — Pétion prête serment pardevant le sénat. — Il est *seul* autorisé à proposer des candidats aux emplois vacans. — Loi interprétative de celles rendues sur les propriétés confisquées des anciens colons. — Loi fixant les appointemens des fonctionnaires et employés de l'administration. — Promotions de généraux sur la proposition de Pétion. — Le sénat lui défère la faculté de *désigner* ceux des candidats qu'il croit propres à remplir les emplois vacans, — d'entretenir les relations extérieures, de conduire les négociations, de conclure tous traités ou conventions d'alliance, de commerce, etc., sous la réserve de sa sanction. — Motifs de ces délégations de pouvoirs : mission politique de Théodat Trichet en Angleterre. — Diverses lois sur l'enregistrement, le timbre et autres objets de finances, etc. — Amnistie accordée aux insurgés de la Grande-Anse. — Le territoire soumis à Christophe est déclaré en état de révolte. — Diverses lois sur l'organisation d'un régiment de dragons, d'un corps de gendarmerie, des demi-brigades d'infanterie, sur la police des villes, sur celle des campagnes. — Pétion propose au sénat *de vendre* une habitation à chaque officier de l'armée, de tous grades : le sénat n'accueille pas sa proposition. — Examen de leurs vues respectives sur le système agricole de la République, par l'analyse de la loi sur la police des campagnes. — Lois sur la discipline militaire et sur la direction des douanes. — Comparaison entre le système fiscal de l'Empire et celui de la République. — Effets produits dans les campagnes, par l'exemple que trace Pétion sur ses fermes, aux propriétaires et fermiers de l'Etat. — Lois sur le commerce, sur l'avancement dans l'armée, sur les vols de café dans les campagnes. — Mesures ordonnées par le sénat, à l'occasion de dilapidations commises dans les finances.

Reprenons la suite des travaux législatifs du Sénat de la République d'Haïti, de ses mesures d'administration et d'organisation politique.

Dans sa séance du 4 mars, considérant que Romain,

Toussaint Brave, Magny et Charéron, élus sénateurs et appelés en janvier à venir prêter serment, avaient définitivement pris parti dans la rebellion de Christophe, il les déclara déchus de cette dignité et élut à leur place Montbrun, Larose, Pélage Varein et Modé. Il nomma en même temps Voltaire en remplacement de Thimoté, qui avait paru s'être évadé du Port-au-Prince pour aller se ranger parmi les rebelles. Excepté Montbrun, les autres élus acceptèrent [1].

Le même jour : « voulant pacifier toutes les fautes « et délits commis dans tous les départemens sou-« mis à la République, antérieurement à la mise en ac-« tivité de la constitution, et considérant que le plus « bel usage que puissent faire les représentans de la nation, « de l'autorité qu'ils tiennent du peuple, est d'étendre la « clémence sur des individus que l'absence des lois et la « démoralisation du gouvernement précédent avaient pu « seules égarer, » le sénat décréta une *amnistie*, même envers ceux qui avaient été condamnés. Il étendit cet acte aux militaires et autres détenus, ou poursuivis pour cause révolutionnaire ou pour avoir manifesté une opinion qui tendait à troubler l'ordre avant l'organisation du gouvernement républicain ; c'est-à-dire, à ceux qui s'étaient montrés attachés au gouvernement ou à la personne de Dessalines. Cette mesure était sage et bienveillante, propre à calmer les esprits, à les ramener à l'union.

Le 25 février, le comité des finances, présidé par Bonnet, avait présenté au sénat un projet de loi sur l'organisation de cette branche essentielle du service public,

---

[1] Montbrun fut ensuite remplacé par Louis Leroux, le 30 mars : il était le frère du général Hugues Montbrun.

précédé d'un rapport qui fut l'œuvre de son président. On y trouve les principes les plus judicieux, écrits avec une clarté remarquable, d'après lesquels l'administration financière du pays, à peu de chose près, a toujours été réglée depuis. Nous en extrayons les passages suivans :

« Après avoir réfléchi sur les moyens à employer pour
« dégager l'administration de tous ces rouages compli-
« qués qui la gênaient dans sa marche, nous avons pensé
« que pour simplifier, il convenait de réunir la guerre, la
« marine, les finances et les domaines sous un même
« chef, ainsi que la constitution semblait l'avoir désigné
« en n'établissant qu'un seul secrétaire d'État.

« Ce système nous a paru le plus convenable à nos
« localités : les bornes d'un petit État, qui permettent de
« tout surveiller ; le peu de sujets propres aux emplois, et la
« pénurie de nos finances qui commande la plus sévère
« économie, sont les motifs puissans qui nous ont déter-
« minés : d'ailleurs, l'expérience a déjà prouvé qu'il était
« le plus avantageux à notre pays, puisqu'il a été suivi
« par tous ceux qui nous ont devancés.

« M. de Marbois, le plus grand administrateur que
« Saint-Domingue ait possédé dans son sein, était en
« même temps intendant des guerres, marine, finances,
« justice, police, etc. C'est par la réunion de toutes ces
« branches du service dans des mains aussi habiles, que
« cet homme éclairé a acquis une si grande réputation et
« a rendu Saint-Domingue la plus florissante des Antilles.
« Sous lui, cette île était parvenue à un degré de splendeur
« que, de longtemps, nous ne pourrons espérer d'at-
« teindre.

« Les successeurs de M. de Marbois ont marché sur

« ses traces ; et le général Toussaint Louverture, qui les a
« suivies, a obtenu le plus grand succès dans l'adminis-
« tration de ses finances. Sous le gouvernement du
« capitaine-général Leclerc, on s'en était écarté dans le
« principe ; mais l'expérience, bientôt après, y recon-
« duisit les Français.

« C'est donc le système d'une seule administration
« qui a toujours paru le plus convenable à Haïti ; c'est
« aussi celui que nous avons cru devoir suivre... [1] »

Selon l'esprit de ce rapport, le sénat discuta le projet et rendit une loi, le 7 mars, sur l'organisation de l'administration en général, comprenant *la guerre, la marine, les finances et les domaines nationaux.* Elle contenait 13 titres et 72 articles : les attributions, la comptabilité, le service, l'admission, l'avancement, les appointemens, etc., de tous les agens et employés de cette administration, furent clairement établis et définis ; un trésorier général fut institué.

Dans la discussion du projet, le général Gérin l'avait fortement combattu, parce qu'il contrariait ses vues administratives et que de fait, il abrogeait le décret impérial du 1er février 1806, qu'il avait fait rendre comme ministre de la guerre et de la marine. Afin de contrecarrer Bonnet, il proposa, dans la même séance, d'instituer pour chaque arrondissement, *un censeur* qui aurait des pouvoirs extraordinaires sur toutes les branches du service public, prétendant que ce serait le seul moyen de procurer des ressources financières au pays, de remédier aux abus, etc. Mais il ne visait pas, nous le croyons, à établir *un système fédéral*, ainsi que le dit l'Histoire d'Haïti, t. 3, p. 399 : il était trop despote pour vouloir

[1] Voyez le *Recueil des actes* publié par M. Linstant, t. 1er, p. 218.

diviser le pouvoir et le pays, surtout ayant *l'espoir* d'être le Président d'Haïti. Le projet de Bonnet le contrariait encore, dans le cas où il ne l'aurait pas été, parce qu'il eût espéré alors de continuer à être ministre de la guerre et de la marine, sous le titre de secrétaire d'Etat, tandis qu'en disant qu'il n'en fallait qu'*un seul*, c'était lui ôter cet espoir d'avoir l'armée et les forces navales sous sa direction[1].

« Au lieu de combattre le projet, il en attaqua le rap-
« porteur lui-même, le général Bonnet... il en vint à
« son égard à des personnalités qui offensèrent la dignité
« de l'assemblée. » Et Daumec ayant soutenu le projet, tout en faisant des éloges de Gérin et de ses capacités administratives : « Gérin, d'une humeur fougueuse, se
« voyant contrarié, lui dit avec colère : — Votre discours
« est plein d'*absurdités;* d'une autre part, ne devriez-
« vous pas savoir qu'on humilie un citoyen en faisant
« son éloge en sa présence ? — Il sortit aussitôt de la
« salle, plein de fureur... De ce moment date *l'origine*
« *de la chute de son prestige*[2]. »

Au fait, quand Daumec le louait par rapport « à ses
« capacités administratives, » et qu'il donnait la préférence aux propositions de Bonnet, c'était plutôt le tourner en dérision. Toutefois, cette scène inconvenante *acheva* de ruiner le prestige du général du Sud, déjà fortement

---

[1] Il est même permis de croire que le caractère de Gérin et l'opposition qu'il faisait déjà à Pétion et même au sénat, influèrent sur l'établissement d'un seul secrétaire d'État ; car Pétion réunissant les suffrages les plus éclairés pour la présidence, si on avait voulu un secrétaire d'État de la guerre et de la marine, il eût été difficile de ne pas nommer Gérin à cette charge qu'il avait occupée sous l'Empire, pour le contenter, le consoler; et alors il eût été continuellement en lutte avec Pétion et le sénat.

[2] Hist. d'Haïti, t. 3, p. 412. C'est par erreur que M. Madiou dit que cette loi fut rendue le 9 mars ; elle porte la date du 7 : donc la scène de Gérin aurait eu lieu le 7, et non pas le 9, jour de l'élection de Pétion.

ébranlé dans l'esprit des hommes raisonnables. Sa colère fut telle, qu'il jeta son chapeau galonné au milieu de la salle des séances.

Après sa sortie, le sénat rendit une loi sur les patentes, que le comité des finances avait également préparée. Cet impôt dut être payé par ceux qui y étaient assujétis, à partir du 1ᵉʳ avril suivant.

Chacun des sénateurs demeura convaincu qu'on ne pouvait plus ajourner l'élection du nouveau Président d'Haïti, afin de mettre un terme à cette véritable anarchie qui se manifestait au sommet de la société. A cet effet, le sénat se réunit le 9 mars. Pétion continuant d'être malade, ne put assister à cette séance ; mais Gérin y vint. Soit qu'il pensât qu'après la scène de colère du 7, il était déplacé dans ce corps auquel il avait manqué d'égards, soit qu'il voulût faire sentir son importance et influer sur l'esprit de ses collègues, il remit au sénat, à l'ouverture de la séance, une lettre par laquelle il donnait *sa démission* de sénateur. Le sénat déclara ajourner à y statuer, pour qu'on pût obtenir de lui de renoncer à cette résolution : en effet, il n'y donna pas suite immédiatement [1].

Sur la proposition d'un sénateur, que, vu la vacance de la présidence depuis la rebellion de H. Christophe, le bien public exigeait impérativement qu'il fût procédé à son remplacement, le scrutin circula ; et sur 16 votans, le général Pétion réunit 13 voix, et les généraux Gérin, Yayou et Magloire Ambroise chacun une. En conséquence, Pétion fut proclamé *Président d'Haïti* [2].

---

[1] Voyez le procès-verbal de la séance du 9 ; il y est question d'une lettre de Gérin, sans mention de son objet ; mais celle qu'il écrivit au sénat le 11 janvier 1808, pour renouveler *sa démission*, le dit formellement.

[2] Il fut remplacé au sénat, le 1ᵉʳ avril, par le citoyen Neptune, sur le refus du citoyen Rollin, élu le 30 mars. L'un et l'autre étaient députés du Nord à l'assemblée constituante.

[1807] CHAPITRE V.

L'Histoire d'Haïti relate ainsi ces particularités.

« Le peuple de l'Ouest, dit-elle, désignait le général
« Pétion, et celui du Sud le général Gérin. *La plupart*
« *des sénateurs* penchaient pour ce dernier. Bonnet était
« peut-être *le seul* qui désirât ardemment la nomination
« de Pétion en lequel il reconnaissait les principales qua-
« lités d'un chef d'État, des mœurs douces, démocrati-
« ques, tout ce qu'il fallait pour faire prendre racine aux
« institutions nouvelles. Gérin, au contraire, était *violent*,
« *despote* et toujours prêt à remplacer la loi par sa volonté.
« Déjà, il avait soulevé contre sa personne les passions
« de beaucoup de citoyens, en soutenant dans un cercle
« d'officiers, en présence de David-Troy, que le fils d'un
« paysan n'était pas *l'égal* du sien, même aux yeux de la
« loi... Le sénat se réunit... Pétion avait eu *l'adresse* de
« ne pas se présenter à la séance ; mais Gérin s'y était
« rendu, quoique *la plupart* de ses collègues lui fussent
« *favorables*. Il se croyait tellement certain d'être élu,
« qu'il avait déjà fait faire *son costume* de Président
« d'Haïti[1]. » (Vient ensuite la scène attribuée à ce général, et placée mal à propos au 9 mars.) « Bonnet,
« qui *désespérait* déjà de la nomination de Pétion, prit
« avantage de cette circonstance, et dit aux sénateurs :
« — Mes collègues, si le général Gérin, qui est notre égal,
« froisse ainsi à notre égard toutes les convenances,
« que ne fera-t-il pas s'il devient le premier magistrat
« de la République ? Ne serait-il pas de l'intérêt de la
« saine liberté, qu'on nommât président le général Pétion
« qui, par sa modération, son patriotisme éprouvé, son
« républicanisme vrai, nous offre toutes sortes de garan-

---

[1] Le costume du Président d'Haïti n'ayant été décrété que le 26 mars, nous croyons que cette tradition a calomnié Gérin gratuitement.

« ties ? — Ses paroles produisirent une impression pro-
« fonde sur l'assemblée... ¹ »

Nous savons que Bonnet prit une grande part à l'élection de Pétion, et cela prouve en faveur de son cœur comme de son esprit judicieux ; mais nous contestons qu'il fût *le seul* qui désirât sa nomination : Lys, David-Troy, Magloire Ambroise, Yayou, Fresnel, etc., étaient des hommes qui ne pouvaient que le désirer également.

Et comment admettre que *la plupart* des sénateurs pussent préférer Gérin à Pétion, lorsqu'on voit constamment percer l'influence de ce dernier dans tous les actes de ce corps, à partir du 18 janvier où il reprit ses séances ? Si notre devancier convient que son compétiteur était *violent et despote*, qu'il avait *soulevé* bien des passions contre lui, il doit présumer aussi que les sénateurs étaient assez clairvoyans pour découvrir eux-mêmes en Gérin, ces défauts qui ne le recommandaient pas à leur vote. Il suffisait, pour l'écarter du scrutin, de cette étrange prétention qu'il manifesta, qu'un cultivateur de nos campagnes n'était pas *l'égal* de son fils ; car les membres de ce Sénat de 1807 étaient sincèrement animés de cet esprit *de liberté et d'égalité* qui assura plus tard le triomphe de la République sur la Royauté de Christophe, qui fit disparaître les priviléges de sa noblesse devant le simple et beau titre de *citoyen d'Haïti*.

Mais il est vrai que *plusieurs* des sénateurs du Nord, ou séduits par le caractère belliqueux de Gérin, par sa hardiesse heureuse dans l'insurrection du Sud, ou mus par des sentimens hostiles à la République, voulaient le porter à la présidence. Les uns le croyaient plus apte que Pétion, à raison de la maladie de ce dernier et des né-

¹ Hist. d'Haïti, t. 3, p. 411 et 412.

cessités de la guerre ; les autres désiraient servir Christophe par ce choix : ils cédèrent aux observations de leurs collègues, et surtout de Bonnet [1]. Le jour de l'élection, il y avait cinq sénateurs du Sud présens à la séance, indépendamment de Gérin : si celui-ci n'eut qu'une voix, il nous est permis de douter que *le peuple* du Sud le désignait à cette charge [2].

Quoi qu'il en soit, aussitôt l'élection terminée, le sénat députa vers Pétion, les sénateurs César Thélémaque et Daumec pour lui annoncer sa nomination. Il accepta avec calme et dignité, mais avec reconnaissance, ce haut témoignage de l'estime et de la confiance de ses collègues, que justifiait l'attente publique ; et il leur annonça que le lendemain, il se présenterait pardevant le sénat pour prêter son serment. Au retour des deux sénateurs, une salve d'artillerie annonça cette nomination intelligente du sénat, et la population du Port-au-Prince, comme l'armée, applaudit à cet heureux événement qui présageait tant et de si grandes choses.

Voulant en quelque sorte inaugurer par une mesure bienfaisante, l'ère nouvelle qu'il ouvrait pour Haïti, le Sénat, dans la même séance du 9 mars, rendit la loi qui

---

[1] Le sénateur Manigat, en me racontant les circonstances relatives à l'élection de Pétion, me dit qu'il allait voter pour Gérin, lorsque Bonnet l'en détourna *en particulier* et non pas *en séance*. « Je croyais Gérin plus militaire et plus influent sur l'armée que Pétion ; et puis, « il avait été le premier à se déclarer contre l'empereur. » Quant à Ferrier, et même Lamothe Aigron dont on saura bientôt la conduite, ils ne pouvaient que désirer le triomphe de Christophe, en voulant nommer Gérin. Les autres sénateurs du Nord ont pu le croire plus capable que Pétion, sous le rapport militaire.

[2] Les 6 sénateurs nommés pour le Sud, étaient Gérin, T. Trichet, D. Médina, Ch. Daguilh, Blanchet jeune et David-Troy. Et puis, on oublie que Pétion était fort estimé dans ce département, pour sa défection en 1799, la courageuse défense de Jacmel et l'évacuation de cette place en 1800, la prise d'armes du Haut-du-Cap en 1802, à la tête de la 13e demi-brigade composée des militaires qui avaient servi sous Rigaud. Y avait-il un seul d'entre eux qui ignorât l'amitié qui existait entre Pétion et Geffrard, leur entente pour abattre Dessalines ? Gérin pouvait-il balancer l'influence de Pétion dans ce département ? En 1810, le contraire fut démontré, quand il conspira.

abolit le quart de subvention prélevé sur les produits du sol, en le remplaçant par *un impôt territorial*. Le prélèvement de la subvention occasionnait bien souvent des vexations aux cultivateurs des campagnes, les détournait de leurs travaux, et gênait en même temps les propriétaires et les fermiers des biens domaniaux; désormais, ils allaient tous avoir la plus grande liberté, en portant leurs produits dans les villes ou bourgs pour les vendre au commerce, puisque l'impôt territorial se prélèverait à l'embarquement des denrées pour l'étranger. Un encouragement était donné par la même loi à la production du sucre, du sirop ou mélasse, du tafia ou rhum, exceptés des droits *à l'exportation* : le café y restait assujéti, pour mieux favoriser ces autres produits, résultats de la grande culture. La construction de warfs dans les ports ouverts au commerce étranger, prescrite par la loi, devait aussi faciliter ses opérations.

Le même jour, enfin, le sénat fit une loi sur l'organisation du *cabotage*. Par ses dispositions, elle laissait aux marins haïtiens toute leur liberté d'action, en ne les assujétissant qu'aux règles nécessaires en toutes choses : les caboteurs payaient patente pour exercer leur industrie, comme tous autres industriels. Ces dispositions nouvelles anéantissaient complètement l'œuvre de Gérin, du 1er février 1806 : il dut éprouver autant de mécontentement contre Bonnet, président du comité des finances qui avait préparé cette loi, que par rapport à son influence dans l'élection de Pétion, et pour la loi rendue sur l'administration.

Le 10 mars, le sénat étant réuni au lieu de ses séances, une salve d'artillerie annonça l'arrivée du général qu'il avait élu la veille, pour occuper la première magistrature de la République. Les sénateurs le reçurent *assis et couverts*, afin de manifester la souveraineté du peuple dont ils étaient les représentans. Précédé du secrétaire d'État Bruno Blanchet, des généraux Bazelais et Wagnac, d'officiers civils et militaires auxquels s'était joint Jacob Lewis, officier de la marine militaire des États-Unis, qui venait témoigner à cette occasion sa haute estime pour l'homme dont la justice et le patriotisme élevé l'avaient charmé, Pétion traversa la salle des séances au son de la musique et vint prendre un siége qui lui avait été préparé : appuyé sur des béquilles, à cause de sa maladie, il ne parut que plus intéressant aux yeux du sénat et des assistans [1]. Gérin et les autres généraux ou officiers supérieurs, sénateurs, siégeaient parmi leurs collègues [2].

Le sénateur Jean-Louis Barlatier, président du sénat, prononça le discours suivant adressé à son élu :

Citoyen général,

Le sénat ayant senti la nécessité d'organiser le gouvernement, a procédé, dans la séance d'hier, à la nomination du Président d'Haïti ; le suffrage de ses membres a réuni la majorité en votre faveur, et vous avez été proclamé Président de la République haïtienne.

Le sénat, en vous élevant à la première magistrature de l'État, a cru rendre un hommage public à vos vertus et aux sentimens républicains qui vous ont toujours caractérisé. Chargé du dépôt des lois et de la force armée, vous deviendrez, président, un sujet d'émulation pour tous ceux de vos compagnons d'armes qui parcourent

---

[1] « Souffrant de douleurs rhumatismales et simplement vêtu, il se soutenait *à peine*, appuyé sur *des béquilles*. » Hist. d'Haïti, t. 3, p. 413. Alors, pourquoi avoir dit, p. 411 ? « Pétion avait eu *l'adresse* de ne pas se présenter à la séance : » ce qui fait naturellement supposer de sa part la ruse politique affectant le désintéressement, pour mieux cacher *son ambition.* Il lui était permis d'en avoir, car il l'a justifiée au-delà même de l'attente publique : de tels ambitieux sont rares en Haïti.

[2] La présence de Gérin à cette séance est constatée dans sa lettre au sénat, du 11 janvier 1808 : mais il n'en signa pas le procès-verbal. « Je me rendis aux séances *de sa réception*, a-t-il dit, mais conservant *tacitement* le sentiment de ma *démission* » produite dans la séance du 9 mars.

la même carrière que vous. Votre attachement à la République, votre soumission aux lois, et votre zèle à les faire exécuter, sont les puissans motifs qui ont déterminé le corps législatif à vous placer à la tête du gouvernement et de la force armée. Puisse Dieu vous conserver l'heureux caractère qu'il vous a départi, et vous rendre toujours l'objet de l'admiration publique !

N'oubliez jamais, président, que le salut de la République dépend de l'harmonie qui doit exister entre le pouvoir exécutif et le corps législatif : s'en écarter, ce serait compromettre le salut de l'Etat, et l'exposer à des déchiremens. La crise politique doit cesser quand le gouvernement est organisé[1].

Après ce discours qu'il entendit *debout et découvert*, afin de témoigner lui-même de son respect pour la souveraineté nationale, pour la majesté du peuple dont le vœu avait guidé ses représentans, il répondit en ces termes :

Sénateurs,

Elevé, par votre choix, à la première magistrature de l'Etat, devenu, en quelque sorte, le dépositaire du bonheur et des destinées de notre pays, j'ai l'honneur de vous déclarer que je serais effrayé de l'étendue des obligations que vous m'imposez, si je n'étais certain de trouver dans vos lumières, dans votre sagesse et dans votre énergie, toutes les ressources dont j'aurai besoin. Cette idée, sénateurs, doit me rassurer ; et, acceptant avec confiance la nouvelle mission dont vous m'honorez, mon cœur va prononcer dans le sein du sénat, le serment que la constitution prescrit au Président d'Haïti :

Je jure de remplir fidèlement l'office de Président d'Haïti, et de maintenir de tout mon pouvoir la constitution.

Que les armes confiées au peuple pour la défense de sa liberté, se dirigent contre ma poitrine, si jamais je concevais le projet audacieux et impie d'attenter à ses droits ; si jamais j'oubliais que c'est après avoir contribué à punir de mort un tyran dont l'existence était un tort de la nature, que c'est après avoir contribué à en pros-

---

[1] Cette phrase paraît avoir été à l'adresse de Gérin, pour l'inviter à cesser son *opposition ;* car on ne peut entendre ainsi de la guerre civile.

crire un autre, qui, par sa folle ambition, a allumé parmi nous le feu de la guerre civile, que je me vois élevé à la Présidence d'Haïti!

Le président du sénat l'invita alors à venir prendre place à sa droite. « La joie était peinte sur tous les visa-
« ges... Un membre propose, vu l'état *de maladie* où
« se trouvait le Président d'Haïti, de lever la séance.[1] »
Cette proposition constate clairement la cause de sa non-comparution à la séance de son élection.

Pétion retourna à sa demeure avec le même cortège qui l'avait accompagné au sénat. Ce corps se sentit enfin à l'aise, après l'avoir investi du pouvoir de présider aux destinées de la République; car il était assuré en quelles mains il avait remis les rênes du gouvernement. L'armée et le peuple partagèrent sa confiance.

« La nomination du général Pétion à la présidence
« inspira aux citoyens sages et vraiment éclairés, aux la-
« boureurs et aux troupes *de l'Ouest*, la plus grande con-
« fiance en l'avenir. *Les partisans* de Gérin éprouvèrent
« un mécontentement qu'ils ne craignirent pas de témoi-
« gner et qu'ils formuleront sous peu en conspiration.[2] »

Il n'y eut pas seulement que l'Ouest qui fut satisfait de la nomination de Pétion, le Sud le fut également; et quand, trois années après, Gérin formula son mécontentement en conspiration, il ne compta pas plus de cinq à six partisans dans ce dernier département. Voilà la vérité.

L'influence de Pétion sur ses collègues au sénat était si réelle; ils avaient une telle confiance en lui, que, deux jours après qu'il eût prêté son serment, le sénat rendit un arrêté, le 12 mars, par lequel il l'autorisa à proposer *seul* les candidats aux emplois vacans de l'administration.

[1] Procès-verbal de la séance du 10 mars 1807.
[2] Hist. d'Haïti, t. 3, p. 418.

Le 16, d'après une explication qu'avait demandée le secrétaire d'État, en interprétation de l'article 19 de l'arrêté du 7 février 1804 maintenu par la loi du 9 février 1807, le sénat rendit une nouvelle loi suivant laquelle cet article 19 ne devait être exécuté que pendant la guerre civile existante et une année après son extinction. Quoiqu'il accusât la tyrannie de Dessalines d'avoir dicté les dispositions de cet article, on reconnaît son embarras pour en formuler de nouvelles qui n'exposassent point le domaine public à être envahi par une foule de réclamations injustes. Ce qui ressort de cette nouvelle loi, c'est que l'annullation des ventes, donations ou testamens faits par un émigré en faveur d'un Haïtien, fut maintenue comme l'avait ordonné Dessalines, à partir du 11 brumaire an XI ou 2 novembre 1802, jusqu'au 7 février 1804 ; de tels actes ne pouvaient être valables qu'antérieurement à la première époque et postérieurement à la seconde ; et encore, des formalités minutieuses furent prescrites pour les faire admettre.[1]

Le même jour, 16 mars, une loi fixa les appointemens des fonctionnaires et employés de l'administration des finances, à un taux raisonnable ; mais à raison de la guerre et de la perturbation survenues dans les revenus publics, ils ne durent en être payés que *de la moitié,* tant que la guerre durerait. Cette disposition n'a pas moins continué son effet après qu'elle eut cessé.

Le 19, « le sénat, prenant dans la plus haute consi« dération le message du Président d'Haïti, en date du « 14 de ce mois ; voulant récompenser d'une manière écla« tante les services rendus à la patrie par des militaires « distingués, et que l'impéritie du gouvernement précé-

---

[1] Voyez cette loi au *Recueil des actes* publié par M. Linstant, tome 1er., p. 247.

« dent avait laissés dans l'oubli, » il promut le général de brigade Bazelais au grade de général de division, pour être le chef de l'état-major de l'armée ; le général de brigade Magloire Ambroise au grade de général de division, pour commander en chef le département de l'ouest ; le général de brigade Yayou au grade de général de division, commandant des arrondissemens de Léogane et du Port-au-Prince, ayant sous ses ordres le colonel Lys par rapport à ce dernier ; l'adjudant-général Bonnet au grade de général de brigade, commandant l'arrondissement de Jacmel ; et enfin, le colonel Lamarre devint adjudant-général pour être activé dans l'armée.

Cette déférence pour la recommandation faite par Pétion au sujet de ces officiers de mérite, fit sentir la convenance de lui attribuer *la faculté* de proposer des candidats pour toutes autres places vacantes. Le même jour, un arrêté fut rendu à cet effet en ces termes :

Le sénat, voulant conserver la bonne harmonie qui doit exister entre le corps législatif et le pouvoir exécutif, arrête ce qui suit :

1. A l'avenir, le Président d'Haïti *est invité* à présenter au sénat trois candidats, lorsqu'une place *supérieure* sera vacante.

2. Le président est aussi *invité à désigner* celui des trois candidats qu'il croira le plus propre à remplir la place désignée.

Deux jours après, le 21 mars :

Le sénat, sur la proposition d'un de ses membres, vu les circonstances, et *sans déroger* à l'acte constitutionnel, déclare qu'il y a urgence, et décrète ce qui suit :

1. Le droit d'entretenir les relations politiques au dehors, conduire les négociations, *est délégué provisoirement* au Président d'Haïti.

2. Le Président d'Haïti peut arrêter, signer ou faire signer avec les puissances étrangères, tous traités d'alliance, de commerce, et généralement toutes conventions qu'il jugera nécessaires au bien de l'Etat.

T. VII.

Ces conventions et traités sont négociés au nom de la République d'Haïti, par des agents nommés par le Président d'Haïti et chargés de ses instructions.

Dans le cas où un traité renfermerait des articles secrets, les dispositions de ces articles secrets ne pourraient être distinctives des articles précédens.

Les traités ne sont valables qu'après avoir été examinés et ratifiés par le sénat.

Il résulte de ces divers actes, que l'assemblée constituante, en restreignant dans la constitution et sur la proposition de Pétion, les attributions du pouvoir exécutif pour les accorder au sénat, déféra effectivement *la dictature* à ce corps, dans la prévision que H. Christophe *eût pu accepter* la présidence de la République, malgré ces restrictions. La cause de cette concentration de pouvoirs dans les mains du sénat, où se serait trouvé Pétion pour influer sur leur exercice, ayant cessé par sa nomination à la présidence, l'effet en devait cesser aussi [1]. C'est encore la plus forte preuve que, dans la pensée des constituans qui contribuèrent le plus à la constitution, Pétion leur paraissait le plus digne d'être appelé à cette première magistrature ; et comme ils entrèrent tous au sénat, il s'ensuit qu'il n'est pas vrai que *la plupart* des sénateurs songeaient à y élire Gérin.

Il y a de plus, dans ces actes du sénat, un indice évident qu'il voulut mettre Pétion en mesure de briser, non-seulement *l'opposition* que lui faisait Gérin, mais *la résistance* qu'eût voulu tenter contre le Président d'Haïti

---

[1] L'assemblée constituante ayant pu et dû déférer au sénat, les principales attributions du pouvoir exécutif, le sénat pouvait et devait à son tour les déléguer, moins au *Président d'Haïti* qu'à *Pétion*, qui absorbait l'influence nécessaire à la direction des affaires publiques. En vain dirait-on que ce corps dérogeait à la constitution : il rentrait dans l'observation des *principes* de toute bonne constitution qui exigent la séparation des pouvoirs, que l'exécutif ait ses attributions naturelles.

tout autre général de l'armée, dans le moment où l'ambition animait les esprits ; car, en lui accordant la faculté de désigner, parmi les trois candidats qu'il proposerait pour toute charge supérieure, pour tout emploi vacant, celui qu'il croirait le plus digne ou le plus propre à y être appelé par le sénat, c'était effectivement lui déférer *le droit* d'y nommer lui-même. Ce corps ne pouvait pas méconnaître d'ailleurs l'immense influence qu'il exerçait et sur l'armée, et sur les citoyens des villes et des campagnes : Pétion était réellement l'homme de la situation, du peuple, le seul chef à opposer à Christophe.

Le lecteur verra bientôt que les sénateurs se pénétrèrent de plus en plus de cette vérité ; et quand le sénat lui-même entrera en lutte d'*opposition* avec Pétion, il conclura avec nous, que ses membres ne furent pas conséquens dans leur conduite.

A l'égard des relations extérieures attribuées au Président d'Haïti, rien n'était encore plus sage de la part du sénat. Il est prouvé, par expérience, que les corps politiques ne sont pas propres à les conduire pour arriver à d'heureux résultats : le secret qu'elles exigent le plus souvent pour les mener à bonnes fins n'y peut être parfaitement gardé. C'est donc au chef du pouvoir exécutif à exercer de telles attributions, sauf à soumettre les arrangemens convenus ou contractés, au pouvoir politique qui ratifie ou sanctionne, ou rejette.

Le motif particulier qu'eut le sénat pour prendre son arrêté du 21 mars, c'est qu'alors on envoyait Théodat Trichet en Angleterre afin de traiter avec la Grande-Bretagne, de la reconnaissance formelle de l'indépendance et de la souveraineté d'Haïti. Le parlement discutait à cette époque la grande question qu'il résolut dans cette année, et qui devait tant influer sur les destinées des Antilles et des autres colonies à esclaves : celle *de l'abolition de la traite des noirs*. Dans une telle occurence, Pétion et ses collaborateurs ne pouvaient négliger les intérêts de la patrie conquise au milieu d'elles, pour servir de refuge à toute cette race. Plus tard, nous dirons ce qu'obtint cette mission confiée à l'une de nos plus grandes capacités politiques ; et l'homme d'État devra examiner aussi ce qui peut servir d'excuse à la parcimonieuse philantropie du gouvernement britannique [1].

Le 21 mars, le sénat rendit une autre loi sur l'*enregistrement et le timbre*, en ordonnant d'exécuter d'anciennes lois françaises sur ces matières, qui avaient été en vigueur dans le pays. Mais le timbre seul put être établi, l'administration de l'enregistrement ne pouvant l'être, faute de sujets capables. Procédant encore en faveur de celle des finances, il rendit successivement diverses autres lois sur l'impôt établi sur les guildives, sur la ferme des échoppes du marché du Port-au-Prince, sur l'impôt territorial à percevoir sur le coton et le cacao produits dans le pays, sur le payement en argent du fermage des sucreries, sur celui du prix des fermes dû à l'État. Les négocians, marchands et autres industriels qui étaient établis au Port-au-Prince le 1er janvier, ne furent astreints à payer que la moitié du prix de leurs patentes, à cause du pillage qu'ils y subirent.

[1] On a vu au chapitre 8 du livre précédent, que R. Sutherland, négociant anglais, était *un agent* non accrédité de son gouvernement, et que, le 10 octobre 1806, il avait obtenu de Dessalines *un privilége exclusif* de commerce avec Haïti : ce qui le porta à écrire que, *par un traité*, la Grande-Bretagne pourrait s'assurer de grands avantages. Comme il résidait au Port-au-Prince et qu'il fut très-attaché à Pétion, il est probable qu'il a pu aussi conseiller cette démarche auprès du gouvernement britannique. — L'abolition de la traite des noirs eut lieu par l'acte du parlement en date du 2 mai 1807 : cet acte fut discuté longuement.

En même temps, le sénat décrétait le costume de ses membres et celui du Président d'Haïti¹, interdisait à ses membres de s'absenter du Port-au-Prince, déterminait leur place parmi les troupes en cas de nouveau siége contre cette ville, ordonnait une cérémonie funèbre à la mémoire des défenseurs de la patrie, morts pour la cause de la liberté, fixait les honneurs à rendre aux militaires blessés dans les combats, et instituait quatre fêtes nationales : celles de l'*Indépendance*, le 1ᵉʳ janvier ; de l'*Agriculture*, le 1ᵉʳ mai ; de la *Constitution*, le 5 juillet ; et de la *Liberté*, le 17 octobre.

Le 6 avril, une loi accorda amnistie aux insurgés de la Grande-Anse, pour les porter à rentrer sous les lois de la République, en considérant qu'ils avaient été égarés par des malveillans. Mais elle ordonna aussi que la force armée serait déployée avec vigueur contre tous ceux qui persisteraient dans leur rebellion. Si cette loi produisit quelques soumissions, il ne fallut pas moins continuer l'emploi des moyens coercitifs contre la plupart des insurgés. Déjà, à l'arrivée du général Francisque et de la 15ᵉ demi-brigade, sous les ordres du colonel Borgella, ils avaient obtenu quelques succès contre ces insurgés² ; Jean-Baptiste Lagarde, Barthélemy Dulagon et d'autres chefs secondaires, comme eux, ayant été faits prisonniers, les deux premiers avaient été graciés d'après l'avis de

---

1 Ce fut le petit costume des sénateurs et du président qui fut décrété : pour les premiers, habit carré de drap bleu, doublure en soie rouge, etc.; pour le président, habit carré de drap écarlate, doublé en soie blanche, etc. Lui seul portait un panache bleu.

A la même époque, Pétion dessina lui-même le faisceau d'armes de la République, ayant des drapeaux aux couleurs nationales *bleue et rouge*, comme pendant la guerre de l'indépendance. Mais il plaça ces couleurs horizontalement pour mieux distinguer le drapeau haïtien du drapeau français où elles sont placées verticalement. Dans le drapeau de Christophe, les couleurs *noire et rouge* restèrent comme du temps de Dessalines, placées verticalement.

2 Dans un des combats qui leur furent livrés, Borgella reçut une balle au bras gauche.

Thomas Durocher, et les autres fusillés : les deux graciés obtinrent la soumission de beaucoup d'autres, à cause de l'influence qu'ils exerçaient parmi eux. C'est ce qui paraît avoir déterminé cette loi portant amnistie en faveur de tous ceux qui se soumettraient.

On peut comprendre cet avis donné par Thomas Durocher, sans admettre avec l'Histoire d'Haïti, t. 3, p. 393, « qu'il alimentait sourdement le mouvement insurrec« tionnel, et qu'il se montrait indulgent à l'égard des « prisonniers, parce qu'il les avait portés à la révolte. » Ayant été pendant longtemps inspecteur de culture dans la Grande-Anse, il connaissait tous les hommes de ces localités qui étaient influens sur les cultivateurs ; en conseillant aux chefs qui agissaient contre les insurgés, de pardonner à J.-B. Lagarde, il fit obtenir un premier résultat qui en présageait d'autres ; et le sénat, comme Pétion, comme Gérin, eurent confiance dans la mesure de l'amnistie. Si Thomas Durocher, d'accord avec Bergerac Trichet, avait été réellement l'auteur de cette révolte, il est impossible que toutes ces autorités n'en eussent pas été informées par quelque indiscrétion ou quelque aveu de la part des insurgés. La loi portant amnistie disait dans ses motifs : « Le sénat, ayant été suffisamment in« formé *des causes* qui ont occasionné l'insurrection « des cultivateurs de l'arrondissement de la Grande-« Anse, etc. » Il faut donc admettre que toutes les autorités qui concoururent à l'éclairer, étaient elles-mêmes bien renseignées à ce sujet.

Après cette loi d'amnistie, le lendemain 7 avril, le sénat en rendit une autre qui déclara en état *de révolte* tout le territoire soumis à Christophe: elle ordonna de faire croiser tous les bâtimens de la République sur ces côtes pour capturer ceux du cabotage ennemi, de délivrer des lettres de marque aux personnes qui voudraient armer des navires contre les révoltés de l'Artibonite et du Nord.

Le 8, un arrêté ordonna la célébration de la fête prochaine de l'agriculture, avec pompe et grandes cérémonies, sans doute pour stimuler les habitans des campagnes dans les travaux de culture.

Le 10, un décret fit des promotions dans l'état-major du Président d'Haïti et dans celui du général Yayou. Le chef d'escadron Boyer devint colonel, chef de l'état-major de Pétion; le chef d'escadron Chauvet, adjudant-général, chef de celui de Yayou.

Le même jour, une loi forma un seul régiment de *dragons*, de ceux du Sud et de l'Ouest, de 515 hommes, état-major et cavaliers compris.

Une autre loi de la même date organisa le corps de *gendarmerie* en deux divisions, l'une pour l'Ouest, l'autre pour le Sud, composé en tout de 784 hommes. Il fut destiné « à la restauration de la culture, à rétablir la po-
« lice des campagnes, à assurer l'exécution des lois, la
« tranquillité publique et la sûreté des citoyens, en ré-
« primant les attentats portés journellement à l'ordre
« public, à la vie et aux propriétés des individus, en
« faisant cesser les vols et les brigandages que le défaut
« de police occasionnait. » Ces divers objets confiés à la gendarmerie prouvent que la perturbation existait dans la société, comme après toute révolution suivie de guerre civile.

Un message du sénat au Président d'Haïti, du 11, l'invita à faire placer sur les habitations de l'intérieur, les habitans et cultivateurs des cantons de l'Arcahaie, des Grochus, des Grands-Bois et du Mirebalais, réfugiés au

Cul-de-Sac ou au Port-au-Prince, en fuyant les atrocités des agents de Christophe. Cette sollicitude du sénat envers ces concitoyens fut un acte méritoire.

Le 13 avril, il rendit un arrêté pour fixer le choix du local de ses séances, et sa garde à 50 grenadiers, et inviter les citoyens à assister à ses séances, afin de se convaincre que le sénat prenait les intérêts du peuple dans toutes ses résolutions.[1] Cette décision est aussi curieuse que naïve, et prouve que le peuple semblait indifférent *aux discours* surtout de ses législateurs : c'est que l'on ne forme pas tout d'un coup une nation au régime parlementaire, et lorsque d'ailleurs les lumières sont peu répandues dans la société. Au reste, le sénat haïtien eût pu, *longtemps après*, regretter ce peu d'empressement de la part du public, à venir à ses séances.

Le même jour, il organisa *l'infanterie* de la République par une loi. Chaque demi-brigade, au complet, dut être de 1861 hommes dont 1701 portant fusils : elle était composée de 3 bataillons à 9 compagnies chacun.

Le 18, une loi fut rendue sur *la police des villes* : elle assigna les attributions respectives des juges de paix et des commandans de place, chargés de la police, et créa des commissaires sous leurs ordres, et un corps d'hommes préposés à cette police, qui devaient être pris parmi les pères de famille et parmi les individus d'une moralité connue. Les dispositions de cette loi étaient généralement bien entendues : leur exécution seule devint une

---

[1] En fixant sa garde à 50 grenadiers, le sénat adressa un message au Président d'Haïti, où il se plaignait que les autorités de la place lui en fournissaient une « composée de 4 soldats « en lambeaux, représentant plutôt la garde *d'une tabagie* que celle des représentans du « peuple. » Yayou et Lys, commandant l'arrondissement, étant sénateurs, c'était à eux de veiller à cela ; mais le sénat sembla en adresser le reproche à Pétion. C'est alors que le palais du sénat fut fixé dans la rue du Centre ; auparavant il siégeait dans une maison près du quai.

chose difficile, à cause du peu d'hommes capables, même dans les grandes villes.

Le 21 avril, une autre loi fut rendue dans les mêmes idées, « concernant la police des habitations des campa-« gnes, les obligations réciproques des propriétaires et « fermiers, et des cultivateurs. »

Déjà, dans ses méditations sur les moyens d'assurer le bien-être à ses concitoyens, d'être juste envers tous, de récompenser les services de ses compagnons d'armes, Pétion avait adressé au sénat un message qui fut produit dans la séance du 7 avril. Il lui proposait de rendre une loi qui permettrait « *de vendre une habitation* à chaque « officier, sans distinction, depuis le général jusqu'au « sous-lieutenant : » ce sont les termes du procès-verbal de cette séance auquel on est forcé de recourir, par la perte du message[1]. Le sénat avait nommé alors cinq de ses membres, Bonnet, Lys, David-Troy, César Thélémaque et Leroux, pour examiner cette proposition en comité secret de législation ; et c'est d'après cet examen que la loi du 21 fut rendue. Ne pouvant connaître *les motifs* par lesquels Pétion appuyait sa proposition, nous devons néanmoins essayer de les saisir, afin de nous expliquer la divergence qui exista sur cette question, entre ses vues et celles du sénat : on comprendra mieux certaines dispositions de la loi dont il s'agit.

Le système de *fermage* des biens vacans avait été imaginé en 1796, parce que les propriétaires étant absens

---

[1] Le 14 mars, le sénat avait nommé Desrivières Chanlatte, frère de Juste Chanlatte, en qualité de secrétaire rédacteur de ses actes. C'était l'homme le moins propre à prendre soin de ses archives : le sénat fut obligé de le renvoyer. Pétion le prit alors dans ses bureaux comme principal secrétaire ; il y mit le même désordre et dut cesser ces fonctions. Mais il était instruit, ayant été élevé en France.

du pays, ces biens séquestrés étaient régis par l'administration des domaines et qu'ils dépérissaient chaque jour : ce système produisit d'heureux résultats, tant que dura cet état de choses. Mais alors même, et lorsque, sous le gouvernement de Dessalines, les biens des colons furent confisqués et devinrent propriétés domaniales, quelles étaient *les personnes* qui pouvaient le mieux affermer ces biens, les exploiter et en tirer avantage ? Quelles étaient celles qui obtenaient la préférence de l'administration, tant par leur position que par l'influence qu'elles exerçaient dans le pays ?

A ces questions, le lecteur a déjà compris que ce sont les chefs militaires supérieurs, les hauts fonctionnaires publics et les individus qui, tenant un rang élevé dans la société, jouissaient d'une grande considération auprès des autorités. A ce sujet, il suffit de rappeler que, sous Toussaint Louverture, le général Dessalines avait pour lui seul, 32 grandes habitations sucreries affermées de l'administration des domaines. Dans un tel état de choses, l'officier subalterne pouvait-il *espérer même* d'avoir une ferme de cette administration ? Il en fut ainsi, ou à peu près, sous le régime impérial.

Le régime républicain ayant remplacé celui-là, les choses devaient changer. C'est ce dont Pétion paraît s'être pénétré : il craignait sans doute que l'influence des officiers supérieurs prépondérât encore dans le fermage des biens domaniaux. En outre, il prévoyait la difficulté d'obtenir exactement des fermiers de ces biens, le payement du fermage dans un moment où la guerre civile réclamait toutes les ressources financières du pays.

En effet, six jours après sa proposition, la loi du 13 avril ordonnait le payement d'un arriéré assez considérable; les fermiers devaient pour toute l'année 1806. « Le « Président d'Haïti est requis de donner les ordres les « plus stricts *pour les y contraindre, les déposséder* en « cas de retard au 30 juin suivant, et *les poursuivre rigoureusement néanmoins, quels qu'ils soient,* pour ce « payement. » C'était prescrire d'excellentes mesures dans la loi; mais pour les exécuter contre des généraux, des colonels, c'était autre chose. La République avait besoin d'eux, était-il sage de les mécontenter ?[1]

Diverses considérations politiques venaient à l'appui de la proposition de Pétion.

La guerre exigeait des officiers de tous grades un service actif et pénible, le sacrifice de leur sang, de leur vie pour la patrie. Ceux qui étaient fermiers de biens domaniaux, quel que fût le soin qu'ils auraient mis dans leur gestion, étaient sûrs que ces biens passeraient en d'autres mains s'ils venaient à périr dans les combats; et alors, leurs familles se trouveraient dénuées de ressources en les perdant eux-mêmes. Une telle pensée, malgré le dévouement le plus sincère, était propre à laisser des regrets dans l'accomplissement du devoir. En devenant propriétaires par acquisition, ces officiers, au contraire, devaient le remplir avec plus de zèle, sachant qu'après leur mort, leurs femmes, leurs enfans auraient un asile et des ressources pour subvenir à leurs besoins.

Du reste, quels rapports, quels liens existaient entre les fermiers et les cultivateurs qui exploitaient la terre ? L'intérêt bien entendu de l'agriculture n'indiquait-il pas

[1] Quand nous arriverons à l'administration du général Bonnet, secrétaire d'État, nous parlerons de la lutte qu'il eût à soutenir contre ces braves. Cette loi du 13 avril fut en grande partie son œuvre, comme toutes autres concernant les finances ; président du comité du sénat, il avait, sans contredit, plus de capacité en cette matière comme en bien d'autres, qu'aucun de ses collègues.

cette susbtitution *de la propriété* au fermage, afin d'établir des relations plus intimes entre ces deux classes de personnes? Etait-il *juste* de continuer à considérer les cultivateurs comme *des machines* à récolter les denrées? L'impôt territorial, qui venait de remplacer le quart de subvention, le droit à l'exportation des produits, n'assureraient-ils pas au fisc un revenu plus certain que le fermage qui n'était pas exactement payé? Si le propriétaire est naturellement plus intéressé à produire que le fermier, il était encore à présumer que le fisc allait gagner dans ce changement.

De plus, à raison même de la guerre civile, n'était-il pas convenable d'offrir à l'armée de Christophe, la perspective de plus de jouissances réelles sous les lois de la République? C'est ce qui pouvait résulter de la vente des biens du domaine aux officiers de tous grades.

Ces biens avaient appartenu aux colons qui, ainsi que le gouvernement français, conservaient toujours l'espoir d'y être réintégrés. Dans le temps où la France possédait effectivement *les deux tiers* du territoire d'Haïti, où la paix survenant en Europe, pouvait lui donner la facilité d'y envoyer des troupes, *aliéner ces biens, les vendre* aux chefs de l'armée haïtienne, c'eût été aussi une belle page à ajouter à l'acte d'indépendance d'Haïti, pour faire comprendre *à la France* que son ancienne colonie lui avait échappé des mains pour toujours, puisque ce sol aurait passé en celles des défenseurs de la liberté qui l'avaient conquis.

Il y avait encore un autre motif de profonde politique, toute d'avenir, de prévoyance sage dans la proposition de Pétion au sénat. Dans l'ancien régime colonial, les colons blancs possédaient *les deux-tiers* des propriétés foncières, et la classe intermédiaire entre eux et les esclaves possédait *l'autre tiers.* Or, tous les biens des colons et les terres non concédées étaient devenus propriétés domaniales; mais les biens de l'ancienne classe intermédiaire restaient entre les mains de ceux de ces hommes qui avaient survécu aux orages révolutionnaires, ou entre celles de leurs familles, de leurs descendans. Comme ces citoyens formaient la classe la plus éclairée de la nation, depuis l'indépendance du pays, ils étaient naturellement appelés à occuper une grande partie des emplois publics, concurremment avec les émancipés de 1793 : joignant à cette position sociale l'avantage de posséder en propre une partie des terres occupées, d'affermer encore des biens du domaine, l'influence qui en résultait pour eux était notable dans les affaires publiques.

Dans une telle situation, n'était-il pas d'abord de toute *justice* de rendre aussi *propriétaires* des biens du domaine, ceux qui servaient dans l'armée depuis longtemps, qui avaient combattu pour la liberté et l'indépendance, qui combattaient encore dans l'actualité pour le maintien des institutions nouvellement établies, et qui, la plupart, ne possédaient rien en propre? N'était-il pas *prudent* ensuite, de prévoir *une jalousie* qui eût pu éclater de la part de ces derniers contre les autres, de l'empêcher de naître, d'ôter tout prétexte, enfin, *à une guerre sociale* entre ceux qui ne possédaient *rien* et ceux qui possédaient *beaucoup*, — propriétés, emplois, influence, quels qu'ils fussent ?

Telles étaient, probablement, les diverses considérations qui motivèrent la proposition de Pétion, moins d'un mois après son avénement à la présidence de la République. Si notre faible intelligence nous permet de les entrevoir, que d'autres ont pu exister dans l'esprit de ce vrai législateur, de ce grand politique qui avait suivi avec attention toutes les phases de nos révolutions incessantes ! Mais le sénat ne partagea pas ses vues : ni les procès-verbaux, ni les registres de correspondance ne nous ont appris ce qui fut répondu à son message. Cette réponse, ce fut la loi dont nous nous occupons, préparée par les cinq membres chargés de l'examiner.

Par l'économie générale de cette loi, on reconnaît que le sénat, lui aussi, était influencé par les erremens du passé, malgré certaines innovations qu'il y introduisit et les adoucissemens portés dans les mesures qu'elle prescrivait à l'égard *des cultivateurs*. La liberté proclamée en faveur de cette classe d'hommes, ayant été successivement *réglementée*, depuis 1793, par tous les gouvernemens qui se succédèrent dans le pays, il lui parut qu'il ne pouvait se dispenser de la réglementer encore, tant il est difficile d'arriver aux idées simples qui sont plus favorables au droit naturel. La constitution avait dit, article 172 : « La police des campagnes sera soumise « à des lois particulières ; » on se prévalut de cette disposition pour faire celle du 21 avril, qui, à certains égards, était *contraire* aux droits des citoyens, reconnus par le pacte fondamental. Ainsi, dit le sénat dans les motifs de la loi :

« Considérant qu'il est *juste* de maintenir dans la jouis-
« sance *de leurs propriétés*, les cultivateurs qui se sont
« rendus *acquéreurs* de portions de terrain, sans avoir
« égard *à la quantité*, et qu'il est *nécessaire* aussi de pré-
« venir *les abus* qu'une trop grande extension donne-
« rait *à la liberté de ces sortes d'acquisitions* ;

« 1. Tout cultivateur actuellement *propriétaire*, n'im-
« porte de quelle quantité de terre, en vertu *de titre lé-*
« *gal*, sera *maintenu* dans sa propriété, — *pourvu que*,
« dans l'an et le jour, il l'ait établi en cafiers, cotonniers
« ou autres denrées. »

On conçoit qu'à l'établissement colonial, et même ensuite, quand le gouvernement accordait *une concession gratuite* de terrain pour être cultivé, il pût imposer la condition *de l'établir* dans l'an et le jour pour y être maintenu ; mais quand des hommes, des citoyens avaient *acquis* légalement une propriété *à titre onéreux*, leur imposer la même condition sous peine d'en être *dépossédés*, c'était contraire à la constitution qui avait garanti la propriété en général, sans distinction entre les propriétaires ; c'était s'exposer à renouveler la faute commise par Dessalines.

« La femme *mariée* suivra la condition de son mari
« avec leurs enfans en bas âge. Ceux qui ne le seront
« pas pourront *se marier dans l'année, s'ils veulent*
« *jouir* du bénéfice de la loi. »

Ce paragraphe voulait dire que la femme cultivant les champs, pour être dans la condition du cultivateur propriétaire, devait être unie à lui par le lien légitime *du mariage*, sinon elle pourrait en être *séparée et retenue* sur une autre habitation. Voyons tout de suite deux autres articles où il est encore question de mariage.

« 14. Les propriétaires, fermiers ou gérans devront
« en toute occasion se conduire en bons pères de famille;
« ils engageront les cultivateurs à former *des mariages*
« *légitimes*, en leur faisant sentir que c'est *le meilleur*
« *moyen* de s'assurer la jouissance de tous les avantages
« de la société, de se procurer des consolations, des soins

« des secours dans leurs chagrins et dans leurs maladies;
« de faire régner parmi eux *la pureté des mœurs*, si né-
« cessaire pour le bonheur des hommes, et la conserva-
« tion de leur santé ; d'accroître enfin sensiblement la
« population de chaque habitation, d'étendre les cultures
« et d'en augmenter les produits.

« 15. Les pères et mères qui auront le plus d'enfans
« provenant de *mariages légitimes*, seront distingués par
« le gouvernement, et en obtiendront des encourage-
« mens, des gratifications, et même *des concessions de*
« *terrain*. »

Voilà des dispositions tout à fait morales, très-conve-
nables dans une loi qui avait pour but d'honorer et d'encourager l'agriculture, et corrélatives à ce paragraphe.
Mais, hélas! ce n'étaient que *des préceptes* que les législateurs eux-mêmes ne pratiquaient pas, la plupart, pour
en offrir *l'exemple* aux hommes dont ils voulaient relever les sentimens et faire le bonheur. Malheureusement,
il en était de même du chef du gouvernement [1]. Alors,
était-il *juste* de faire *du mariage légitime* une condition
du respect à porter aux liens qui unissaient le cultivateur
propriétaire à sa femme? Cette loi le traitait-elle selon
le principe d'*égalité* établi dans la constitution?

« 2. Nul citoyen, à l'avenir, ne pourra se rendre ac-
« quéreur *de moins de dix carreaux* de terre, dont la
« moitié ne soit susceptible de culture, excepté cependant
« les propriétaires déjà établis qui pourront acheter dans
« les terrains contigus pour s'agrandir, jusqu'à la con-
« currence de dix carreaux et plus. »

---

[1] Le Président d'Haïti n'était pas marié à la femme qu'il avait chez lui, plusieurs des sénateurs étaient dans le même cas, presque toute la haute société était encore sous l'influence
des mœurs coloniales, et le sénat voulait en quelque sorte que *l'exemple* partît *d'en bas!*
Lorsque le législateur veut réformer les mœurs, c'est à lui de tracer l'exemple au peuple.

« 3. Il est *défendu*, sous peine de 50 gourdes d'amende,
« à tous les notaires, de passer aucun acte de vente con-
« traire aux dispositions de l'article précédent. Les no-
« taires et greffiers qui recevront en dépôt des actes sous
« signature privée, contraires audit article, seront éga-
« lement condamnés à la même amende de 50 gourdes.
« Les arpenteurs qui ne se conformeraient pas au désir
« de l'article 2, paieront aussi 50 gourdes d'amende. »

Par le considérant de cette loi, cité plus haut, et par ces deux articles-ci, on voit que le sénat se préoccupait du maintien des grandes exploitations rurales, des grandes propriétés possédées, à titre de ferme, par les officiers supérieurs et les hauts fonctionnaires. Comme Toussaint Louverture, mais plus libéral que lui, il entrevoyait leur abandon par la formation de la *petite propriété*. L'ancien gouverneur général avait fixé à cinquante carreaux de terre *le minimum* de toute propriété rurale, le sénat le fixa à dix carreaux. Mais, en maintenant en possession, par l'article 1er, tout cultivateur propriétaire *de n'importe quelle quantité* de terre en vertu de titre légal, s'il y en avait parmi eux qui ne possédassent à ce titre que *moins* de dix carreaux, et qu'ils voulussent revendre à un tiers, non-propriétaire, n'était-ce pas les gêner dans leur droit de propriété ? Car les articles 7 et 8 de la constitution disaient que : « la propriété est le droit de jouir
« et de *disposer* de ses biens, que toute personne a *la*
« *libre disposition* de ce qui est reconnu lui appar-
« tenir. »

Ces observations suffisent pour expliquer la cause des divergences de vues entre le sénat et Pétion. En proposant la vente des biens du domaine à tous les officiers, depuis le général jusqu'au sous-lieutenant, Pétion se proposait de faire un grand nombre *de petits propriétaires* par les officiers inférieurs, puisqu'ils étaient beaucoup plus nombreux que les autres. En se refusant à cette mesure, le sénat voulait maintenir *les grands biens* du domaine entre les mains des officiers supérieurs, des hauts fonctionnaires publics, qui l'emportaient toujours dans le système *de fermage* que ce corps *maintint* par la loi. Entre les deux pouvoirs politiques, lequel pensait mieux d'après le régime républicain, lequel prévoyait mieux pour l'avenir ?

Que l'on comprenne bien nos observations : nous n'accusons point *les intentions* des membres du sénat, nous faisons seulement remarquer la différence entre *les opinions, les vues de l'esprit ;* car la loi du 21 avril, de même que celle du 6 accordant amnistie aux insurgés de la Grande-Anse, que le message du 11, relatif aux habitans et cultivateurs réfugiés dans l'Ouest, témoignent de la *sollicitude* du sénat pour cette classe de producteurs. Par la loi du 13 sur le payement des fermes, on reconnaît que ce corps voyait avec peine que *les sucreries* péricIitaient ; il désirait que la culture de la canne fût alors remplacée par celle du coton, et il laissait au Président d'Haïti la faculté « de décider si les habitations étaient
« susceptibles d'être mises en cotonnerie ; et, dans le cas
« contraire, il ordonnera l'abandon des dites habitations,
« et *le transport des cultivateurs* sur une autre suscep-
« tible de revenus. (art. 9.) »

C'est ce qui résulte également de l'ensemble et de plusieurs articles de la loi du 21 avril sur la police des campagnes. Dans ses vues pour les faire fleurir, pour assurer de grands produits au pays, le sénat entrait dans les détails les plus minutieux pour *le placement* des cultivateurs là où ils pourraient mieux travailler, tout en ordonnant que *le quart* des revenus des habitations leur fût assuré et délivré par le soin des autorités civiles et militaires; qu'ils eussent, comme dans l'ancien régime, *leurs places à vivres;* qu'ils fussent soignés et médicamentés dans leurs maladies. Mais, en même temps, il réglait les heures de travail, il prescrivait l'obligation d'arrangemens, de contrats entre eux et les propriétaires ou fermiers; il assujétissait *à l'amende* ces derniers qui n'en auraient pas pris avec eux; il ordonnait de punir les autres d'*emprisonnement*, ou s'ils venaient à quitter les habitations, à travailler sur une autre que celle où ils auraient contracté, etc. Tout *vagabond* devait être puni d'un, de trois, de six mois d'emprisonnement, selon le cas. La gendarmerie remplaçait les inspecteurs de culture; les juges de paix, les commandans de place et d'arrondissement concouraient avec elle pour établir et maintenir la police des campagnes.

Par ses dispositions en 47 articles, cette loi était un véritable *code rural;* elle se rapprochait en bien des points des règlemens de culture publiés surtout par Polvérel qui avait administré l'Ouest et le Sud. Des médailles *en argent et en or*, portant d'un côté les attributs de l'Agriculture, de l'autre, ces mots: *prix de culture,* devaient être données par le gouvernement à ceux d'entre les cultivateurs dont l'habitation aurait été le mieux cultivée et entretenue. Le jour de la fête de l'Agriculture, le juge de paix et le commandant de la place de chaque commune, devaient faire choix d'un enfant de 7 à 10 ans, sur l'habitation la mieux cultivée, et appartenant à ceux des pères ou mères qui se seraient le plus distingués par leur conduite et par leur assiduité au travail, pour le mettre *à l'école*, l'entretenir aux frais de l'État pendant trois ans, et après cela le mettre *en apprentissage* d'un art mécanique à son choix ; et si c'était une fille, lui donner *un état* convenable à son sexe.

En *théorie*, ces dispositions étaient louables, excellentes ; mais il restait à savoir si l'on pourrait facilement les exécuter, au moment où le pays était livré à une guerre civile qui préoccupait le gouvernement, alors que les ambitions individuelles faisaient prévoir des conspirations qui ne tardèrent pas à éclater dans le sein de la République. En outre, la classe *des cultivateurs*, comme toujours, ne visait qu'à une chose : *se soustraire* à la dépendance des propriétaires ou fermiers; car ils voulaient jouir enfin de leur liberté naturelle. Que leur importait *l'instruction* de leurs enfans dans les écoles, à eux qui ne savaient ni lire ni écrire ? Leur *indépendance personnelle* et la jouissance *matérielle* qui en résulte, étaient ce qu'ils désiraient le plus.

Par sa proposition au sénat, Pétion voulait évidemment laisser aux nouveaux propriétaires qu'il désirait créer dans la République, le soin de concilier leurs intérêts avec ceux des hommes dont ils auraient eu besoin pour l'exploitation de leurs biens, persuadé que l'intérêt personnel est plus ingénieux que le législateur, à trouver les moyens de se satisfaire. Il voulait en finir avec *le système colonial* et avec tous les règlemens de culture publiés successivement par tous les gouvernemens, depuis 1793, et qui se rattachaient plus ou moins à ce système. *La coercition* étant contraire à son goût pour la liberté en toutes choses, il ne croyait pas d'ailleurs qu'il était convenable de faire paraître le gouvernement républicain, *armé de la force publique*, comme les précédens, pour *contrain-*

dre incessamment par des rigueurs, par des dispositions de lois qui absorberaient tous ses instans, qui obligeraient les autorités secondaires à faire mettre en terre *telle ou telle plante* plutôt que telle autre, en opposition au choix des producteurs.

Comme les règlemens antérieurs, la loi qui abolit le quart de subvention, celle sur le payement des fermes, et enfin celle sur la police des campagnes, maintenaient encore *le quart* des produits en faveur des cultivateurs. Mais Pétion, voyant qu'ils imaginaient toutes sortes de moyens pour *se soustraire* aux propriétaires ou fermiers de l'État, — au moment où le sénat rejetait sa proposition et la remplaçait par la loi que nous venons d'analyser, il conseilla ou suggéra à ces propriétaires ou fermiers, de partager les produits par *égale portion* avec les cultivateurs, après déduction faite des dépenses occasionnées pour l'exploitation de toute habitation ; il traça lui-même l'exemple dans les biens qu'il tenait de ferme. De là est sorti le système appelé *de moitié* dans le pays, qui n'est autre que celui connu en Europe sous le nom de *métayage*[1]. C'est à ce système, volontairement adopté, que les propriétaires et les fermiers durent *la permanence* des cultivateurs sur les habitations : de nos jours il est encore suivi.

Continuant son œuvre d'organisation, le 21 avril, sur la proposition du Président d'Haïti, le sénat désigna les officiers qui devaient faire partie de l'état-major du général Magloire Ambroise, commandant du département de

---

[1] Le métayage, c'est le partage des fruits en nature. Quand les cultivateurs récoltaient 10 milliers de café, par exemple, ils savaient qu'il fallait en consacrer un ou deux pour les dépenses de charrois, etc., et que sur le reste, *la moitié* leur appartenait : de là le terme *de moitié*.

l'Ouest. L'adjudant-général Borno Déléard devint le chef de cet état-major. Ce choix fut sans doute dicté par les antécédens, car ces deux officiers supérieurs avaient servi en même temps sous les ordres de Bauvais, à Marigot. Mais ce que nous avons relaté à la charge de Borno Déléard, dans le conciliabule tenu aux Cayes en 1806, va expliquer comment la confiance de Pétion et du sénat fut perfidement trahie par cet homme d'un esprit inquiet et d'une ambition démesurée [1].

Le même jour, le sénat rendit une loi sur *la discipline militaire.* Ce fut un véritable règlement qui fixa les devoirs respectifs des supérieurs et des inférieurs, les cas où ces derniers pourraient être punis, les différens genres de punitions, et le droit des autres à les appliquer, de manière à éviter l'arbitraire dans une matière où il est si facile d'en commettre. A cet effet, un conseil de discipline fut institué dans chaque corps de troupes, pour juger et réfréner *les abus d'autorité.*

Puis, il vota une loi sur *la direction des douanes.* Proposée par le comité des finances, elle ne pouvait qu'offrir des idées judicieuses sur cette administration, par les lumières qui distinguaient le général Bonnet, son président. Elle se composait de 8 titres et de 77 articles, et y comprenait le cabotage dans ses rapports avec les douanes, le commerce d'importation et d'exportation par navires étrangers, la perception des droits dus au fisc, et la manière de constater les contraventions et d'en poursuivre la condamnation. Elle maintint en vigueur le tarif du prix des marchandises *importées,* d'après le décret de Dessalines du 2 septembre 1806, fixant les droits à 10

---

[1] Il est probable qu'il fut appelé à ce poste, sur la demande du général Magloire Ambroise.

pour cent, en affranchissant les monnaies d'or et d'argent, les mulets, les chevaux et les bœufs. A *l'exportation*, elle affranchit aussi le sucre, le sirop ou mélasse, le tafia et le rhum, afin d'encourager l'exploitation *des sucreries*, en confirmant ainsi les dispositions de la loi du 9 mars ; mais le sucre, le sirop ou mélasse restaient assujétis à l'impôt territorial de 4 gourdes par millier de livres. Le café fut frappé d'un droit de 2 gourdes, le coton de 3 gourdes, par cent livres, à *l'exportation*, outre l'impôt territorial déjà fixé sur ces denrées à 10 gourdes par millier.

A ce sujet, il est bon de comparer le système fiscal de la République à celui de l'Empire, en ce qui concerne seulement *le café*, principal produit du pays dès la déclaration de l'indépendance.

On sait que sous l'Empire, le sucre, le sirop et le tafia n'étaient point affranchis du droit à *l'exportation*, parce que la coercition employée contre les cultivateurs en faisait produire une notable quantité. Toutefois, l'obligation imposée au commerce étranger, de former ses cargaisons de retour avec un tiers *en sucre*, prouve de deux choses l'une : ou que ce produit menaçait déjà de péricliter, — ou que sa fabrication était tellement inférieure, que les étrangers lui préféraient *le café*. Mais, depuis le 17 octobre 1806, les sucreries étant menacées de ruine complète, le sénat affranchissait le sucre du droit à l'exportation, afin d'encourager sa production par la baisse des frais du commerçant, intéressé alors à en acheter.

Examinons donc ce qui concerne le café seulement.

— Sous *l'Empire*, comme en 1807, cette denrée valait dans nos ports 25 sous la livre, ou 15 gourdes le quintal : soit 150 gourdes le millier.

L'Etat prélevait, *en nature*, 250 livres pour *le quart*

de subvention, équivalant à 37 gourdes 50 centimes.

L'État prélevait encore 10 pour cent sur la valeur des 750 livres restant pour les cultivateurs et le propriétaire ou fermier, — ce dernier lui payant aussi le prix du fermage du bien domanial, — c'est-à-dire 11 gourdes 25 centimes sur 112 gourdes 50 centimes, pour le droit *d'exportation* : plus, 3 gourdes 75 centimes pour le droit de *pesage* des 750 livres, à raison de 50 centimes par quintal. Donc, en totalité, 52 gourdes 50 centimes sur un millier de café.

Les cultivateurs avaient droit à un autre *quart* du millier de café, ou 250 livres équivalant aussi à 37 gourdes 50 centimes, à partager *entre eux*.

Sur la moitié revenant au propriétaire ou fermier, un *quart* était sa portion et l'autre *quart* retenu pour frais d'exploitation; c'est-à-dire, 500 livres équivalant à 75 gourdes, ou *le double* de ce qui revenait aux cultivateurs. On conçoit que le fermier du domaine, payant *le fermage* sur cette somme, il était moins avantagé que le propriétaire particulier, et cela ne pouvait être autrement : celui-ci possédait le fonds, le fermier n'en avait que la jouissance. Nous remarquons cependant que, suivant l'Histoire d'Haïti, t. 3, p. 182, *le fermier* était autorisé, en vendant *le quart* des cultivateurs, à régler avec eux à raison de 20 sous la livre de café, ou 12 gourdes le quintal, tandis qu'il le vendait au commerce à 25 sous ou 15 gourdes. S'il en fut ainsi, les cultivateurs ne recevaient effectivement que 30 gourdes pour leurs 250 livres de café, et le fermier retenait les 7 gourdes 50 centimes par rapport au fermage qu'il payait à l'Etat.

— Sous *la République*, le quart de subvention étant aboli et remplacé par *l'impôt territorial*, l'Etat ne prélevait que 10 gourdes par millier de café, que l'acheteur retenait sur le vendeur, propriétaire ou fermier, en prenant sa denrée ; c'est-à-dire que, sur les 150 gourdes du millier, il ne lui donnait que 140 gourdes, devant payer les 10 autres gourdes en exportant le café.

L'Etat prélevait encore 20 gourdes pour le droit d'*exportation*, et 5 gourdes pour celui de *pesage*, par chaque millier de café ; donc, en totalité 35 gourdes, *moins* que sous l'Empire. Ces 25 gourdes de droit d'exportation et de pesage étaient payées par le négociant, de même que sous l'Empire.

Les cultivateurs ayant encore droit au *quart* ou 250 livres, cela équivalait à 37 gourdes 50 centimes à partager *entre eux* : ils étaient *dispensés de l'impôt territorial* d'après le 2ᵉ paragraphe de l'article 6 de la loi du 9 mars, abolissant la subvention. Ainsi, ils jouissaient des mêmes avantages que sous l'Empire, ou recevaient 7 gourdes 50 centimes *de plus*, si l'assertion de l'Histoire d'Haïti est exacte, quant à ceux qui cultivaient les biens domaniaux affermés.

Le propriétaire ou fermier disposant des 750 livres restantes, cela équivalait à 112 gourdes 50 centimes ; mais il payait *seul* les 10 gourdes de *l'impôt territorial*, retenues par l'acheteur ; donc il lui restait effectivement 102 gourdes 50 centimes, c'est-à-dire 65 gourdes *de plus* que ce qui revenait aux cultivateurs. Toutefois, le fermier du domaine était toujours moins avantagé que le propriétaire, comme sous l'Empire, puisqu'il payait le fermage sur ces 102 gourdes 50 centimes [1].

Si la proposition de Pétion avait été adoptée par le sé-

---

[1] Il est évident, néanmoins, que le système fiscal établi par le sénat, produisait plus d'avantages pour le fermier et surtout pour le propriétaire, que celui de l'Empire.

nat, les officiers de tous grades, devenant tous *propriétaires*, ils auraient eu les mêmes avantages que les anciens propriétaires, sous tous les rapports.

Par ces chiffres, on reconnaît qu'en 1807, les cultivateurs eux-mêmes n'étaient pas *aussi favorisés* que les propriétaires, dans le partage des produits. Certainement, ils avaient d'autres avantages sous le nouveau régime: ils n'étaient plus maltraités par le bâton et les verges, ils retiraient plus de fruit du travail de leurs places à vivres, etc; mais, par la loi sur la police des campagnes, dans certains cas, ils étaient *contraints* à faire ce qui n'était pas de leur goût, à quitter une habitation pour résider sur une autre; et il suffisait de ces contrariétés, *auxquelles ils ne s'attendaient pas* après l'extrême liberté proclamée à la chute du pouvoir impérial, pour qu'ils fussent induits *à se soustraire* à la dépendance où ils étaient des propriétaires ou fermiers.

— Maintenant, examinons pourquoi Pétion réussit, *sans contrainte*, à les retenir sur les propriétés rurales, par ses conseils donnés à ceux de qui ils dépendaient, par l'exemple qu'il leur traça.

D'après sa manière de voir les choses, l'État prélevait toujours, suivant la loi, les 35 gourdes par millier de café, pour impôt territorial, droits d'exportation et de pesage.

Sur ces 1000 livres, son système *de moitié* en assurait 500 aux cultivateurs pour être partagés *entre eux*, et 500 au propriétaire ou fermier; c'est-à-dire 75 gourdes à chacun des co-partageans. Mais ils payaient ensemble les 10 gourdes de *l'impôt territorial*; il restait donc à chacun 70 gourdes, — *cultivateurs* d'une part, *propriétaire* ou *fermier* de l'autre, — sauf les dépenses d'exploitation *également* supportées.

Croit-on que les cultivateurs de nos campagnes ne savaient pas faire *la différence* entre 70 gourdes, et 37 gourdes 50 centimes que leur accordaient les lois du 9 mars et du 21 avril? Et puis, cette idée, *ce fait d'égalité* résultant du partage égal, qui les relevait à leurs propres yeux en leur démontrant, par le bien-être, par le profit, qu'ils étaient *de vrais citoyens* aux yeux du chef de l'État, qui avait commencé son système *de moitié* sur ses propres habitations! Il n'y avait pas de *loi* qui pût être encore exécutée contrairement à l'exemple qu'il avait tracé. « *Président dit ça: cé comme ça li faire la caze li.*[1] » Voilà *la loi !*

Alors, se peut-il que l'on s'étonne de l'immense influence qu'exerça Pétion sur les masses, sur tous ses concitoyens? Que sera-ce donc quand il aura distribué les propriétés des anciens colons, *à tous sans distinction*, quand *un cultivateur*, émancipé en 1793, aura eu à la main *le titre* de concession gratuite, nationale, qui le rendit *propriétaire* d'une portion de ces terres que, sous l'infernal régime colonial, il avait arrosé de ses sueurs et de son sang !

Néanmoins, avant d'arriver à cet état de choses, nous devons dire quel fut le premier résultat produit par le système *de moitié*.

D'après celui de la loi sur la police des campagnes, il était entendu que les cultivateurs dussent continuer à travailler *en atelier*, comme anciennement, à tous les genres de culture; et elle prescrivait alors, pour constater leur présence aux champs, la délivrance à chacun d'eux de *cartes de journée* qui étaient remplacées le samedi soir par des *cartes de semaine*; celles-ci devaient être inscrites sur un registre, par le propriétaire, le fermier, ou leur

---

[1] « Le président l'a dit : c'est ainsi qu'il agit sur ses habitations. »

représentant; s'ils ne savaient écrire, il fallait y suppléer par des *coches doubles*, l'une tenue par le propriétaire, etc., l'autre par le cultivateur. Enfin, la récolte étant achevée, les produits devaient être distribués *par parts*, selon le rang des cultivateurs, conducteurs, cabrouétiers, etc.

Toutes ces dispositions formaient une complication de mesures difficiles, ou pour mieux dire, impossibles à exécuter dans l'état où se trouvaient les habitations rurales, généralement gérées par des hommes illettrés : le cultivateur laborieux voyait souvent faire de plus *grosses parts* à des paresseux, ou à des camarades qui s'absentaient plus ou moins du travail des champs.

Ils en vinrent donc bientôt à se distribuer *par familles*, pour cultiver des portions de terrain distinctes : ce que facilitait le système *de moitié*. *L'atelier* fut dissous par cette pratique, *le travail isolé* remplaça le travail en commun, et l'égoïsme individuel l'emporta à la fin. *Les produits diminuèrent,* parce qu'il y a des travaux qui ne sont fructueux qu'à condition d'y réunir un certain nombre de cultivateurs. Ce résultat fut fâcheux, sans doute, mais comment l'éviter, lorsque les cultivateurs ne soupiraient qu'après *leur indépendance personnelle?* N'était-ce pas déjà beaucoup obtenir d'eux, par le système *de moitié*, de rester, de travailler sur une habitation dont ils ne voyaient guère ni le propriétaire ni le fermier ?[1]

---

[1] Les propriétaires, les fermiers de l'État habitaient les villes, étaient fonctionnaires publics, et ils voulaient, en général, avoir *des hommes* pour cultiver les biens et leur rapporter du profit ; mais ces cultivateurs sentaient qu'ils étaient *des hommes libres, des citoyens.* Par son système, Pétion obtint une main-d'œuvre permanente, réglée, intéressée et économique.

Nous trouvons les appréciations suivantes sur *le métayage* :

« L'initiation à cette culture d'une famille de métayers, par le propriétaire, présente des
« chances de succès, et renferme une force d'expansion et de propagande bien supérieure à
« celle d'une population d'ouvriers conduite par un maître. Les métayers se fixent au sol pour

Au fait, en s'adjugeant ces portions de terrain cultivées par familles, c'était déjà acquérir cette *indépendance* tant désirée ; car ils y travaillaient plus à leur aise que dans l'atelier. Le conducteur, l'officier de gendarmerie, n'avaient presque plus rien à dire à un homme qui, réuni à sa femme, à ses enfans et d'autres parens ou amis, avait un intérêt direct à entretenir son champ particulier, à y produire autant de denrées que possible. La police des campagnes devint alors plus facile ; elle n'avait plus à s'occuper que de la répression *des délits*.

La conséquence inévitable de ce nouvel ordre de choses était désormais *le morcellement* des habitations, *la distribution* des terres aux individus. Nous dirons plus tard dans quelles circonstances et dans quel esprit Pétion prit cette résolution intelligente, équitable, politique, qui fit *augmenter* progressivement les produits du pays, qui raffermit la République, en consolidant l'ordre social par le bonheur général, par *la propriété*, ce fondement inébranlable de la société civile.

Une autre source des revenus publics réclamait l'attention du sénat : le 23 avril, il rendit une loi *sur le commerce*. Les mauvaises mesures qui l'avaient entravé sous le régime impérial, les abus que l'intérêt privé y avait introduits, les prétentions que les étrangers élevaient dans leurs relations avec le pays, par suite des injustices dont ils avaient été l'objet, le besoin d'organiser cette

---

« un temps plus ou moins long, et poursuivent avec ardeur une réussite dont ils doivent re-
« cueillir leur part de profit. Tous les membres de la famille, jusqu'aux femmes et aux enfans,
« y font un apprentissage qu'ils propagent ensuite sur les terres dont ils ne tarderont pas
« à devenir *concessionnaires*. »

Extrait du rapport d'un jury en Algérie, à propos de la culture du *coton*, sur *le Moniteur universel* du 8 février 1855.

branche de revenus: tout faisait au sénat une obligation de l'asseoir sur de bonnes bases, par des principes équitables, afin de fixer les droits et les devoirs de chacun. Le sénateur Daumec fut chargé spécialement de ce travail; il présenta à cet effet un rapport où il développa ces principes, en faisant l'historique de ce qui avait eu lieu précédemment, en parlant en même temps de l'influence qu'exerce le commerce sur la civilisation des peuples. Nous ne pouvons nous dispenser d'en citer quelques passages, pour prouver le mérite de ce travail et le talent de son auteur, que nous avons déjà loué à propos de l'arrêté qui modifia le code pénal militaire.

Déjà, dit-il, j'entends le cultivateur, allégé de l'énorme imposition du quart de subvention, bénir vos travaux [1]. Le caboteur, libre dans sa navigation, rivalise de joie avec ce dernier, pour célébrer à l'unisson le jour mémorable où les représentans du peuple ont brisé les entraves qui gênaient leurs opérations; ces deux classes laborieuses de la société, rendues à leur indépendance primitive, réclament aussi en faveur du commerce, leur compagne inséparable. L'agriculture, le commerce et le cabotage se tiennent par la main; l'abandon de l'un fait dépérir l'autre. Vous tournerez donc vos regards vers le commerce, et vous le rendrez florissant par toutes sortes d'encouragemens. La liberté a toujours été son domaine.

Le commerçant étranger, naguère avili, attend avec le sentiment de l'impatience les lois que vous allez décréter sur le commerce.

L'agriculture veut que la liberté du commerce la mette à même de trouver le débouché de ses denrées avec avantage. Toutes les classes industrieuses de la société demandent que la loi ne comprime plus leurs facultés par *le privilége exclusif*. Tous les citoyens, enfin, concourant aux charges de l'Etat, réclament une protection

---

[1] *Oui*, si l'on entend par le terme générique de *cultivateur*, le propriétaire ou fermier; mais *non*, s'il ne s'agit seulement que des hommes qui travaillaient réellement à la culture des terres: nous croyons l'avoir prouvé par des chiffres. Sans doute, le fisc républicain retirait moins que le fisc impérial; mais ce sont les propriétaires et les fermiers qui profitaient surtout de cet allégement d'impôt.

égale de la loi. Les naturels du pays qui se livrent aux spéculations commerciales, semblent pourtant désirer une prédilection particulière du gouvernement dans cette occurrence : quel parti devez-vous prendre ?

En abolissant le quart de subvention, vous n'auriez rien fait si vous ne détruisiez *le privilége exclusif* qui paralysait l'industrie. La concurrence dans le commerce en fait la richesse.

En protégeant le commerce étranger, vous ne le laissez pas maître absolu de tous les avantages qui en résultent. Le négociant indigène doit aussi entrer en concurrence. Le champ est assez vaste pour que chacun y trouve son compte sans accabler le peuple ni léser le gouvernement. C'est ce terme moyen que doit trouver la législation.

D'après les principes du droit des nations, chaque gouvernement peut employer dans son régime les élémens qui peuvent tendre à sa conservation et au bien-être de ses administrés, en observant toutefois le droit des gens et le respect dû aux propriétés.....

Le commerce adoucit les mœurs ; il police les hommes par les rapports réciproques qu'il établit entre eux. C'est par son concours que des peuples féroces sont devenus doux et humains.....

Sans marine pour exporter ses denrées, Haïti jouit de l'avantage de voir arriver dans ses ports les hommes de tous les climats, que l'appât des richesses attire sur nos rives. Ces hommes nous apportent des objets qui nous sont précieux et prennent nos denrées en retour.

Ceux qui sollicitent encore la loi sur les consignations *par numéro*, renonceraient à leurs projets, s'ils voulaient se donner la peine de réfléchir sur la situation politique d'Haïti et sur ses rapports commerciaux.....

Un négociant haïtien qui tiendrait son rang dans le commerce et qui s'y distinguerait par sa bonne foi et une réputation bien acquise, forcera sans doute l'étranger à établir des liaisons avec lui. Du reste, c'est ici une affaire de confiance ; elle ne se commande point.

La mauvaise foi de quelques capitaines étrangers qui ont fui de nos ports sans s'acquitter de leurs droits envers l'Etat, vous fait un devoir de les astreindre à une consignation libre. Chaque étranger, en arrivant, aura le droit de choisir sur la place le consignataire en qui il aura confiance. Par ce moyen, vous détruisez l'arbitraire, sans exposer la République à être frustrée de ses droits.....

D'après ces principes, la loi du 6 septembre 1805 sur les

consignations par ordre de numéro, et celle du 10 janvier 1806 sur la composition des cargaisons en sucre, café et coton, furent abrogées. Tout haïtien ou étranger, voulant s'établir dans les ports ouverts au commerce d'importation, dut obtenir du gouvernement *des lettres* de consignation. Tout navire arrivant de l'étranger dut se consigner à celui qui aurait obtenu la confiance de l'armateur, capitaine ou subrécargue. Un impôt de 1 % fut établi sur le montant de chaque cargaison, à payer par le consignataire sur sa commission d'usage. Des formalités furent prescrites en corrélation avec la loi déjà rendue sur les douanes. Tout navire étranger put relever, en arrivant, pour se rendre d'un port ouvert à un autre dans le même cas. Tout consignataire étranger dut fournir caution au gouvernement pour les droits du fisc, et cette caution ne pouvait être donnée que par les consignataires indigènes. Les uns et les autres ne pouvaient faire que le commerce *en gros*, afin de favoriser les marchands indigènes qui, seuls, vendaient *en détail* : des peines furent établies contre les contrevans. Pareillement, les négocians étrangers ne pouvaient faire le commerce de l'intérieur ni acheter des denrées du pays, que dans les ports ouverts.

Dans aucun cas, l'autorité militaire ou administrative ne pouvait juger des différends entre commerçans ; ceux-ci avaient la faculté de recourir à des arbitres de leur choix, ou aux tribunaux déjà établis par la loi de 1805. Les fonctionnaires civils et militaires étaient tenus d'assurer protection aux commerçans étrangers ; mais tous les étrangers établis dans la République en cette qualité furent déclarés soumis à ses lois. Une chambre de commerce dut se former dans chaque port ouvert par les négocians consignataires, pour fixer et déterminer le cours des marchandises importées et des denrées du pays ; cette chambre devait signaler au gouvernement ceux d'entre eux qui auraient *mal géré* les cargaisons qui leur seraient confiées, ou ceux qui fréquenteraient *les maisons de jeux*, afin qu'ils fussent dépossédés de leur patente. La sortie du numéraire fut défendue. Des encanteurs publics furent établis dans les ports ouverts, avec les règles exigées pour leurs ventes. Les anciennes lois sur la tenue des livres de commerce durent être observées.

Enfin, en déclarant que le gouvernement prenait sous sa protection spéciale les maisons étrangères établies dans la République, il fut également déclaré qu'il ne reconnaîtrait aucunement, en temps et lieu, *les engagemens* qu'aurait contractés l'administration de Henry Christophe, rebelle à sa constitution et à ses lois, ni *les pertes* que les étrangers pourraient faire par suite de la guerre, dans le territoire soumis à sa domination.

Ces dispositions, à peu de chose près, devinrent des règles qui furent constamment observées dans le pays, parce qu'elles reposent sur les vrais principes de la législation sur le commerce.

Le lendemain, le sénat organisa les administrations financières du Port-au-Prince et de Jacmel. Il nomma J. Tonnelier, trésorier général de la République ; Pitre aîné, administrateur principal dans cette première ville : ce furent deux choix peu éclairés. J.-C. Imbert devint contrôleur ; A. Nau, garde magasin général ; Brisson, directeur de la douane ; Lemercier, vérificateur. A Jacmel, F. Viscière fut nommé administrateur principal, Surin, directeur de la douane, etc.

Le 4 mai suivant, une loi fut rendue *sur l'avancement*

dans l'armée. On y remarque un article qui autorisait le Président d'Haïti à pourvoir, provisoirement, à toute vacance *par choix* durant tout ajournement du sénat.

Le 5, une autre loi parut pour réprimer *les vols de café* qui se commettaient sur les habitations des campagnes, *en l'absence* des propriétaires ou fermiers. Ce fut le malheur de l'agriculture, que la presque impossibilité du séjour des uns et des autres sur ces propriétés rurales : la population des campagnes fut livrée à elle-même, sans direction morale.

Au moment où d'importans événemens surgissaient dans le Nord, contre la domination affreuse de Christophe, le 19 mai, « le sénat, justement effrayé des *dilapida-*
« *tions* qui se renouvellent chaque jour dans les finances
« de la République, et occupé du soin d'en arrêter le cours,
« afin de pourvoir aux dépenses que nécessite la guerre
« actuelle, » rendit un arrêté en forme de message au Président d'Haïti, pour l'inviter à donner des ordres au secrétaire d'État Bruno Blanchet, afin qu'il fournît au sénat, le 25 juin suivant : — le cadastre des habitations rurales affermées, avec mention de la quantité de café due par les fermiers et celle existante dans les magasins de l'État ; — le cadastre des propriétés urbaines également affermées et le fermage dû ; — l'état des guildives avec les mêmes indications ; — un aperçu du produit des warfs et bacs ; — un état sur la situation des caisses publiques, un aperçu du produit des douanes, etc. ; — un état des dettes de l'État ; — un tableau des patentés ; — la force effective de l'armée, le nombre d'officiers et leurs grades, la quantité de poudre, de plomb et autres objets de guerre. Enfin, le Président d'Haïti fut invité aussi d'ordonner que *les gens sans aveu* qui *obstruaient* le Port-au-Prince, eus-

sent à en sortir pour être activés sur les habitations des campagnes.

Déjà, quatre mois après sa nomination, Bruno Blanchet se montrait au-dessous de la vaste administration confiée à ses soins et comprenant les finances, les domaines nationaux, la guerre et la marine. Ce message le prouve, et en même temps le peu d'énergie dont il était capable pour réprimer les dilapidations dont se plaignait le sénat.

Dans les motifs donnés pour cet arrêté, ce corps fait savoir qu'il prenait en considération un message que lui avait adressé Pétion, « relativement aux habitations ac-« cordées *aux officiers* qui en ont été *privés* jusqu'à ce « jour. »

Ainsi, on trouve encore la preuve de la sollicitude incessante de Pétion pour améliorer le sort de ses compagnons d'armes d'un grade inférieur ; car il ne peut s'agir ici des officiers supérieurs qui obtenaient si facilement les biens du domaine public à ferme.

Ce fut à peu près à cette époque que revint dans le pays, le colonel **J.-P. Delva**, l'un des braves officiers de l'armée du Sud sous Rigaud. Déporté en **1802** et réfugié aux États-Unis, il n'avait point voulu rentrer dans sa patrie, tant que dura le gouvernement de Dessalines : il y arriva au moment où elle pouvait réclamer ses services.

CHAPITRE VI.

Le conseil d'État du Cap prend diverses mesures. — Lois sur les émolumens alloués aux officiers et la solde des troupes. — sur l'administration des finances. — Christophe conçoit l'idée *de vendre* les biens du domaine et ajourne cette mesure : réflexions à ce sujet. — Lois sur l'organisation des tribunaux, — sur les droits des enfans naturels, — sur la tutelle et l'émancipation. — Appréciation du régime établi par Christophe. — Conduite tenue par le général Lamothe Aigron, qui est cause de son renvoi du sénat. — Insurrection de J.-L. Rebecca au Port-de-Paix, et de Massez au Gros-Morne, en faveur de la République. — Mort de Rebecca. — Répression ordonnée par Christophe. — Toussaint Bouffet. — Proclamation de Pétion, décret du sénat, sur l'insurrection du Nord. — Expédition militaire confiée au général Bazelais qui s'empare des Gonaïves. — Pétion marche contre Saint-Marc. — Lutte des insurgés sous les ordres de Nicolas Louis. — Bazelais évacue les Gonaïves. — Pétion lève le siège de Saint-Marc et retourne au Port-au-Prince. — Propos attribués au général Yayou pendant la campagne. — Nouvelle expédition militaire sous les ordres du général Lamarre qui débarque dans la péninsule du Nord. — Son début dévoile la loyauté de son caractère. — Loi du conseil d'État sur les denrées du pays. — Conduite habile de Christophe envers un corsaire français naufragé. — Il marche contre Lamarre et l'assiège au Port-de-Paix. — Lamarre évacue cette place : mort des généraux Pourcely et Raphaël. — Ajournement du sénat et ses causes. — Décret qui délègue *la dictature* militaire et administrative à Pétion, durant l'ajournement du sénat. — Adresse du sénat au peuple et à l'armée, pour justifier cette mesure. — Conspiration du général Yayou. — Lettre de Pétion à Lamarre sur cet événement. — Mort de Yayou. — Jugement, condamnation et exécution de ses complices, au Port-au-Prince.

Dans le chapitre précédent, nous avons produit les actes d'organisation politique et administrative du Sénat de la République. Parlons maintenant de ceux du conseil d'État du Nord, afin de comparer l'esprit de ces deux institutions et des deux chefs qui influaient sur Haïti, divisée en deux États.

Le 1ᵉʳ mars, une loi fixa les émolumens accordés aux officiers de tous grades et la solde de l'armée du Nord. Le lieutenant-général jouissait de 35,000 livres (monnaie du pays), équivalant à environ 4240 piastres par an ; le maréchal de camp, de 25,000 livres ou environ 3,000 piastres. Mais, évaluant ces sommes *aux revenus* que devaient produire, pour le premier, 2 sucreries, 2 caféières et 1 cotonnerie ; — pour le second, 1 sucrerie, 1 caféière et 1 cotonnerie, ce nombre d'habitations fut accordé *à chacun* des lieutenans-généraux et des maréchaux de camp, *en jouissance*, afin qu'ils se payassent par leurs produits. Ils devaient les prendre, principalement parmi les biens domaniaux dont ils étaient fermiers auparavant. Mais la loi disposa qu'en cas de *décès*, *démission* ou *destitution* de ces officiers supérieurs, lesdits biens retourneraient au domaine public.

Au fait, c'était le même résultat dans la République, les officiers supérieurs y payant peu ou point du tout le fermage à l'administration, et les biens faisant également retour au domaine dans les mêmes circonstances. Seulement, on peut croire que les généraux du Nord retireraient plus de revenus de leurs habitations que ceux de la République, à cause des mesures de contrainte dont on usait envers les cultivateurs dans cette partie du pays [1].

Quant aux autres officiers de tous grades et aux soldats,

---

[1] En leur abandonnant ces revenus pour leur solde, c'était leur dire *de forcer* les cultivateurs à produire : de là, en effet, le maintien de la *grande culture* sous Christophe, mais au détriment *de la liberté* des véritables producteurs.

Par la loi du 26 avril 1808, les généraux de division de la République reçurent 3000 piastres pour leurs émolumens, les généraux de brigade 2160, etc.

leur solde fut taxée pour être payée *en argent*, quand le trésor public le pourrait : ce qui était encore semblable dans la République. Au reste, aucun pays au monde n'a jamais plus obtenu de son armée qu'Haïti, en abnégation, en services et en dévouement : ce fut toujours là l'un des mérites de ses braves militaires.

Le 15 mars, le conseil d'Etat rendit une autre loi sur l'administration des finances. A part les termes différens, dans quelques charges de cette administration, c'étaient encore les mêmes règles de comptabilité, les mêmes attributions, les mêmes devoirs que dans la République. Il y était question de l'affermage et de la *vente* des habitations, maisons, guildives et autres biens du domaine, parce qu'on avait alors *l'intention* de vendre ces biens en partie. En effet, une loi fut rendue le 31 du même mois à ce sujet ; mais elle ne fut pas exécutée, et un rapport du grand conseil d'Etat, en date du 27 mars 1817, constate cette *inexécution* en ces termes : « Lorsque V. M. prit les « rênes du gouvernement, elle en sentit l'importance (de « la vente), et vint au-devant des vœux de la nation ; la « loi du 31 mars 1807 fut rendue à cet effet, mais *des* « *circonstances majeures* en empêchèrent l'exécution. »

Quelles furent ces circonstances ? Nous ne saurions les préciser ; mais n'importe le motif de cette suspension, il est toujours d'un haut intérêt historique de savoir, que Christophe et Pétion eurent tous deux la même pensée en même temps, le 31 mars et le 7 avril 1807, avec cette différence essentielle : — que Christophe avait seul l'initiative des lois près de son conseil d'Etat, que sa volonté personnelle était la suprême loi, qu'il proposa la mesure de la vente des biens du domaine, qu'elle fut décrétée et qu'il la suspendit de lui-même ; — tandis que Pétion la conçut dans la République, qu'il la proposa au sénat, pouvoir politique indépendant, qui ne l'accueillit pas, et qu'il fut forcé d'attendre des circonstances plus favorables à ses vues.

Christophe hésita de mettre à exécution une mesure propre à consolider l'ordre social et même son autorité, parce qu'il s'aveuglait sur l'étendue et la force du pouvoir absolu. Pétion ne put alors faire admettre sa pensée, par les hommes dont il voulait accroître l'indépendance personnelle, augmenter le bonheur privé, celui de leurs familles et de beaucoup d'autres, dans la persuasion où il était, que l'autorité est d'autant plus forte, plus stable, qu'elle s'appuie sur le bien-être individuel et général.

D'après la loi du 15 mars, *le quart de subvention* était maintenu et se percevait *en nature*, de même que *le prix du fermage* des propriétés rurales appartenant aux domaines [1]. Les droits d'importation, d'exportation, de pesage, etc., furent aussi maintenus comme sous l'Empire.

Tous les matins, l'intendant de chaque province fournissait au généralissime ou au surintendant des finances, un état journalier de la situation de la caisse publique, du mouvement de la douane, du magasin de l'Etat et de celui des domaines. C'était un moyen de tenir en haleine tous les fonctionnaires des finances; et l'on conçoit d'ailleurs qu'avec un chef tel que Christophe, le conseil d'Etat n'avait pas besoin de lui adresser des messages, comme le sénat, par rapport aux *dilapidations :* c'était chose inconnue dans l'Artibonite et le Nord ; ou, s'il s'en faisait, les fonctionnaires se conformaient au conseil donné par Des-

---

[1]. Le 25 décembre 1807, un arrêté du généralissime régla la répartition du *quart des produits* afférant aux cultivateurs.

salines : ils ne laissèrent jamais « crier la poule en la plu-
« mant. » Ce n'est pas cependant que Pétion autorisât
cette infidélité, non plus que Christophe ; mais cela
tenait à l'abus de la liberté dans la République.

Le 18 mars, le conseil d'Etat rendit une loi sur la religion catholique, apostolique et romaine, et pour régler l'exercice du culte. Aucun acte du Pape ou de ses délégués ne pouvait avoir son effet, sans le consentement préalable du généralissime. Cette restriction d'ordre public était semblable à ce qui se pratique en France. Un *préfet apostolique* fut institué par le chef de l'Etat, dans la personne de Corneille Brelle, curé du Cap : sur la présentation de ce prêtre, il nommait les curés et les vicaires dans les paroisses, en leur assignant l'étendue, la circonscription de leur administration spirituelle. Ce préfet apostolique surveillait les ecclésiastiques et les établissemens d'instruction publique, examinait ceux qui voulaient en fonder pour juger de leur aptitude ; et s'ils n'obtenaient pas de lui, en outre, un certificat attestant leurs bonnes mœurs et leurs principes religieux, il ne pouvaient être admis à exercer. A la fête nationale de l'indépendance, furent ajoutées celles de Saint *Henry*, patron du président généralissime, et de Sainte *Louise*, patronne de la *présidente*, son épouse ; puis, les principales fêtes religieuses pour être observées comme jours fériés, ainsi que les dimanches. Dans ces jours-là, toutes les autorités civiles et militaires assistaient en corps, les instituteurs et institutrices avec leurs élèves, au culte religieux de l'Etat.

Depuis la déclaration d'indépendance, la hiérarchie ecclésiastique était détruite dans le pays. Lecun fut le dernier préfet apostolique reconnu par la cour de Rome ;

il s'évada pendant les représailles sanglantes de 1804. Les prêtres préservés de ces vengeances, et quelques autres qui vinrent à Haïti, ne tenaient leur autorité que de leur caractère sacré et de la volonté du gouvernement qui les plaçait dans les paroisses. On a vu que Dessalines en avait *institué* quelques-uns avec des chantres haïtiens : ce qui était encore plus irrégulier que la nomination de C. Brelle par Christophe, en qualité de préfet apostolique; car l'autorité temporelle ne peut donner à un homme le caractère sacré qu'un évêque seul a le droit de conférer, d'après le rituel de l'Église catholique et les pouvoirs spirituels qu'il tient de sa propre consécration à l'épiscopat. Il faut donc considérer celle de C. Brelle comme une charge publique, par la nécessité d'établir un ordre quelconque parmi les prêtres qui desservaient les paroisses de l'Artibonite et du Nord.

Dans l'Ouest et le Sud, le Président d'Haïti assignait aussi, en les plaçant dans les paroisses, la circonscription où les curés exerçaient l'administration spirituelle. Il ne nomma point de préfet apostolique, mais il *toléra* ce titre, pris successivement par deux prêtres qui furent curés du Port-au-Prince, Lemaire et Gaspard, qui n'y étaient nullement autorisés par la cour de Rome: ils n'exercèrent pas pour cela aucune autorité spirituelle sur les autres curés.

On peut, on doit excuser ces irrégularités commises dans les affaires religieuses, à raison des circonstances politiques. Haïti s'étant séparée de la France, et celle-ci tenant alors la cour de Rome sous son influence, sinon sous ses ordres, il était impossible qu'on s'adressât à elle pour en obtenir une hiérarchie ecclésiastique ; son autorité eût paru toujours suspecte en faveur de l'ancienne métropole. Ce fut un malheur, et pour la religion catholique et pour le peuple haïtien qui la professait ; car Haïti fut contrainte de subir la présence d'une foule de prêtres, dont la conduite scandaleuse dans les autres pays, les portait à s'y réfugier pour y continuer la même vie désordonnée, avec d'autant plus de facilité qu'ils n'y trouvaient aucun frein dans l'autorité d'un supérieur spirituel. Plus tard, on reconnaîtra que la cour de Rome elle-même ne sut pas comprendre les nécessités de la religion dans ce pays, influencée qu'elle a été par certaines considérations qui seront exposées en temps opportun.

Après la loi dont nous venons de parler, le conseil d'État en rendit une autre, le 18 mars, sur l'organisation des tribunaux. Cette organisation fut la même que celle de l'Empire ; mais la loi régla la forme de procéder en matière civile et en matière criminelle : des tribunaux de commerce furent aussi établis. Les juges de paix, dans chaque paroisse, cumulaient les attributions des anciens officiers de l'état civil, pour constater les naissances, les décès et les mariages ; mais ils n'eurent point à constater *le divorce*, comme sous le règne de Dessalines, attendu que la constitution du 17 février l'avait aboli. La forme de procédure civile et criminelle avait été empruntée aux anciennes ordonnances françaises en usage dans le pays.

Le 25 mars, une nouvelle loi fut publiée sur les droits de successibilité *des enfans naturels*, empruntée également au code Napoléon qui avait paru en 1802. Toutefois, elle disposa à cet égard *pour l'avenir* ; car son article 13 fut ainsi conçu : « Les dispositions de la présente loi ne
« peuvent être applicables aux enfans naturels qui au-
« raient eu *précédemment* des droits à exercer ; les me-
« sures prises à leur égard *continueront* à avoir lieu. »

La loi rendue sur la même matière par Toussaint Louverture, qui avait aboli aussi le divorce, était plus en rapport avec les mœurs du pays et les faits préexistans, que celle publiée par Christophe. Dans sa prétention de les réformer tout d'un coup, ce dernier préféra adopter les dispositions suivies en France. Ainsi, le droit de l'enfant naturel reconnu fut réglé par l'article 8 de la loi du 25 mars :

« Si le père ou la mère a laissé *des descendans légi-*
« *times,* il (l'enfant naturel) *n'a aucun droit d'hérédité.*
« *Le droit d'hérédité est d'un tiers,* lorsque les parens
« ne laissent pas de descendans (légitimes), mais bien
« *des ascendans,* ou *des frères ou sœurs :* alors, *le reste*
« des biens échoit aux parens légitimes, à moins d'autres
« dispositions testamentaires ; et en cas que le père ou la
« mère décède *sans parens légitimes, les deux autres*
« *tiers* des biens échoient de droit *à la vacance,* s'il n'a
« pas laissé de testament. »

Pour assurer le sort de leurs enfans naturels reconnus, il fallait donc que le père ou la mère eût la précaution de faire un testament en leur faveur, sinon *les deux tiers* de leurs biens passaient à la vacance, c'est-à-dire à l'État[1].

Le 6 mai, une loi régla *la tutelle et l'émancipation,* en prenant encore ses dispositions au code Napoléon. Et après l'organisation d'une gendarmerie destinée à la police des campagnes, comme dans la République, une nouvelle loi assimila aussi le rang des fonctionnaires et employés de l'administration aux grades des officiers de l'armée ; puis une autre fixa les émolumens dont ils devaient jouir.

Telles furent les lois organiques publiées au Cap dans

---

1 Cependant, en 1812, lorsque parut le *Code Henry,* les enfans naturels reconnus eurent droit *au quart* de la portion afférente à un enfant légitime, etc.

ces premiers temps; le pouvoir absolu de Christophe suppléait à tout le reste. A cette occasion, aidons-nous des appréciations suivantes extraites de l'Histoire d'Haïti, t. 3, p. 419 :

« Christophe, chef absolu des provinces du Nord et
« de l'Artibonite, exerçait sur les populations soumises
« à son autorité un despotisme déjà sanglant. Sa volonté
« avait remplacé la loi, et quiconque osait se plaindre de
« ses actes tyranniques était conduit à l'échafaud. Il
« avait déjà établi dans les campagnes une organisation
« par laquelle l'homme était attaché à la glèbe, comme
« sous Toussaint Louverture. Le produit du travail forcé
« subvenait largement aux dépenses de son gouverne-
« ment. Le propriétaire n'était plus le maître de ses re-
« venus ; les agents du fisc s'en emparaient et en rempli-
« saient les magasins du gouvernement. Les propriétés
« de ceux qu'on envoyait à la mort étaient confisquées
« au profit de l'État, et leurs héritiers, pour sauver leurs
« jours, étaient contraints de taire leur ressentiment.
« Bien que Christophe ordonnât que la morale fût en
« vigueur, il laissait s'approcher de lui des courtisanes
« qui intriguaient avec des favoris autour de sa personne.
« Ses ordonnances étaient admirables, mais il les trans-
« gressait lui-même ; il proclamait la loi souveraine, mais
« elle était toujours suspendue par ses caprices ; il en-
« voyait pour un temps à la Ferrière, un bourgeois ou un
« militaire, mais celui-ci y demeurait toute sa vie ; les
« habitans du Nord étaient libres d'aller où ils voulaient et
« de dire ce qu'ils pensaient, sous la réserve d'être arrêtés,
« s'il plaisait au chef de l'État d'Haïti, d'être fusillés ou
« décapités, ou d'être condamnés aux travaux forcés dans
« les fortifications. Néanmoins en faisant *abstraction de ses*

« *fureurs* qui ne se calmaient souvent *qu'à la vue du sang*, « et qui l'ont réduit à s'ôter la vie en 1820, pour ne pas « tomber en la puissance populaire, son gouverne-« ment restera *un modèle d'ordre et de forte organisa-« tion.* »

Nous applaudissons à ce tableau qui représente fidèlement le gouvernement de Christophe, de 1807 à 1820 ; mais nous ne saurions, ainsi que M. Madiou, « faire abstrac-« tion de ses fureurs » pour offrir en quelque sorte un tel gouvernement, comme « un modèle d'ordre et de forte « organisation » que l'on pourrait imiter. Selon nous, *l'ordre* existe dans un pays, quand le gouvernement pose les limites de son pouvoir qu'il observe ensuite, quand il proclame des lois pour servir de règles à chacun dans sa sphère d'activité et garantir l'exercice des droits de la société, et qu'il oblige à les observer, à son exemple. Mais, lorsqu'il est le premier à enfreindre les unes et les autres, qu'il ne suit que « sa volonté et ses caprices, » qu'il agit enfin comme on le dit dans ce tableau, *il n'y a point d'ordre* dans un tel pays, sous un gouvernement aussi affreux. Il n'y a pas non plus *d'organisation*, puisque celle-ci n'est que le résultat de *l'ordre* établi et suivi, d'après la règle et les lois qui obligent autant le gouvernement que les particuliers. Or, si le despote, le tyran sanguinaire ne suit que les inspirations de sa volonté et de ses caprices, lui-même ne peut savoir ce qu'il voudra d'un jour à l'autre, d'une heure, d'une minute à l'autre. Si l'on peut appeler *ordre et organisation* un tel état de choses, ce sont ceux de la *terreur* ; mais ce ne sera jamais *un modèle* à louer, à recommander. Tout autre chef, ayant seulement *du bon sens*, ne voudra pas l'imiter pour être réduit ensuite à *se suicider*, afin de ne pas tomber en la puissance du peuple, qui sait faire justice de la tyrannie et des tyrans.

Après avoir constaté de quelle manière Christophe gouvernait la partie du pays soumise à ses ordres, produisons un fait qui donnera une idée des procédés de Pétion en matière de gouvernement : le lecteur comparera et jugera.

On a vu le nom du général Lamothe Aigron parmi ceux des signataires de la protestation contre l'assemblée constituante et la constitution de 1806 ; on a vu aussi que ce général fut élu sénateur et qu'il se trouva à la bataille de Sibert. Peu après, il avait demandé la permission de se rendre dans le Nord, en même temps que des députés de ce département à l'assemblée constituante avaient obtenu cette faculté ; elle lui fut *refusée*, à cause de sa qualité de *sénateur*, alors que le sénat invitait les généraux Toussaint Brave, Romain et Magny, et le citoyen Charéron à se rendre au Port-au-Prince pour prêter leur serment. Mécontent de ce refus, il adressa une lettre au sénat pour donner *sa démission* ; ses collègues l'engagèrent à y renoncer, comme ils avaient fait à l'égard de Gérin ; mais, de même que ce dernier, il ne retira point sa lettre. Bientôt après, il tint à Yayou des propos insidieux pour le disposer en faveur de Christophe ; ce général en avisa Pétion qui se borna à le féliciter de ses sentimens et à le prémunir contre ces manœuvres coupables. Lamothe Aigron ne s'arrêta pas dans cette voie ; ayant discouru avec inconvenance sur la situation du pays, en présence de David-Troy, celui-ci le dénonça au sénat qui, n'ignorant pas ses propos à Yayou, adressa un message au Président d'Haïti pour en être informé

officiellement. Pétion y répondit le 5 mai : « Par prin-
« cipe de modération, dit-il, et espérant qu'il aurait pu
« faire un retour sur lui-même, j'avais jusqu'ici gardé le
« silence sur sa conduite ; mais, invité aujourd'hui par
« vous, de vous faire part de ce qui, contre lui, est par-
« venu à ma connaissance, il est de mon devoir de vous
« exposer la vérité avec franchise. »

Il s'ensuivit de ces informations, que le sénat nomma une commission de ses membres pour recueillir tout ce qui était à la charge de Lamothe Aigron. Elle entendit plusieurs personnes, entre autres le général Bazelais, qui, toutes, déposèrent contre l'inculpé ; elle produisit même, avec son rapport, une lettre adressée par Christophe à celui qui lui paraissait si dévoué, en concluant que, puisque le sénateur inculpé n'avait pas retiré sa demande de démission, il fallait la lui accorder : ce qui eut lieu immédiatement, le 14 mai.

Après de tels faits, on s'attend peut-être, à trouver en Pétion un chef irrité et sévère à l'égard du général Lamothe Aigron. Eh bien ! non : il eut la magnanimité de ne pas même le laisser *sans emploi* : il le nomma *sous-chef* de l'état-major général de l'armée, sous les ordres de Bazelais. C'est à ce procédé généreux, que la République dut la conservation d'un officier qui la servit ensuite *avec zèle et fidélité*, en remplissant successivement divers postes importans. Supposez Lamothe Aigron dans le Nord et agissant comme il fit en 1807 ; que lui serait-il arrivé sous le barbare qui y commandait et dont il voulait servir la cause [1] ?

Pendant que ces faits avaient lieu dans le sein du sénat,

---

[1] Lamothe Aigron avait été de l'état-major de Moïse, puis de celui de Christophe.

il s'en passait d'autres au Port-de-Paix et au Gros-Morne en faveur de la République. Pour qu'on les comprenne bien, il nous faut revenir un peu en arrière.

A la mort de Dessalines, le général Guillaume, commandant de l'arrondissement du Port-de-Paix, dévoué à l'empereur, avait eu la velléité de faire assassiner quelques hommes qui témoignèrent leur satisfaction de cet événement ; mais il ne put mettre à exécution cet affreux dessein, parce que la 9e demi-brigade était en même temps irritée contre Christophe, qui fit assassiner Capois dans ces circonstances. Cette troupe fut ensuite un des premiers corps à se mutiner, à l'occasion de la solde qu'il avait prescrite. Mécontent à son tour de la faiblesse que Guillaume montra envers la 9e, Christophe l'avait révoqué et envoyé en punition à la citadelle Henry, en donnant le commandement de l'arrondissement au colonel Pourcely, homme de couleur, qui était à la tête de la 9e. On a vu que dans sa lettre à Romain, du 19 octobre 1806, il s'était reposé surtout sur Pourcely pour maintenir l'ordre parmi ce corps [1]. En marchant contre le Port-au-Prince, il fit ordonner aux 1er et 2e bataillons de le joindre ; mais la crue des eaux des Trois-Rivières les avait empêchés de parvenir à temps ; ils arrivèrent seulement à l'Arcahaie où Christophe se trouvait, de retour de son équipée. Etant à Marchand, dans sa rage contre les républicains qui l'avaient repoussé du Port-au-Prince, il prononça des paroles menaçantes contre *les hommes de couleur*, qu'il rendait solidaires de ce qu'il imputait à Pétion et ses collaborateurs à la constituante : des murmures s'étaient fait entendre dans les rangs de la 9e où se trou-

---

[1] Il est probable que la révocation de Guillaume fut surtout motivée par son attachement à Dessalines.

vait Jean-Louis Rebecca, noir d'une ancienne famille d'affranchis du Port-de-Paix, élevé dans les mêmes principes que Lubin Golard, que tous les noirs anciens libres de la péninsule du Nord, qui, presque tous, avaient pris part à sa levée de boucliers, en 1799, en faveur de Rigaud et contre Toussaint Louverture.

Rebecca avait alors 38 ans, étant né en 1769; il était simple grenadier, après avoir été adjudant-sous-officier dans son bataillon; son caractère indépendant l'avait fait brutalement dégrader, et il n'en était resté que plus hostile au despotisme habituel du Nord. Sa naissance, sa position dans la société civile à cause de sa famille, son âge, le rang auquel il était parvenu dans son corps, après avoir vaillamment combattu contre les Français sous Maurepas : tout lui donnait une grande influence sur les sous-officiers et les soldats de la 9e. Quand ce corps rentra au Port-de-Paix, Rebecca ne tarda pas à y voir arriver Thimoté Aubert et Hyppolite Datty qui, à la constituante, s'étaient identifiés avec les principes de républicanisme de Pétion, et qui, en retournant dans leurs foyers, lui avaient promis de tout faire pour relever le drapeau de Lubin Golard. Ces deux constituans s'abouchèrent avec Rebecca, Fouquet, ancien contrôleur de finances, et Faux, capitaine de la garde nationale; ils se ménagèrent des intelligences avec tous les autres hommes qui pensaient comme eux au Port-de-Paix, et avec Massez, noir, habitant du Gros-Morne, influent dans cette commune. Rebecca travaillait l'esprit des soldats de la 9e, tandis que Massez agissait sur celui des soldats d'un détachement de la 14e qui était au Gros-Morne.

Pourcely était devenu général de brigade, dans les promotions faites par Christophe au mois de février;[1] Catabois commandait la place; Jacques Louis, devenu colonel, remplaça Pourcely à la tête de la 9e ; deux des bataillons étaient commandés par Nicolas Louis et Bauvoir ; Alain était adjudant de place, et Jacques Simon, intendant des finances.

Massez ayant réussi à soulever le détachement de la 14e et les habitans et cultivateurs du Gros-Morne, le général Pourcely fit sortir du Port-de-Paix les 1er et 2e bataillons de la 9e pour aller réprimer cette révolte. Ce fut le moment choisi par Rebecca, qui était du 2e bataillon, pour se prononcer avec ses camarades en faveur de la République : c'était le 17 mai. Les officiers ne voulant pas prendre parti avec eux, les deux bataillons s'emparèrent du Grand-Fort en reconnaissant Rebecca pour leur chef. Cependant, celui-ci essaya d'organiser l'insurrection sous la conduite de Pourcely et des autres officiers de tous grades, parce qu'il était moins animé par une ambition personnelle que par le désir de soustraire la péninsule du Nord à l'autorité de Christophe. Ni Pourcely ni aucun autre officier n'ayant voulu déférer à ses vœux, Rebecca abandonna le fort et se porta avec sa troupe à celui du Trois-Pavillons, dans la montagne du Port-de-Paix.

Tandis que Pourcely expédiait le capitaine Gilles Déré au Cap, pour aviser Christophe de cet événement, et que l'intendant Jacques Simon s'y rendait aussi, de la Tortue où il s'était réfugié en se sauvant du Port-de-Paix, Thimoté et ses amis faisaient partir Gentil Rebel à bord

---

[1] L'Histoire d'Haïti, t. 3, p. 404, cite un toast du *général* Pourcely, au banquet qui eut lieu en *février* à l'occasion de la constitution de l'État du Nord ; et à la page 421, elle dit que Christophe lui envoya le brevet de *général* au mois de *mai*, au moment de l'insurrection de Rebecca. La première assertion, d'après les actes publics, est plus exacte que la seconde qui paraît reposer sur la tradition orale.

d'une barge, avec mission de se rendre au Port-au-Prince pour informer Pétion de la réussite du projet qu'ils avaient conçu : il présidait une députation de citoyens.

Dans la soirée du 18 mai, le 3ᵉ bataillon de la 9ᵉ se prononça également pour la cause de la République, et les citoyens du Port-de-Paix se déclarèrent, la plupart, dans le même sens. Une portion de ce bataillon alla joindre les deux autres au Trois-Pavillons, l'autre resta en ville. Le général Pourcely entraîna alors les autres officiers de tous grades avec lui et se rendit à Jean-Rabel où commandait Placide Lebrun; mais, pendant leur marche, Catabois, Nicolas Louis, Bauvoir et la plupart des officiers inférieurs l'abandonnèrent et se cachèrent dans les montagnes. Ces nouvelles défections portèrent Pourcely à se rendre aux Gonaïves avec Jacques Louis et Placide Lebrun, en passant par le Port-à-Piment: de là, ils se rendirent au Cap.

Le capitaine Alain, adjudant de place, était resté seul au Port-de-Paix à leur départ : il fut reconnu en qualité de commandant par ceux des insurgés qui s'y trouvaient. Le lendemain, Rebecca y vint avec toute sa troupe, après avoir envoyé des émissaires dans toutes les montagnes et dans les communes de Saint-Louis et du Borgne pour soulever les habitans et les cultivateurs. Il fit rédiger une proclamation pour annoncer le but de son entreprise, n'y prenant que le simple titre de *Grenadier* de la 9ᵉ, tant il était mu par le seul sentiment de la liberté, dans sa noble ardeur contre la tyrannie qui opprimait déjà le Nord et l'Artibonite. Il est fâcheux, cependant, que Nicolas Louis, Catabois et Bauvoir, qui se rallièrent ensuite à cette sainte insurrection, ne comprirent pas alors le bon effet qu'aurait produit leur adhésion, pour lui donner une direction plus vigoureuse, par leurs grades militaires et le respect et l'estime dont ils jouissaient dans la 9ᵉ. Rebecca était aimé de ses camarades, mais il n'avait pas sur eux cette autorité morale qui résulte de l'habitude du commandement supérieur et qui assure le succès des entreprises de cette nature: en l'absence, même de leurs officiers inférieurs, ils n'agissaient pas avec cet esprit d'ordre et de discipline nécessaire, surtout en pareil cas. Rebecca en fit l'épreuve.

Il était à peine arrivé au Port-de-Paix, quand Gilles Déré y revint du Cap. Amené au bureau de la place, il annonça à Alain qu'il avait laissé Christophe à 4 ou 5 lieues, marchant contre la ville à la tête d'une colonne, et que le général Romain se dirigeait avec une autre contre le Trois-Pavillons. Cette nouvelle donna l'alarme au Port-de-Paix, Rebecca fit battre *la générale* pour réunir la 9ᵉ; mais les soldats étaient débandés, les citoyens, hommes, femmes et enfans couraient çà et là pour tâcher de fuir, en emportant ce qu'ils avaient de plus précieux dans les campagnes. Pour contraindre ses compagnons à se réunir autour de lui, Rebecca recourut *au feu*; il livra des maisons aux flammes, et n'en augmenta que plus la confusion. Enfin, suivi d'environ 20 hommes, il reprit précipitamment la route du Trois-Pavillons, dans l'espoir d'y être rejoint par le reste de la 9ᵉ pour défendre ce point. Il eut le temps d'y précéder la colonne du général Romain, mais sa troupe se grossit de peu de soldats, les autres ayant dirigé leurs pas vers Jean-Rabel ou dans les montagnes, avec une partie de la population du Port-de-Paix.

Christophe y arrivant et trouvant cette ville en flammes, se livra à toute sa fureur contre les hommes, les femmes et les enfans que sa cavalerie put atteindre : il en ordonna le massacre, en prenant position dans le Grand-Fort. Le lendemain, il se porta sur l'habitation Lallemand, à un-quart de lieue du Trois-Pavillons qu'il fit cerner par Romain.

Dans la nuit, Rebecca se décida à évacuer ce point. Arrivé sur l'habitation Paillet, à deux lieues de là, il fut atteint par la troupe de Romain qui s'était aperçue de sa fuite et qui le poursuivit. Pleins de courage, Rebecca et ses compagnons osent se mesurer avec des forces infiniment supérieures : il reçoit une balle à la cuisse et tombe parmi les morts ; le reste se sauve dans les montagnes. Intéressé à la capture de celui qui leva l'étendard de l'insurrection contre le généralissime, Romain fait chercher Rebecca parmi les victimes de cette sainte cause : il fut reconnu par le brave Toussaint Paul, plus désigné sous le nom de Toussaint Boufflet, qui servait Christophe alors, et qui devait lui-même devenir une victime du tyran, après s'être immortalisé, comme Rebecca, au service de la République dont il embrassa la cause. Toussaint, capitaine de dragons, avait été un des premiers à fuir du Port-de-Paix pour se rendre au Cap, lorsque l'insurrection eut lieu.

Traîné pardevant Romain, Rebecca conserva l'attitude d'un héroïque défenseur de la liberté ; il accabla ce général et Christophe, d'expressions de mépris que lui suggérait son horreur pour la tyrannie qu'ils exerçaient dans le Nord, en demandant d'être mis immédiatement à mort. Romain lui fit trancher la tête par un sapeur et l'envoya à son maître, qui, dans sa joie féroce, la fit exposer au bout d'une pique au Trois-Pavillons où il s'était rendu.

Ainsi se termina, le 21 mai, la carrière de ce brave soldat. On peut remarquer, à sa louange, qu'il ne commit aucun crime, aucun excès contre qui que ce soit, même à l'égard des officiers de tous grades qui se refusèrent, malgré ses instances, à prendre la direction de ce mouvement militaire et politique. A cette modération digne de servir d'exemple, il joignit un désintéressement rare, peut-être unique, en ne s'attribuant aucun grade parmi ses compagnons d'armes : le titre de *grenadier* de la 9e lui suffit ! C'est qu'il était réellement animé du feu sacré de la Liberté, du sentiment républicain qui porte l'âme aux grandes choses, qui ennoblit les actions des hommes qui se dévouent à cette forme de gouvernement, tandis qu'à d'autres, il faut *des grades* pour anoblir leurs personnes. Honneur à la mémoire de Rebecca ! car il honora son pays.

Se rappelant la lutte que Lubin Golard avait soutenue dans cette péninsule, et sachant qu'aucun des officiers de la 9e n'avait pris part à l'insurrection, Christophe voulut employer une feinte modération pour pacifier ces quartiers, alors que les montagnes du Gros-Morne étaient dans le même état. A cet effet, il fit répandre le bruit, par des soldats qu'il envoya de tous côtés, que Rebecca étant mort, il n'en voulait plus à qui que ce soit ; qu'il étendait une amnistie sur tous sans distinction. Des vieillards des deux sexes qui ne pouvaient continuer à gravir les montagnes furent les seuls qui vinrent faire leur soumission; tous les soldats de la 9e, tous les hommes valides se retirèrent au fond des bois plutôt que de se rendre à sa voix, persuadés que sa parole serait violée. Le capitaine Alain était parmi eux et partageait leur conviction à cet égard : apprenant eux-mêmes que Nicolas Louis, Bauvoir, Catabois et les autres officiers n'avaient pas suivi Pourcely, ils le chargèrent d'aller prier ces chefs de prendre la direction de leur défense contre le tyran. Nicolas Louis consentit à cet acte de dévouement : il devint donc le chef supérieur des fugitifs errans dans les montagnes. Aussitôt, le ralliement des soldats de la 9e commença à s'opérer dans le canton des Moustiques où il se tenait.

Quelques jours après, une lettre de Christophe lui parvint et l'invita à se rendre auprès du généralissime avec les autres officiers, en leur promettant à tous la conservation de leurs jours et de leurs grades, parce qu'il savait leur résistance à l'insurrection. Mais N. Louis et ses compagnons se gardèrent d'obéir à cet ordre d'un homme sans foi. Au contraire, pour empêcher toute défection, Nicolas Louis jugea qu'il était instant de livrer combat ; il fit tendre une embuscade, sous les ordres de Bauvoir, aux troupes du Nord qui parcouraient les montagnes, et obtint un complet succès. Quoiqu'il prît des mesures pour assaillir les insurgés, Christophe essaya encore de les persuader, et cette fois il employa la ruse. Sachant l'intimité qui avait existé entre Toussaint Boufflet et les principaux officiers et habitans du Port-de-Paix, il lui donna la mission de se rendre auprès d'eux, comme un *transfuge* qui aimait mieux venir partager leurs périls, que de rester auprès du tyran ; mais Toussaint devait insinuer la défection dans leurs rangs. Il fut accueilli favorablement, car c'était un brave officier de plus parmi eux.

Christophe ne put attendre longtemps le succès de cette manœuvre ; il ordonna bientôt à Romain de se porter à Jean-Rabel et au Môle avec des troupes, pour rallier de gré ou de force les populations éparses, en même temps qu'il faisait tout saccager dans les Moustiques par les généraux Toussaint Braye et Martial Besse. Romain en fit autant dans les lieux où il parvint, et retourna auprès du généralissime qui lui laissa le commandement supérieur et partit pour le Cap. Peu après, Nicolas Louis eut un engagement avec Toussaint Brave qu'il battit et refoula au Port-de-Paix. Romain y concentra toutes ses troupes, à raison des faits qui se passaient aux Gonaïves et du côté de Saint-Marc. Après sa retraite, Nicolas Louis s'organisa mieux : Jean-Rabel et le Môle étaient acquis à l'insurrection.

Terminons ce qui concerne Toussaint Boufflet, avant de relater les faits des Gonaïves et de Saint-Marc. Il sentait sa fausse position parmi les insurgés et brûlait du désir de retourner auprès de Christophe ; mais il y avait des risques à tenter son évasion : pour l'opérer, il lui fallait recourir à la générosité d'un ami qui l'aiderait, même en dépit de ses convictions républicaines. Toussaint avait une belle âme ; il jugea qu'il pouvait se confier à Faux avec qui il était plus lié ; il s'en ouvrit à lui [1]. Incapable de trahir l'amitié, Faux employa au contraire tous les raisonnemens et ses sentimens affectueux pour le détourner de ce projet, et le persuader d'embrasser sincèrement la cause de la République. Ne réussissant pas à vaincre les scrupules de Toussaint, qui se croyait lié par sa parole donnée à Christophe, Faux en entretint Nicolas Louis, espérant que leur chef aurait plus d'influence. Celui-ci, dans la position où il se trouvait avec les insurgés, pensa, au contraire, qu'il fallait un acte de sévérité pour assurer leurs succès, ne pouvant compter sur les sentimens de Toussaint : il le fit arrêter pour être fusillé. En vain, Faux et Bauvoir sollicitèrent sa grâce, Nicolas Louis fut inexorable. Alors, désolé d'être cause de la mort de son ami, Faux demande à mourir avec lui et s'y résout

---

[1] Faux qui vécut honorablement au Port-au-Prince où il exerça son métier de tailleur, où il mérita et obtint l'estime de tous les gens de bien.

avec fermeté. Ce généreux dévouement fléchit Nicolas Louis, mais il envoie Toussaint en détention à Jean-Rabel pour s'assurer de sa personne : ce brave y était encore, quand Lamarre débarqua dans la péninsule.

En recevant la députation présidée par Gentil Rebel, Pétion adressa un message au sénat pour l'informer des faits dont elle était venue donner l'heureuse nouvelle; et il se décida aussitôt à entreprendre une campagne par terre contre Saint-Marc, en même temps qu'une expédition attaquerait cette ville par mer, afin d'opérer une diversion en faveur des insurgés. Il émit, le 22 mai, une proclamation chaleureuse pour enflammer l'ardeur des troupes de la République, donner l'espoir à tous les citoyens de voir anéantir la tyrannie de Christophe : « Sol-
« dats,... vous marchez pour assurer la liberté et le bon-
« heur de vos frères, pour punir un homme qui désho-
« nore l'humanité; qui, dans le délire de sa férocité, ne
« reconnaît ni âge, ni sexe... Ne vous écartez jamais,
« durant cette campagne, des principes de subordination
« et de discipline qui constituent le vrai militaire : res-
« pectez les propriétés des cultivateurs, respectez celles
« de tous les citoyens, de tous vos frères : les propriétés
« de Christophe seront les vôtres.... »

Le même jour, un décret du sénat déclara que : « Le
« citoyen J.-L. Rebecca, les sous-officiers et soldats de
« la 9e demi-brigade, ceux de la 14e, les habitans et les
« cultivateurs qui se sont réunis sous les drapeaux de la
« République pour renverser la tyrannie de Henry Chris-
« tophe, ont bien mérité de la patrie et de l'humanité. »
Le Président d'Haïti fut autorisé à décerner des récompenses à J.-L. Rebecca et à ses braves compagnons d'ar-

mes. Il y avait déjà 24 heures que ce vaillant *grenadier* avait péri d'une mort glorieuse !

Le 25 mai, l'expédition était prête à prendre la mer : elle fut confiée au général de division Bazelais, ayant sous ses ordres les adjudans-généraux Lacroix et Lamarre. Les troupes furent principalement embarquées sur un navire anglais portant le nom de *Lord Duncan*, de près de mille tonneaux ; il était dans la rade du Port-au-Prince à la consignation de R. Sutherland, qui le mit à la disposition du gouvernement : lui-même s'y embarqua aussi [1]. Plusieurs autres bâtimens moins grands et le garde-côtes de l'Etat, *l'Indépendance*, commandé par Jean Gaspard, escortaient l'anglais. Dans la nuit du 25 au 26, ils appareillèrent.

Les instructions données au général Bazelais portaient qu'il devait s'efforcer de débarquer avec les troupes, s'il était possible, dans la baie de Saint-Marc, afin d'aider l'armée de terre à enlever cette ville qu'on supposait peu garnie de forces, à cause de l'insurrection du Gros-Morne et du Port-de-Paix. *L'Indépendance* devait se rendre sur les côtes de la péninsule, pour remettre les dépêches de Pétion à Rebecca, à qui il expédia le brevet de *colonel* de la 9e, lui mandant qu'il marchait pour le secourir et qu'il continuerait à l'aider par l'envoi de munitions, etc., etc. Ce garde côtes se rendit en effet à sa destination, en entrant au Môle, d'où les dépêches, la proclamation du Président d'Haïti et le décret du sénat furent envoyés à Nicolas Louis, devenu le chef des insurgés. Mais les troupes ne purent être débar-

---

[1] L'Hist. d'Haïti, t. 3, p. 429, a commis une erreur de noms à l'égard du navire et du négociant : elle nomme le premier *Lord Dorking*, et dit que ce fut Jacob Lewis qui le mit à la disposition du gouvernement : nous garantissons ce que nous disons à cet égard.

quées contre Saint-Marc, que l'on reconnut bien gardée.

En vertu des instructions qui avaient prévu ce cas, Bazelais fit faire voile pour aller débarquer à la baie de Henne. Les navires s'arrêtèrent sur la côte de Lapierre afin d'y faire de l'eau : là, on apprit que la ville des Gonaïves n'avait aucune troupe, toutes les forces étant vers le Gros-Morne ; on sut aussi que cette ville commerçante était encombrée de cafés et de coton. Si, comme *militaire*, Bazelais s'exagéra les succès possibles de l'armée de terre contre Saint-Marc, afin d'opérer sa jonction avec elle aux Gonaïves, ou la possibilité de secourir de là les insurgés du Gros-Morne et du Port-de-Paix,—R. Sutherland, en bon *commerçant*, vit encore plus de probabilité de pouvoir garnir les flancs de *Lord Duncan* avec les cafés et le coton de la place des Gonaïves : de là la résolution prise d'aller s'en emparer.

Le général Magny, qui s'y trouvait avec une centaine d'hommes, ne put opposer aucune résistance ; il abandonna cette place ouverte de tous côtés pour se tenir dans les environs, en attendant des secours du généralissime[1], et contraignit la veuve de Dessalines à en sortir avec lui : presque toutes les familles des Gonaïves y restèrent et profitèrent de la prise de cette ville pour se réfugier au Port-au-Prince. Magny envoya Madame Dessalines au Cap : ce qui occasionna de vifs regrets à Pétion, car il eût aimé à la voir au Port-au-Prince, pour l'en-

---

[1] Christophe était malade, quand un aide de camp de Magny entra dans sa chambre, introduit par Saint-Georges, officier de service ; en apprenant la prise des Gonaïves, il saisit un de ses pistolets et le déchargea dans l'intention de tuer l'aide de camp ; la balle atteignit Saint-Georges qui mourut peu après. C'était notifier cruellement à Magny l'ordre de reprendre cette ville. On raconte que quelques jours ensuite de cet assassinat, il appela Saint-Georges ; personne n'osait lui dire qu'il l'avait tué : forcé de s'avouer à lui-même ce crime odieux, il feignit de plaindre le sort de cet officier auquel il avait paru très-attaché.

tourer de ses respects et la faire jouir des égards de la République.

Le 26 mai, l'armée était partie aussi du Port-au-Prince. Arrivée au Boucassin, elle trouva l'ennemi, sous les ordres du général Pierre Toussaint, en possession d'une position fortifiée sur une éminence. Il fallut combattre ; mais cerné et canonné, l'ennemi évacua ce point dans la nuit du 31. Le lendemain, Pétion fit continuer la marche sur Saint-Marc : le 2, il reçut des dépêches de Bazelais qui lui apprenaient la prise des Gonaïves, le 28 mai. De Mont-Roui, il lui envoya de nouvelles instructions pour le cas où il serait forcé d'abandonner cette ville ; mais il fut satisfait de ce succès qui avait dû produire une diversion favorable aux insurgés de la péninsule.

En effet, ceux-ci s'étaient enhardis par l'avantage obtenu contre Toussaint Brave et la retraite de Romain au Port-de-Paix ; ils avaient encore jugé devoir prendre l'offensive, à la nouvelle qu'ils avaient reçue de l'expédition dirigée contre Saint-Marc et la marche de l'armée sous les ordres du Président d'Haïti. Nicolas Louis se porta alors contre le Port-de-Paix d'où il réussit à chasser Romain qui, blessé dans le combat, se retira à Saint-Louis avec ses troupes. Dans ces circonstances, ayant appris la présence de Bazelais aux Gonaïves, Nicolas Louis tenta de le joindre en forçant les lignes ennemies au Gros-Morne : il combattait, quand il sut l'évacuation des Gonaïves par les républicains ; il dut revenir au Port-de-Paix où il se retrancha.

Il était sans doute difficile de défendre la ville des Gonaïves, ouverte du côté de la terre ; il eût fallu improviser des ouvrages qu'un ingénieur eût tracés, dans la prévoyance que les forces du Nord arriveraient incessamment pour l'attaquer ; mais c'est ce dont on s'occupa le moins. Les magasins de l'Etat étant remplis de coton et de cafés, les soldats furent plutôt employés à les porter à bord des bâtimens qu'à construire des fortifications. R. Sutherland payait largement ce travail, les chefs l'ordonnaient pour leur propre compte ; chacun, à leur exemple, officiers, soldats, matelots, tâchait de faire son lot. Des maisons avaient été abandonnées par des habitans qui s'enfuirent dans la campagne ; leurs objets mobiliers furent enlevés, de même que les denrées trouvées dans les magasins particuliers : ce fut un vrai pillage [1]. Ceux des habitans qui profitèrent de cette occasion pour passer au Port-au-Prince, enlevèrent aussi ce qu'ils avaient de plus précieux : la confusion n'en fut que plus grande.

Dans cette situation, le général Magny, ayant reçu des forces, vint attaquer la ville avec de l'artillerie : on lui riposta. Moins on s'était préparé à la défense, plus elle devint méritoire. Bazelais, Lamarre, Lacroix, étaient de vaillans officiers ; ils tracèrent l'exemple de leur courage à leurs subordonnés, mais enfin il fallut céder. Acculés au rivage, canonnés vigoureusement, ils s'embarquèrent en désordre ; et le 10 juin, la flotille partit pour retourner au Port-au-Prince.

En évacuant le fort du Boucassin, Pierre Toussaint s'était rendu aux Vérettes par la montagne, et de là à Saint-Marc.

Quand l'armée républicaine parvint près de cette place,

---

[1] Presque tous les meubles de Madame Dessalines furent portés au Port-au-Prince ; Pétion ordonna qu'ils fussent placés dans la maison de l'Intendance. On les conserva longtemps, dans l'espoir que cette respectable femme eût pu en jouir.

il fallut l'investir pour en faire le siége et empêcher que des renforts y entrassent. Le président prit toutes les mesures à cet effet. Pierre Toussaint fit une sortie que le colonel David-Troy repoussa, en se maintenant dans la position qu'il occupait sur l'habitation Lacombe.

Le 10 juin, au moment où l'évacuation des Gonaïves s'opérait, Pétion écrivit au général Bazelais, qu'il avait l'intention d'envoyer le général Yayou à la tête d'une forte colonne aux Gonaïves, pour se porter ensuite au Port-de-Paix. Mais bientôt il aperçut la flotille qui se dirigeait au Port-au-Prince : il reconnut que Bazelais avait été forcé d'abandonner les Gonaïves. Dans une telle situation, il était inutile de continuer le siége de Saint-Marc : retourner au Port-au-Prince pour organiser une nouvelle expédition qui irait au secours des insurgés de la péninsule du Nord, était la chose la plus essentielle. Pétion prit cette résolution, et l'armée revint à la capitale.

A ces considérations militaires se joignaient aussi des motifs politiques; car il paraît que dans cette campagne contre Saint-Marc, le général Yayou, sur qui Pétion comptait pour aller au secours des insurgés du Nord, *conspirait* contre la République et en faveur de Christophe. Au Port-au-Prince même, ceux qui étaient complices de ses projets tenaient des propos contre le gouvernement.

« Pendant l'absence du président, il y avait eu au
« Port-au-Prince, dans plusieurs cercles, quelques pro-
« pos tenus *contre* le gouvernement. Les *ennemis* per-
« sonnels de Yayou, envieux de sa gloire, répandirent
« que, *pendant la campagne*, il s'était montré hostile à
« Pétion *par ses discours* devant Saint-Marc. La pré-

« sence du président calma les esprits, et *il fut facile* à
« Yayou *de le convaincre que ses paroles* n'avaient pas
« l'importance qu'on y attachait.... ¹ »

Yayou avait donc tenu des discours qui le compromettaient aux yeux de Pétion, puisqu'il dut s'en expliquer avec lui ! Bientôt nous citerons une lettre du président à Lamarre, qui prouve qu'il n'était pas *si convaincu* de l'innocence de Yayou ; mais il estimait ce brave officier, il l'aimait pour sa conduite dans toutes les circonstances qui avaient précédé et suivi la guerre civile, et il voulait le persuader de ne pas écouter les perfides conseils qui tendaient à l'égarer et qu'il ne suivit que trop.

Quoi qu'il en soit, de retour au Port-au-Prince à la mi-juin, Pétion fit préparer la nouvelle expédition qui, cette fois, devait aller directement dans la péninsule du Nord. La flotille fut placée sous les ordres de Panayoty, qu'il nomma commandant des forces navales de la République, au grade de capitaine de vaisseau. Elle était composée des garde-côtes *l'Indépendance*, commandé par Gaspard ; *la Constitution*, par Pierre Derenoncourt ; *la Guerrière*, par Gaspard (de Jérémie), et d'autres bâtimens légers.

Lamarre fut promu au grade de général de brigade commandant les forces républicaines dans le Nord; Delva, à celui d'adjudant-général ; et Gardel, à celui de colonel². Outre ces trois officiers supérieurs, il y avait le chef de bataillon Théodore avec son bataillon de la 15e ; un détachement de la 24e sous les ordres du capitaine Eveil-

---

1 Hist. d'Haïti, t. 3, p. 433.
2 Ni ces promotions ni celle relative à Panayoty ne figurent sur les actes du sénat ; et comme ce corps délégua à Pétion tous ses pouvoirs à cet égard, en s'ajournant le 1er juillet, il faut admettre que le président en jouissait d'avance, à moins que la flotille ne fût partie ce jour-là même.

lard aîné, secondé par Eveillard jeune ; et des détachemens des 3ᵉ, 11ᵉ, 12ᵉ, 16ᵉ et 22ᵉ demi-brigades, commandés par les capitaines de ces compagnies. Le président ayant appris la mort de Rebecca, avait déjà envoyé à Nicolas Louis le brevet de colonel de la 9ᵉ.

Partie le 30 juin ou le 1ᵉʳ juillet, la flotille débarqua la petite armée expéditionnaire, le 2, au Grand-Port-à-Piment. Dans la soirée de ce jour, ces braves se mirent en route, guidés par le chef d'escadron Jean Martin, pour se rendre aux Moustiques où ils rencontrèrent Nicolas Louis avec ses vaillans compagnons, sur l'habitation Foison. Le 4, Lamarre adressa de là une lettre au Président d'Haïti, pour lui rendre compte de ses opérations et de l'accueil qu'il avait reçu des insurgés, dont il lui transmit les vœux et le dévouement à la cause de la République.

A peine les eut-il joints, que cet héroïque défenseur de la liberté se fit remarquer au chef de l'Etat par un noble sentiment : dans la même lettre, il lui exposa les services déjà rendus par le colonel Nicolas Louis, l'influence qu'il exerçait dans la péninsule, et il lui proposa de l'élever à un grade *supérieur*. Le 10, il écrivit de nouveau au président, et sa lettre, datée du Port-de-Paix, revient sur cette recommandation, en lui envoyant un état des officiers de la 9ᵉ élus par les soldats eux-mêmes d'une voix unanime, en sollicitant la confirmation de ces élections. C'est donc sur les instances de Lamarre que Nicolas Louis fut promu général de brigade, et que Bauvoir devint le colonel de la 9ᵉ : ces promotions eurent lieu aussitôt.

Nous signalons ce désintéressement inspiré par la confraternité militaire et la justice, pour préparer en quelque sorte le lecteur à tout ce que nous aurons à relater à l'égard de Lamarre. Il venait d'être élevé au même grade qu'il sollicitait pour Nicolas Louis ; il avait le commandement supérieur de toutes les troupes, et il voulut avoir en son compagnon d'armes un égal, parce que cette promotion lui parut *juste*. C'était faire preuve d'une vertu militaire antique, en créant pour eux deux un moyen d'émulation au service de leur pays. « VIVRE LI-« BRE OU MOURIR, VOILA MA DEVISE. » Telle fut la dernière phrase de sa lettre du 4 juillet, la première pensée qu'il eut en mettant le pied sur le sol de la péninsule qu'il allait arroser de son sang dans mille combats, où il devait mourir de la mort des héros [1].

Aussitôt réuni aux insurgés, Lamarre, qui s'occupait de réorganiser la 9e et la 14e dont les soldats s'étaient joints, sentit aussi la nécessité de créer une cavalerie pour appuyer ses troupes et l'opposer à celle du Nord ; il lui fallait un officier de cette arme qui fût du pays même. On lui désigna le brave Toussaint Boufflet, encore détenu à Jean-Rabel, comme le plus capable de répondre à son attente ; mais en exprimant le regret que ses sentimens fussent acquis à Christophe. Lamarre, ne s'arrêtant pas à ces préventions fondées, l'envoya immédiatement chercher : en se voyant, ils se comprirent, tant il y a dans cette noble profession des armes une vraie sympathie entre les vrais braves. Cédant à la confiance de celui qui lui parlait en termes chaleureux, de la liberté, de la République et de son chef, Toussaint embrassa cette

---

[1] Un corsaire français venait de capturer une de nos barges ; il la renvoya avec une lettre adressée à Pétion, que Lamarre lui fit parvenir avec la sienne du 4 juillet. Dès le commencement de cette guerre civile, le général Ferrand et ses compatriotes employèrent tous les moyens pour capter l'homme dont l'influence avait été si grande, lorsqu'il fallut arracher Saint-Domingue à la France : c'était prêcher dans le désert.

cause en promettant d'y être fidèle jusqu'à son dernier soupir : il devint le chef de la cavalerie de l'armée expéditionnaire, et ne tarda pas à recevoir son brevet de chef d'escadron. On verra quel mâle courage signalèrent toutes les actions de ce brillant officier, dont la destinée fut de recueillir en dernier lieu, le périlleux héritage que son valeureux chef laissa au Môle Saint-Nicolas.

Lamarre s'était porté avec toutes ses troupes, au Port-de-Paix qu'occupaient les insurgés : par sa lettre du 10 juillet, il demanda au président 50 selles pour commencer la formation de sa cavalerie ; la veille, la flotille était entrée dans ce port, en faisant une salve d'artillerie. « Elle a attiré en cette ville un grand nombre de cultiva-« teurs : l'arrivée de nos bâtimens ajoute une nouvelle « assurance, et la joie est générale. »

Cette circonstance et l'envoi de troupes dans la péninsule, firent reconnaître à Christophe la nécessité d'augmenter sa marine militaire, pour l'opposer à celle de la République et empêcher que de nouveaux secours y fussent expédiés. En 1793, le généralissime faisait la guerre aux Anglais sur un corsaire armé au Cap : de là encore une propension naturelle de sa part à créer cette marine militaire. Pétion ayant aussi un goût particulier pour la navigation, les deux États en guerre devaient arriver à cette organisation, qui leur permettrait de lutter sur mer comme sur terre.

Rétabli de sa maladie, Christophe s'était rendu aux Gonaïves après que Bazelais eut déjà évacué cette ville : il retourna au Cap à la fin de juin. Apprenant que l'armée républicaine avait aussi abandonné son entreprise contre Saint-Marc, il fit une proclamation par laquelle il déclara que ses troupes avaient bien mérité de la patrie. C'était répondre au décret du sénat, du 22 mai : aux yeux de chacun des deux pouvoirs, *la patrie*, en effet, était respectivement de leur côté, puisque la guerre civile en déchirait le sein.

Après avoir fait habiller et solder son armée pour la porter ensuite contre le Port-de-Paix, il fit rendre une loi par le conseil d'État, le 20 juin, qui *affranchit* de tous droits à l'exportation, le sucre, le coton et le cacao, et *abolit* le quart de subvention qu'on prélevait sur *les fermiers* des biens du domaine, indépendamment du prix du fermage ; mais le café continua à payer le droit de 10 pour cent à l'exportation, outre le quart de subvention sur les produits *des propriétaires*.

Dans ces circonstances, un corsaire français armé à Santo-Domingo, dont l'équipage était formé des naturels du pays, ayant fait naufrage sur les côtes du Nord, on lui porta secours en sauvant l'équipage et des marins anglais, prisonniers à bord, provenant de plusieurs navires que le corsaire avait capturés. Le généralissime procura à ces derniers les moyens de se rendre à la Jamaïque, et aux Français un sauf-conduit pour aller à Santo-Domingo. C'était agir humainement et avec discernement à l'égard des uns et des autres : les Anglais étaient rendus à la liberté, et leurs ennemis trouvaient un procédé généreux en un chef qui pouvait les traiter comme ennemis de son pays, puisqu'on était en guerre. Cet acte de Christophe, inspiré par la raison et la justice qu'il aurait dû toujours prendre pour guides, porta d'heureux fruits pour son pouvoir, des deux côtés : les Anglais lui surent bon gré de la protection qu'il accorda à leurs nationaux, et les habitans de l'Est d'Haïti furent portés à croire que les atrocités qu'il avait commises sur leur territoire, en 1805, n'avaient été ordonnées que par Dessalines.

Dès que le généralissime eut appris l'arrivée de Lamarre dans la péninsule, il se disposa à marcher à la tête de ses forces disponibles pour l'en chasser et terrasser l'insurrection partout où elle se montrait. Lamarre était à peine rendu au Port-de-Paix, où il avait environ 2000 hommes sous ses ordres, que l'armée du Nord vint l'y assiéger : les généraux Toussaint Brave, Pourcely, Guillaume et Raphaël étaient dans ses rangs. A un combat qui précéda le siége, entre Pourcely et le colonel Bauvoir, sur l'habitation Mayance dans les montagnes de Saint-Louis, ce général fut tué : un de ses aides de camp vint aussitôt se rendre aux républicains.

Durant le siége, ceux-ci étaient enfermés dans les forts ; ils y subirent de grandes privations et repoussèrent un assaut qui leur fut donné : leurs ennemis y perdirent beaucoup d'hommes. Il fallut évacuer : les républicains durent faire des prodiges de valeur pour traverser au milieu de 8,000 hommes qui cernaient les forts ; ils se frayèrent un passage au milieu d'une embuscade formidable où il était difficile de se reconnaître pendant la nuit, le général Raphaël y fut tué, et Jacques Louis, ancien colonel de la 9e, y fut blessé.

Cette évacuation eut lieu le 15 juillet, dans la nuit. Le 16, Lamarre en parla dans une lettre à Panayoty à qui il demandait des cartouches ; et le 27, de l'habitation Pellier aux Moustiques, il en rendit compte au Président d'Haïti. « J'ai pris position dans les mornes, dit-il, afin « de profiter des avantages qu'on a de combattre dans les « défilés. Je suis, néanmoins, toujours en face de l'en- « nemi. Tous les chefs de la garde nationale des hauteurs

« de Saint-Louis, du Gros-Morne, et des lieux circon-
« voisins sont en armes et occupent les défilés; ils font la
« guerre d'embuscade qui est la plus propre à harceler
« l'ennemi. Je reçois chaque jour de leurs nouvelles. »

Tandis que Lamarre s'animait d'espérance, le chef de l'Etat était aux prises avec des conspirateurs.

La nécessité où l'on était de secourir l'insurrection du Nord, et de seconder l'action de l'armée expéditionnaire qu'on y envoyait, exigeait la présence du Président d'Haïti et de plusieurs sénateurs, à l'armée qui sortirait de nouveau du Port-au-Prince : dans cette occurrence, le sénat devait s'ajourner. Mais en prenant cette mesure, il ne pouvait s'aveugler sur la situation des choses : l'opposition de Gérin continuait sourdement contre Pétion ; des faits ou des paroles inconvenantes avaient eu lieu sous les murs de Saint-Marc par Yayou; des propos tenus au Port-au-Prince y avaient fait écho : c'était donc pour le sénat, une occasion de reconnaître qu'il fallait revêtir le président de grands pouvoirs, pour qu'il pût maintenir son autorité constitutionnelle, et même celle de ce corps, contre les factions qui commençaient à s'organiser, et terrasser les conspirations, s'il en surgissait, afin que la République ne fût pas exposée à périr dans des déchiremens intérieurs, lorsqu'elle avait à combattre un ennemi puissant. La constituante avait déféré la *dictature* au sénat, par rapport à ce dernier : à son tour le sénat la déléguait au chef de l'Etat par des considérations encore plus majeures. Dans ces vues politiques, le 1er juillet il rendit le décret qui suit :

Le sénat, voulant donner au pouvoir exécutif toute la latitude nécessaire pour profiter des heureuses dispositions qui se manifestent dans le département du Nord, et terminer d'une manière avantageuse la guerre contre Christophe ;

Décrète ce qui suit :

1. Conformément à la constitution, qui autorise le sénat à s'ajourner lorsqu'il le juge nécessaire, le sénat s'ajournera à partir du 16 juillet jusqu'au 1ᵉʳ janvier 1808, à moins que le bien public n'exige sa convocation avant cette époque.

2. Durant l'ajournement du sénat, le président est autorisé à faire provisoirement *toutes les nominations et remplacemens* que les circonstances pourraient exiger dans les corps, *tant civils que militaires*.

3. Les tribunaux continueront à rendre la justice dans leurs ressorts respectifs, jusqu'à ce que le sénat les organise de nouveau.

4. Le président est autorisé à faire provisoirement tout règlement de police qu'il croira nécessaire *pour la discipline de l'armée, à fixer le traitement des militaires de tous grades*, et la manière de le leur répartir.

5. A la convocation du sénat, le président lui soumettra tous les actes et règlemens faits durant son ajournement.

6. Les sénateurs Modé, Barlatier, Manigat, Leroux, Pélage, Neptune et Depas Médina composeront le comité permanent du sénat [1].

Signé : Th. Trichet, président, Leroux et Neptune, secrétaires.

Quoique ce décret n'ait mentionné que le seul motif relatif à la guerre contre Christophe, il n'est pas moins vrai que les autres dont nous avons parlé déterminèrent aussi le sénat dans ses dispositions ; les articles 2 et 4 le prouvent évidemment. Conférer au président le droit de nommer et de remplacer tous les fonctionnaires civils et militaires, de faire des règlemens pour la discipline de l'armée de fixer le traitement des militaires de tous grades, c'était lui donner les plus précieuses prérogatives du pouvoir dirigeant, celles qu'on avait refusé d'accorder

---

[1] Tous les membres du comité permanent étaient de la classe civile.

au Président d'Haïti en vue de Christophe, et mettre la force publique entre ses mains, à l'intérieur, après lui avoir déjà donné la direction des relations extérieures ; mais les circonstances l'exigeaient impérieusement, pour qu'il pût briser les résistances qui voulaient s'opposer à la marche des choses.

Afin de justifier ces mesures de haute prudence, le sénat accompagna son décret d'une adresse « au peuple « et à l'armée, » où il rendait compte de ses actes depuis son installation, en en faisant sentir l'heureuse influence sur les affaires publiques ; mais aussi pour prémunir les esprits contre les factieux et les conspirateurs, et leur démontrer les qualités et les sentimens du chef à qui il déléguait ses pouvoirs, afin de sortir victorieux de la crise politique qui se manifestait.

Nul gouvernement despotique n'a de la stabilité. Vos représentans, grâce à la Providence, ont eu le courage de vous donner un gouvernement libre. Il n'appartient qu'à vous, qu'il ait une longue durée. Ils vous ont donné des lois ; ils vous ont indiqué la route qu'il faut suivre : suivez-la, et ne vous en écartez point.

Le passage du despotisme à la liberté a été trop court pour qu'il ne reste pas encore *des hommes assez pervers, qui, en vous parlant de République, renferment la tyrannie dans le cœur. Ces hommes cherchent tous les moyens de vous séduire*. Mais, *à leurs discours fallacieux*, ouvrez votre constitution, étudiez vos lois. Là, vous trouverez une réponse prête à toute trompeuse induction. Examinez vos lois, et vous verrez que le sénat n'a jamais eu pour objet que le bonheur du peuple. C'est pour le peuple seul qu'il a voulu travailler. Il n'a voulu favoriser ni les passions ni les intérêts d'aucun individu. Et si le sénat pouvait avoir *quelques détracteurs*, citoyens, demandez-leur dans quel acte il n'a pas stipulé vos intérêts, et dans quelle loi, la justice la plus stricte et la morale la plus saine, n'en ont pas été les bases !...

Vous n'avez rien à craindre, citoyens, pour votre liberté, pendant l'ajournement du sénat. *L'homme que nous avons mis à la tête du gouvernement est connu dans toutes les parties de notre île. Il a combattu pour la liberté; il ne souffrira pas que l'on conspire contre elle.* Le chef du gouvernement vit au milieu de vous *comme un père au milieu de sa famille.* Il a le bonheur d'être du petit nombre de ceux qui ont traversé, durant quinze ans, toutes les tempêtes révolutionnaires *sans contracter aucune souillure. Il n'a rien ravi à la veuve ni à l'orphelin. Il n'a jamais fait couler les larmes de personne.* Citoyens, ralliez-vous donc à vos lois et à votre président qui en garde le dépôt.

Signé : TH. TRICHET, président[1].

Les mots soulignés dans les passages cités de l'adresse, indiquent clairement que le sénat était informé de tout. Il envoya une députation de ses membres auprès de Pétion, afin de lui expliquer particulièrement *les motifs* de son ajournement et de lui donner *des avis :* ce qui résulte du message de Pétion, du 3 juillet où il dit :

« Sénateurs, j'ai eu l'honneur de recevoir la députation
« que vous m'avez adressée. Elle m'a fait part *des motifs*
« qui vous ont déterminés à prononcer votre ajourne-
« ment, et *des avis importans* que vous avez jugé de-
« voir me communiquer. Plein de confiance dans votre
« sagesse et dans vos lumières, j'ai de suite reconnu
« l'efficacité des moyens que vous me proposez pour
« opérer l'affermissement de la République d'une ma-
« nière solide et invariable... »

Le sénat lui proposait, néanmoins, de s'entourer des conseils de quelques-uns de ses membres, qu'il désignerait, pendant son ajournement : il y acquiesça dans le même message, en priant les sénateurs Magloire Ambroise, Fresnel, César Thélémaque, Pélage Varein et Daumec, de

---

[1] Cette adresse a été rédigée par Théodat Trichet : il partit pour l'Angleterre immédiatement après l'ajournement du sénat.

vouloir accepter et remplir cette mission auprès de lui : ce qu'ils firent [1].

Cet accord des deux pouvoirs de l'Etat était de nature à faire comprendre au général Yayou qu'il était dans une fausse voie, en conspirant contre la République. Mais il paraît que, s'étant déjà trop engagé et étant excité par les conseillers perfides qui l'entouraient et qui le croyaient plus influent qu'il ne l'était réellement, il se résolut à tenter sa funeste œuvre. Nous relatons ici quelques particularités dont avons souvent entendu parler, avant de citer la lettre de Pétion à Lamarre, qui jettera la lumière sur la conduite de Yayou.

Se trouvant à Léogane, il donna l'ordre aux 21e et 24e demi-brigades de se réunir au grand complet, sous le prétexte de marcher de nouveau contre Saint-Marc, ainsi que le Président d'Haïti en avait le projet. Il se mit à la tête de ces corps et se rendit au Port-au-Prince où il entra un dimanche matin, à l'heure de la parade : c'était le 18 juillet. Toutes les troupes étaient sur la place du Champ de Mars, appelée depuis place *Pétion* : les grenadiers de la 11e demi-brigade formaient la garde du palais de la présidence ce jour-là, le Président d'Haïti n'ayant pas encore une garde particulière. Au lieu de faire prendre aux 21e et 24e leur rang sur la place, dans l'ordre de leurs numéros, Yayou les fit avancer à la barrière de la cour du palais pour y pénétrer. Pareille chose n'ayant jamais eu lieu, les grenadiers de la 11e qui, comme tous les militaires et tous les citoyens, n'ignoraient pas que ce général conspirait, voulurent s'opposer

---

[1] La lettre de Pétion au sénat, comme toutes autres qu'il adressait à ce corps, fut écrite par Boyer. Le nom de Bonnet y était d'abord, pour faire partie de ce conseil ; mais il fut *effacé*, on ne peut savoir pour quel motif. Boyer aurait dû refaire cette lettre, afin de ménager l'amour-propre de Bonnet. Nous prions le lecteur de prendre note de cette particularité.

à l'entrée des deux corps. A ce moment, toutes les troupes rangées en bataille sur la place, donnèrent une attention marquée à la résistance de la garde. Le président était sous le pérystile, se disposant à aller passer l'inspection des troupes ; il cria à l'officier de garde et à ses soldats, *de laisser entrer* les 21e et 24e. Par ordre de Yayou, elles prirent leur ligne de bataille dans la cour qu'elles remplissaient ; puis, ce général vint au palais avec son nombreux état-major et ses guides, et descendit de cheval. Il portait à sa ceinture une paire de pistolets, un sabre et un poignard : il monta les degrés du pérystile où Pétion vint à sa rencontre, lui donna la main en le félicitant sur la belle tenue des deux corps ; puis, il lui dit qu'il avait à l'entretenir en particulier, et l'amena dans sa chambre, à la grande surprise, à la stupeur des assistans qui pensaient que Yayou eût pu facilement frapper Pétion à mort, étant seul avec lui dans l'appartement. Au bout d'une demi-heure de cruelle attente, on les en vit sortir tous deux, Pétion fort gai, et Yayou paraissant bien plus calme que lorsqu'il était arrivé sous le pérystile. On a dit que dans cette demi-heure de conversation, d'entretien particulier, Pétion était parvenu à le convaincre de l'erreur où le jetaient ses astucieux conseillers, et que Yayou lui avait promis de continuer à se conduire en homme d'honneur, en bon citoyen.

Quoi qu'il en soit, Yayou donna l'ordre alors aux deux corps d'aller prendre leur ligne de bataille sur la place. Le président s'y rendit et passa la parade comme à l'ordinaire : il fut accueilli avec une joie visible par tous les corps, même par la 21e et la 24e. Ensuite, la 24e fut placée aux casernes et au fort qui est derrière le palais, et la 21e occupa le fort de Léogane : ces dispositions eurent lieu par ordre de Yayou lui-même qui était le commandant principal de l'arrondissement, ayant le colonel Lys sous ses ordres. Les anciennes casernes, qui n'existent plus, touchant au palais du côté nord, la 24e pouvait l'envahir facilement de ce côté et à l'est ; et la 21e gardait l'entrée de la ville au Sud. A cette époque, la 3e occupait toujours le fort Saint-Joseph, la 11e la ligne du Belair, et la 12e le fort National.

Yayou était logé dans la rue du Centre, à toucher le palais du sénat et la maison qu'occupait Chervain, commissaire des guerres [1]. La veuve de Germain Frère étant devenue la concubine de Yayou, logeait chez lui. Ce général y fut aussitôt entouré de Chervain, son principal conseiller, d'autres factieux de la ville et des officiers supérieurs de la 21e surtout, sur lesquels il comptait le plus : c'étaient le colonel Sanglaou et les chefs de bataillon Jean-Charles Cadet, Romain et Jourdain. S'égarant de plus en plus, ils s'imaginaient que Pétion avait reconnu son impuissance, quand il laissa entrer la 21e et la 24e dans la cour du palais et qu'il maintenait Yayou au commandement de l'arrondissement ; ce dernier se laissa entièrement circonvenir, malgré ses récentes promesses au président. Enfin la conspiration était flagrante dans sa demeure, et personne ne l'ignorait.

Loin de chercher à l'en détourner désormais, Pétion le laissa faire pour qu'il arrivât à des actes qui prouvassent sa coupable entreprise ; mais il employa les soldats

---

[1] Chervain logeait dans la maison qui fait angle entre la rue du Centre et celle du Port : c'était un homme de couleur du Cap, qui avait été aide de camp de Villate et qui fut déporté avec lui, en 1796. Esprit inquiet, ambitieux, il désirait avoir un haut grade militaire, tandis qu'en sa qualité de commissaire des guerres, il n'était qu'*assimilé* à celui de chef de bataillon ; par ce motif, il était l'un des plus chauds détracteurs de Pétion et du sénat qui conféraient les grades : de là sa participation à la conspiration de Yayou qu'il égara plus que tout autre.

des corps de la garnison à dissuader ceux de la 21e et de la 24e de prêter l'oreille au projet : ce qu'ils obtinrent facilement.

Dans la journée du vendredi 23 juillet, l'agitation des esprits fut à son comble ; le chef du gouvernement ne paraissait prendre aucune mesure en vue des éventualités ; des bruits circulaient dans toute la ville, à raison des mouvemens extraordinaires qu'on remarquait chez Yayou, de la part de ses adhérens, et l'on disait qu'il devait envahir le palais de la présidence dans la nuit, pour mettre Pétion à mort : ce qui semblait d'autant plus facile, qu'il avait placé la 24e aux casernes et au fort qui touche au palais.

Mais, plaçons ici la lettre de Pétion à Lamarre, qui fait connaître les circonstances de cette affaire.

Port-au-Prince, le 31 juillet 1807, au 4e de l'indépendance.
Alexandre Pétion, Président d'Haïti,
Au général de brigade Lamarre, commandant les forces républicaines au Port-de-Paix.

Je vais, général, vous donner le détail des événemens survenus dans le territoire de la République, depuis le 23 courant jusqu'à ce jour.

Le général Yayou avait reçu à Léogane *des paquets* de Christophe, par un espion du Nord. Il m'avait promis de m'envoyer *l'espion*, mais il n'effectua point sa promesse et le renvoya sans que j'en eusse eu connaissance.

Je n'ignore point que le général Yayou est une tête chaude ; mais je ne m'étais jamais fait une idée exacte de la duplicité de son caractère. Je me figurais toujours que le temps et l'expérience le ramèneraient à la raison.

Dans la nuit du 23 au 24 courant, la tranquillité dont on paraissait jouir fut tout d'un coup interrompue par le bruit de *la générale* que l'on battit en ville. Les soldats de la garnison étaient accourus *d'eux-mêmes* aux postes et l'avaient fait battre, parce qu'ils étaient informés du projet perfide du général Yayou de venir chez moi, cette nuit même, pour m'assassiner, s'emparer de l'esprit du soldat et livrer la ville à l'ennemi qu. s'était déjà rendu, sous la conduite de Pierre Toussaint, jusqu'au Boucassin.¹. Les officiers généraux et autres chefs supérieurs de l'armée se rendirent au gouvernement, et le général Yayou n'y parut point. Il se transporta au poste Léogane, où était la 21ᵉ demi-brigade. Il envoya ordre à la 24ᵉ, qui était postée derrière le gouvernement et aux casernes, de se joindre à lui ; mais cette demi-brigade s'y refusa. Alors Yayou fit faire le roulement et sortit hors de l'enceinte de la ville avec la 21ᵉ. Aussitôt que j'en fus informé, j'envoyai à sa poursuite les 3ᵉ et 11ᵉ demi-brigades, mais il avait eu le temps de se rendre à Léogane avant nos troupes. Ce général s'était permis de tenir des propos injurieux sur le gouvernement, sur le sénat, et particulièrement sur moi, pendant son séjour en ville. Chervain, J.-Ch. Cadet, Sanglaou, Romain, Jourdain et Madame Germain l'avaient suivi².

Lorsque la 21ᵉ eut appris les desseins de Yayou, de porter les armes contre moi, elle en montra de l'horreur et de la répugnance, et le quitta entièrement³. Il fut contraint, se voyant abandonné de sa troupe, de s'acheminer vers Jacmel, avec ses affidés ci-dessus dénommés. Le lendemain 24, je me transportai à Léogane où le général Magloire vint me joindre, d'après l'invitation que je lui en avais faite. Ce général me répondit de Yayou et se chargea de le ramener : ses soins ont été superflus⁴. Yayou, après s'être débarrassé de sa suite, a gagné les bois afin de s'y former des partisans ; mais j'ai envoyé à sa poursuite des détachemens sur tous les passages par où il peut se rendre à l'ennemi. Je ne désespère pas qu'avant peu il ne tombe entre mes mains. Jean-Charles Cadet a été arrêté dans la plaine du Cul-de-Sac : il cherchait à pénétrer à l'Ar-

---

1 Qu'on ne s'étonne pas de cette initiative des soldats, pour faire battre *la générale* ; ils ne furent jamais dévoués à aucun chef comme à Pétion : d'autres faits seront encore mentionnés à cet égard.

2 La veuve de Germain, par esprit de vengeance, n'avait pas tardé à se donner à Yayou dans ce dessein : elle exerçait sur lui une puissante influence, par son caractère impérieux.

3 L'adjudant-général Marion abandonna Léogane, à l'arrivée de Yayou, et se rendit à Jacmel où il trouva un asile chez le capitaine Michel, son ancien ami de la Légion de l'Ouest. Il avait dû fuir devant cette conspiration flagrante.

4 Magloire Ambroise avait des relations intimes avec une sœur de Yayou : de là son espoir de le ramener. A son tour, il fut égaré principalement par cette femme.

cahaie. Le général Magloire m'annonce qu'il va m'envoyer sous escorte Chervain et Jourdain [1].

Maintenant, la tranquillité règne partout. N'ayez aucune inquiétude sur notre compte, le nuage s'est dissipé.

Faites en sorte de toujours maintenir l'ordre dans les troupes qui sont sous votre commandement. Que des propos injurieux ne se tiennent point parmi elles, pour les décourager.

Que vous avais-je dit, mon cher général, concernant le général Yayou ? Vous voyez maintenant qu'il a voulu effectuer son projet ; mais, grâces à Dieu, il a échoué.

Je vous désire une parfaite santé, et je vous prie de communiquer ma lettre au *général* Nicolas Louis. Comptez toujours sur l'attachement que je vous ai voué.

Signé : Pétion.

L'avant-dernier paragraphe de cette lettre prouve que le président n'avait pas été *convaincu* de l'innocence des propos tenus par Yayou au siége de Saint-Marc. En recevant un espion de Christophe et ne l'envoyant pas au président, ce général aggrava ses torts ; il y ajouta en faisant entrer les 21e et 24e dans la cour du palais, évidemment pour en imposer à son chef, en tenant publiquement des conciliabules chez lui, en ne se rendant pas au palais avec les autres officiers supérieurs, dans la nuit du 23 au 24 ; il se prononça ouvertement comme *conspirateur révolté*, en quittant le Port-au-Prince à la tête de la 21e, en abandonnant Léogane pour se faire des partisans dans les montagnes, par le refus de ce corps de seconder sa coupable entreprise. Dès lors, il n'y avait plus qu'à l'arrêter pour le livrer au jugement de la commission militaire permanente, lui et ses complices.

---

[1] Dans une lettre de Lamarre à Pétion, du 23 septembre 1807, il lui fit savoir que Jourdain avait été au Cap avant ces événemens, pour s'entendre avec Christophe ; et dans une autre du 31 août, il lui dit que l'armée du Nord, campée en face de ses troupes avant cela, les menaçait souvent du concours de Yayou et de Sanglaou.

On voit cependant que Pétion espéra encore le ramener, par l'intermédiaire de Magloire Ambroise dont les soins furent superflus, tant il lui en coûtait de faire périr Yayou.

Quand les officiers supérieurs se furent rendus au palais, le président, n'ayant pour sa garde qu'une compagnie de grenadiers, se rendit avec eux au fort du gouvernement où il harangua la portion de la 24e qui s'y trouvait, afin de maintenir ce corps dans le devoir; de là il se rendit au fort Saint-Joseph que gardait la 3e. C'est alors que Yayou se décida à aller au poste de Léogane; mais sur sa route pour se rendre à Léogane, les soldats de la 21e et la majeure partie des officiers l'abandonnèrent successivement. Il paraît qu'en se rendant du côté de Jacmel, il comptait sur le concours de Magloire Ambroise, qui lui manqua.

Réfugié dans les montagnes de Léogane, du côté du fort Campan, et ne trouvant aucune disposition à le seconder de la part des cultivateurs, il se cacha chez une femme de sa connaissance : celle-ci en fit donner l'avis à Pétion qui, espérant de nouveau le ramener à son devoir, après avoir pris ses précautions pour qu'il ne se rendît pas dans le Nord, expédia auprès de lui le capitaine Petit-Breuil, de l'artillerie de Léogane, à qui il avait toujours donné sa confiance, et lui fit dire de compter sur son estime, qu'il lui promettait *d'oublier le passé*, s'il voulait se soumettre à son autorité, parce qu'il savait qu'il n'avait été qu'égaré par de perfides conseils. Soit qu'il n'eût point confiance dans les promesses du président, soit qu'il sentît qu'il était trop coupable envers lui il répondit à Petit-Breuil qu'après avoir agi comme il avait fait, il serait honteux de se présenter devant Pétion qui avait toujours eu des bontés pour lui. Cette réponse étant parvenue au président, il espéra davantage d'une seconde mission de Petit-Breuil ; mais, toutefois, Pétion n'était pas homme à laisser continuer l'insoumission de Yayou ; présumant aussi qu'il pouvait encore s'y refuser, il ordonna que deux compagnies de grenadiers suivissent Petit-Breuil pour agir de force dans ce cas.

Petit-Breuil causait avec Yayou dans la caze de cette femme, qui l'aidait à le persuader de se rendre auprès du président, quand l'officier commandant du détachement, impatient du délai qui s'écoulait, fit approcher sa troupe près de la caze. Yayou, ayant entendu du bruit, se leva précipitamment pour prendre ses armes, en criant à la trahison ; Petit-Breuil saisit ce moment pour s'évader, dans la crainte d'être sa victime, et les grenadiers entourèrent la caze. Plein de ce courage dont il avait fait preuve en toute occasion, Yayou en sortit armé, déchargeant ses pistolets sur la troupe. Il en fut accablé et périt victime de son obstination [1].

Telle fut la fin regrettable de ce brave officier qui avait sauvé la République, dans la journée du 1er janvier. Dépourvu de toute instruction, il ne put avoir assez de jugement pour repousser les perfides conseils qu'il reçut, de se prêter aux promesses fallacieuses de Christophe. On a vu qu'immédiatement après la mort de Dessalines, Christophe lui avait écrit de se méfier des hommes de l'Ouest et du Sud, parce qu'ils n'aimaient pas ceux du Nord ; que le général Lamothe Aigron lui avait tenu des propos insidieux dans ce sens, pour servir la cause de ce généralissime. Chervain, Madame Germain et d'autres,

---

[1] J'ai entendu Petit-Breuil raconter à mon père, toutes les circonstances de ses deux missions auprès de Yayou, quelque temps après.

reprenant ce projet en sous-œuvre, en même temps qu'un espion du Nord lui fut envoyé, Yayou succomba par défaut de lumières surtout ; car pouvait-il, devait-il espérer que l'assassin de Sans-Souci, son ancien chef, lui pardonnerait jamais la défense glorieuse du Port-au-Prince? D'un autre côté, en voyant l'opposition de Gérin contre Pétion, en entendant les autres détracteurs qui se permettaient tant de propos contre le président et le sénat (ce qui est constaté dans l'adresse de ce corps, du 1er juillet), Yayou a pu croire que la République n'avait aucune stabilité, aucun avenir, et qu'il valait mieux favoriser le système despotique du Nord, qui était dans ses habitudes personnelles ; car il était absolu et violent dans son commandement.

Quoi qu'il en soit, ses complices Chervain, Sanglaou, Jourdain, J.-Ch. Cadet, Romain, Avril, etc., livrés à la commission militaire, furent condamnés à mort et exécutés au Port-au-Prince. Madame Germain ne fut pas même arrêtée, cette femme ayant paru excusable par sa faiblesse même.

En répondant, le 7 août, à la lettre de Pétion, Lamarre lui disait que la nouvelle de la conspiration de Yayou avait excité une juste indignation dans les rangs de ses troupes; il lui rappelait qu'avant son départ pour la péninsule du Nord, on avait connaissance de l'existence du *club des conspirateurs* dont Chervain était un coryphée: « Vous ne l'ignoriez pas vous-même, président, lui
« dit-il ; mais votre indulgente bonté, qui se plaît toujours
« à pardonner, ferma les yeux sur leur conduite et som-
« meilla tranquillement, tandis que les agitateurs travail-
« laient à votre perte, qui serait celle de la patrie; vous
« étiez dans cette sécurité qu'un père de famille, l'amour

« de ses enfans, éprouve autour d'eux, et votre confiance
« n'a pas été trompée.......... Non, le sort de la patrie
« ne dépendra pas des agitateurs; le génie qui veille sur
« Haïti protègera toujours l'État contre les coups qu'on
« veut lui porter dans les ténèbres. »

Lamarre avait le pressentiment de la destinée de Pétion, des grandes choses qu'il accomplirait pour son pays, en dépit de tous les obstacles opposés à son administration bienfaisante. Il termina sa lettre, en lui signalant les services et la bravoure de plusieurs de ses officiers, notamment de Gabriel Reboul, Massez, Antoine Duluc, Auguste Cognac, Silvain Christophe, Delva et les deux Éveillard, « devenus les modèles des jeunes guerriers de l'ar-
« mée. [1] »

---

[1] Ce fut Delva qui apporta cette lettre, afin de faire savoir à Pétion la situation des choses dans la péninsule du Nord. Il remplit plusieurs fois de semblables missions.

CHAPITRE VII.

Effet produit par la conspiration de Yayou. — L'insurrection de la Grande-Anse continue et y est circonscrite. — Résultat de l'opposition du général Gérin à Pétion. — Effet produit sur son esprit par un pamphlet politique de Juste Chanlatte. — Blanchet aîné est révoqué de la charge de secrétaire d'État, et nommé secrétaire général du gouvernement : il demeure mécontent. — César Thélémaque le remplace en qualité de secrétaire d'État. — Lamarre marche contre le Port-de-Paix et provoque du président une campagne contre Saint-Marc. — Il est battu et sa troupe dispersée dans les bois. — Il envoie le général Nicolas Louis au Port-au-Prince, à cause de ses excès. — Il reprend l'offensive et bat l'ennemi. — Premières relations de commerce entre Cuba et le Môle, par des Français. — Le général Magloire Ambroise fait suspecter sa fidélité à la République et est appelé à résider au Port-au-Prince. — Divers actes du secrétaire d'État pour avoir des ressources financières. — Pétion fait payer Jacob Lewis des marchandises livrées à Dessalines. — Le général Bonnet commande en chef les troupes en campagne contre Saint-Marc. — Bataille livrée sous les murs de cette ville, où sont tués Barthélemy Mirault et J.-L. Longueval. — Retour de l'armée au Boucassin. — Bonnet va à Jacmel pour déjouer les trames de Magloire Ambroise. — Ce général s'évade du Port-au-Prince et s'y rend aussi. — Il y est arrêté en flagrant délit de rebellion, par le colonel David-Troy, et s'empoisonne. — Évasion de ses complices. — Le président envoie des troupes à Jacmel, sous les ordres du colonel Gédéon. — Examen de la conduite de Borno Déléard qui part pour l'étranger. — Arrestation et assassinat de plusieurs citoyens de Jacmel : pillage de leurs objets mobiliers. — Jugement sur la conduite de Pétion en cette circonstance. — Le camp du Boucassin est placé sous les ordres du général Gérin. — Sa sévérité outrée envers les militaires.

Si l'autorité du Président d'Haïti fut plus affermie, après la répression de la conspiration de Yayou, les factieux ne cessèrent point cependant leurs trames odieuses contre la tranquillité de la République; ils s'autorisaient de l'opposition de Gérin pour agiter les esprits, en excitant l'envie et la jalousie contre le chef de l'État qu'ils voyaient revêtu de grands pouvoirs. C'est le malheur du système républicain, de faire naître incessamment une ambition déréglée parmi les hommes d'un mérite secondaire; ils se persuadent qu'ils sont capables de tout, et loin de se borner à une noble émulation pour servir la chose publique, ils aspirent aux plus hautes positions pour satisfaire plutôt à leur orgueil. Que de tels hommes se trouvent dans une monarchie, et ils descendront aux plus basses adulations, ils ramperont aux pieds du monarque, pour parvenir à leurs fins.

Le département de l'Ouest était surtout le foyer de cette ambition vulgaire; il ne s'écoula pas six mois, qu'on vit éclater une nouvelle conspiration dans son sein, qui fut comme la suite de la première.

Dans le Sud, l'insurrection de la Grande-Anse continuait ses désastres. Tout cet arrondissement et celui de Tiburon avaient dans la population des campagnes, des hommes que les colons avaient égarés pendant longtemps contre le système suivi par le gouvernement de la République, contre ceux qui le dirigeaient. En élevant Goman au grade de général de brigade et lui conférant le droit de distribuer des grades militaires inférieurs, Christophe avait ravivé ces préventions poussées jusqu'à la haine. L'insurrection trouvait encore un aliment dans la peur de bien des habitans des villes et bourgs du littoral, qui se voyaient incessamment exposés à ses irruptions; ils pactisaient secrètement avec les insurgés, en leur fournissant clandestinement de la poudre et du plomb, en échangeant avec eux des marchandises dont ils avaient besoin, contre les denrées qu'ils récoltaient et que les femmes surtout apportaient dans ces localités. Cet état de choses avait porté Goman à organiser ses adhérens en deux classes; la première faisait la guerre, la seconde cultivait la terre pour avoir des denrées destinées à ces échanges clandestins et à nourrir ses guerriers. On ne peut se faire une idée de la subordination qu'il avait établie à cet égard; au fait, il avait créé un petit État dans ces hautes montagnes, dont il était le souverain absolu: de là la facilité qu'il eut de résister durant treize années consécutives, sinon avec beaucoup d'avantages, du moins assez pour ne pas faire sa soumission. On verra plus tard, qu'il fallut toute l'habileté politique de Pétion pour ruiner son pouvoir et son ascendant, le réduire à se réfugier dans les lieux d'un difficile accès, et préparer par là le beau succès de la pacification de ces arrondissemens, obtenu par son successeur.

En attendant, on tâchait d'arriver à ce résultat par la guerre qu'on faisait aux insurgés. A Jérémie, le général Francisque, commandant l'arrondissement de la Grande-Anse; le colonel Borgella, chef de la 15e demi-brigade; le colonel Bergerac Trichet, chef de la 18e; à Tiburon, le colonel Gilles Bénech, chef de la 19e, et son chef de bataillon Nicolas Régnier, tous deux anciens compagnons de Goman dans les bois: tous ces officiers et d'autres encore, commandans de places dans les villes et bourgs, employaient tous les moyens possibles pour circonscrire l'insurrection dans les montagnes.[1] Mais on conçoit que la nature même du terrain favorisait sa résistance.

Dans les arrondissemens des Cayes, d'Aquin et de Nippes, les généraux Wagnac et Vaval, et le colonel

[1] Après la conspiration de Yayou, le président tira de la 24e le chef de bataillon Bigot qu'il promut au grade de colonel pour aller commander la place de Jérémie.

Bruny Leblanc, formaient des cordons de troupes et de gardes nationaux, pour empêcher l'insurrection de s'y propager et la contraindre à se mouvoir dans la Grande-Anse : ils y réussirent.

Le général Gérin, commandant en chef du département du Sud, ne négligeait pas, certainement, les moyens d'éteindre l'insurrection ; mais, dans son opposition au chef de l'État, dont il était plus envieux depuis que le sénat l'avait revêtu de si grands pouvoirs, il contrariait incessamment la politique suivie par Pétion pour y parvenir : son caractère absolu s'y prêtait peu d'ailleurs. Le président se voyait souvent obligé de donner des ordres directs aux officiers supérieurs du Sud, pour s'assurer de l'exécution de ses vues, de désapprouver ceux donnés par le commandant du département. Un tel conflit entre ces deux autorités ne pouvait que nuire à la chose publique. Gérin était encore mécontent de toutes les mesures administratives et financières que le sénat avait promulguées dans diverses lois, parce qu'il avait des idées arrêtées à cet égard : nous en avons parlé déjà. Il était donc *un frondeur*, et des actes du président et de ceux du sénat, et les fonctionnaires et officiers du Sud se trouvaient souvent contraints de ne pas obéir à ses ordres ou de les éluder.

Dans ces circonstances, on reçut au Port-au-Prince l'écrit satirique publié au Cap par Juste Chanlatte, sous le titre de : *Réflexions sur le prétendu Sénat du Port-au-Prince*. Après y avoir discuté la formation de l'assemblée constituante, en se basant sur la protestation des députés du Nord et de l'Artibonite, il conclut à *l'illégalité* de la constitution et du sénat, qu'il appelait *le Sénat conservateur du Port-aux-Crimes, ou plutôt le Sénat de Pétion*.

Attribuant à ses principaux membres comme à Pétion, la mort injuste, selon lui, de Dessalines, Chanlatte passa en revue la vie privée et publique de ces sénateurs, en leur imputant des actions odieuses ou ridicules ; et il ne ménagea pas Pétion sous le rapport politique, le traitant de *tyran infernal*, etc. Ceux des sénateurs qu'il maltraita le plus, furent Bonnet, Blanchet jeune, Daumec, Th. Trichet, C. Thélémaque, David-Troy, Lamothe Aigron, Lys, et le secrétaire d'État Blanchet aîné. Il s'efforça de tourner en ridicule Fresnel, Ch. Daguilh, Depas Médina, Manigat, Simon, Louis Barlatier, et surtout Gérin ; il ménagea F. Ferrier, Yayou et Magloire Ambroise, évidemment dans l'espoir que fondait Christophe sur eux, dans le but de les exciter contre Pétion et la République [1].

Mais, sous ce rapport, ce fut Gérin surtout qu'il tâchait d'exaspérer ; car il connaissait son caractère. En lui attribuant une part active dans la révolution de 1806, ce qui était vrai, il le plaignait *de l'ingratitude* dont on avait payé ses services, en rappelant ce qui occasionna ce dicton de Virgile : *sic vos, non vobis,* signifiant *ainsi vous, et ce n'est pas pour vous ;* il ajouta : « On voit clai-
« rement que Gérin, qui, le premier, s'est mis en évi-
« dence, craint, non sans raison, que l'on ne dise de lui :
« — Ainsi, guerrier infortuné ! vous faites des merveilles,
« et c'est pour qu'un autre jouisse du fruit de vos glo-
« rieux travaux. »

Nous ne pouvons reproduire les principaux traits acérés lancés contre les sénateurs, dans cette mordante satire de Chanlatte ; et d'ailleurs, nous répugnons à nous

---

[1] J. Chanlatte publia son écrit immédiatement après l'évacuation du Port-de-Paix par Lamarre ; il y parlait aussi de l'insuccès de Bazelais aux Gonaïves, et cette diatribe ne parvint au Port-au-Prince qu'après la conspiration de Yayou.

faire l'écho d'un écrit où l'auteur mit toute la méchanceté de son esprit, pour essayer de dénigrer les hommes qui fondèrent la glorieuse République de notre pays. Mais cette brochure produisit un effet puissant sur l'âme aigrie de Gérin.

Sachant que le meilleur moyen de combattre un écrit de cette nature, est de plaisanter tout le premier des imputations injustes qu'il contient, Pétion, dont l'humeur était quelquefois railleuse, malgré son caractère réservé et grave, s'en empara et le lut dans le cercle qui se forma immédiatement au palais de la présidence pour en prendre connaissance, et où se trouvèrent la plupart de ceux que cet écrit désignait. Chanlatte l'avait supposé présent à une séance du sénat, où il distribuait les rôles et les fonctions de chacun de ses membres, en vue des éventualités de la guerre civile ; ce fut la partie de l'écrit, où lui-même jouait un rôle tragi-comique, qui attira le plus son attention pour en rire et engager ses auditeurs à faire comme lui [1]. Malheureusement plusieurs d'entre eux s'imaginèrent, et Gérin surtout, qu'il était bien aise des méchancetés de Chanlatte, pour diminuer leur influence dans l'Etat. Cette pensée injuste vint ajouter à la désapprobation que quelques-uns donnaient à son système politique, qu'ils considéraient comme conçu par lui pour absorber toute l'influence ; elle eut des résultats fâcheux dans la suite, elle entretint l'animosité et l'opposition de Gérin.

Blanchet aîné fut aussi peu disposé à excuser l'inten-

---

[1] Chanlatte plaisantait Pétion de sa défaite à Sibert, le 1ᵉʳ janvier, en parlant de « sa valeur embourbée dans les marais fangeux de ces lieux. » Arrivé à cette phrase, Pétion dit en riant aux éclats : « Ma foi ! il a raison ; car ce jour-là je fus contraint de fuir, et j'avais de la boue sur tout le corps. » La scène qu'il lui fit jouer au sénat, était une imitation de celle où César, dans la tragédie de Voltaire, assigne à chacun son poste, dans son projet de marcher contre les Parthes.

tion de Pétion. Dans sa diatribe, Chanlatte disait, qu'étant trésorier à Jérémie lors de la fuite de Rigaud en 1800, Blanchet, « d'une distraction incurable, » avait embarqué avec lui, « sans y songer, » la caisse de l'Etat; et qu'arrivé aux États-Unis, il s'était aperçu de cette « trans-« plantation involontaire [1]. » Or, au moment où cet écrit parvint au Port-au-Prince, on se plaignait hautement de la mauvaise gestion des finances par lui qui, comme secrétaire d'Etat, ne pouvait parvenir à faire rendre compte par les administrateurs de cette branche de service public. On a vu que par son message du 19 mai, en forme d'arrêté, le sénat invitait le président, « au nom du salut « public et de l'armée, » à donner ses ordres au secrétaire d'Etat pour qu'il fît parvenir au corps législatif, des cadastres, des comptes, etc., qu'il aurait dû fournir déjà au comité des finances. Le président le pressait à cet égard, sans pouvoir rien obtenir de lui; les sénateurs s'en plaignaient vainement. C'est que, pour tout dire (l'histoire ne devant rien cacher), Blanchet aîné s'abandonnait *à la boisson*; dès 9 heures du matin, il déraisonnait. Une telle situation ne pouvait plus être tolérée; les administrateurs et autres employés des finances se moquaient de leur chef, qui ne pouvait surveiller leur comptabilité et leurs actes; l'armée, les sénateurs, les employés divers ne recevaient ni solde ni appointemens, et l'armée expéditionnaire dans le Nord avait besoin d'être entretenue par une solde régulière, par des habillemens, des approvisionnemens de guerre et de bouche, afin de remplir sa laborieuse tâche.

---

[1] Daumec, qui fut un des plus maltraités, me dit un jour, qu'à son avis, cette satire de J. Chanlatte était son meilleur écrit, sous le rapport du style : « Mais, que de méchancetés ! « ajouta-t-il. »

Le Président d'Haïti se vit donc forcé d'user de ses pouvoirs extraordinaires, en révoquant Blanchet aîné de de son éminente charge [1]. Il nomma César Thélémaque, secrétaire d'Etat : celui-ci avait été contrôleur des finances au Cap, et quoique peu capable, il avait du moins de la dignité, de la fermeté et toute la probité nécessaire pour imposer aux fonctionnaires placés sous ses ordres [2]. Des employés, éminens par leur savoir, lui furent donnés pour l'aider, entre autres A. D. Sabourin qui avait été aussi contrôleur des finances sous l'empire. Afin de reconnaître néanmoins et de récompenser les services de Blanchet aîné dans l'ordre politique, Pétion *créa* pour lui la haute charge de *secrétaire général* du gouvernement ; dans ces fonctions nouvelles, il devait concourir, par ses conseils, aux actes de la présidence et les contre-signer. Mais Blanchet aîné ne pardonna pas plus sa révocation à Pétion, qu'il n'avait pardonné à Dessalines de l'avoir révoqué comme trésorier à Jérémie ; et ce fut par suite de son mécontentement, qu'il devint, en 1810, la cheville ouvrière de la scission du Sud.

Dans cet intervalle, Lamarre, qui était dans la commune de Jean-Rabel, n'avait pas tardé à reprendre l'offensive contre l'armée de Christophe, afin de favoriser les insurgés des montagnes du Gros-Morne, de Saint-Louis et du Borgne. Le 19 août, il s'était mis en marche contre le Port-de-Paix ; et arrivé près de cette ville, il avait détaché de son armée de 2000 hommes à peine, le colonel Bauvoir à la tête de 1200 de ces braves, pour se

---

[1] Cette révocation eut lieu en octobre.
[2] C. Thélémaque fit imprimer des titres de lettres, en mettant en tête : « République d'Haïti. « — Justice, — Sévérité. » C'était dans le but d'intimider les comptables qui se faisaient tirer l'oreille.

porter dans les hauteurs de Saint-Louis et intercepter tout secours qui viendrait du Cap. Mais assailli bientôt par des forces supérieures, il rappela Bauvoir ; et aidé de lui, il repoussa diverses attaques qui eurent lieu successivement dans les derniers jours d'août. Le général Romain avait sous ses ordres une force de 4000 hommes d'infanterie et de 500 cavaliers, outre l'artillerie. Lamarre signala au président, par sa lettre de 31, que Christophe donnait beaucoup d'attention à la cavalerie, en l'engageant à en organiser une aussi pour l'opposer à celle de l'ennemi ; et à cet effet, il ne cessa de lui demander des selles pour monter la sienne.

Dans cette lettre du 31 août, il recommandait à Pétion de faire marcher contre Saint-Marc, l'armée de la République pour opérer une diversion utile au succès de l'armée expéditionnaire. Il lui demandait en même temps de nouvelles troupes pour la renforcer, des cartouches, de la poudre et du plomb. Il l'informait aussi d'une nouvelle insurrection contre Christophe vers Saint-Michel et le Fort-Liberté. « Il importe au salut de l'Etat, dit-il « en terminant, que la grande armée marche. » Malgré la pénurie de la caisse publique, Pétion lui avait envoyé 8000 gourdes qui ne suffisaient pas pour la solde arriérée de ses troupes.

Le 23 septembre, une nouvelle lettre, datée du Môle, informa le président que Romain ayant été blessé dans les précédens combats, Christophe était venu se mettre à la tête de ses troupes avec de nouvelles forces, après avoir employé la plus grande terreur pour réunir son monde et faire transporter des canons, un mortier et un obusier dans les positions les plus difficiles. Lamarre l'avait combattu avec succès ; mais après un combat de 8 heures, sa

troupe manquant de munitions, il avait dû opérer sa retraite à travers les masses ennemies. Il divisa sa petite armée en deux pour pouvoir mieux se tirer de cet embarras. « Je fus forcé, dit-il, de me réfugier au milieu des
« bois avec une compagnie de grenadiers seulement,
« ayant dispersé le reste de mes troupes de la manière
« la plus convenable à notre position. Le général Nico-
« las Louis m'a bien secondé en cette occasion. Je restai
« *huit jours* dans les convulsions du désespoir, en proie
« à toutes les privations de la vie. J'aurais indubitablement
« fini ma carrière dans cet état, si l'adjudant-général
« Delva n'était pas arrivé promptement à mon secours,
« avec un bataillon de la 16e commandé par Boisrond
« Laurent[1]. Voilà quelle était notre position, quand vous
« croyiez que nous moissonnions des lauriers. Réflé-
« chissez un moment, président, sur tous les maux pas-
« sés qu'a occasionnés la guerre civile. Réfléchissez sur
« la trop grande bonté du général Rigaud, qui occa-
« sionna tous les maux de la patrie, et voyez combien il
« importe de terminer cette guerre-ci. Tout Haïtien a les
« yeux fixés sur vous. Quoi! seriez-vous indifférent aux
« vœux de tous ces cœurs? Le nom de la patrie ne vous
« serait-il plus cher? Oui, vous chérissez le nom de son
« libérateur, et votre gloire la plus chère réside dans le
« bonheur du peuple qui vous adore... »

Si ce langage prouve la dignité républicaine de Lamarre et son attachement à Pétion, et en même temps la liberté que ce dernier laissait à ses camarades d'armes de

---

[1] Un frère de Boisrond Tonnerre, qui, dans la guerre de l'indépendance, servant sous les Français au combat de Laval, près de l'Anse-à-Veau, fut balafré par Léger qui était du côté de Geffrard. Au moment où il arrivait au Môle avec son bataillon, Léger venait de se rendre à Lamarre, en faisant défection à Christophe; car cette lettre de Lamarre parle de lui au président, en l'envoyant au Port-au-Prince. Boisrond Laurent ne tarda pas à périr dans un combat.

lui parler avec franchise, ce qui est aussi honorable pour eux tous ; on voit que Lamarre partageait jusqu'à un certain point l'opinion des autres militaires, qui pensaient que le président mettait trop de lenteur, trop de mollesse dans la guerre contre Christophe. Eux tous revenaient sans cesse au souvenir des désastres survenus dans celle entre Rigaud et Toussaint Louverture, en ne faisant pas attention que les deux situations étaient très différentes, Et dans le moment que ces reproches étaient adressés à Pétion, que d'embarras ne naissaient point sous ses pas ! Mais l'on reconnaît qu'il faisait ce qui dépendait de lui pour renforcer successivement l'armée expéditionnaire, et la ravitailler de toutes manières.

En lui signalant, dans la même lettre, selon sa recommandation, les officiers dont la conduite méritait ses éloges; en lui apprenant qu'il avait promu provisoirement au grade de chef bataillon, Eveillard aîné et J.-Pierre Amine, et lui désignant Eveillard jeune comme un brave, ainsi que les chefs de bataillon Aly, de la 9e, et L'Africain, de la 24e, Lamarre lui dit en *post-scriptum* : « Au moment
« de fermer ma lettre, une émeute populaire allait éclater.
« Le général Nicolas Louis (dont il venait de faire l'éloge)
« qui s'était attiré des griefs de l'armée, en *tuant*
« de sa propre main un officier, vient de faire fusiller
« un homme et passer un autre par *les verges*. Cette
« conduite ayant excité des rumeurs violentes dans l'ar-
« mée, j'ai pris le parti de vous l'envoyer. » Lamarre fut contraint de déployer beaucoup d'énergie pour rétablir l'ordre parmi ses troupes, et il émit un ordre du jour pour menacer du conseil de guerre, tout officier qui s'écarterait à l'avenir de son devoir. Cependant, il transigea avec le sien en ne faisant pas juger Nicolas Louis pour ces

crimes ; mais il fit bien peut-être, car cet officier rachetait ces excès par les services qu'il rendit à la République.

Telle était la position du président à l'égard d'une foule d'hommes opposés à son gouvernement ; il employait la patience et la modération pour les ramener, de préférence aux rigueurs tyranniques que déployait Christophe dans le Nord. Dans la Grande-Anse, par exemple, il ordonnait que les prisonniers faits sur les insurgés, fussent traités avec douceur, tandis que son adversaire ne faisait quartier à aucun prisonnier et dépeuplait les localités insurgées contre son autorité, venant ainsi en aide aux mortalités occasionnées par la guerre. « Il a fait *fusiller* « un adjudant-général *qui avait tardé à le suivre*, dit « Lamarre dans une lettre du 27 septembre ; il fait fu-« siller tous ceux qui lui paraissent *suspects*. »

Dans une autre du 29, il récidivait la demande de 1000 hommes de troupes, d'une pièce de campagne en bronze, de munitions, d'habits, de chemises et de pantalons pour ses troupes « qui ont subi la plus grande misère dans les « bois. [1] » Le 2 octobre, il lui disait encore que le colonel Bauvoir lui avait révélé des choses à l'égard de Nicolas Louis, qui prouvaient qu'il avait bien fait de l'envoyer au Port-au-Prince où il faudrait le garder ; que depuis cette mesure, les choses avaient changé de face et que beaucoup de soldats de la 9e étaient revenus à leurs drapeaux. Un mois après, le 2 novembre, une nouvelle lettre de Lamarre au président lui rendait compte d'autres combats dans les montagnes du Port-de-Paix et de Saint-Louis, où l'ennemi eut 1000 hommes tués ou blessés, et perdit

---

[1] Dans sa lettre du 29 septembre, Lamarre informait le président qu'il avait confié l'administration à Hérard Dumesle, « officier commissionné par vous ; il prend fort à cœur de « remplir son devoir avec exactitude. »

un drapeau, dix-huit tambours, sept cents fusils, huit haches de sapeur et une canne de tambour-major : les républicains avaient fait alors 200 prisonniers. Mais leur général, en annonçant ces succès, demandait encore de l'argent, des cartouches, des habillemens et des hommes. C'était rappeler Annibal : « J'ai battu les Romains, di-
« sait-il à Carthage : envoyez-moi des soldats et de
« l'argent. » Cette lettre fut confiée au colonel Gardel que Thimoté accompagna au Port-au-Prince : elle recommandait au président le chef de bataillon C. Thomas comme
« un officier digne de la bienveillance du gouvernement,
« ainsi que le chef d'escadron Toussaint Boufflet qui s'est
« immortalisé dans ces combats. » Deux jours après, une lettre spéciale fut adressée au président pour lui exposer « la situation malheureuse du colonel Bauvoir, cet
« officier qui s'est si généreusement dévoué à la cause
« sacrée de la liberté, et qui n'a pas un moment de repos
« depuis mon arrivée ici. Je vous informe, président, qu'il
« est marié, père de famille et réduit *dans la dernière des*
« *misères*. Je sollicite donc de vous quelques moyens
« particuliers pour cet homme estimable. »

Nous nous plaisons à citer toutes ces recommandations, tous ces éloges de Lamarre en faveur des officiers qui servaient sous ses ordres. Ce héros de notre pays dévoilait ainsi sa belle âme, en attirant la justice du gouvernement sur ceux qui partageaient ses périls ; il savait que sa voix serait entendue du chef qui se plut toujours à récompenser le mérite : aucune de ces recommandations ne resta sans effet. En même temps, c'est, de notre part, réveiller les sympathies nationales pour des citoyens dont le nom doit être vénéré de la postérité, car ils remplirent glorieusement leurs devoirs envers la patrie.

Lamarre, d'un esprit intelligent quoique sans culture, ne se bornait pas à rendre compte de ses opérations militaires ; il communiquait à Pétion toutes les idées qui pouvaient contribuer au bien public. Ainsi, le 23 septembre, il lui disait que Christophe avait, disait-on, expédié des envoyés auprès du gouvernement britannique pour lui offrir *le commerce exclusif* du pays, s'il voulait le seconder dans sa guerre contre la République ; qu'un navire anglais ou américain, sortant du Cap, avait été à Jérémie pour avoir des nouvelles de l'insurrection de Goman et lui fournir les moyens de continuer sa rebellion, que ce service avait été payé de 200 milliers de café ; que Christophe venait d'envoyer au Port-au-Prince *quatre espions*, dont la mission était d'exciter les consorts de Yayou à une nouvelle conspiration contre la République. Le 13 novembre, en y expédiant le capitaine de cavalerie Habilhomme, fait prisonnier, il disait au président que cet officier ennemi pouvait servir à transmettre ses propositions à l'adjudant-général Etienne Albert, dont les sentimens paraissaient favorables à la République [1]. Il avait gagné l'affection d'Habilhomme par ses procédés généreux, répondant ainsi à la bienveillante politique de Pétion. Cet officier devint par la suite un des chefs d'escadron de la garde à cheval du président.

Le 13 novembre, une nouvelle lettre pressait le président d'envoyer des troupes et des munitions au Môle. « Que m'apprenez-vous, président, lui dit-il ? Quoi !

---

[1] Quelque temps après, en effet, Étienne Albert, qui figura à la bataille de Sibert, sur le point d'être arrêté par Christophe qui soupçonnait ses sentimens, s'enfuit dans la partie de l'Est. Arrivé à Saint-Yague, il fut arrêté par ordre de Franco de Médina et livré à Christophe. Franco de Médina ne prévoyait pas alors qu'un jour arriverait où il expierait cruellement cette lâche et honteuse action. Il y a dans le ciel un Dieu qui sait punir les méchans, à l'heure où sa justice le veut.

« l'armée est encore à Poix-la-Ravine (près de l'Arca-
« haie), quand elle devrait être à Saint-Marc? Qui peut
« avoir ralenti l'ardeur de nos guerriers?... Que font-ils
« donc? Qu'est devenue en eux cette valeur que nos
« ennemis épouvantés devaient admirer? Envoyez-moi
« des secours, et bientôt je vous joindrai à l'Artibonite...
« Je m'aperçois que le Port-au-Prince est une nouvelle
« Capoue où les délices énervent l'âme. » Il lui annonçait l'arrivée de Christophe au Port-de-Paix, avec de nouvelles forces, surtout en cavalerie.

Le 19, Lamarre était dans la joie, il avait reçu par le
commandant Masson Dias, l'un de nos meilleurs officiers
de marine, 200 quarts de poudre, 120 caisses de cartouches, du papier et des mandrins pour en faire. « Vous ne
« savez pas, dit-il au président, de quel pressant danger
« vous nous avez tirés en nous envoyant des munitions.
« L'armée vous fait ses remerciemens *de ce présent* qui
« sert à sa défense et aux succès des armes de la Répu-
« blique. Nous appréhendions déjà de voir nos lauriers
« se changer en cyprès; mais tout a changé depuis l'ar-
« rivée de Masson : le courage, l'espoir, tous les senti-
« mens caractéristiques par lesquels un républicain se
« distingue, renaissent parmi nous [1]. »

A son tour, il envoya au président 500 boulets de divers
calibres, ne prévoyant pas, tant son espoir de vaincre
l'ennemi était grand, que le Môle où il était alors subirait
ce mémorable siège de deux années où se distinguèrent
des caractères si héroïques! « Quant aux fusils, je ferai
« en sorte de vous en procurer aussi. » On ne sait s'il
entendait prendre ceux de l'ennemi, ou s'il espérait les

---

[1] Le style de plusieurs des lettres de Lamarre nous fait soupçonner qu'elles furent écrites par Hérard Dumesle : les sentimens qu'elles expriment font son éloge.

faire venir de Cuba ; car il annonçait à Pétion qu'un petit bâtiment sous pavillon *danois* venait d'arriver au Môle, sortant de cette île, et qu'ayant usé envers son équipage de procédés engageans, le capitaine lui avait promis d'y revenir dans quinze jours avec des objets qu'il lui demandait. A cet effet, il expédia l'adjudant-général Delva auprès du président, probablement pour lui exposer de vive voix la nécessité d'autoriser des relations avec Cuba, que les lois défendaient [1]. « Je m'abstiens de vous faire l'é-
« loge de cet officier ; car personne mieux que vous,
« président, ne sait apprécier son mérite. Je vous répète
« qu'avec 1,500 ou 2,000 hommes de troupes pour ren-
« forcer l'armée expéditionnaire, j'irais faire jonction
« avec la grande armée dans la plaine de l'Artibonite. »
Il termina sa lettre en exposant que les envois de soldats de différens corps, par détachemens, nuisaient à la discipline ; que n'ayant point leurs drapeaux avec eux, l'honneur militaire n'avait pas ce signe de ralliement pour le stimuler : il priait le président de lui envoyer, sinon des régimens, du moins des bataillons en entier pour avoir leurs drapeaux. « S'il vous plaît de m'expédier la 24ᵉ en
« entier (son ancien corps), je vous renverrai tous ces
« détachemens. » C'est tout un éloge pour ce fameux régiment du Petit-Goave.

En produisant toutes les idées, tous les sentimens qui animaient cette âme belliqueuse, nous croyons mieux faire pour que le lecteur apprécie la guerre de la péninsule du Nord, que si nous entrions dans le détail circons-

---

[1] Ce bâtiment sous pavillon *danois* était monté par *des Français* réfugiés à Cuba. En établissant ces relations avec le Môle, où ils faisaient un trafic avantageux, ils cessèrent de nuire au cabotage haïtien avec leurs corsaires. Le *commerce* fut toujours la meilleure *diplomatie* entre les peuples ; c'est à lui qu'Haïti et la France doivent leur rapprochement.

tancié des mille combats qui s'y livrèrent, et où la valeur, de part et d'autre, distingua des frères luttant entre eux, les uns pour soutenir un gouvernement oppresseur, les autres pour fonder celui qui voulait la prépondérance des principes les plus salutaires au bien public, les plus dignes de l'homme dans l'état social.

On a vu que, par sa lettre du 31 août, Lamarre provoquait une campagne contre Saint-Marc, et par celle du 13 novembre, qu'il s'étonnait que l'armée, sortie du Port-au-Prince, ne fût encore que dans la plaine de l'Arcahaie. Ce n'est pas que Pétion ne sentît lui-même la nécessité d'attirer vers Saint-Marc une partie des forces du Nord, afin d'empêcher Christophe d'écraser l'armée expéditionnaire déjà si faible; mais, après la conspiration de Yayou, nous l'avons dit, les esprits étaient loin d'offrir l'unanimité de vues qui constitue l'union entre les citoyens. Quelle que fût la conduite du général Magloire Ambroise en cette circonstance, son intimité avec Yayou, qui résultait autant de la fraternité d'armes que de ses relations avec la sœur du défunt, donnait à penser à Pétion, qu'il s'était laissé séduire par lui. Le président avait d'autant plus raison, que Magloire avait pour chef d'état-major l'adjudant-général Borno Déléard, esprit remuant, plus ambitieux peut-être que Chervain avec qui il avait été fort lié, et que l'on a vu en scène, aux Cayes, avec Mentor et Boisrond Tonnerre, dans leur conciliabule nocturne de 1806; Borno Déléard qui, après la mort de Dessalines, s'était empressé de se rendre au Cap lorsque Christophe y manda les aides de camp de l'empereur. Le 23 septembre, Lamarre avait informé le président de l'envoi de quatre espions du Nord au Port-au-Prince, pour tâcher d'y exciter une nouvelle conspiration. Déjà, Magloire se montrait mécontent de la nomination du général Bonnet au commandement de l'arrondissement de Jacmel; quoique commandant en chef lui-même du département de l'Ouest, il préférait se tenir dans cette ville où il eût été le premier personnage, plutôt que de résider au Port-au-Prince, chef-lieu du département, où il se croyait effacé par la présence du Président d'Haïti. L'histoire a fourni plus d'un exemple, pour prouver que Jules César ne fut pas le seul qui préférât d'être le premier dans une bicoque que le second à Rome.

Ces malheureuses dispositions étaient, pour Pétion, un nouveau sujet de préoccupations douloureuses : il estimait et aimait Magloire Ambroise, homme de bien, citoyen distingué par ses sentimens, qui avait rendu au pays des services signalés. Dans le but de le soustraire aux mauvaises influences, il l'obligea en quelque sorte à se tenir au chef-lieu de son commandement, afin d'être à même de les neutraliser par ses procédés et ses attentions pour ce général; mais il ne fit qu'empirer le mal, en dépit de ses bonnes intentions.

A ces difficultés, qui le contraignaient lui-même à rester au Port-au-Prince, où sa présence était encore nécessaire pour veiller au ravitaillement de l'armée expéditionnaire, soit par les garde-côtes de l'État, soit par des barges, pour lui envoyer des renforts en hommes, se joignait sa maladie qui revenait sans cesse. Les troupes du Sud était presque toutes employées à combattre l'insurrection de la Grande-Anse; celles de l'Ouest devaient fournir à ces renforts et former l'armée qui marcherait contre Saint-Marc; et la caisse publique, par l'inaptitude de Blanchet aîné, donnait à peine de quoi subvenir à toutes ces dépenses. Le nouveau secrétaire d'État se débattait déjà pour trouver les moyens nécessaires.

Le 20 août, Pétion avait rendu un arrêté pour appliquer au payement de la cargaison du navire *l'Empereur*, appartenant à Jacob Lewis et livrées pour compte de Dessalines, les denrées des habitations affermées à sa veuve, et de plus, le montant des droits d'importation dus à l'État par les nouveaux navires de ce négociant. Le 12 novembre, C. Thélémaque fit un règlement concernant l'exploitation des denrées : il est bon de consigner ici ses motifs, pour prouver les embarras financiers de cette époque et le vice du système de fermage dont tous les fermiers abusaient.

« Considérant, dit le secrétaire d'État, que malgré la
« loi bienfaisante du sénat, qui, pour *soulager* les pro-
« priétaires et fermiers d'habitations, a abrogé le quart
« de subvention qu'ils payaient sur toutes les denrées
« récoltées, *les fermiers* des biens de l'État n'ont pas ac-
« *quitté*, pour la plupart, *le prix de leurs fermes*, et ont
« disposé de leurs revenus ;

« Considérant les dépenses considérables que le gou-
« vernement est obligé de faire pour l'entretien et la
« solde des troupes, afin de conserver cette liberté pré-
« cieuse que Christophe voudrait nous ravir ;

Et le dispositif de ce règlement obligeait le transport aux magasins de l'État de tous les cafés récoltés (principale production du pays), afin qu'on pût recueillir le prix du fermage. Il établissait, pour cela, des moyens de contrainte et des amendes.[1] Quant au fermage des sucreries

---

[1] A la reprise de ses séances, le sénat abrogea ce règlement, le 7 janvier 1808, comme contraire à sa loi sur la police des campagnes ; mais la mention de cette abrogation se trouve seulement dans le procès-verbal de ce jour : aucun acte ne fut rédigé à cet effet, et il paraît

et des guildives, on sait déjà qu'il se payait en argent ; on produisait peu de coton, de cacao, etc.

C'est dans ces circonstances difficiles que, ne pouvant se mettre à la tête de l'armée, le président en donna le commandement supérieur au général Bonnet. Elle se mit en marche dans les premiers jours de novembre, et arriva bientôt sous les murs de Saint-Marc. Bonnet en confia une partie au commandement de l'adjudant-général Chauvet, et garda l'autre sous sa propre direction. L'ennemi ayant fait une sortie, chassa Chauvet de la position qu'il occupait, et cet officier ne put rallier sa troupe qu'au Boucassin : c'était une véritable déroute.

Attaqué en même temps, Bonnet avait repoussé l'ennemi ; les colonels Barthélemy Mirault, de la cavalerie, et J.-L. Longueval, de la 4e, périrent dans cette action où il y eut une mêlée et où Bonnet faillit être tué par ce dernier [1]. Mais l'échec subi par Chauvet le contraignit néanmoins à faire retraite. Arrivé au Boucassin, il reforma son armée et marcha de nouveau contre Saint-Marc.

Christophe venait d'y arriver avec des troupes du Nord, notamment le 2e régiment, surnommé 2e *rasoir* en ce temps-là et commandé par le colonel Pescay : J.-B. Riché était un des chefs de bataillon de ce corps. Une nouvelle affaire eut lieu aux portes de la ville, dans laquelle les républicains enlevèrent une pièce de campagne à l'ennemi. Cependant, la présence du généralissime du Nord stimulant ses troupes, elles obtinrent l'avantage

---

que de nouvelles réflexions y firent renoncer. Le secrétaire d'État, par un autre arrêté, avait mis les warfs *en régie*, en les séparant de l'administration des douanes : le sénat le laissa subsister, sans doute pour essayer de ce nouveau système.

[1] Nous avons ouï dire dans le temps, que ce fut le sous-lieutenant Souffrant, aide de camp de Bonnet, qui donna un coup de pistolet à J.-L. Longueval pendant qu'il cherchait ce général dans la mêlée.

sur les républicains qui furent forcés à la retraite : ils ne purent même trainer la pièce de campagne et l'enfouirent sur l'habitation Boisneuf.

Le général Bonnet, au rapport de tous, fit preuve de bravoure et d'un sang-froid remarquable dans ces diverses actions. David-Troy et les autres colonels brillèrent aussi par leur valeur. Du côté de l'ennemi, les mêmes qualités militaires se montrèrent parmi les officiers supérieurs, principalement le général Pierre Toussaint.

Autant par ces revers que par motif politique, Pétion donna l'ordre à Bonnet de ramener les troupes au Boucassin ; car la situation de l'arrondissement de Jacmel réclamait la présence de ce général. Le président savait que Magloire Ambroise faisait agiter l'esprit de la population par quelques hommes qui lui étaient dévoués. Dans le but de déjouer cette trame, il y envoya Bonnet avec la 22e commandée par David-Troy, et la 23e par Azor Morel.

Mais, à leur passage au Port-au-Prince, Magloire était parvenu à gagner à son projet, une portion de la 22e dont il avait été le colonel, et toute la 23e. Comptant sur son influence parmi ces corps et sur le reste de la population, dans la soirée du 5 décembre, il s'évada du Port-au-Prince avec les officiers de son état-major et ses guides et se rendit à Jacmel [1]. Outre Borno Déléard, il avait auprès de lui le chef d'escadron Maillard, le capitaine Jean Adonis, le lieutenant George Lapierre, le sous-lieutenant Aly Dubrueil, et le capitaine Michel qui lui servait de secrétaire.

Le 6 décembre était un jour de parade. Les soldats de

---

[1] Dans la route, Magloire fit arrêter Mondésir Germain, aide de camp du général Bonnet, qui portait ses dépêches au Président d'Haïti.

la 23e se rendirent sur la place d'armes, havresac sur le dos. En s'y rendant avec la 22e, David-Troy essuya le feu de quelques militaires de ce corps : n'étant pas atteint, il se porta sur le drapeau du bataillon d'où étaient partis ces coups de fusil, s'en empara et ordonna à la 22e de le suivre au fort Béliot où est l'arsenal. Son air martial, son courage audacieux, sa voix accentuée, ses précédens militaires en imposent tellement à ce corps, à la tête duquel il venait de se distinguer devant Saint-Marc, qu'il le suit au fort : un capitaine nommé André se fait sauter la cervelle au moment d'y entrer. David-Troy craignait évidemment le contact de la 22e avec la 23e, et en s'emparant du fort et de l'arsenal, il se rendait maître de Jacmel. Là, il fit l'appel des officiers, d'un air irrité ; ceux qui se sentaient coupables comme André, furent effrayés et se sauvèrent par-dessus les murs. Le colonel intelligent fit immédiatement des promotions, au nom du Président d'Haïti, parmi les sous-officiers qu'il appela à les remplacer, et il harangua son corps qui cria avec lui : *Vive la République ! Vive le Président d'Haïti !*

Assuré alors de la soumission de la 22e, il sortit de l'arsenal avec une pièce de campagne chargée à mitrailles, et il alla avec son régiment sur la place d'armes, où il l'alligna en face de la 23e.

Le général Magloire arrivait à Jacmel en ce moment ; il se porta sur la place d'armes avec sa nombreuse escorte : ce qui prouve qu'en s'évadant du Port-au-Prince dans la soirée du 5 décembre, il avait calculé qu'il serait à Jacmel pendant l'heure de la parade, avec l'espoir que les troupes se seraient prononcées en sa faveur ; et ce n'était pas sans dessein que les soldats de la 23e portaient leurs havresacs.

Mais, en le voyant arriver, continuant son audace, David-Troy, à cheval, s'élança au milieu de son escorte; et, posant la main sur son épaule, il lui demanda d'exhiber le permis qu'il avait dû obtenir du Président d'Haïti pour quitter le Port-au-Prince, siége de son commandement. Interdit, se sentant coupable, Magloire ne sut opposer aucun courage. David-Troy lui dit : « Vous êtes « mon prisonnier ; vous êtes un conspirateur : suivez-« moi au palais national. » Et le commandant du département de l'Ouest obéit au sénateur colonel dont l'énergie lui imposait ! Toutefois, le capitaine Michel essaya de dégager son général ; il cria aux guides de charger le groupe des militaires de la 22e accourus à la voix de leur colonel, pour conduire Magloire au palais ; mais ces guides n'en firent rien. David-Troy ordonna alors d'arrêter Michel qui s'enfuit, ainsi que Borno Déléard, le capitaine des guides et les autres officiers de l'état-major, chacun cherchant à se cacher.

Terrorisée par l'aspect de la 22e et l'audace de son colonel, la 23e ne fit aucun mouvement en faveur de Magloire : la conspiration était dès lors vaincue, comprimée. L'honneur de cette compression en revient à David-Troy ; car, au dire de tous les contemporains, le général Bonnet, logé au palais, n'en sortit pas pour aider ce colonel, pour faire valoir son autorité de commandant d'arrondissement : aussi, la réputation militaire de David-Troy grandit extrêmement.

Renfermé prisonnier, Magloire Ambroise fit appeler le médecin Elie qui le traitait habituellement, et le pria de lui donner *du poison* pour mettre un terme à ses jours, afin de ne pas être jugé et puni comme conspirateur. Elie lui en procura, et le 7 décembre il mourut au palais¹. Borno Déléard s'embarqua sur un navire qui le porta à l'étranger². Michel se rendit à Léogane auprès de l'adjudant-général Marion qui le cacha pendant plusieurs mois. Les autres officiers de l'état-major trouvèrent aussi le moyen de se cacher.

La mort de Magloire Ambroise, survenue par sa conspiration contre le gouvernement de la République, excita dans le temps, en Pétion surtout, et doit encore aujourd'hui exciter autant de regrets que celle de Yayou. C'est la tâche de l'histoire, qui a d'autres regrets à manifester sous ce rapport, de faire ressortir devant la postérité, pour justifier ces pénibles sentimens, les qualités qui distinguaient tous ces citoyens égarés par de funestes passions, par l'erreur où les jetèrent une ambition effrénée, une jalousie insensée, des rivalités de position militaire, des influences pernicieuses sur leur esprit, incapable de comprendre le système politique adopté par Pétion pour le gouvernement du pays, après tant de révolutions successives et un régime administratif toujours si contraire au bonheur, à la liberté, à tous les droits des citoyens en général. Dans l'impossibilité où ils étaient de saisir sa pensée, de prévoir les résultats que son génie préparait pour la patrie commune, tous ces hommes devinrent successivement des opposans à son gouvernement, et traduisirent leurs opinions en actions, en faits coupables aux yeux des lois : les uns périrent victimes de leurs folles entreprises, les autres, — et c'est le plus grand nombre, — ne durent leur salut, ne furent con-

---

1 Élie était un médecin français, devenu Haïtien en 1804. Il était généralement aimé à Jacmel, et au Port-au-Prince où il est mort longtemps après.

2 Borno Déléard ne revint en Haïti que vers 1816; mais il ne fut employé ni par Pétion ni par Boyer : il est mort quelques années après.

servés, pour contribuer par la suite aux succès d'une politique intelligente, que par la magnanimité des sentimens de l'homme qui la conçut, qui voulait leur bonheur personnel et celui de leurs familles.

Dans nos publications précédentes, le lecteur a dû remarquer quels furent les services signalés rendus au pays par le général Yayou, dans la guerre de l'indépendance et ensuite dans l'Ouest, à la révolution de 1806 et dans les circonstances qui la suivirent : inutile donc de les signaler de nouveau pour faire éclater son mérite. On a vu aussi par quelles déplorables influences ce brave fut égaré. Eh bien ! c'est encore à l'influence de sa sœur, animée par une injuste vengeance, c'est à celle que Borno Déléard exerça sur l'esprit de Magloire Ambroise, que cet homme estimable céda pour terminer sa vie si tristement.

Ces deux officiers avaient servi ensemble, sous le général Bauvais, dans l'arrondissement de Jacmel ; ils s'étaient liés d'amitié, et ce fut par ces considérations, qu'en élevant Magloire Ambroise au grade divisionnaire pour commander le département de l'Ouest, Pétion proposa au sénat de lui donner Borno Déléard pour chef d'état-major. Mais ce dernier avait été du parti de Bauvais dans sa querelle avec Montbrun, tandis que Pétion fut du parti de Montbrun, à Jacmel : cette vieille animosité s'était accrue par l'éclat de la défense de cette place contre Toussaint Louverture, par Pétion, lorsque Borno Déléard et les autres officiers abandonnèrent sa courageuse garnison pour se réfugier aux Cayes. Sous le régime impérial, on a vu quelle étroite liaison existait entre Borno Déléard, Mentor et Boisrond Tonnerre ; dans leur conciliabule nocturne tenu aux Cayes, le premier n'aspirait à rien de moins qu'à être *ministre des finances*, et tout porte à soupçonner que cette étrange prétention se rattachait à une combinaison suggérée par Christophe; quand celui-ci manda les aides de camp de Dessalines, Borno Déléard s'empressa d'aller au Cap. Enfin, on a vu que le général Lamarre informait le président, tout récemment, de l'envoi à Port-au-Prince de quatre espions par Christophe, dans le but d'exciter une nouvelle conspiration de la part *des adhérens* de Yayou. Pour juger sainement des événemens politiques, il faut se rappeler les antécédens des hommes qui s'y jettent, souvent follement.

Nous ne doutons donc pas que ceux que nous venons de rappeler à l'égard de Borno Déléard, contribuèrent puissamment à le faire agir sur l'esprit faible de Magloire Ambroise, pour le porter à croire qu'il était assez influent dans l'arrondissement de Jacmel, et à conspirer contre le gouvernement. Cet infortuné général ayant échoué dans cette folle entreprise, il aima mieux se suicider par le poison, que d'être jugé et convaincu d'avoir trahi ses devoirs envers un chef de qui il n'avait reçu jusque-là que des témoignages d'estime, de considération et d'amitié. De même que Yayou, il ne put se résoudre à espérer un oubli généreux de ses torts, par celui qui avait droit à les lui reprocher. Il y a même dans une semblable résolution, quelque chose de respectable et qui ajoute aux regrets qu'on éprouve de l'égarement de ces deux hommes.

L'évasion du général Magloire Ambroise, dans la soirée du 5 au 6 décembre, avait été un événement au Port-au-Prince : les esprits étaient inquiets, douloureusement impressionnés, dans la crainte que tout l'arrondissement de Jacmel eût pu se lever en armes contre le gouvernement, malgré la présence de Bonnet et de David-Troy au chef-lieu. Quoique plus rassuré à cet égard que qui que ce soit, Pétion dut prendre les mesures militaires que nécessitait cette situation. La *générale* fut battue dans la nuit même afin de réunir les troupes et les citoyens : le lendemain matin, le président fit défiler la 3e demi-brigade sous les ordres de Gédéon, et les bombardiers sous ceux du chef de bataillon Laverdure, pour se rendre à Jacmel et assister le général Bonnet. Quand ces officiers y arrivèrent, Bonnet était déjà maître du terrain : la conspiration était étouffée dans la ville, et les campagnes étaient restées paisibles. Gédéon n'entra même pas à Jacmel; il resta sur l'habitation Pasquet, sur l'ordre du général Bonnet.

Alors survint, de la part des autorités, une de ces mesures qu'on ne saurait trop déplorer et blâmer sévèrement. Des citoyens inoffensifs, des commerçans paisibles, furent accusés d'être *les complices* de Magloire, de lui avoir fourni de l'argent pour parvenir à ses fins ; et, peut-être sans preuves aucunes, *dix-sept* d'entre eux furent arrêtés, liés ensemble, livrés à un détachement de troupes commandé par Laverdure, pour être conduits, disait-on, au Port-au-Prince où ils seraient *jugés*. Les fonds qu'ils avaient dans leurs magasins de commerce, leurs marchandises, leurs effets mobiliers, furent saisis comme devant être *confisqués* au profit de l'Etat ; une partie de cet argent fut donné aux troupes, l'autre passa aux mains on ne sait de qui ; les marchandises et effets furent également partagés de la même manière. Ce fut *un pillage organisé*, à l'imitation blâmable *du pillage désordonné* que les soldats et les campagnards avaient fait des chevaux et autres choses accessibles à leur avidité, appartenant à Magloire Ambroise, — de même qu'ils avaient agi envers Yayou quelques mois auparavant. On conçoit encore ces mauvaises actions de la part de la soldatesque et des gens du peuple, incapables de comprendre, dans tout pays, le respect dû à la propriété ; mais de la part des autorités, des chefs dont plusieurs étaient sénateurs, législateurs du pays, *confisquer* ou même *séquestrer* les propriétés d'hommes qu'on accuse, sous l'empire des lois, d'une constitution républicaine, qui garantissaient les droits de tous, de tels actes doivent entraîner la réprobation sévère de l'histoire.

Et encore, s'il n'y avait que cela à signaler à la postérité ! Mais ces malheureux accusés furent inhumainement *assassinés*, par le détachement qui les conduisait, lorsqu'ils arrivèrent au Cabaret-Carde, au pied des montagnes, à l'entrée de la plaine de Léogane. Qui donna cet ordre arbitraire, barbare, révoltant, à l'officier exécuteur commandant du détachement ? C'est un mystère qui est resté dans les ténèbres et que l'histoire ne peut malheureusement dévoiler. Si ces infortunés étaient réellement complices de la conspiration, ne pouvait-on pas les faire juger par la commission permanente de Jacmel, d'après la loi ? Et pourquoi cette précaution, que la situation n'exigeait pas, de sembler les envoyer au Port-au-Prince, pour les faire assassiner en route ?[1] S'ils étaient coupables, ce qui ne devait être prouvé que par un ju-

[1] Laverdure prétendit, dit-on, que quoique liées, ces victimes avaient tenté de résister au détachement. Parmi ces malheureux, on cite les noms de Jacob Boom, Ambroise, Sylvestre, Georges, etc. On les accusa d'avoir excité Magloire Ambroise à la conspiration, parce qu'ils étaient mécontens de la loi du 23 avril 1807, sur le commerce, qui abrogea celles de Dessalines relatives aux consignations. S'il y avait des indices suffisans à ce sujet, ils devaient être jugés à Jacmel ; l'arrêté du sénat sur le code pénal militaire avait créé une commission permanente dans cette ville. Bonnet et David-Troy ne l'ignoraient pas.

gement contradictoire, leurs familles, leurs héritiers, devaient-ils être frustrés de ce qui leur appartenait ?

La conspiration du général Magloire Ambroise, ainsi terminée, occasionna la plus poignante douleur à Pétion : il regretta profondément qu'il se fût suicidé assez tôt, pour lui enlever la satisfaction d'user envers lui d'une indulgence qui eût pu le conserver à son pays, et il eut encore à gémir de l'assassinat commis sur les citoyens accusés comme ses complices. Aussi, aucun acte public ne parut alors, émané de son autorité, non plus qu'après la mort du général Yayou, comme il est d'usage dans tous les gouvernemens : il lui eût été pénible de justifier ce qui avait eu lieu dans ces circonstances ; et cependant, l'on verra que le sénat lui reprocha ce silence dont il sembla ne pas comprendre les motifs, ou, peut-être, parce qu'il ne les comprit que trop.

C'était déjà une affligeante situation pour son gouvernement, que de se trouver dans la nécessité de souffrir des faits répréhensibles de la part des hommes haut placés dans l'Etat ; justifier ces faits par un acte public eût été un tort de la sienne : il crut devoir les laisser au contrôle de l'opinion publique. On dira, peut-être, qu'il était dans l'obligation de s'enquérir des causes de l'assassinat commis au Cabaret-Carde, pour sévir contre ses véritables auteurs, avec d'autant plus de raison, qu'il était revêtu alors de tous les pouvoirs ; mais c'est en cela même que nous disons qu'il fut dans la nécessité de souffrir cette énormité contre la loi. Une enquête à l'égard de ce fait et de la saisie des propriétés de ces victimes n'eût pu justifier d'abord le général Bonnet qui, en sa qualité de commandant d'arrondissement, avait l'autorité supérieure à Jacmel ; elle eût peut-être compromis également les colonels David-Troy et Gédéon. Ces trois chefs étaient des soutiens intelligens, dévoués et influens de la République ; les troupes placées sous leurs ordres avaient eu part aux irrégularités commises à Jacmel : conçoit-on ce qui eût pu en advenir ? Il n'y a pas un seul gouvernement qui ne soit exposé à sembler approuver des faits de cette nature, de la part de ses agents, alors même qu'il en est mécontent : pour apprécier sa conduite, il faut se reporter aux circonstances du temps où ils se passaient, et nous disons que les circonstances étaient telles, que Pétion dut les souffrir et se taire à ce sujet.

On a vu, dans sa lettre à Lamarre du 31 juillet, qu'au moment où éclatait la conspiration de Yayou, le général Pierre Toussaint avait paru au Boucassin avec ses troupes. Cette affaire étant terminée, le président avait fait occuper ce canton de la commune de l'Arcahaie par des détachemens du corps de la garnison du Port-au-Prince, afin que l'ennemi ne pût plus s'y présenter, et c'est de là qu'était partie l'armée pour aller contre Saint-Marc. A son retour, le Boucassin fut encore occupé ; on y établit un camp retranché dont le général Gérin, venu du Sud dans cette circonstance, eut le commandement. Il y établit une sévérité telle dans la discipline imposée aux troupes, que beaucoup de soldats désertaient incessamment pour se rendre au Port-au-Prince. La proximité de ces deux points portait d'ailleurs les militaires à venir souvent au Port-au-Prince, chercher de la nourriture et d'autres choses dont ils avaient besoin ; mais Gérin n'entendait pas qu'un seul d'entre eux quittât leur poste. Dans la stricte observance du devoir militaire, il avait raison; mais les troupes n'étant pas soldées et nourries convenablement, faute de moyens, il pouvait comprendre la convenance d'une certaine tolérance à cet égard : loin de là, il fit fusiller plusieurs soldats et même des officiers pour intimider les autres, et se plaignit hautement de ce que le président ne fît pas autant aux déserteurs qui entraient au Port-au-Prince.[1] Sa mauvaise humeur allait croissant chaque jour, et il était devenu vraiment intraitable : cette disposition d'esprit va expliquer bientôt la démission qu'il renouvela de sa charge de sénateur.

---

[1] On verra un arrêté de Pétion à ce sujet.

CHAPITRE VIII.

Le Sénat reprend ses séances et célèbre l'anniversaire de l'Indépendance d'Haïti. — Indice de froideur entre ce corps et Pétion; ses causes. — Message au Président d'Haïti, et sa réponse. — Réflexions sur ces actes. — Adresse du Sénat au peuple. — Gérin renouvelle sa démission de sénateur, qui est acceptée. — Diverses lois rendues, principalement sur les finances. — Ordre du jour du Président sur l'habillement des troupes, les déserteurs, etc. — Gérin, mécontent, quitte le camp du Boucassin et va dans le Sud. — Lois accordant des pensions viagères en récompense des glorieuses actions de *Coutilien Coustard* et de *Jean-Louis Rebecca*. — Mort héroïque de *Pierre Derenoncourt* et de l'équipage du garde-côtes *la Constitution*. — Honneurs rendus à leur mémoire par une loi du Sénat. — Lamarre et son armée vengent leur mort, en battant les troupes du Nord. — Insuccès de Lys et David-Troy, au Mirebalais. — Marion chasse l'ennemi des Crochus. — Nouvelles lois rendues sur les hôpitaux et la marine militaires. — Sévérité du Sénat envers des comptables. — Rappel de Thimoté au Sénat, élection de Delaunay et de Lamarre comme sénateurs. — Création et formation de la garde du Président d'Haïti. — Célébration de la fête de l'Agriculture. — Départ de Pétion pour le Sud, et ses causes. — Combats entre Lamarre et les troupes du Nord qui sont vaincues. — Le Sénat décrète que l'armée expéditionnaire a bien mérité de la patrie. — Pétion arrive à Jérémie. — Conduite de Gérin à son égard. — Il lui écrit et donne sa démission de commandant du département du Sud. — Réponse de Pétion qui l'accepte. — Réflexions à ce sujet. — Formation du corps *des Éclaireurs*, à Jérémie. — Autres mesures prises par Pétion. — Mort du général Blanchet jeune qui reçoit les honneurs dus à son rang. — Pétion va aux Cayes : accueil qu'il reçoit dans tout le Sud. — Il fait célébrer aux Cayes un service funèbre à la mémoire des braves morts dans la première guerre civile.

L'ajournement du sénat cessait le dernier jour de l'année 1807. En se réunissant le 1ᵉʳ janvier 1808, anniversaire d'une glorieuse époque en même temps que d'une journée désastreuse, son premier acte fut consacré à la célébration de la fête de l'indépendance nationale. Réuni en son palais, il reçut le Président d'Haïti qui vint augmenter la solennité de cette fête par sa présence. On se rendit sur la place d'armes, où le serment de vivre libres et indépendans fut renouvelé, comme il avait été prononcé le 1er janvier 1804. Tous les corps de l'État, les fonctionnaires et employés publics, s'étaient joints au cortége, et les troupes étaient placées en bataille sur ce champ de Mars. Les instituteurs et les institutrices avec leurs élèves y furent également admis. C'était une imitation des fêtes de la République Française.

Le général Bonnet fut élu président, et les sénateurs Daumec et Pélage Varein, secrétaires : ils signèrent le procès-verbal de cette cérémonie. Mais on reste étonné en le lisant, de ne pas y voir faire mention de la présence du Président d'Haïti, tandis qu'un compliment flatteur prononcé par l'une des jeunes filles, au nom de toutes, s'adresse au chef de l'État comme aux législateurs. Pourquoi cette omission, et que décèle-t-elle ?

C'est qu'une sorte de froideur commençait déjà entre le sénat et Pétion ; elle existait même entre des sénateurs et lui, du jour où il remplaça Blanchet aîné par C. Télémaque, comme secrétaire d'État. Chacun était convaincu que le premier ne répondait point à ce qu'on attendait de lui, lorsqu'on lui confia les rênes de l'administration ; mais ces sénateurs pensaient aussi que le second n'était pas plus propre à cette éminente charge : c'était Bonnet qu'ils eussent voulu voir appelé à l'occuper. Sans nul doute, ce dernier avait toute la capacité qu'elle exigeait, Pétion lui-même le savait. Mais, indépendamment de la position militaire de Bonnet, de sa capacité aussi en cette partie qui le rendait propre à commander l'armée à défaut du président, ainsi qu'il venait de le prouver dans la campagne contre Saint-Marc, Pétion voulait démontrer au Nord et à l'Artibonite, qu'un esprit d'égoïsme n'animait pas le gouvernement érigé dans le but d'administrer tout le pays, au point de n'y placer que des hommes de l'Ouest ou du Sud ; il voulait interdire tout reproche que l'esprit de localité eût pu faire à cet égard : cet esprit fut toujours vivace dans le pays.

D'ailleurs, César Thélémaque était un citoyen recommandable par ses qualités personnelles ; son patriotisme l'avait porté, ainsi que les autres députés du Nord et de l'Artibonite à l'assemblée constituante qui restèrent au Port-au-Prince, à sacrifier son bien-être au Cap, à s'éloigner, se séparer de sa famille, pour satisfaire à ses convictions politiques : il était juste que le chef de l'Etat honorât de si beaux sentimens, en l'appelant à cette haute dignité. Ce vieillard l'honora, à son tour, par la manière dont il remplit ses fonctions.

En réservant Bonnet pour les opérations militaires, le président le mettait à même de conquérir l'opinion *de l'armée*, à l'exclusion de Gérin qui, toujours boudeur et opposant, n'avait plus droit à la confiance du chef de l'Etat. En octobre 1807, Yayou n'existait plus ; la conduite de Magloire Ambroise laissait planer sur sa tête des suspicions qu'il justifia deux mois après. Parmi tous les autres généraux, quel était celui qui pouvait être comparé à Bonnet, sous le rapport de l'instruction et des qualités essentielles à la direction politique ? Aucun, sans même en excepter Bazelais et Lamarre. Mieux valait donc laisser Bonnet pour l'armée comme pour le sénat, où il était très-nécessaire à l'achèvement de l'organisation de la République, par les lois qu'il y avait encore à promulguer.

Mais les faits déplorables qui venaient d'avoir lieu à la suite de la conspiration de Magloire, étaient de nature à exciter le mécontentement de Pétion contre Bonnet : David-Troy y était nécessairement compris, et Lys, leur ami, se rallia à eux. D'un autre côté, Daumec se joignit à ses trois collègues au sénat, pour manifester son mécontentement personnel, de ce que le président ne faisait pas rechercher les officiers de l'état-major de Magloire, considérés comme ses complices : il avait été un ancien et récent ami de Chervain, au Cap lors de l'affaire de Villate, au Port-au-Prince où ils se rencontrèrent : Chervain avait péri, il lui semblait que le même sort devait être fait aux autres. Nous parlons ainsi à regret pour la mémoire de Daumec ; mais on verra la preuve de ce reproche fait à Pétion, dans les fameuses Remontrances qui lui furent adressées le 28 juillet suivant par le sénat, et dont Daumec fut le rédacteur passionné.

Ce sont ces diverses considérations qui nous portent à dire que la froideur commençait entre le sénat et Pétion. On va la voir se faire jour dans les actes de ce corps que présidait Bonnet.

Le 4 janvier, il adressa au Président d'Haïti le message suivant :

Toujours jaloux d'entretenir la bonne harmonie *qui doit exister* entre le corps législatif et le pouvoir exécutif, le Sénat de la République informe le chef du gouvernement, par le présent message, que, conformément à l'article 66 de la constitution, il vient d'ouvrir ses séances dans la session actuelle du sénat : ses soins et sa sollicitude seront constamment portés sur l'organisation générale, régulière et constitutionnelle de toute la République, et sur la centralisation des ressources de l'État. Le chef du gouvernement *secondera, sans doute,* les efforts des représentans du peuple.

La plus sévère économie, dans toutes les branches de l'administration publique, *doit être observée* par le gouvernement. C'est par l'économie seule, et *un choix bien délicat* dans les différens *agents* de l'administration, que le corps législatif pourra espérer de procurer *aux militaires* une amélioration à leur sort, et mettre l'État à même de tirer parti de ses revenus, sans craindre *l'infidélité* dans la gestion de ses domaines.

A ces causes, le sénat *persiste* à demander au chef du gouvernement *l'exécution* du message en date du 19 mai dernier; il l'invite, en outre, d'y faire joindre, savoir : l'état nominatif des officiers et agents de l'administration, avec indication des lieux où ils sont employés; de plus, un pareil état de tous les commandans d'arrondissement et de place, leurs adjoints, ainsi que tous les officiers isolés, recevant la solde, avec désignation de leurs grades et de leur résidence, l'état exact de toutes les recettes et dépenses, et le compte des administrateurs pendant le cours de l'année 1807, et la situation actuelle de la caisse de la République.

Le sénat invite encore le chef du gouvernement de lui faire connaître, dans le moindre délai possible, *la situation intérieure* de la République *depuis son ajournement*, en y joignant celle des armées, et notamment de l'armée du Nord, sous les ordres du général de brigade Lamarre.

La cessation de l'ajournement du sénat entraînait *de droit*, l'abrogation du décret du 1er juillet 1807 qui avait délégué au Président d'Haïti l'exercice de pouvoirs extraordinaires: en lui notifiant officiellement la reprise de ses séances, le sénat voulait le lui faire entendre sans rendre un acte spécial à ce sujet. Ce message du 4 janvier, en parlant « de la *bonne harmonie* qui doit exister « entre le corps législatif et le pouvoir exécutif, » — vérité banale, — indique par cela même qu'elle n'existait pas entièrement entre eux : il allait jusqu'à *douter*, par la forme de l'expression, du concours du président pour *seconder* les efforts du sénat dans ses vues d'organisation et d'administration de l'État. Aussi voit-on, dans le second paragraphe, que le sénat lui parle *de sévère éco-*

nomie, *de choix délicat* à faire dans les différens *agents*, etc. : ce qui indique un reproche en ce qui concerne surtout les finances dont le nouveau chef n'agréait pas au sénat, ou plutôt aux sénateurs qui furent en dissidence à ce sujet avec Pétion. Le 19 mai, ce corps lui avait demandé des cadastres, des états, des comptes, etc., et Blanchet aîné n'avait rien produit : on rendit le président *responsable* de son incurie, ou plutôt de son insuffisance ; on *persista* à lui demander l'exécution de cet arrêté, en ajoutant d'autres états, d'autres comptes. Enfin, dans le dernier paragraphe du message ci-dessus, on lui demanda l'exécution de l'art. 5 du décret du 1er juillet, afin qu'il fît connaître au sénat « *la situation intérieure* de « la République depuis son ajournement. »

Ce message, écrit le 4, ne fut envoyé au président que le 6 dans la matinée. Ce délai de 48 heures, dans la même ville où siégeaient les deux pouvoirs, indique une certaine hésitation de la part du sénat. Le Président d'Haïti y fit la réponse qui suit :

Port-au-Prince, le 6 janvier 1808.

Citoyens sénateurs,

J'ai reçu ce matin votre message du 4 de ce mois, par lequel vous m'informez que vous vous êtes assemblés, conformément à l'article 66 de la constitution.

Vous devez compter sur le désir et la volonté du chef du pouvoir exécutif de seconder de tous ses moyens, des travaux qui auront pour objet la félicité publique.

Les principes que vous établissez relativement à l'économie qui doit exister dans toutes les branches de l'administration, et au choix des personnes à qui elles sont confiées, sont tellement fondés *en raison et en sagesse*, et d'une vérité si évidente, qu'ils doivent être nécessairement les vôtres et les miens.

Désirant remplir, *autant qu'il sera en mon pouvoir*, l'objet de votre message, je vous adresserai l'état nominatif que vous me demandez des officiers et agents de l'administration, ainsi que l'état de tous les commandans d'arrondissement, de place, etc.

Aussitôt que le secrétaire d'État, *à qui j'ai écrit*, m'aura fait parvenir le tableau général des recettes et dépenses de 1807, j'aurai l'honneur de vous le communiquer.

Je partage avec vous, citoyens sénateurs, le désir que vous manifestez, de voir *une harmonie parfaite* subsister entre vous et le chef du gouvernement. C'est le moyen d'arriver plus facilement au but où nous tendons, qui est le bonheur de nos concitoyens.

J'ai l'honneur de vous saluer avec la plus haute considération.

Signé : Pétion.

Cette réponse, qui paraphrasait le message du sénat, reste comme un modèle dans les relations entre deux grands pouvoirs politiques. Mais on voit que le président ne s'engageait que dans la mesure *du possible*, et qu'il ne promit pas de faire connaître *la situation intérieure* de la République, ni celle des armées: pour en parler dans un acte qui eût revêtu le caractère public, il fût sorti de la réserve qu'il avait gardée à ce sujet, après les deux conspirations des généraux Yayou et Magloire Ambroise, les deux faits les plus importans qui avaient eu lieu durant l'ajournement du sénat. Il lui sembla que c'était une chose déjà assez pénible, que le funeste égarement où étaient tombés ces deux défenseurs du pays, sans y ajouter encore par un langage qui eût flétri leur mémoire. Et pour être *juste* dans cet exposé de la situation intérieure, n'aurait-il pas fallu parler de l'assassinat commis au Cabaret-Carde, pour le flétrir aussi? Et alors, qui aurait été blâmé? N'aurait-il pas fallu signaler à l'opinion publique, au sénat lui-même, l'opposition incessante du général Gérin qui se traduisait en discours publics, connus de tous, et celle d'autres agitateurs? Entre les deux pouvoirs, de quel côté était la sagesse? On va en juger bientôt.

Quant au tableau général des recettes et des dépenses de 1807 demandé par le sénat, ainsi que les autres informations qu'il désirait avoir, rien n'était plus convenable par rapport aux mesures à prendre. C'était, en grande partie, le devoir du secrétaire d'État d'y satisfaire ; mais, outre que Blanchet aîné avait laissé la comptabilité, les finances en général, dans une confusion très-grande, son successeur était déjà atteint d'une maladie de langueur, — la diarrhée, — qui, à son âge avancé, paralysait ses efforts ; il en mourut peu de temps après. Ce n'était pas d'ailleurs quatre ou six jours après la fin de l'année 1807, qu'on pouvait en présenter le résultat général sous le rapport financier ; il fallait du temps, il fallait attendre la reddition des comptes des administrateurs.

Impatient de reprendre son œuvre inachevée en 1807, le 7 janvier le sénat parla au peuple d'Haïti dans une adresse dont nous donnons ici un extrait.

 Haïtiens,

Le sénat, n'ayant jamais cessé de veiller à votre conservation, et de satisfaire à vos besoins, sent maintenant la nécessité d'ouvrir ses séances, pour mettre la dernière main à l'œuvre entreprise pour la prospérité de la République et le bonheur de tous.

Le sénat, en investissant le pouvoir exécutif *de tous les pouvoirs nécessaires pour l'exécution des lois*, et en lui fournissant, par son ajournement, *tous les moyens* propres à l'affermissement de l'édifice élevé au bien public, *ne lui donna* une si grande étendue du pouvoir, que parce qu'il était fermement persuadé que le chef du gouvernement *n'en abuserait pas*, et qu'il ne serait porté aucune atteinte à la liberté ni au bonheur du peuple.

Cette persuasion s'est trouvée *fondée*. Le Président de la République *n'a pas démenti* l'opinion du sénat à son égard. La liberté et le bonheur du peuple se sont consolidés *par les mesures qu'il a employées* pour y parvenir.

Des lois bienfaisantes ont paru. *Il ne reste plus que la douce consolation de les voir mettre en vigueur, avec plus de fermeté qu'elles ne l'ont été jusqu'à ce jour.* Ce n'est que *par leur exécution* que *les représentans du peuple* verront leurs travaux récompensés.

Citoyens de tous rangs et de toutes professions, la patrie voit avec satisfaction l'attachement inviolable que vous lui témoignez. Soldats, conservez à jamais cet attachement sincère que vous portez au gouvernement républicain, qui garantit vos droits : conservez-le pour *le chef* de ce gouvernement qui ne veut toujours que votre félicité, et pour *le sénat* qui veille au salut de la liberté.

YAYOU, *indigne* d'avoir siégé au corps législatif, et qui aurait répandu *une tache déshonorante* sur cette assemblée, si ses membres n'eussent pas eu toujours pour principe le bien de leurs concitoyens; YAYOU, au mépris de tous les devoirs sacrés attachés au rang qu'il occupait ; au mépris de toute vertu sociale, osa fomenter, le 22 juillet dernier, l'audacieux dessein d'anéantir la République : il fut découvert et puni.

MAGLOIRE, qui lui succéda peu après dans la pratique *de l'art du crime*, subit le même sort...

Cette adresse avait pour but essentiel, de faire entendre au Président d'Haïti, que le décret du 1er juillet était virtuellement abrogé par la reprise des séances du sénat. En rendant justice à ses principes et à ses sentimens, ce corps disait que « la liberté et le bonheur du peuple s'é-
« taient consolidés *par les mesures* qu'il avait employées
« pour y parvenir. » Cependant, immédiatement après cet éloge, il lui reprochait d'avoir *négligé* l'exécution des lois bienfaisantes rendues pour atteindre ce but, lorsqu'il ne reçut de si grands pouvoirs que pour cette exécution. N'était-ce pas détruire cet éloge qu'il faisait de sa conduite, quand le sénat accusait son administration de manquer *de fermeté* ? On aurait conçu qu'un tel reproche lui eût été adressé *par un message ;* mais dans *une adresse*

au peuple et à l'armée, c'était pire qu'une inconvenance. Et à quelle influence devait-on donc le maintien des soldats dans leur fidélité au gouvernement républicain, sinon à celle du président ? Le chef qui possédait leur confiance, qui consolida la liberté et le bonheur du peuple, n'était-il pas son premier *représentant ?* [1]

Ensuite, on voit que le sénat crut devoir suppléer au silence que Pétion avait gardé, à l'occasion de la conspiration des deux généraux ; et en quels termes parla-t-il de ces hommes, que Chervain et Borno Déléard, surtout, avaient égarés et perdus par leur ambition ? Yayou et Magloire Ambroise s'étaient rendus coupables, il est vrai ; mais leurs anciens services rendus au pays, et la situation des choses mieux comprise par le sénat, eussent dû lui dicter un langage moins flétrissant à leur égard. Pourquoi ne parla-t-il pas de l'assassinat des 17 citoyens au Cabaret-Carde ?...

Après la publication de cet acte, qui paraît n'avoir pas obtenu son approbation, peut-être à cause des quelques éloges donnés à Pétion, le général Gérin vint se poser en quelque sorte entre lui et le sénat. Étant à son camp du Boucassin, il adressa à ce corps la lettre suivante :

      Camp du Boucassin, le 11 janvier 1808.

Etienne Elie Gérin, général de division, commandant le département du Sud,

  Au Sénat de la République d'Haïti.

Citoyens sénateurs,

Ayant senti mon peu de vocation pour le genre *de déclamation*

---

[1] On raconte que cette adresse ayant été commentée par quelques personnes, en présence de Pétion et dans le sens de nos observations, loin de prendre de l'humeur, il leur dit : « Reposez-vous sur nos *sages* sénateurs, ils feront le bonheur du peuple. » Ensuite, il fredonna ces mots d'une chanson que les royalistes avaient faite sur les membres d'une assemblée française : — *Voilà les législateurs que nous a promis l'oracle,* etc. Cette plaisanterie

qui convient dans les délibérations [1], j'avais prié, au mois de mars de l'année expirée, le sénat de nommer un membre à ma place. Des membres, dont je m'honore de leurs considérations, me firent sentir le mauvais effet que produirait ma retraite du sénat, et surtout au moment où le Président de la République venait d'être élu. Je me rendis aux séances de sa réception, mais conservant tacitement le sentiment de ma démission. Voilà dix mois d'écoulés depuis ce moment ; les délibérations n'en ont pas moins été leur train ; ainsi à quoi bon serai-je, aujourd'hui que ma pauvre tête, *obsédée de tout ce que je vois et de tout ce que je ne vois point*, me fait sentir plus que jamais la nécessité de fuir *toutes les charges publiques ?* Ainsi, mes chers concitoyens, je crois pouvoir sans crainte vous prier de nommer un sujet digne de la place et de vous, à la mienne.

J'ai l'honneur de vous saluer avec respect. Signé : Et. Gérin.

Dans la séance du 12 janvier, le sénat entendit la lecture de cette lettre et accepta la démission de Gérin, sans procéder à son remplacement. Par les termes dont il se servit, il faisait pressentir sa démission de commandant du département du Sud : en attendant, il resta encore au Boucassin.

Le 11, le sénat avait rendu diverses lois, — sur le logement de ses membres et celui des officiers de l'armée, — sur les patentes de l'année courante, — sur l'affermage des maisons de l'État : les baux à ferme furent résiliés pour *défaut de payement* par les fermiers et durent être renouvelés.[2] Le 14, une loi fixa l'habillement et l'équipement des troupes. Le 16, un message fut adressé

---

courut dans tous les cercles du Port-au-Prince, et on va la voir relevée dans les Remontrances du sénat à Pétion. — Par réflexion, sans doute, le 12 février, le sénat adressa un message à Pétion, où il se plaignait de *l'inexécution des lois :* il aurait dû agir ainsi avant d'avoir émis son adresse.

1 Allusion faite aux discours de Daumec au sénat, peut-être aussi à l'adresse au peuple qu'il paraît avoir rédigée, comme secrétaire.

2 Le vice du système de fermage se montrait chaque jour, mais c'était Pétion qu'on accusait de l'inexactitude des fermiers ; on eût voulu qu'il sévît contre eux. Christophe fut, à cet égard, plus habile que *le sénat :* en abandonnant à ses généraux les produits des habitations

au Président d'Haïti, pour qu'il ordonnât au secrétaire d'État de soumettre *ses comptes* au sénat, 48 heures après. Ce fonctionnaire ayant informé ce corps que des administrateurs de finances étaient encore en retard, un arrêté du 20 invita le Président d'Haïti, à les contraindre tous à se rendre au Port-au-Prince avec les pièces de leur comptabilité, sous peine d'être destitués de leurs fonctions et poursuivis comme prévaricateurs.

Le sénat avait raison d'être sévère envers les agents comptables, car ils abusaient du régime modéré établi depuis la République: le désordre financier qui l'avait précédé, les avait habitués à un relâchement dans l'accomplissement de leurs devoirs. On ne comprendrait pas que le sénat, ayant repris l'exercice de tous ses pouvoirs, ne se décida pas alors à *révoquer* César Thélémaque et à le remplacer par Bonnet, si les considérations que nous avons exposées n'avaient pas été appréciées par ce corps où ce membre distingué était aussi nécessaire, pour achever les lois d'organisation générale. On le verra encore ajourner sa nomination, à la mort de C. Thélémaque, à cause de la position militaire de Bonnet. En cela, on doit, non blâmer Pétion qui ne devait pas entrer dans le détail des rapports entre le secrétaire d'État et les agents comptables, mais déplorer le manque de sujets capables pour suffir à toutes les exigences: il avait déjà assez à faire, en luttant avec les généraux qui entreprenaient de fomenter des factions contre l'État; et, à moins d'adopter le système de rigueur établi par Christophe, il était forcé de subir l'inconvénient attaché à l'état des choses.

qu'ils tenaient à ferme auparavant, pour se payer de leurs émolumens, il les obligeait à seconder son système de contrainte; et par là, ces généraux se compromettaient et durent soutenir son pouvoir.

Les prétentions de chacun étaient telles, que le sénat rendit une loi pour faire cesser *un abus* qui s'était glissé, de la part des fonctionnaires de l'administration civile, au moment même où il prévoyait des destitutions dans leurs rangs, à cause de l'infidélité dans la gestion des finances publiques. Comme ils étaient *assimilés* à des grades militaires, ceux qui quittaient la carrière civile par une cause quelconque, *s'affublaient* des décorations de ces grades. Dans l'un des motifs de cette loi, il était dit, avec raison :

« Considérant enfin qu'il est *de toute justice*, de laisser
« *aux militaires seuls* qui, sans cesse, font l'apprentis-
« sage *des armes*, en versant *leur sang* pour la patrie,
« la faveur de parvenir *aux grades militaires*, soit dans
« les régimens, ou dans l'état-major, et de mettre le gou-
« vernement à même de rejeter toutes réclamations de
« ce genre ; »

En conséquence, de tels hommes, en quittant leurs fonctions civiles, durent faire partie *de la garde nationale*; mais les prévaricateurs destitués devaient être incorporés dans un régiment, en qualité de *soldats*. Rien n'était plus *juste*, et il eût été *à désirer* pour le pays, que *ce principe* y fût toujours observé. On ne devait pas espérer d'y avoir *une armée nationale*, tant qu'il serait violé. Le militaire aime que l'on respecte ses prérogatives, et il a raison ; le fonctionnaire civil doit suivre sa carrière.

Le 22 janvier, une autre question se présenta à l'examen du sénat. Bien des individus étaient nantis d'actes plus ou moins réguliers, à l'aide desquels ils faisaient des réclamations contre l'Etat pour sommes dues par les anciens colons, pour des legs faits par eux dans les testamens, etc. Dans l'impossibilité de statuer équitablement sur toutes ces réclamations, faute de documens pour vérifier les choses, le sénat rendit une loi qui ajourna à y décider, jusqu'à la paix intérieure : c'était un rejet simulé.

Le même jour, il prohiba toutes relations de commerce entre Cuba et les ports de la République, *le Môle excepté*, à cause du profit qui en résultait pour l'armée expéditionnaire : plus loin, nous dirons quels furent les motifs de cette décision.

Le 28, un ordre du jour du Président d'Haïti réunit plusieurs dispositions. Il s'agissait d'habiller les troupes; il ordonna au général Bazelais, chef de l'état-major général, de se rendre au camp du Boucassin pour y faire dresser les contrôles d'habillement, en enjoignant en même temps aux commandans d'arrondissement et de place de traquer *les déserteurs* pour les renvoyer à leurs corps respectifs, un mois de solde devant être payé à l'armée.

Mécontent de cette inspection des troupes sous ses ordres, le général Gérin quitta le camp et se rendit dans le Sud : il était décidément un boudeur que rien ne pouvait plus satisfaire.

L'ordre du jour avait un autre objet : c'était la *destitution* du lieutenant Laruine Leroux, de la 3e demi-brigade, qui avait insulté le général Nicolas Louis et qui avait aussi manqué de respect au chef du gouvernement dans son palais même, non en sa présence, mais par les circonstances d'une querelle qu'il avait suscitée à Méroné, neveu du président [1]. Laruine était un des plus braves officiers de son corps et le favori du colonel Gédéon qui le com-

---

[1] Pétion autorisa Méroné à se battre en duel avec Laruine. Ce fait eut lieu derrière le palais, et Méroné ayant reçu une balle à la cuisse, Laruine y passa, un peu gris, et dit à l'officier de garde, en créole : « Dis Président voyé ramassé *petit blanc* li là. » Méroné avait le teint d'un blanc, en effet.

mandait ; mais il était taquin, et vidait des duels presque chaque jour avec ses camarades d'armes. Pétion ne fut pas plus sévère envers lui, parce qu'il estimait son courage : aussi, peu de temps après, il le réintégra dans sa compagnie [1].

Le 8 février, le sénat rendit deux lois dont le but était de récompenser deux belles actions. La première accorda une pension viagère à Jérôme Coustard, réversible sur la tête de son épouse, père et mère de COUTILIEN COUSTARD ; et la seconde accorda une semblable pension de 400 gourdes, à la veuve de JEAN-LOUIS REBECCA et à sa mère, réversible en faveur de la survivante en cas de décès [2]. Les motifs exprimés dans ces deux actes font autant d'honneur au sénat, que les faits qu'il rappela honorent la mémoire de ces deux défenseurs de la liberté. En ce moment même, un autre brave, PIERRE DERENONCOURT, natif de Léogane, commandant du garde-côtes *la Constitution*, venait d'acquérir des droits à l'estime, à l'admiration et aux regrets de la patrie.

Le 22 janvier, étant au Môle, Lamarre informait le président de l'arrivée de Delva, avec les 100 hommes de troupes qui l'avaient accompagné du Port-au-Prince : ce qui portait son armée à 4200 combattans. Il accusait aussi réception de 10 mille gourdes, de 3 mille chemises et autant de pentalons, et de 2 mille habits : ce qui prouve que Pétion faisait tout ce que permettait la situation pour ravitailler l'armée expéditionnaire. Ce général lui annonça en même temps que Christophe et trois de ses gé-

---

[1] Le président avait aussi une grande considération pour le respectable sénateur Leroux, père de Laruine.

[2] Ces deux lois furent rédigées par le général Blanchet jeune. A cette époque, le sénat employa Toulmé, comme secrétaire rédacteur : c'est à lui que l'on doit la conservation des archives du sénat qui, auparavant, étaient dans le plus grand désordre.

néraux venaient d'arriver au Port-de-Paix, qu'il armait deux nouveaux navires de guerre ; et en disant qu'il allait se mettre en marche pour se porter au-devant de l'ennemi, près de Jean-Rabel, il l'engageait encore à faire marcher de son côté tous les hommes en état de porter les armes, afin de combattre Christophe et d'éviter le repentir qu'avait eu Rigaud, de n'avoir pas agi avec assez de vigueur contre son adversaire. Lamarre, comme tous ceux qui faisaient le même reproche à Pétion, confondaient toujours les deux situations et oubliaient que Rigaud n'eut à déjouer aucune opposition, à comprimer aucune conspiration dans le Sud, dès que l'épée eut été tirée du fourreau. Ils n'attachaient aucune importance aux faits qui avaient eu lieu de 1800 à 1807, aux divers régimes que le pays avait subis pendant cette période et qui avaient modifié, transformé *les idées et les choses.*

Huit jours après, Lamarre annonçait encore que Derénoncourt, ayant alors une partie de la flotille sous ses ordres, avait envoyé le garde-côtes *la Présidente* à la Tortue, en possession des républicains, puis *la Pénélope* pour la relever de cette station ; mais que deux brigs et une goëlette sous pavillon *anglais*, sortant du Cap, étaient venus leur donner chasse. Par sa marche supérieure, *la Présidente* put leur échapper après avoir essuyé leur feu ; mais *la Pénélope* fut capturée par ces navires de guerre de la Grande-Bretagne et amenée à la Jamaïque[1]. Ce fut le premier acte de cette *partialité intéressée*

---

[1] *La Pénélope* était une goëlette qui appartenait à Lamarre et à Delva ; ils l'avaient armée pour concourir à la défense commune. En vain Pétion la fit réclamer du chef de la station navale de la Jamaïque : les Anglais la gardèrent, d'après le principe qu'ils avaient adopté à cette époque, *de ne restituer jamais* ce dont ils s'emparaient injustement, sans doute pour ne pas s'avouer coupables. Dans le même temps, ils empêchaient les bâtimens de Cuba d'entrer au Môle pour y porter des provisions à notre armée, étant en guerre avec l'Espagne et la France, et pour favoriser Christophe.

T. VII. 10

que cette puissance montra constamment en faveur de Christophe, pendant notre guerre civile : de son côté, il ne négligea rien pour se l'attirer, et sembla se rappeler toujours qu'il était né sous la domination britannique.

Le 2 février, Derénoncourt allait sur *la Constitution* au secours de *la Présidente*, retenue dans le port de la Vallée, lorsqu'il fit rencontre avec un brig et deux goëlettes du Nord : un combat inégal commença aussitôt entre eux. Après avoir résisté à ces trois bâtimens qui entouraient le sien, se voyant sur le point d'être capturé, Derénoncourt préféra une mort glorieuse pour lui et les braves de son équipage, à l'humiliation d'être faits prisonniers : il mit le feu à la sainte-barbe ; *la Constitution* fut emportée dans les airs. C'était terminer son existence à la manière de Delgresse qui, à la Guadeloupe, échappa ainsi à la honte de l'esclavage restauré par la France.

La mémoire de tels hommes restera toujours digne d'admiration aux yeux de ceux qui ont le sentiment de l'honneur. Dessalines avait exalté l'héroïque action de DELGRESSE ; le Sénat de la République exalta celle de DERÉNONCOURT par la loi du 12 février qui ordonna qu'un nouveau garde-côtes, qu'on armait alors au Port-au-Prince, serait nommé *le Derénoncourt*, et que le Président d'Haïti serait invité à faire dresser un double du rôle de l'équipage de *la Constitution*, dans un cadre qui serait suspendu dans la salle de ses séances, en attendant qu'on pût faire un tableau historique où cette glorieuse action serait représentée [1].

---

[1] *Le Derénoncourt*, forte goëlette à trois mâts, portait une pièce de 24 en pivot sur son pont. Ce bâtiment coûta fort cher à l'État, dans un moment où les recettes ne

Ce combat naval avait eu lieu à la vue de Lamarre et de ses braves compagnons; il enflamma, non leur courage, mais le désir qu'ils eurent aussitôt de venger la mort de nos infortunés marins. « Dans la petite armée « que vous m'avez confiée, disait-il au président, depuis « le premier officier jusqu'au dernier soldat, tous deman- « dent unanimement la vengeance de leurs camarades « morts glorieusement. » Quelques jours après, leur désir fut satisfait dans une rencontre qui eut lieu du côté du Port-de-Paix; ils triomphèrent de l'ennemi en lui tuant beaucoup d'hommes.

Lamarre ne tarda pas ensuite à faire une entreprise aventureuse, tout près de cette ville où se trouvaient les généraux Romain, Toussaint Brave, Guillaume et Achille, avec plusieurs milliers d'hommes. Secondé par Bauvoir, il se mit à la tête de 200 grenadiers et d'environ 50 dragons commandés par Toussaint Boufflet, et alla pendant la nuit sur une habitation où la cavalerie ennemie gardait ses chevaux; au jour, il retournait sur ses pas avec plus de 100 chevaux qu'il voulait avoir pour augmenter sa propre cavalerie. Cette audacieuse action porta les quatre généraux à le poursuivre avec leurs aides de camp et leurs guides, que suivaient 600 fantassins. « Mais, disait-il « au président, le colonel Bauvoir, secondé par le chef d'es- « cadron Toussaint à la tête de sa cavalerie, les chargea « avec intrépidité et les mit en déroute; plusieurs de ces « satellites du tyran ont mordu la poussière, dix autres ont « été faits prisonniers; la majeure partie des officiers ont « été démontés, et Toussaint Brave lui-même a été con-

suffisaient pas à payer les dépenses publiques; mais il devint pendant quelque temps la terreur de ceux de Christophe, à cause de sa pièce de 24 : ce qui porta celui-ci à renforcer sa marine par de plus gros navires. Alors Pétion subit la même nécessité, afin de pouvoir secourir l'armée expéditionnaire.

« traint d'abandonner son cheval pour entrer dans les
« bois. » L'infanterie ennemie n'avait pas eu le temps
d'arriver; du côté de Lamarre, il n'y eut que deux morts
et quelques blessés : il retourna sur l'habitation Foache, près de Jean-Rabel, où il se maintint avec ses
troupes.

Pendant qu'il obtenait ce succès, dans l'Ouest les républicains recevaient un échec. On fut informé d'une disposition à l'insurrection contre Christophe, dans la commune du Mirebalais : le président envoya les colonels Lys
et David-Troy, avec le corps des bombardiers, la 8e et la
22e demi-brigades dans le but de faciliter ce mouvement.
Les forts du Mirebalais étaient gardés par une nombreuse
garnison : ils tentèrent de les enlever d'assaut, dans
le but de chasser l'ennemi de cette commune ; mais ils y
échouèrent, malgré leur courage personnel et celui de
leurs troupes. Le corps des bombardiers surtout perdit
beaucoup de braves soldats, plusieurs excellens officiers
et son chef de bataillon Baude, d'un grand mérite dans
cette arme. Lys lui-même reçut une balle à la cuisse : il
fallut renoncer à cette entreprise et retourner au Port-au-
Prince.[1]

Une autre expédition militaire, faite à peu près en
même temps aux Crochus, compensa cet échec par un
succès. L'adjudant-général Marion dirigea une colonne
de 7 bataillons contre l'ennemi, posté sur l'habitation
Ménardy-Picard, et l'en chassa. Dans cette affaire, le

---

[1] Colonel du 1er régiment d'artillerie, en même temps que commandant de l'arrondissement du Port-au-Prince, Lys avait habillé et équipé *à ses frais* ce beau corps où étaient
une foule de jeunes hommes de cette ville. Borgella agit de même envers la 15e demi-brigade, dont la force était d'environ 2000 hommes.

chef de bataillon Adam et le capitaine de grenadiers Sannon Ferté, de la 11e, se couvrirent de gloire.

Poursuivant son œuvre d'organisation générale, dans le mois de mars, le sénat rendit les lois sur le service des hôpitaux et de la marine militaires : on y reconnaît l'esprit administratif qui distinguait le général Bonnet parmi ses collègues. Le corps législatif fit aussi une loi qui modifia le tarif du droit d'importation sur quelques marchandises étrangères ; et après avoir renvoyé à leurs fonctions respectives, les administrateurs de finances qu'il avait mandés à la capitale, il mit en accusation Jacques Tonnelier, trésorier général, qui *parut* avoir un déficit de 48000 gourdes dans sa caisse, et destitua Pitre aîné, administrateur principal du département de l'Ouest, dont la prévarication était *réelle*, en mettant le séquestre sur ses biens.

Les 7 et 15 mars, le sénat avait écrit au président pour l'inviter à destituer ces deux fonctionnaires ; mais il avait répondu que *la justice* voulait qu'on accordât un délai pour qu'ils présentassent leurs comptes, et qu'il ajournait leur destitution jusqu'à ce que leurs prévarications fussent constatées. Mais le sénat émit ces actes le 18, parce que le comité de finances eut le temps de présenter un rapport à ce sujet ; ce comité était dans l'erreur quant au trésorier général, tant sa comptabilité était mal tenue. A l'égard de l'administrateur, il fut constaté, par des pièces probantes, qu'il faisait sortir des sommes de la caisse publique, par des marchés frauduleux en connivence avec son frère ; qu'il prenait au magasin de l'État des objets d'approvisionnement à son usage personnel : il s'était enrichi de cette manière, en abusant de la confiance du président, en profitant de l'incurie de Blanchet aîné, de l'état maladif de son successeur. Ce sont ces choses connues qui avaient motivé l'insistance du sénat pour le règlement des finances.[1]

Le même jour où il prenait ces mesures rigoureuses, ses membres voulurent prouver que l'intérêt général seul les guidait, en rendant un autre acte par lequel ils renoncèrent, jusqu'à une situation financière plus heureuse, aux indemnités que leur allouait la constitution.

Le 4 mars, « rendant hommage au mérite et à l'amour « de la patrie qui anime le citoyen Thimoté, dont il a « donné des preuves par sa conduite courageuse, en se- « condant les efforts du général Lamarre, » le sénat avait décidé qu'il reprendrait ses fonctions dans ce corps : le 21, il appela Lamarre à en faire partie, en remplacement de César Thélémaque ; et le 4 mai suivant, Delaunay fut élu pour remplacer Depas Médina, démissionnaire.

Si le rappel de Thimoté et l'élection de Delaunay, anciens constituans, étaient basés sur la constitution, la nomination de Lamarre en était *une violation ;* car l'article 60 n'autorisait des remplacemens au sénat, durant neuf années, que parmi les citoyens qui avaient composé l'assemblée constituante : or, Lamarre n'en avait pas été membre. Mais on voulut illustrer le corps législatif par l'admission de ce héros, et en même temps récompenser son dévouement à la patrie, sur le théâtre où il exposait

---

[1] Blanchet aîné aussi avait donné à un négociant étranger, un ordre pour recevoir du magasin de l'État *cent milliers de café*, sans motif connu. Avisé de cela, Bonnet en informa le président qui se hâta de le révoquer ; et cet ordre n'eut point d'effet. Comme on avait étouffé cette affaire pour éviter un grand scandale, Pitre aîné venant à être convaincu de dilapidations, Pétion voulut être *équitable* ; et de même qu'il avait nommé Blanchet aîné, secrétaire général, il fit de Pitre aîné un officier attaché à son état-major. Voilà un déplorable résultat des considérations gardées envers les personnes ; mais, à cette époque, que d'autres choses furent nécessitées par la situation où se trouvait la société !

journellement sa précieuse existence : c'était honorer l'armée aussi que d'y appeler un officier général de ce mérite.

Le 7 mars, le sénat voulait que le président révoquât le colonel Thomas Jean, commandant la place du Port-au-Prince, en motivant son désir sur *l'incapacité* qu'il trouvait en cet officier ; mais Pétion, qui était convaincu de ses bons sentimens, n'admit pas cette prétendue incapacité [1]. Peu de semaines après, les officiers des troupes du Sud en garnison au Boucassin, pétitionnèrent au sénat en exposant leurs besoins. Ce corps arrêta « qu'il « ferait encore *un dernier effort*, pour engager le chef « du pouvoir exécutif *à améliorer les finances,* » comme si cela ne dépendait que de lui. Enfin, Lamarre ayant eu quelques démêlés avec Panayoty, à propos d'ordres qu'il lui avait donnés, et le commandant des forces navales ayant refusé de les exécuter parce qu'il prétendait être indépendant, Lamarre s'en plaignit au sénat qui députa Bonnet et trois autres membres auprès du président à cet effet.

Nous produisons ces faits, afin de donner une idée du tiraillement qui existait entre les deux pouvoirs, sur des choses de pure exécution, le sénat voulant conserver ses attributions *exécutives* créées par la constitution [2].

Cependant, sur la demande que lui fit Pétion, après avoir rendu des lois sur la police des ports et rades de la République, sur le classement des places militaires, sur l'organisation de l'état-major général de l'armée, sur la

---

[1] Il ne le fit qu'après les Remontrances du sénat, en remplaçant Thomas Jean par Caneaux.

[2] C'est dans ces momens que Félix Ferrier donna sa démission de sénateur, le 21 avril, et alla s'embarquer furtivement à Jacmel.

solde des troupes de toutes armes, et pour assurer le sort des invalides ; « considérant, dit le sénat, qu'il est de la « dignité de la nation d'environner le chef du pouvoir « exécutif de l'éclat convenable à son rang et au carac- « tère dont il est revêtu, » il créa pour *sa garde* un corps de 500 hommes, y compris les officiers, tant en infanterie, cavalerie, qu'une compagnie d'artillerie à cheval et des musiciens, tous au choix du Président d'Haïti et à prendre dans tous les corps de l'armée. Bonnet et Lys furent les rédacteurs de cette loi.

Le président forma cette garde immédiatement, au mois d'avril ; il en donna le commandement au colonel J.-P. Boyer, chef de son état-major et toujours attaché à sa personne.

Les motifs allégués par le sénat, pour la formation de cette garde, n'étaient pas les seuls. Jusque-là, le président se faisait garder au palais, le plus souvent par les grenadiers de la 11e demi-brigade ; cela pouvait exciter la jalousie des autres corps : en tirant de tous, les militaires destinés à sa garde, il leur donnait satisfaction. Ce fut l'élite de l'armée qui composa ce beau corps : le chef de bataillon Poisson Pâris commanda l'infanterie, le chef d'escadron Per, la cavalerie, et le capitaine Carrié, l'artillerie légère [1].

Le 1er mai, la fête de *l'Agriculture* fut célébrée avec pompes au Port-au-Prince : le Président d'Haïti se rendit au sénat et l'accompagna de nouveau, au retour du champ de Mars où la cérémonie avait eu lieu. C'était rendre hommage au pouvoir auquel la constitution déléguait l'exercice de la souveraineté nationale. Le sénat

---

[1] Cette garde fut successivement augmentée, à raison des circonstances, et l'on y compta des officiers de la plus grande valeur.

venait lui-même de lui témoigner une haute confiance, une considération méritée, en instituant pour lui une garde spéciale. Ces deux faits indiquent un rapprochement, une bonne entente entre les deux autorités qui gouvernaient la République, du moins pour le moment. Il y eut un grand banquet ce jour-là au palais de la présidence.

Dans le cours de ce mois, le sénat fit encore des lois sur la valeur des monnaies, — pour rapporter celle concernant la mise en accusation de J. Tonnelier [1], — et pour augmenter le nombre des employés dans les administrations de finances. Après s'être occupé de l'établissement d'un hospice pour les pauvres infirmes, qui fut jugé impraticable dans l'actualité, il fit un arrêté qui ordonna que ceux qui encombraient la capitale, seraient replacés sur les habitations rurales d'où ils étaient sortis, et où la charité de leurs compagnons pouvait aisément subvenir à leurs besoins.

Le 17, le président avait proposé le citoyen Frémont, parmi deux autres candidats à la charge d'administrateur principal du département de l'Ouest, en remplacement de Pitre aîné ; le 19, il fut élu par le sénat : on ne pouvait faire un meilleur choix.

Le même jour, le sénat chargea Bonnet, Pélage Varein et Modé, de lui présenter un projet sur la création d'un *Institut*. Déjà, le 18 mars, il avait arrêté qu'un rapport

---

[1] Sur la réclamation de J. Tonnelier, le président pria le sénat de soumettre de nouveau l'examen de ses comptes, à une commission composée d'Inginac, Linard et Lespinasse. Inginac surtout y découvrit que le déficit de 48,000 gourdes n'était qu'apparent ; il refit la comptabilité de ce vieillard qui était incapable d'y mettre le moindre ordre. R. Sutherland contribua à prouver son innocence, par des mandats de dépenses qui lui avaient été payés et dont le trésorier général n'avait pas fait mention. J. Tonnelier avait été membre du conseil des Anciens, en France ; il mourut au Port-au-Prince, peu de mois après son affaire.

lui serait fait sur l'instruction publique et sur les moyens de pourvoir chaque paroisse d'un ministre du culte catholique. Mais les circonstances firent renoncer à ces projets si utiles : les écoles existantes étaient fondées par des particuliers, l'Etat n'ayant pas assez de finances pour en établir.

Par le même message du 17, Pétion informait le sénat qu'il allait partir le lendemain, afin de faire une tournée dans le Sud ; que ce voyage serait d'environ un mois, et qu'en son absence le général Bazelais commanderait les troupes, au Port-au-Prince et dans ses environs.

Cette tournée était occasionnée par l'attitude de plus en plus dessinée du général Gérin, depuis qu'à la fin de janvier il était retourné mécontent dans ce département qu'il commandait ; il se plaignait hautement de la marche des affaires publiques, de la conduite du Président d'Haïti. Il ne fallait donc pas lui laisser le temps de rien fomenter contre le gouvernement : de plus, il était convenable que le chef de l'Etat étudiât de près les causes de l'insurrection de la Grande-Anse ; qu'il vît les hommes nouveaux, placés dans les fonctions publiques de ce département, qu'il se fît voir aux populations : elles gagnent souvent à se mettre en rapport direct avec les gouvernemens, ceux surtout qui se proposent le bonheur général.

Cette nécessité fut si bien sentie par le sénat, qu'il renonça à un nouvel ajournement qu'il voulait décréter à la fin d'avril ; le sénateur Lys avait même été chargé de rédiger un acte à cet effet : connaissant d'avance la pensée de Pétion, il resta à son poste pour veiller aux éventualités qui pourraient surgir.

Ainsi, alors que Lamarre se disposait à reprendre résolûment l'offensive contre l'ennemi, et qu'il conjurait le président de ne pas renouveler les fautes de Rigaud, le président se voyait obligé d'ajourner toute campagne contre le territoire de Christophe, par rapport aux préoccupations que suggérait la conduite du général Gérin.

Le 1er avril, Lamarre accusait réception de 420 habits et de 13000 gourdes destinés à ses troupes, et de 7 sabres envoyés par le président pour divers officiers. Il faisait ce qui dépendait de lui pour cette armée, mais il fallait encore 1500 habits et des gilets pour la cavalerie qui était de 200 hommes bien montés. A la fin de ce mois, Christophe était arrivé au Port-de-Paix avec le général Magny et les troupes de l'Artibonite, dans le dessein de marcher contre Lamarre qui était encore à Foache. Mais celui-ci alla hardiment au-devant de toutes ces forces: le 1er mai, il écrivit au président : « C'est au « milieu des balles que je vous écris, etc. ; » il avait trois divisions à combattre: déjà il comptait 150 blessés dont 3 chefs de bataillon. Le 6 mai, ses succès étaient complets, il avait refoulé l'ennemi au Port-de-Paix, déjoué une conspiration ourdie parmi ses troupes, par deux officiers de la 18e qu'il fit fusiller. « Je ne puis, dit-il dans « sa lettre au président, vous exprimer ce que l'adjudant-« général Delva a fait dans ces actions: sa valeur sur-« passe ce qu'on peut en imaginer. Le chef d'escadron « Toussaint s'est distingué avec le courage d'un héros.[1] » Les colonels Bauvoir, Gabriel Reboul et Léger prirent

---

[1] Ce fut dans la savanne Colette, à un quart de lieue du quartier-général de Lamarre établi à Foache, que Toussaint se distingua ainsi. Il eut un combat singulier avec Juanem qui commandait la cavalerie de Christophe : après l'avoir blessé, il chargea cette cavalerie avec ses dragons et la mit en déroute. Christophe observait ce combat à peu de distance ; il fut contraint de fuir devant les vainqueurs.

également part à ces combats où la valeur suppléait à la disproportion du nombre; et leur chef, qui se taisait toujours sur ses propres faits pour mieux louer leur courage, leur traçait l'exemple.

De nouveaux combats ayant eu lieu dans le cours du mois de mai, le sénat inscrivit, pour ainsi parler, la page suivante dans l'histoire de la République, à la date du 2 juin :

Le Sénat,

Voulant payer un juste tribut d'éloges à la brave armée expéditionnaire qui a constamment battu les troupes de Henry Christophe, pendant dix-sept jours de combats, contre des forces supérieures, et les a forcées à une retraite précipitée;

Déclare qu'il y a urgence, et décrète ce qui suit :

L'armée expéditionnaire, sous les ordres du sénateur Lamarre, général de brigade, a bien mérité de la patrie.

Le Président d'Haïti est invité de faire parvenir au sénat, un état nominatif des officiers et soldats qui ont, dans ces différentes actions, fait des traits de valeur, pour que leurs noms soient inscrits, avec le sujet de leurs actions, sur un registre particulier.

Le même jour, à raison des nécessités de la guerre, il affranchit de tous droits à l'importation, les armes à feu, les armes blanches et autres objets de guerre.

En partant du Port-au-Prince avec sa garde, Pétion avait dirigé ses pas sur Jérémie où se trouvait le général Gérin. Pour la première fois depuis 1800, il avait revu le Pont-de-Miragoane où sa valeur contint, pendant quelques instans, l'irruption de l'armée de Toussaint Louverture, où sa sagesse et sa prudence devaient contenir, deux années après, la bouillante inconséquence, l'emportement irréfléchi de Rigaud, revenu dans le pays. En attendant cette époque déplorable, il allait dans l'espoir de calmer l'effervescence du caractère indomptable de celui qui, dans le Sud, représentait cet ancien général à bien des égards.

Arrivé à Jérémie le jeudi 24 mai, il eut la douleur de ne pas recevoir la visite de Gérin. Commandant du département du Sud, ce dernier était tenu, sous le rapport militaire et politique, de se présenter devant le Président de la République, chef de l'État; la subordination l'exigeait de toutes manières. Mais laissons parler Pétion au sénat, dans sa lettre du 28 mai dont nous donnons un extrait :

« Depuis mon arrivée ici, le général Gérin ne s'est pas
« encore présenté chez moi, et je ne sais à quoi attri-
« buer cette indifférence, et je puis dire, ce manque d'é-
« gards de la part d'un officier à qui j'ai prodigué les
« preuves d'attachement, et que j'ai traité, en toute oc-
« casion, de la manière la plus distinguée. Je vous fais
« parvenir, citoyens sénateurs, copie d'une lettre qu'il
« m'a adressée, et copie de la réponse que je lui ai faite. »

Jérémie, 27 mai 1808.
Etienne Elie Gérin, général de division,
Au général Pétion, Président d'Haïti.
Citoyen Président,

J'ai appris votre arrivée dans cette place *hier*, par ce fait même. Tous les efforts d'imagination et de corps que je me suis donnés sans relâche, depuis le moment où j'ai dirigé l'entreprise qui a renversé Dessalines jusques à ce moment, n'ont point peu contribué à délabrer ma santé. Mon âge avancé ne me permet plus d'en supporter d'autres, et ma vue s'affaiblit de jour en jour.

Je ne me proposais, dans mes travaux divers, que de pouvoir contribuer à sauver le pays de la férocité de Christophe et de ses partisans, et je n'ambitionnais que le bonheur de voir luire une sécurité pour me retirer du service militaire. L'occasion me semble favorable en ce moment, où l'armée sous les ordres du général Lamarre, dans le Nord, a remporté des succès complets sur Christophe, et que les insurgés de Jérémie, poursuivis sévèrement par les braves troupes et les affaires que j'ai dirigées, sont rendus ou dispersés au point que leur nombre est réduit presque à rien, et ne se montrant que pour se rendre, sous la protection de la République, sur les habitations d'où ils sont.

Les travaux de la culture ont été repris; les grands chemins ouverts et réparés; les savannes nettoyées; des cases incendiées, rebâties. Voilà les prémices du rétablissement de l'ordre dans cet arrondissement, depuis deux mois que j'y suis. Je ne doute point qu'un séjour de votre personne ne termine ces désastres d'une partie d'environ 60 lieues de pays de ce département, au commandement duquel je vous prie de nommer. Heureux si *mes efforts généreux* peuvent mériter quelque place dans votre souvenir, ainsi que des militaires qui m'ont secondé !

J'ai l'honneur de vous saluer avec respect.

Signé : Et. Gérin.

Jérémie, le 27 mai 1808.
Alexandre Pétion, Président d'Haïti,
Au général de division Gérin.

Citoyen général,

Je viens de recevoir votre lettre de ce jour. Je regrette infiniment que l'affaiblissement de votre vue et le nombre des années vous forcent à demander votre démission.

Je reconnais, général, les services importans que vous avez rendus à votre pays. Je pensais que vous pouviez lui en rendre encore.

Si quelques autres motifs, que ceux que vous m'avez exposés dans votre lettre, eussent provoqué votre retraite, je suis persuadé que vous me les eussiez communiqués, avec cette fraternité qui nous unit et cette franchise qui nous caractérise.

Je vous témoigne mes regrets, général, et suis sensible à l'attention que vous avez eue d'attendre mon arrivée dans le département que vous commandiez, pour vous retirer du service.

J'ai l'honneur de vous saluer, général, avec considération et attachement.

Signé : Petion.

En recevant cette communication, le sénat se borna à

exprimer *ses regrets* de la détermination prise par Gérin. Mais sa démission avait produit une sensation marquée sur ceux *des sénateurs* qui n'approuvaient pas le système politique de Pétion. Ils n'avaient point hésité à accepter la démission de ce général, comme sénateur; ils eussent voulu ou désiré que le Président d'Haïti hésitât à accepter celle de commandant du département du Sud. Mais, pouvait-il, devait-il agir ainsi, après l'abstention affectée de Gérin à venir le voir, après son opposition constante depuis 18 mois? Dans la lettre de ce général, on voit qu'en se retirant volontairement de son commandement, il se posait en quelque sorte devant la postérité, par l'énumération de ses services à partir de la prise d'armes contre Dessalines : c'est donc à la postérité de le juger en cette occasion.

Quels que fussent ses éminens services rendus au pays, pouvait-il effacer ceux que Pétion lui avait rendus aussi? Et de ce que celui-ci avait été préféré pour gouverner l'État, s'ensuit-il qu'il devait en être jaloux et envieux, au point de déserter son poste sous des prétextes spécieux? La patrie était leur mère commune; ils la servaient tous deux, avec des vues politiques différentes, il est vrai; mais si Gérin avait eu un autre caractère et plus de raison dans l'esprit, il eût pu n'écouter que son cœur qui était attaché à son pays, et continuer à le servir.

Au reste, ne pouvant maîtriser ses passions, mieux valait qu'il se démît de ses deux fonctions, sénatoriales et politiques, que d'y rester pour continuer sa bouderie importune. Il avait été fâché de l'inspection que Bazelais, chef de l'état-major général, fit au camp du Boucassin par ordre de Pétion; maintenant il se fâchait de ce que celui-ci allât parcourir le Sud pendant qu'il y était.

C'est dans les Républiques surtout, qu'aucun homme ne doit se croire *indispensable* : on y sert l'Etat, et non pas son chef. Vient-on à penser que la direction qu'il imprime à la marche des affaires est compromettante, on doit *se retirer* pour ne pas concourir avec lui, *et se réserver pour l'avenir*. Si l'on conserve son emploi, *il faut le seconder*, loin de lui faire *opposition* ; car le pays ne pourrait qu'en souffrir.

Dans les monarchies, au contraire, il est à peu près d'usage qu'on s'inféode au monarque qui absorbe la souveraineté nationale, qui a un intérêt dynastique très-souvent en opposition avec l'intérêt général : on sert surtout un individu et sa famille, et il n'y a presque pas d'opposition possible. Que l'on garde donc son emploi, puisque l'on est *sujet !*

Néanmoins, on voit dans la réponse de Pétion, que s'il fut empressé à accepter la démission de Gérin, parce qu'il pensait sans doute qu'avec son caractère, ce général eût pu produire de mauvais effets dans le département du Sud, il laissait entrevoir à ce camarade d'armes que ses services pourraient être encore utilisés pour *la guerre*; il lui témoigna ses regrets de la détermination qu'il prit, et lui dit : « Je pensais que vous pouviez lui en rendre « encore. »

D'ailleurs, ce fut alors une question politique de haute importance pour Haïti, à savoir, s'il était de l'intérêt public que chaque département fût confié au commandement particulier d'un chef militaire. On avait dû donner celui du Sud à Gérin, celui de l'Ouest à Pétion, puis à Magloire Ambroise, parce qu'il fallait concentrer la direction des choses dans les mains de ces hommes influens. après la mort de Dessalines. Mais la nouvelle guerre civile qui venait d'éclater, par suite des rivalités, des jalousies préexistantes entre les anciennes provinces du pays, ayant *des idées politiques différentes*, devait prouver *le danger* qu'il y avait à perpétuer cette influence ; il était à craindre qu'un chef militaire, pour satisfaire à son ambition personnelle, ne voulût en abuser au détriment de la République, *une et indivisible*, en soulevant les passions, en ravivant *l'esprit de localité*. Après la mort de Magloire Ambroise, on n'avait pas songé à donner à l'Ouest un nouveau commandant en chef : Gérin donnant sa démission, le Président d'Haïti devait l'accepter [1].

Il avait prolongé son séjour à Jérémie, par rapport aux mesures qu'il fallait prendre à l'égard de l'insurrection qui désolait la Grande-Anse. Le 27 juin, renvoyant de là au Môle, l'adjudant-général Delva venu en mission auprès de lui, avec 2000 chemises, 2000 chapeaux, 22000 paquets de cartouches, des pierres à feu, du plomb, 60 sabres, 100 selles et 14000 gourdes, que portaient les garde-côtes de l'Etat, le président exprimait à Lamarre « ses félicitations et son admiration » pour les derniers succès qu'il venait de remporter, en lui disant qu'il allait bientôt retourner au Port-au-Prince pour diriger des opérations contre l'ennemi. Il ajouta dans la même lettre :

Je dois ici vous informer que le général Gérin a, depuis un mois, donné sa démission de commandant du département du Sud. La cause de la retraite de ce général est, m'a-t-il écrit, fondée sur son grand âge et ses infirmités. Dans tous les cas, on ne peut que s'étonner *des circonstances qui ont précédé sa demande* ; car, à supposer

---

[1] On verra ce que produisit de funeste pour la République, la confiance qu'eut Pétion en Rigaud, à son retour de France, en lui attribuant le commandement de toutes les forces du Sud pour éteindre l'insurrection de la Grande-Anse.

T. VII.

qu'il désirait se retirer du service, je ne pense pas, après lui avoir donné tous les témoignages, dans tous les temps, de mes sentimens de fraternité, qu'il devait, à mon arrivée ici, se refuser de me voir et manifester du mécontentement. Cet étrange procédé de sa part a cependant beaucoup contrasté avec l'allégresse que le peuple entier a manifestée de me voir, e j'éprouve la douce consolation de n'avoir aucun reproche à me faire. Je ne puis déterminer en ma faveur les inclinations de personne ; mais si, malgré mes principes, je trouve des détracteurs, je les abandonne à leur propre conscience. — Beaucoup d'hommes qui marchaient sous les ordres de Goman se sont successivement soumis à la République. Pour ôter à ces rebelles tout secours que Christophe pourrait peut-être tenter de leur envoyer par mer, j'ai ordonné au commandant de la flotte de revenir établir sa croisière sur les côtes d'ici, jusqu'à nouvel ordre.

C'est alors qu'eut lieu la formation du corps *des Eclaireurs*, par les mêmes *insurgés* qui s'étaient soumis : ce nom indique que, connaissant toutes les retraites de Goman et de son monde, ils *éclairaient* la marche des troupes dirigées contre les rebelles. Ce corps, porté à environ 1500 hommes, fut organisé en régiment et placé sous le commandement de Thomas Durocher, devenu colonel. Jean-Baptiste Lagarde, un des premiers chefs des rebelles, dont il a été déjà fait mention, y occupait le rang de sergent-major. Les Eclaireurs et leur colonel répondirent parfaitement, durant près de deux ans, à la confiance que le président eut en eux ; et c'est la preuve que T. Durocher n'avait pas été, comme on l'a prétendu, l'auteur secret de la révolte de la Grande-Anse : Pétion n'eût pu ignorer ces machinations, si elles avaient eu lieu.

Mais il paraît qu'il n'eut pas autant de confiance en Bergerac Trichet. Ce colonel était très-attaché au général Gérin, et d'un caractère qui influait sur l'esprit de la 18e demi-brigade qu'il commandait ; il obéissait difficilement au général Francisque, commandant de l'arrondissement. Par ces motifs, le président l'envoya avec son corps tenir garnison au Port-au-Prince : la 15ᵉ, la 19ᵉ, les Eclaireurs et les gardes nationaux de toutes les communes, suffisaient d'ailleurs pour contenir les insurgés.

Le commandement de Francisque s'étendant jusqu'à Tiburon, le président reconnut qu'il ne pouvait guère suffire à une telle surveillance ; et pour ne pas faire souffrir le service public, pour activer au contraire la répression de l'insurrection, il forma un nouvel arrondissement militaire dont Tiburon devint le chef-lieu ; il en ouvrit le port au commerce étranger afin d'y faciliter l'importation des objets d'échanges, et ferma celui de Dalmarie qu'il avait ouvert quelque temps auparavant, durant l'ajournement du sénat. Il fallait un chef au nouvel arrondissement; il promut au grade de colonel, Nicolas Réguier, le plus ancien chef de bataillon de la 19ᵉ, et le lui confia. Influent dans ce quartier, cet officier de mérite connaissait toutes les allures de Goman et pouvait mieux que personne garantir cet arrondissement de ses irruptions. Le colonel Gilles Bénech avait vieilli ; il fut promu adjudant-général à l'état-major général, et le chef de bataillon Bigot, commandant de place à Jérémie, devint le colonel de la 19ᵉ : c'était un officier actif et d'une résolution prononcée.

En prenant ces diverses mesures, le président se réserva d'en justifier la nécessité par-devant le sénat qui devait les sanctionner.

Pendant son séjour à Jérémie, la République perdit en Blanchet jeune, général de brigade et sénateur, l'un de ses fondateurs distingués, atteint depuis longtemps d'une maladie de langueur. Pétion lui fit rendre tous les honneurs dus à son rang et à ses services signalés en faveur de son pays [1].

Il quitta cette ville et se rendit aux Cayes : sur toute sa route, les troupes et les citoyens l'accueillirent comme à Jérémie, comme il avait été reçu dans l'arrondissement de Nippes par le colonel Bruny Leblanc et ses administrés. Sa présence au chef-lieu du Sud y occasionna une joie universelle ; l'accueil du général Wagnac fut sincère et cordial, et il en fut de même du général Vaval et de tous les citoyens de l'arrondissement d'Aquin, quand il y passa.

Tandis que Gérin, retourné à l'Anse-à-Veau dès qu'il eût donné sa démission, couvait son mécontentement de tout l'accueil fait au Président de la République, aux Cayes celui-ci faisait célébrer un touchant et pompeux service funèbre, à la mémoire de Benjamin Ogé, ce brave chef de bataillon de la Légion de l'Ouest, et de tous les défenseurs de la liberté qui avaient péri dans la première guerre civile. C'était honorer le courage malheureux, enflammer celui des nouveaux défenseurs de la patrie, apaiser les mânes de toutes ces victimes des dissensions intestines, et invoquer enfin, par la religion, l'intervention divine pour détourner les esprits de toutes autres divisions.

Mais sa pensée, ses sentimens patriotiques, furent-ils toujours compris aux Cayes mêmes, le furent-ils au Port-au-Prince où il allait retourner ? On le saura bientôt.

---

[1] Peu de semaines après la mort de Blanchet jeune, la loge maçonnique appelée *l'Amitié des frères réunis*, dont il était membre, lui fit un service funèbre selon l'usage de cette association : Daumec y prononça une très-belle oraison à la louange de ce citoyen recommandable.

CHAPITRE IX.

Correspondance militaire de Lamarre avec le sénat : effet qu'elle produit. — Le sénat ordonne des mesures militaires contre l'ennemi qui paraît au Boucassin, et rappelle Pétion qui est encore aux Cayes. — Le général Bazelais combat l'ennemi et le chasse. — Retour de Pétion au Port-au-Prince. — Situation des esprits. — Faits relatifs à Bergerac Trichet qui est arrêté et mis en prison par ordre de Pétion. — Mort de César Thélémaque. — Le sénat le remplace provisoirement par J.-C. Imbert. — Pourquoi il ne nomma pas Bonnet. — Pétion répond à une lettre de Th. Trichet sur sa mission en Angleterre. — Un sénateur propose de retirer les pouvoirs extraordinaires donnés à Pétion; le sénat adopte la proposition et nomme un comité pour préparer le projet de décret. — Il se décide à aller en corps faire des Remontrances à Pétion. — Accueil qu'il en reçoit. — Impassibilité de Pétion : il demande le document pour y répondre, et n'y répond pas. — Examen des accusations contenues dans cet acte. — Le sénat se donne une garde particulière. — Il ordonne la levée générale de la garde nationale et la réunion des troupes, pour entrer en campagne. — Il ajourne le vote du décret sur les pouvoirs accordés à Pétion. — Pétion l'informe des motifs qu'il a eus pour créer provisoirement l'arrondissement de Tiburon. — Un comité est nommé pour faire un rapport à ce sujet. — Le sénat rend le décret qui rapporte celui du 1ᵉʳ juillet 1807 relatif aux pouvoirs extraordinaires donnés au Président d'Haïti : il décide l'impression de ses actes et procès-verbaux pour les envoyer aux autorités civiles et militaires. — Méditations et résolution de Pétion à ce sujet. — Il élève le colonel Métellus au grade de *général de brigade*, afin de prouver au sénat qu'il continue l'exercice de ses pouvoirs extraordinaires. — Les troupes applaudissent à cette promotion. — La question politique est résolue par cette décision militaire. — Lettre de Marion au sénat, relative à Michel. — Lettre de David-Troy à ce sujet. — Michel se rend au Môle où Lamarre l'accueille et finit par solliciter en sa faveur auprès de Pétion. — Rapport du comité sur l'arrondissement de Tiburon et vote du sénat qui le confirme. — Ce corps décide que ses membres peuvent toucher leurs indemnités directement du trésor : Pétion ordonne de les payer. — Le sénat rend la loi du 24 août, préparée par Daumec, sur l'organisation des tribunaux de la République.

Les diverses circonstances relatées aux deux chapitres précédens, font déjà pressentir au lecteur ce qu'il va apprendre dans celui-ci, relativement à la lutte qui s'établit entre le sénat et Pétion. C'est à l'histoire d'exposer les faits, c'est à la postérité de les juger, pour reconnaître lequel, entre le pouvoir législatif et le pouvoir exécutif, mérite le plus son blâme. Narrateur, nous efforçant toujours d'être impartial envers tous, nous n'oublierons pas la mission que nous nous sommes imposée.

Après avoir reçu par l'adjudant-général Delva, les objets que le président lui envoya de Jérémie, Lamarre se disposa à porter ses troupes dans les montagnes du Port-de-Paix, autant pour combattre celles de Christophe, que pour avoir plus de vivres pour leur nourriture, et dégager en même temps les malheureux qui, fuyant la tyrannie du Nord, erraient dans ces montagnes. Les communes de Jean-Rabel et du Môle étaient dévastées et ne produisaient presque plus de denrées alimentaires. Le 4 juillet, il écrivit au président :

« Combien d'infortunés sont cachés dans les rochers
« destinés aux plus vils reptiles! Je vais voler à leur secours;
« j'espère que la Providence me secondera dans mes opéra-
« tions. Que je serais heureux, si je puis rétablir dans leurs
« foyers tant de victimes malheureuses! Nous vous deman-
« dons les garde-côtes le plus promptement possible. L'hu-
« manité qui dirige toutes vos actions m'annonce d'avance
« que vous nous écouterez favorablement... J'ai reçu
« les 14000 gourdes : cette somme ne suffit pas pour l'ar-
« mée, et j'assiste chaque jour de malheureuses mères de
« famille, chargées d'enfants, qui meurent de faim ; en
« soignant ces infortunées, je ne puis que répondre à vos
« sentimens humains...[1] *L'impossibilité où vous êtes*
« *de m'envoyer des forces*, prouve combien nos frères

[1] C'est ce que Pétion faisait aussi au Port-au-Prince, envers tous les réfugiés de la péninsule du Nord, des Gonaïves et autres lieux ; il leur faisait délivrer des provisions du magasin de l'État, du linge, etc.

« sont peu pénétrés de la cause que nous défendons : *ils*
« *dorment sur les bords du Vésuve!* Je ne sais par quelle
« fatalité ils ne se rappellent plus l'an 7 (1800) dont l'é-
« poque doit être à jamais gravée dans la mémoire de nos
« derniers neveux... Où sont les ossemens de nos mal-
« heureux frères ?... »[1]

A cette lettre pathétique, qu'apportait Delva qui venait cette fois pour rétablir sa santé délabrée par les fatigues, — ce qui était un surcroît de peine pour Lamarre, — succéda une autre du 8 juillet, où il apprenait au président que les bâtimens de Christophe étaient venus canonner Jean-Rabel, d'où cependant ils furent repoussés également à coups de canon. A cette occasion, il fit un ordre du jour : en parlant à ses troupes des factions de Yayou et de Magloire, il leur disait que Pétion avait pardonné *à des coupables* ; mais que s'il y en avait dans son armée, « il n'userait pas *de cette clémence hors de saison*, « dont l'affreux résultat procure aux États en révolution « des siècles de calamité. »

Les sentimens personnels de Lamarre étaient des plus généreux ; on le reconnaît par ses précédentes lettres et celle du 4 juillet où lui-même rendait justice à ceux de Pétion. Mais on voit aussi que son ordre du jour était en désaccord avec sa correspondance ; car il y blâmait *la clémence du chef de l'État* envers des hommes égarés par l'ambition ou par de petites rivalités. Quelques mois plus tard, on le vit solliciter cette même *clémence* en faveur de l'un de ces hommes, réfugié alors au Môle et se réhabilitant à ses yeux par son courage et ses services. Il sentit tellement l'inconvenance de ce blâme, qu'il n'envoya pas au

---

[1] Cette lettre de Lamarre n'a pu être écrite que par Hérard Dumesle.

président la copie de cet ordre du jour : ce fut au sénat qu'il l'adressa.

Depuis qu'il était devenu sénateur, il correspondait autant avec ce corps qu'avec Pétion : il lui disait les mêmes choses, rappelant toujours les malheurs de la première guerre civile, demandant des secours, *se plaignant* de ce qu'on ne lui envoyait pas assez de troupes, etc. On conçoit alors que ses lettres étaient agréées au sénat comme une sorte *de censure*, sinon *de dénonciation*, de la mollesse qu'on trouvait en Pétion, surtout dans les circonstances dont nous nous occupons.

Les choses étant ainsi, à la mi-juillet une colonne ennemie parut près du camp du Boucassin ; l'alarme fut donnée au Port-au-Prince où Pétion n'était pas encore de retour. Le 15, le sénat lui adressa un message pour l'inviter à y revenir dans le plus bref délai ; d'amener avec lui toutes les troupes et les gardes nationales qui ne seraient pas nécessaires dans la Grande-Anse ; « de réunir *les géné-* « *raux les plus capables* de commander l'armée ; » et à ce sujet, il appela son attention sur le manque d'officiers supérieurs. C'était lui insinuer de réactiver Gérin, de faire des promotions parmi les colonels. Le lendemain, 16, l'ennemi étant encore en présence, le sénat écrivit au général Bazelais pour mettre sous sa responsabilité *le salut* de la République, en l'invitant à lui rendre compte de ses opérations.

Bazelais avait rempli son devoir militaire ; commandant général des troupes par délégation du Président d'Haïti, il s'était porté au Boucassin dès la nouvelle de l'apparition de l'ennemi, afin d'aviser aux moyens de le combattre et de le chasser. Il obéit au sénat et l'informa de tout ce qu'il faisait dans ce but. Le 23, il avait chassé l'ennemi et pris position sur l'habitation Poix-la-Générale, qui touche au bourg de l'Arcahaie ; en rendant compte au sénat de ce résultat, il mentionna honorablement le sénateur colonel David-Troy qui l'avait aidé.

Mais Pétion était arrivé en hâte : il retrouva les esprits plus effervescens que jamais, le sénat dans la plénitude de ses attributions *exécutives* résultant de l'article 83 de la constitution, donnant des ordres au général chef de l'état-major général de l'armée et se faisant rendre compte des opérations militaires [1]. Ce corps avait agi pour le salut commun, il ne pouvait que l'en féliciter. En était-il de même de la part du sénat, pour ce qu'il avait fait dans le Sud, de la part des hommes qui partageaient les opinions, au moins, de quelques-uns des sénateurs ? On en jugera.

Le premier de ces hommes, qui voulut essayer de sa puissance, fut le colonel Bergerac Trichet. Les fifres et les tambours de la 18e eurent querelle avec ceux de la 3e : à cette époque, c'étaient les ferrailleurs habituels des corps de troupes ; ils vidaient leurs duels dans les rues. L'autorité militaire était constamment obligée de sévir contre eux ; mais les colonels des corps intervenaient presque toujours en leur faveur, et ceux du 1er régiment d'artillerie étaient aussi taquins que les autres. Or, le colonel Lys, commandant ce corps et l'arrondissement, se voyait forcé d'être indulgent pour les autres, puisque ceux de son régiment péchaient également contre la discipline. Le caractère de Bergerac Trichet le porta à faire autre chose : il fit battre *l'assemblée*

[1] Art. 83. Le sénat a le droit de disposer, pour le maintien du respect qui lui est dû, des forces qui sont, de son consentement, dans le département où il tient ses séances.

générale par ses tambours et ses fifres, pour réunir devant sa maison toute la 18ᵉ, sous le prétexte que des soldats de la 3ᵉ avaient prêté leur concours aux fifres et tambours du même corps.

A ce bruit de tambours, le colonel Gédéon, qui ne voulait pas qu'il fût dit que la 3ᵉ avait reculé, fit battre aussi *l'assemblée générale* pour réunir son vaillant régiment.

Ces deux colonels demeuraient dans la rue du Centre, dans le même îlet et à 150 pas au plus l'un de l'autre[1]; en un instant cette rue fut encombrée de soldats de la 3ᵉ et de la 18ᵉ. Les colonels allaient faire sortir leurs drapeaux pour engager l'action, lorsque le Président d'Haïti envoya arrêter Bergerac Trichet, qui fut conduit en prison par ses ordres. Ce fait eut lieu le 23 juillet : le 31, ce colonel écrivit au président et lui demanda à être *jugé;* n'ayant pas reçu de réponse, le 1ᵉʳ août il s'adressa au sénat en demandant sa mise en liberté, vu *la violation* de l'art. 143 de la constitution, par le président. Le sénat passa immédiatement *à l'ordre du jour* sur la pétition, et Bergerac Trichet dut se résoudre à attendre sa relaxation de la volonté de Pétion : ce qui eut lieu après la décision du sénat. Lys en était le président et dut savoir, en sa qualité de commandant d'arrondissement, que ce colonel avait troublé la tranquillité publique.

Dans ce moment d'agitation, le secrétaire d'Etat César Thélémaque décéda. Cet excellent citoyen, né à la Martinique, termina honorablement sa longue carrière où il avait donné des preuves de son attachement à la liberté

---

[1] Bergerac Trichet logeait dans la même maison que Yayou avait habitée, à côté du palais du sénat; et Gédéon occupait celle où logea Chervain, au coin de la rue du Centre et de celle du Port, vis-à-vis celle de J.-P. Boyer.

et au pays qui l'avait adopté. Pétion lui fit de magnifiques funérailles auxquelles il assista, ainsi que le sénat et toutes les autorités civiles et militaires ; toutes les troupes du Port-au-Prince prirent les armes pour y concourir, et le canon de deuil retentit jusqu'à ce que le corps fût inhumé dans le cimetière intérieur de la ville.

Le 26 juillet, le sénat chargea le citoyen J.-C. Imbert, contrôleur des finances du département de l'Ouest, de l'intérim du porte-feuille de la secrétairerie d'Etat, à cause, dit son arrêté, « de sa probité connue dans « divers actes. » Le général Bonnet, qui eût été de son choix, était trop nécessaire en ce moment au sénat et par rapport à la guerre contre Christophe, pour être élu à cette époque : cela résulte de la proposition que fit un sénateur, dans la même séance, « vu le « péril où était la République, d'ordonner la levée géné- « rale des gardes nationales, afin de marcher contre « l'Artibonite et de faire jonction avec l'armée du géné- « ral Lamarre. » La majorité décida cependant qu'il fallait se concerter préalablement avec le Président d'Haïti.

Tandis que le sénat s'occupait du même objet qu'il se proposait, ainsi qu'on l'a vu dans sa lettre à Lamarre, datée de Jérémie, Pétion répondait à une missive qu'il venait de recevoir de Théodat Trichet. Celui-ci lui rendait compte de sa mission en Angleterre, et lui, informait notre envoyé de la situation de la République, avec le calme de l'homme d'État, et l'espoir qu'il avait dans la politique qu'il suivait pour mieux la gouverner.[1]

Voyons si le sénat possédait le même calme.

---

[1] Nous n'avons pu avoir connaissance de la lettre de Théodat Trichet : celle de Pétion est datée du Port-au-Prince, le 27 juillet.

Le 28 juillet, un de ses membres proposa de retirer au Président d'Haïti, *les pouvoirs* qui lui avaient été délégués par le sénat.[1] Nous avons déjà dit que son ajournement ayant cessé, ces pouvoirs extraordinaires, résultant du décret du 1er juillet 1807, étaient virtuellement retirés ; mais il semble que la proposition tendait, par sa généralité, à lui retirer aussi ceux qui lui avaient été donnés auparavant, pour proposer des candidats aux emplois vacans et entretenir les relations extérieures, etc. Cette proposition étant *adoptée*, les sénateurs Bonnet, Pélage Varein et Leroux, furent chargés de rédiger un décret à cet effet. En même temps, la proposition relative aux gardes nationales fut remise sur le tapis et adoptée à l'unanimité : les sénateurs Bonnet, Delaunay, Barlatier et Daumec furent nommés pour rédiger le projet. On décida encore que la publication des discussions du sénat aurait lieu par les journaux, — sans doute, à cause de la tiédeur que montraient les citoyens à venir les entendre dans les séances publiques.

On ne comprendrait pas bien les motifs de ces diverses résolutions, si l'on ignorait que le même jour, 28 juillet, le sénat adopta le projet des fameuses *Remontrances* au chef du pouvoir exécutif, préparé et rédigé par le sénateur Daumec.[2] Quelle que soit sa longueur, il nous faut produire ici ce précieux document qui servira à fixer l'opinion qu'on doit avoir, sur la lutte entre le sénat et Pétion. Le voici :

    Président d'Haïti,
    Quoiqu'il n'existe nulle part dans la constitution de l'Etat, le cas

---

[1] Les procès-verbaux des séances du sénat ne mentionnaient pas les noms de ceux qui faisaient des motions ou propositions : on ne peut donc savoir lequel des sénateurs fit celle-là.
[2] La minute des Remontrances existe aux archives du sénat ; elle est de la main de Daumec.

où les représentans du peuple doivent *députer* leurs membres vers le pouvoir exécutif, ils ont cependant, en plus d'une circonstance, fait des démarches près du gouvernement, tendantes à maintenir l'harmonie qui *devait* toujours régner entre les deux pouvoirs, présumant que par ce moyen, le gouvernement, sans cesse éclairé par le corps législatif, *devait marcher d'accord* et concerter des mesures qui pouvaient nécessairement mettre la République sur un pied respectable. Mais, hélas! combien de fois ne l'avons-nous pas vue aux bords du précipice!

Aujourd'hui, justement effrayé de la situation alarmante de l'Etat, de *l'impéritie* des moyens employés *dans nos finances, l'agriculture, l'armée, la police des villes et des campagnes*, le sénat se croit autorisé, d'après l'engagement qu'il a contracté de travailler au bonheur d'un peuple qui lui a confié ses destinées, *de venir en corps s'expliquer* avec le chef du pouvoir exécutif, et *lui demander, enfin,* s'il est possible d'oublier les puissans motifs qui ont occasionné l'événement du 17 octobre 1806? A Dieu ne plaise que le corps législatif veuille ici imputer au chef du gouvernement, *des vues attentatoires* à la souveraineté du peuple et au système représentatif établi par une constitution pour laquelle des flots de sang coulent encore! Mais le sénat peut-il rester indifférent sur le sort futur du pays qui nous a vus naître, quand tout semble incliner vers une subversion totale? *Sans armée, sans finances, sans culture et sans police,* que manque-t-il donc pour nous convaincre que la République est plongée dans le plus noir chaos? Non loin de ce triste tableau, nous voyons *l'anarchie* accompagner *la licence* qui menace de tout confondre... *L'insubordination* est à son comble; et bientôt les officiers supérieurs regarderont l'obéissance de leurs subordonnés comme une faveur signalée. Nos lois sont *sans vigueur*, et la République est dans un état d'incertitude qui détruit toute sécurité.

Dans le mois de mai de l'année dernière, le sénat, présumant que de la confusion qui existait dans nos finances il devait nécessairement naître un déficit effrayant dans les caisses publiques; voulant tout prévenir, le corps législatif adressa au Président d'Haïti un message détaillé, par lequel il l'invitait à lui faire parvenir, par la voie du secrétaire d'Etat, le cadastre des maisons et des habitations de la République, les noms des fermiers, les sommes dues à l'Etat par ces fermiers, l'état de la force armée, celui enfin de tous les objets de guerre, etc. etc; et ce message, qui fut imprimé par ordre du gouvernement, n'eut aucun effet ; le corps législatif, pressé de chercher les moyens de couvrir les dépenses publiques, et ne suivant que son amour pour le bien public, fut obligé de procéder dans les ténèbres et sans aucun document qui pût l'éclairer.

Au mois de juillet dernier (1807), le sénat, en s'ajournant, délégua au pouvoir exécutif une partie de ses attributions, *avec injonction de lui rendre compte* à l'ouverture de la session de 1808. Pendant l'ajournement du sénat, une grande conspiration éclata ; le général Yayou en fut le chef ; il était membre du sénat ; et grâce à la fidélité de l'armée, cette puissante conspiration fut renversée. Les principaux auteurs subirent le châtiment dû à leur crime, et le sénat n'en eut aucune connaissance *officielle* ; il n'a vu *aucun acte public* du gouvernement à ce sujet : cependant, un de ses membres fut impliqué dans cette affaire.

Pendant l'ajournement du sénat, le gouvernement, usant des pouvoirs qui lui avaient été délégués, nomma un secrétaire d'Etat. Le sénat, en reprenant les travaux de la session actuelle, n'eut encore aucune connaissance *officielle* de cette importante nomination : il n'a vu aucun compte rendu du précédent secrétaire d'Etat.

L'art. 42 de la constitution dit textuellement que c'est au sénat qu'il appartient de définir et punir les pirateries commises en mer et les violations du droit des gens, d'accorder des lettres de marque et de représailles. — Cependant, *sans égard* à la constitution, des bâtimens de guerre sont achetés et expédiés, sans que le sénat en ait la moindre information ; des sommes considérables sont sorties des caisses publiques, pour l'acquisition de ces bâtimens, faite par le président, et sans la participation du secrétaire d'Etat, auquel seul la manutention des deniers publics appartient : la responsabilité de ce fonctionnaire n'est-elle point illusoire, s'il ne peut agir librement ?

L'art. 125 de la constitution ne reconnaît au pouvoir exécutif que le droit de surveiller la perception et le versement des contributions publiques : il donne tous les ordres à cet effet. — *Au mépris* de cet article, le chef du pouvoir exécutif *dirige* les finances de l'Etat, il en ordonne la direction. D'après la constitution, ce droit n'appartient qu'au secrétaire d'Etat, qui ne peut les répartir que par un décret du sénat, qui met à la disposition du ministre une somme annuelle pour couvrir les dépenses exigées par tel ou tel département du service public.

Dans un Etat libre, c'est dans l'administration des deniers publics que les citoyens trouvent une garantie réelle dans l'exercice de leurs droits ; et, pour nous convaincre de cette vérité, il nous suffira de citer ici ce paragraphe du beau Rapport de la constitution qui fut lu à la tribune, le 27 décembre 1806, par ALEXANDRE PÉTION :

« Nous vous proposons, citoyens, qu'aucune somme ne sorte du
« trésor public sans la signature du secrétaire d'Etat qui, placé au-
« près du sénat, sera toujours prêt à lui rendre compte de ses opé-
« rations. Il est juste que le peuple, dont les contributions forment
« les revenus de l'Etat, soit instruit de l'emploi qui en a été fait.
« S'il en était autrement ; si, comme dans les monarchies, le trésor
« public devenait le trésor d'un individu, la corruption s'intro-
« duirait jusque dans le sénat, etc. »

Dans le mois de décembre dernier, le général Magloire, après Yayou, conspira à son tour contre la République. Ce factieux, malgré sa caducité, méditait en secret l'assassinat des deux plus fermes appuis de la République, *qui n'a existé*, pendant un moment, *que dans deux individus*, BONNET et DAVID-TROY. *S'ils eussent succombé, c'en était fait de la patrie.* Dans cette dernière conjuration, nous le disons à regret, un autre membre du sénat, Magloire, y fut impliqué, *et le sénat reste dans la plus profonde ignorance sur cette affaire.*

Informé qu'un des artisans de la conspiration de Magloire avait trouvé asile dans le district de Léogane, sous les auspices de l'adjudant-général Marion, le sénat vous adressa un message tendant à avoir des renseignemens sur la conduite de cet officier supérieur ; il n'eut pour toute réponse du Président d'Haïti, qu'un silence fâcheux.

Aujourd'hui, le sénat ne peut plus douter que *Michel* a trouvé asile chez le général Marion ; il y est choyé, il est de notoriété publique que ce complice de Magloire marche à front découvert dans les rues de Léogane ; il brave les lois, l'opinion publique et le gouvernement. Le sénat n'est point avide du sang des hommes ; mais il demande si ce n'est pas la plus déplorable *partialité* d'avoir fait *juger et punir*, pour le même délit, les Chervain, Sanglaou, J.-C. Cadet, Avril, et tant d'autres qui avaient conspiré contre le gouvernement ? Il demande comment pourra-t-on punir désormais ceux qui pourraient conspirer contre la République, lorsque *Michel* jouit de l'impunité ? Il paraît que bientôt l'on ne punira que la maladresse et non le crime.

Si nos lois interdisent à tous les pouvoirs la faculté de commuer la peine d'un condamné, comment peut-on ne pas craindre de se mettre au-dessus d'elles, en tolérant un délit qui porte manifestement un caractère si sérieux ? N'est-ce pas commander l'insurrection, encourager les factieux, quand les lois restent muettes sur des conjurés toujours armés d'un poignard pour assassiner la liberté et ses défenseurs ?...

Des individus condamnés par la commission militaire, ont été mis en liberté par ordre du gouvernement, contrairement à toutes les formes judiciaires. En instituant une commission de révision, le sénat a voulu détruire les funestes effets de l'arbitraire et donner aux accusés toute la lattitude possible pour faire triompher l'innocence, quand les lois sont violées dans la personne d'un prévenu ; mais les assassins, aussi bien que les conspirateurs, bravent les lois, et l'impunité enhardit aux crimes !...

Cependant, le sénat conçoit qu'il a existé une circonstance où le gouvernement a dû se trouver embarrassé sur le choix des moyens à employer pour gouverner l'Etat, environné de factieux, attaqué sourdement par des ambitieux qui voulaient tout pervertir en égarant l'opinion ; mais ces temps sont passés ; les antagonistes de la constitution ont disparu, et le gouvernement suit néanmoins toujours les mêmes erremens. Ce système, nous avons lieu de le croire, va changer : la sûreté des personnes et celle de la République l'exigent. L'anarchie sera toujours le désespoir des vrais patriotes, de tous les gens de bien ; ce point est déjà décidé, — que les gouvernemens sont responsables des fautes de la nation. Le peuple d'Haïti est libre ; ses droits sont garantis par une constitution pour laquelle il combat ; mais il n'est point affranchi du joug des lois.

Triomphant toujours *des idées oiseuses*, les membres du sénat, *en dédaignant les sarcasmes, les misérables ridicules qu'on leur a malignement prêtés*, et, sans être de *sages sénateurs*,[1] ont, depuis longtemps, fait le sacrifice de tout ce qui leur était personnel, pour ne songer qu'au bonheur commun ; et leur patriotisme, ils osent le croire, forcera *l'ingratitude* même à être reconnaissante ; et quelle que soit la destinée que le sort leur prépare, ils ne feront pas moins

---

[1] Allusion à la plaisanterie de Pétion à ce sujet, citée dans une note précédente.

leurs efforts pour éclairer le peuple sur ses droits, et rentrer avec le pouvoir exécutif dans le cercle constitutionnel. Ah! par combien de titres ne mériterons-nous point l'amour de nos concitoyens, si, toujours attentifs à notre devoir, nous travaillons toujours à leur bonheur!

Constamment abreuvé d'amertumes, le sénat ne peut passer sous silence combien il a été affecté *du peu de cas* que le pouvoir exécutif a fait de ses différens messages [1]. Ceux qu'il vous a adressés sur le commandement de la place du Port-au-Prince, sur l'inexécution des lois, sur la police des villes et des campagnes, sur les administrateurs qui ont diverti les deniers publics, sur le commerce de Cube: tous ces messages sont restés sans réponse et sans effet [2].

Le commerce de Cube est trop contraire aux intérêts d'Haïti, pour le tolérer. Il favorise l'écoulement du numéraire et la dépopulation de la République, en y enlevant *des familles entières;* il introduit chez nous *un système de traite* incompatible avec nos lois; il enlève *des enfans* trop crédules par leur âge, et qui sont traînés *en captivité* dans les colonies espagnoles; ce commerce, enfin, ne produit rien pour le souffrir d'après ses dangers. A Jérémie, où il est plus actif, il n'a produit dans l'espace de neuf mois que 15000 et tant de cents gourdes à l'État; et ceux qui le font, *enlèvent nos jeunes compatriotes pour les convertir en troupeaux d'esclaves chez l'étranger.*

Voilà, Président d'Haïti, le résultat d'une police trop négligée. Dans la circonstance où se trouve la République, tous les étrangers doivent être scrupuleusement examinés; les Esclavons, Génois, Napolitains et Italiens, qui fréquentent nos ports, doivent fixer l'attention de la police: ce sont des mercenaires qui viennent moins chez nous pour commercer, que pour établir un système d'espionnage et d'embauchage.

Le sénat, citoyen président, est loin de vouloir criminaliser toutes les opérations du gouvernement; il y voit moins des fautes volon-

---

1. On disait à ce sujet, que Pétion mettait dans un vase de cristal, les messages qu'il recevait du sénat. S'il est vrai qu'il faisait ainsi, du moins la transparence du verre permettait qu'il s'en ressouvînt. Au reste, il aimait plus à causer qu'à écrire: les sénateurs, presque tous ses anciens amis, le voyant tous les jours, il causait avec eux de l'objet de ces messages, et n'y répondait pas par écrit. Mais le sénat aimait les choses *officielles*: de là ses plaintes.

2 Après ces reproches, Pétion appela Caneaux, chef de bataillon d'artillerie et directeur de l'arsenal, au commandement de la place du Port-au-Prince.

T. VII.

taires que des erreurs; mais prévoyant les funestes conséquences qui pourront naître de *l'éloignement* des deux pouvoirs, des fausses interprétations données à la constitution, *ses membres viennent aujourd'hui pour en redresser tous les articles qui ont souffert, et mettre chacun dans ses attributions.*

La constitution n'a point été mesurée au caractère de tel ou tel individu; elle a été faite à la mesure *des principes;* elle est calculée de manière à couvrir la liberté publique; et si les attributions données au pouvoir exécutif ne sont pas plus extensives, il doit vous en souvenir, Président d'Haïti, *vous les avez vous-même restreintes par vos observations judicieuses.* Et en admirant les principes qui vous ont toujours caractérisé, — *principes qui ont décidé le sénat à vous placer à la tête du gouvernement,* — ses membres ne pourront jamais trop déplorer l'instant et le motif qui ont fait naître *une tiédeur* entre les deux pouvoirs de la République, qui sont liés à la constitution par un serment solennel; ils ne cesseront de gémir *sur la lutte que le gouvernement a établie* entre le corps législatif et des administrateurs infidèles;[1] *sur la protection ouverte* accordée *aux vautours* qui ont dévoré les deniers provenant des contributions établies par la loi sur les citoyens; sur celle accordée *aux conspirateurs* qui voulaient plonger la patrie dans un fleuve de sang. Non, citoyen président, ce système d'administration est trop contraire à la sûreté de la République, pour y persévérer. Il est dû six mois de solde aux troupes, et bientôt le gouvernement ne saura où prendre *une gourde* pour aider aux dépenses que nécessite une guerre légitime, mais ruineuse; *nos caisses appauvries* détruisent toute espérance, tandis que les concussionnaires sont assis sur un piédestal élevé par la timide indigence.

Voilà, Président d'Haïti, le tableau que le corps législatif avait à mettre sous les yeux du gouvernement : ne nous faisons point illusion, *nos finances* sont dans un état inquiétant.

La misère publique aussi bien que l'armée, doivent fixer toute l'attention du gouvernement. Les maux qui menacent la patrie ne sont point sans remède, mais le sénat ne veut rien entreprendre *sans connaître l'arrière-pensée* du chef du gouvernement. Et si, par une fatalité inconcevable, la situation de la République ne devait point changer, *plutôt que de s'associer aux malheurs à venir, le sé-*

---

[1] Allusion à l'affaire de Pitre aîné.

nat va *abdiquer toute mission.* Mais non, il est plus doux de croire *que celui qui posa la première pierre à la constitution,* la soutiendra de tout son pouvoir : il y est lié par le serment qu'il prêta dans le sein de la représentation nationale, le 10 du mois de mars 1807.

Puisse le jour que nous citons, faire époque dans les annales de notre révolution ! Puisse-t-il bannir de tous nos cœurs tout ressentiment, et nous porter plus que jamais à nous presser autour de la constitution, avec laquelle nous avons juré de périr. *Jetons le voile sur le passé,* et faisons cingler, dès aujourd'hui, le vaisseau de l'État vers le port de la félicité publique.

Quelle que fût la capacité de Daumec, rédacteur de cet acte, on reconnaît qu'il ne l'avait pas improvisé en un instant, qu'il fut *médité* entre lui et les autres membres du sénat qui influençaient le plus ses délibérations, Bonnet, Lys et David-Troy.[1] Lorsque ce corps arrêta, à huis clos il paraît (car ses procès-verbaux publics n'en font pas mention), qu'il irait *en corps* pour lire ces Remontrances à Pétion, la proposition *de le mander* au sénat avait été faite, dans la chaleur des préoccupations auxquelles on était en proie ; mais elle fut repoussée judicieusement comme n'étant point fondée sur la constitution, le cas *d'accusation* seul le permettant. Pétion n'avait pas ignoré cette particularité ; car il y avait des sénateurs qui ne partageaient point l'exaltation des autres : il était donc préparé à recevoir le sénat. Il le reçut avec son calme ordinaire et les égards qu'il devait au pouvoir législatif de son pays, comme un homme d'État, un grand politique doit le faire en pareille circonstance.[2]

---

[1] J'avertis le lecteur que je relate tout ce que je sais, par tradition, et que le sénateur Lys était mon oncle par alliance : il avait épousé ma tante, il était l'ami de mon père, époux de la sœur de sa femme, il me chérissait. Mais j'écris sur l'histoire de mon pays, et je dois dire ce que je crois être vrai.

[2] On raconte, ce qui est historique, qu'à propos de l'idée émise de le mander au sénat, Pétion dit : « Ces messieurs veulent être *des Cassius* et *des Brutus ;* mais ils ne trouveront pas en moi *un César.* » Dans sa pensée, ce mot faisait autant allusion au fait de l'histoire

Lys était le président du sénat ; il semble que c'était à lui de lire ces Remontrances, mais la lecture en fut faite par Daumec qui, en étant le rédacteur, possédait la pensée de cet acte. Daumec était d'ailleurs le plus brillant orateur du sénat, comme Bonnet en était le plus éclairé, par ses connaissances diverses.

Pétion entendit, écouta cette lecture avec le plus grand flegme, avec cette impassibilité qui était un des traits distinctifs de son caractère : aucune émotion ne trahit ce ce qui se passait en lui.

Le sénat venait, disait-il dans ce document, « pour « s'expliquer avec le chef du pouvoir exécutif, pour con- « naître son arrière-pensée, lui demander, enfin, s'il était « possible d'oublier les puissans motifs qui avaient occa- « sionné l'événement du 17 octobre 1806. »

Que l'on pèse bien ces paroles et tout ce que renferme cet acte, *accusant* le Président d'Haïti d'une foule de faits ! accusation qui devait emprunter quelque chose de plus grave, de la voix sonore et accentuée de Daumec, qui savait y mettre de la passion. Que l'on se demande alors ce qui serait advenu, si Pétion eût voulu s'expliquer, justifier sa conduite et tous ses actes que l'on décriait ainsi !

Plus sage que les membres du sénat, que ses collaborateurs à l'édifice républicain qu'ils avaient élevé sur les ruines de la tyrannie de Dessalines, dont ils lui rappelaient la fin tragique, il se borna à leur dire : « Vous avez *réflé-* « *chi et médité* en rédigeant vos Remontrances ; vous « voudrez bien me laisser ce document, afin que *je réflé-*

---

romaine, qu'aux rôles de Cassius et de Brutus, que Bonnet et Lys avaient remplis, dans la tragédie de Voltaire sur *la Mort de César*, du temps de Dessalines. C'est cette anecdote que nous avions promis de produire.

« *chisse* aussi sur la réponse que je dois y faire. »

Il n'y avait rien à répondre à une demande aussi légitime: le document lui fut remis, et il le posa sur une table. Après cela, il s'entretint avec les sénateurs de choses indifférentes; ensuite ils se retirèrent.

On conçoit que Pétion, n'ayant pas voulu faire, en janvier, un exposé de la situation intérieure de la République, ni répondre verbalement aux Remontrances du sénat, n'était pas plus disposé à y répondre par écrit: il ne le fit pas. Ayant appris que le sénat venait d'adopter la proposition de faire un acte, pour lui retirer formellement les pouvoirs extraordinaires que ce corps lui avait délégués, il en attendit l'effet.

Avant de dire ce qui suivit la démarche du sénat, examinons son acte de Remontrances afin de suppléer, s'il se peut, au silence que garda le président.

On reconnaît qu'il se basait sur la constitution, sur les attributions qu'elle avait créées en faveur du sénat: au fond, la querelle faite à Pétion était donc une question *d'influence politique* que soulevait ce corps.

Nous avons prouvé, nous le croyons, qu'en rédigeant la constitution, l'assemblée constituante ne l'avait pas faite « à la mesure *des principes,* » en ce qui concerne *les attributions* du pouvoir exécutif; que, contrairement à ce que prétendait le sénat, elle avait été *mesurée* au caractère bien connu de Christophe, qui allait être *confirmé* dans l'office de chef du gouvernement. Pétion fut, effectivement, celui qui fit *restreindre* ces attributions; et nous avons dit quels furent ses motifs, que Christophe en fut lui-même la cause, par les prétentions exagérées qu'il montra.

Le sénat se pénétra tellement de cette pensée, commune à tous les fondateurs de la République, qu'aussitôt l'élection de Pétion à la présidence, il lui attribua, les 12, 19 et 21 mars, la faculté de proposer *seul* les candidats aux emplois vacans ; d'en proposer trois pour chaque emploi, en *désignant* celui qu'il croirait être le plus propre à le remplir ; enfin, d'entretenir les relations politiques au-dehors, de conclure les négociations, d'arrêter et signer tous traités, etc., sous la seule réserve, *juste*, de leur examen et ratification par le sénat. Eh bien ! n'étaient-ce pas les plus précieuses, les plus importantes attributions du pouvoir exécutif en tous pays ?

Le sénat ne se borna pas à cela ; en s'ajournant le 1er juillet 1807, au moment où il signalait l'existence de factieux, où il prévoyait des conspirations, il délégua encore au Président d'Haïti, à PÉTION ! durant son ajournement, le pouvoir de faire toutes les nominations et remplacemens que les circonstances pourraient exiger dans les corps, tant civils que militaires ; de faire tout règlement de police pour la discipline de l'armée, de fixer le traitement des militaires de tous grades, etc. N'était-ce pas lui confier de nouveau des attributions qui mettaient le pays entre ses mains, lui déléguer, comme nous l'avons dit, *la dictature* que le sénat avait reçue de l'assemblée constituante ?

De quel droit ce corps avait-il pu agir ainsi ? Quel article de la constitution pouvait-il invoquer pour s'y autoriser ? Mais il l'avait fait, *pour rentrer dans le système normal* de tout bon gouvernement, où les attributions respectives du pouvoir législatif et du pouvoir exécutif doivent être distinctes et séparées ; car le sénat ne devait pas prétendre *à perpétuer leur concentration* dans ses mains, à garder à toujours *la dictature* : l'effet devait cesser avec sa cause.

Ensuite, quel usage Pétion avait-il donc fait de sa dictature passagère, provisoire? Avait-il opprimé ses concitoyens, détruit les libertés publiques?[1] Sa seule influence sur l'armée l'avait retenue dans la fidélité, lorsque les généraux Yayou et Magloire Ambroise conspirèrent ; cette influence empêchait encore que Gérin, toujours mécontent de lui et même du sénat, n'entreprît rien contre la paix publique. Et le sénat prétendait dans ses Remontrances que « la République n'avait existé, pen-
« dant un moment, qu'en Bonnet et David-Troy; que s'ils
« eussent succombé (à Jacmel) c'en était fait de la patrie ! »
Il prétendait une telle chose, s'adressant à Pétion ! C'était propre à le faire sourire.

Le sénat disait encore « qu'il restait dans la plus pro-
« fonde ignorance » de ces deux conspirations ; cependant, il en avait parlé publiquement dans son *adresse au peuple !* Il reprochait à Pétion d'avoir fait *juger et punir* les complices de Yayou, et de laisser *impunis* ceux de Magloire Ambroise, notamment Michel ; mais n'était-ce pas *assez, trop déjà*, du déplorable et criminel assassinat commis au Cabaret-Carde ? L'arrêté du sénat, du 27 février 1807, avait établi une commission militaire permanente *à Jacmel :* pourquoi le commandant de cet arrondissement, le général Bonnet, sénateur, n'avait-il pas fait *juger* là *les victimes* qui ont péri en route, même *les contumax* qui s'étaient enfuis et cachés ? *S'il avait fait son devoir*, Michel n'eût pu « marcher à front dé-

---

[1] Dans son adresse du 7 janvier, le sénat avait dit de Pétion : « La liberté et le bonheur
« du peuple *se sont consolidés par les mesures* qu'il a employées pour y parvenir. » Et cela,
pendant l'ajournement où il agissait seul, sans le concours du sénat.

« couvert dans les rues de Léogane, braver les lois, l'o-
« pinion publique et le gouvernement. »

On prétendait que le pays était sans finances, sans
« armée, sans culture et sans police. » Ce n'était là qu'une
exagération oratoire.

A l'égard des *finances*, on voit que le président restait
responsable de l'incurie de Blanchet aîné, qui n'avait pu
produire aucune des choses demandées par le sénat, en
1807, cadastres, comptes, etc.; de l'état maladif de
César Thélémaque qui avait fini par succomber. Pour
suppléer à l'inactivité forcée de ce dernier, le président
mesurait l'emploi des fonds de manière à pourvoir aux
nécessités pressantes de l'armée expéditionnaire, en solde,
objets d'habillement, d'équipement et munitions de
guerre; à l'acquisition de navires armés pour pouvoir la
secourir : ce qui empêchait de payer les autres troupes,
les fonctionnaires publics. Et on l'accusait « de diriger
« les finances; » on lui rappelait un passage du rapport
sur le projet de constitution, qu'il avait lu à l'assemblée
constituante! On savait cependant à quel point il pous-
sait son désintéressement personnel, qu'il ne s'appro-
priait point les deniers publics. Ensuite, pouvait-il réformer à lui seul, les habitudes vicieuses des agents comptables, nées de tous les régimes précédens? Car, sous ce
rapport, le pays eut toujours à souffrir de l'improbité des
fonctionnaires de finances, depuis l'établissement colonial *jusqu'alors*.

Si les finances n'étaient pas plus prospères, c'est que
l'agriculture ne l'était pas non plus : il était impossible
que cette dernière le fût, dans la transition d'un régime
de contrainte *par le bâton et les verges*, à un régime
dicté par la raison, la justice et l'humanité. Mais encore

quels étaient les producteurs des denrées d'exportation qui attiraient dans nos ports les navires étrangers, des vivres qui nourrissaient la population ? *Les mêmes hommes* qui avaient tant souffert antérieurement. Les campagnes étaient abandonnées à elles-mêmes ; les propriétaires, les fermiers des biens domaniaux, demeuraient dans les villes ou bourgs, retenus par habitude ou par les fonctions publiques qu'ils exerçaient ; et ils eussent voulu que les officiers, inspecteurs de culture, fissent travailler pour eux afin d'avoir de grands revenus ! Les produits devaient nécessairement diminuer sous un tel état de choses, et par conséquent, les revenus publics aussi : la guerre civile subsistante ne pouvait qu'y contribuer.

Quant à *l'armée*, était-il encore raisonnable de faire à Pétion des reproches à son sujet, de dire qu'elle n'existait pas ? Elle n'était ni soldée, ni habillée régulièrement, à peine rationnée : de là la nécessité pour le soldat d'aller souvent dans la campagne auprès de sa famille, pour se procurer ses besoins. Si le président tolérait cela, c'est que *la justice* envers ces défenseurs de l'Etat, lui commandait de ne pas en exiger plus qu'il ne fallait ; mais, quand ils étaient en présence de l'ennemi, ne se battaient-ils pas bravement ? Ne restaient-ils pas fidèles à la République, quand les sommités militaires trahissaient leurs devoirs ? On eût voulu une armée plus forte ; mais alors, il aurait fallu, pour ainsi dire, dépeupler les campagnes où elle se recrutait le plus, faire ce que faisait Christophe chez lui. Ce reproche se rapportait aux plaintes de Lamarre, qui ne trouvait pas qu'on lui envoyât assez de troupes ; il eût été à désirer, sans doute, qu'on pût le faire ; mais, par cela même, il faudrait plus dépenser pour l'armée expéditionnaire. Enfin, *l'insubordination des inférieurs* était signalée, à côté *de la licence, de l'anarchie*; mais, quel exemple venait de donner un des chefs supérieurs, Bergerac Trichet, capable d'apprécier le besoin de l'ordre en toutes choses?[1]

On était sans *police*, disait aussi le sénat, parce que sa loi du 18 avril 1807 sur celle des villes, et la loi du 20 sur celle des habitations, n'étaient pas exactement exécutées. A cette époque, où pouvait-on toujours trouver des hommes capables, pour bien les comprendre et les mettre à exécution? A l'égard des habitations particulièrement, nous renvoyons le lecteur à ce que nous avons déjà dit, sur la divergence de vues à ce sujet entre le sénat et le président.

A entendre ce corps, dans ses Remontrances, ne dirait-on pas que Pétion souffrait que *la traite* des Haïtiens se fît au profit de l'esclavage régnant à Cuba? Peut-on pousser l'exagération à ce point, pour mieux faire de la réthorique? Le fait est, que dans la Grande-Anse, quelques personnes profitèrent du commerce avec cette île, pour se réfugier à Saint-Yague; d'autres passèrent à la Nouvelle-Orléans, parce qu'elles redoutaient d'être surprises par les insurgés qui, quelquefois, venaient attaquer les bourgs du littoral. Était-il dans les principes de la République, de s'opposer à l'effet de cette frayeur naturelle, aux femmes surtout? Du Port-au-Prince où il était, le président pouvait-il empêcher *ces évasions furtives*, lorsque les autorités des lieux ne l'avaient pu elles-mêmes? Si ces personnes emmenèrent avec elles, quelques en-

---

[1] Pourquoi le colonel Lys, sénateur, commandant de l'arrondissement, mollissait-il devant les tapages incessans des soldats? On verra plus tard ce que fit le général Francisque à ce sujet, quand il remplaça Lys pendant quelques mois au Port-au-Prince; on verra qu'il y mit une police plus convenable, et sans en être empêché par Pétion.

fans qui leur avaient été confiés pour les servir, ce fut sans doute fâcheux pour leurs parens restés dans le pays ; mais comment concevoir que *les autorités* eussent souffert que *la traite des enfans* se fît à Jérémie, que des citoyens d'Haïti s'y prêtassent, afin « de convertir nos « jeunes compatriotes en troupeaux d'esclaves chez l'é-« tranger? »

Le fait est, encore, à ce sujet, que le commerce de Cuba introduisait en Haïti, par contrebande, *du sucre raffiné, d'excellent tafia*, qui se vendaient mieux que les produits similaires du pays ; [1] il couvrait cette contrebande par des marchandises dont l'importation était permise. La concurrence qu'il faisait par le sucre et le tafia surtout, nuisait au débit des produits des fermiers de l'État, des propriétaires ; et l'on sait déjà qui possédaient à ferme les biens domaniaux : de là ces plaintes. Mais, en maintenant ce commerce au Môle, n'était-ce pas dans le but de procurer à nos troupes des choses nécessaires? Etendu à d'autres ports, parce qu'il y trouvait profit, ce trafic eut le bon effet de faire cesser les dangers que couraient nos caboteurs, par les corsaires armés à Saint-Yague, qui, auparavant, les poursuivaient incessamment.

En définitive, le sénat menaçait « d'abdiquer toute « mission, plutôt que de s'associer aux malheurs à venir. » Il conjura Pétion « de jeter avec lui un voile sur le « passé. » Probablement, le président ne demandait pas autre chose, pourvu qu'on lui laissât la faculté « de faire « cingler le vaisseau de l'État vers le port de la félicité

---

[1] Les grands consommateurs de cet excellent tafia, à cette époque, disaient d'abord : « Prenons un coup *du Cuba*. » Quand le sénat eut défendu ce commerce, la contrebande continuant, pour ne pas la déceler, ils disaient : « Prenons un coup *de Chenuc*. » A l'encontre des producteurs du pays, ces consommateurs étaient fort satisfaits, au Môle et ailleurs.

« publique, » selon qu'il jugeait convenable *de le gouverner*, au milieu d'une si forte tempête ; car il sentait, par ses connaissances en navigation, qu'il était *le meilleur pilote* de tout ce courageux équipage, si patriote d'ailleurs.

Le 1er août, le président n'avait pas encore répondu aux Remontrances. Le sénat décréta ce jour-là la formation d'un corps de 200 grenadiers-vétérans pour sa propre garde. Dès le 1er février précédent, la proposition en avait été faite par un de ses membres. Cette garde devait être divisée en deux compagnies d'égale force, ayant un colonel, un chef de bataillon, des officiers, etc. 12 musiciens y étaient attachés. Le colonel Destrades, un de nos dignes vétérans, fut désigné pour la commander; mais elle ne fut formée qu'en décembre suivant.

Le même jour, une loi fut rendue d'urgence, pour mettre en réquisition et à la disposition du gouvernement, toute la garde nationale sédentaire. Le Président d'Haïti fut invité à donner ses ordres pour faire réunir le plus de troupes qu'il lui serait possible, afin de mettre l'armée en campagne.

Enfin, ce jour encore, le décret sur *l'abrogation* des pouvoirs délégués au Président d'Haïti, fut discuté ; mais le vote en fut *ajourné*. On patientait.

Le 3 août, le président adressa un message au sénat, où il exposait les motifs qui l'avaient porté à créer provisoirement l'arrondissement de Tiburon, composé des bourgs de Tiburon, des Irois et de l'Anse-d'Eynaud, sous le commandement du colonel Nicolas Régnier qui avait mérité sa confiance. Les sénateurs Fresnel, Modé et Pélage Varein furent chargés de faire un rapport à ce sujet.

Mécontent, à ce qu'il paraît, de n'avoir pas reçu en même temps la réponse de Pétion aux Remontrances, le sénat *rapporta*, le 4 août, son décret du 1er juillet 1807, ainsi qu'il résulte du procès-verbal[1]. Il laissait donc au Président d'Haïti, les facultés qui lui avaient été accordées dans le mois de mars, en lui enlevant ses pouvoirs extraordinaires. Il arrêta de plus, que l'impression de ses *actes, procès-verbaux*, etc., aurait lieu, afin de les adresser « aux autorités civiles et militaires pour qu'elles « n'ignorent point les opérations du sénat. ».

Cette dernière disposition prouve de sa part, l'intention formelle de donner au peuple la plus grande communication de ses travaux ; par suite, d'entrer dans la plénitude de ses attributions constitutionnelles, d'exercer *son influence* sur le pays, *de le régir :* car la constitution n'entendait pas autre chose, en *concentrant* entre ses mains la nomination aux emplois civils et militaires, etc., en lui accordant enfin *la dictature.* Et, de même qu'il venait de rapporter son décret du 1er juillet, il pouvait aussi rapporter ses actes des 12, 19 et 21 mars 1807, qui n'étaient également de sa part que *des concessions* faites au Président d'Haïti.

Un homme de la portée politique de Pétion, ne pouvait s'aveugler sur les conséquences *probables* ou seulement *possibles* des résolutions du sénat, après en avoir reçu face à face *l'acte d'accusation* lancé contre lui, sous le titre de *Remontrances*.

Dans les circonstances où se trouvait la République, la situation devenait excessivement grave. Jusque-là, toutes les résistances factieuses avaient pu être conjurées,

---

[1] Le procès-verbal de la séance du 4 août le dit ; mais le décret d'abrogation ne se trouve pas dans ses archives : il paraît qu'il ne fut pas imprimé non plus.

combattues, sinon anéanties complètement, par l'union, l'harmonie existante entre les deux pouvoirs. Mais *en se divisant*, ces pouvoirs allaient faciliter toutes leurs combinaisons perverses : il fallait donc, qu'entre les deux, *l'un dominât l'autre*, afin que la paix publique fût maintenue au profit de la liberté réelle et du bonheur du peuple. Le sénat venait de se prononcer ; c'était maintenant au Président d'Haïti à se prononcer aussi.

Le 4 août était un samedi : en apprenant la résolution du sénat, Pétion ne proféra aucune parole qui pût déceler son intention. Comme on connaissait son caractère résolu, chacun était anxieux de la situation. Le dimanche 5 août, il se rendit, comme de coutume, sur le champ de Mars où il passa l'inspection des troupes. Revenant ensuite sur le front de la 11e demi-brigade, avec le colonel Lys, président du sénat et commandant de l'arrondissement, et les autres officiers de tous grades qui le suivaient, Pétion dégaîna son sabre, fit battre un ban de promotion, et proclama le colonel Métellus, *général de brigade*. La 11e accueillit l'élévation de son chef à ce grade avec une joie indicible, au cri de : *Vive le Président d'Haïti !* Ce cri fut répété par toutes les autres troupes, comme par une commotion électrique ; car Métellus était généralement estimé pour son courage et ses qualités civiques.

La question *politique* entre le Sénat et le Président d'Haïti reçut sa solution par cette décision militaire : de même qu'Alexandre, — Pétion trancha ce nœud gordien avec son sabre. Le Sénat, représenté par son président, put comprendre qu'il devait s'en tenir *à la confection des lois, à l'exercice de son pouvoir législatif*[1].

---

[1] Le 1er février, le sénat avait adopté pour légende, ces mots : *Le salut du peuple est la loi suprême*. En gardant ses pouvoirs extraordinaires, Pétion en fit une application toute

Qui fut cause de ce résultat ? Lecteur, relisez les précédens chapitres et l'acte de Remontrances ; et vous prononcerez avec équité, nous en sommes sûr.

Dans son message du 15 juillet, qui rappelait le président au Port-au-Prince, le sénat avait attiré son attention sur le manque d'officiers supérieurs, de *généraux*, pour commander l'armée ; il lui avait dit d'amener, de réunir *les plus capables* pour cet objet, et par là, il semblait lui insinuer de réactiver Gérin. Car, les trois autres généraux, dans le Sud, Wagnac, Francisque et Vaval, ne pouvaient pas être déplacés de leurs arrondissemens. Au Port-au-Prince, se trouvaient Bazelais, Bonnet, Lamothe Aigron et Nicolas Louis ; Lamarre était au Môle : c'était tout le personnel des officiers généraux, en n'y comprenant pas divers adjudans-généraux considérés comme des adjoints à ceux-là. Certes, on peut croire que le président sentait lui-même la nécessité d'en nommer d'autres ; et alors, les colonels Lys, David-Troy, etc., eussent pu le devenir. Mais la lutte ouverte par le sénat aura, sans nul doute, influé sur la résolution de Pétion.

En se bornant à la promotion de Métellus, il faisait un acte significatif pour le sénat et les colonels qui en étaient membres, en même temps qu'il récompensait les services de cet officier. Métellus ne lui était pas seulement attaché personnellement, mais il était dévoué cordialement à la République, à ce système de gouvernement, depuis ses premières armes dans l'ancien régiment de Faubert, sous Rigaud : de plus, il était l'homme *le plus influent* sur les populations des campagnes aux environs du Port-au-

---

patriotique ; car il était *le premier représentant* du peuple, le chef du parti politique qui avait établi la République d'Haïti : tous les membres du sénat, *sans exception*, n'étaient, sous ce rapport, que ses subordonnés.

Prince, jouissant également de l'estime des troupes de l'Ouest.

Toutefois, la lutte du sénat contre le président ne s'arrêta pas là ; elle eut des suites déplorables jusqu'au mois de mars 1812 ; mais ce fut pour fournir successivement à Pétion, l'occasion de donner de nouvelles preuves de sa sagesse, de son dévouement inaltérable au bonheur de ses concitoyens, même de ses adversaires.

La plainte ou réclamation du sénat à l'égard de Michel, avait soulevé de telles clameurs dans le public, que l'adjudant-général Marion, commandant provisoire de l'arrondissement de Léogane depuis la mort de Yayou, se vit obligé d'adresser au sénat, le 10 août, une lettre pour *se justifier* d'avoir donné asile à son ami, à son ancien compagnon de la Légion de l'Ouest. Il allégua qu'il y avait été d'ailleurs *autorisé* par les sénateurs Bonnet et David-Troy, et fit publier sa lettre sur *la Sentinelle d'Haïti*, journal de cette époque. Mais le 5 septembre suivant, étant au Boucassin, David-Troy fit publier aussi sur le même journal, une autre lettre, où il donnait *le démenti* le plus formel à Marion, quant à ce qui le concernait ; il y exprima une aigreur contre *le proscrit*, que nous regrettons de signaler de sa part ; car David-Troy avait trop de mérite pour s'acharner ainsi envers un père de famille, déjà assez malheureux de s'être trouvé compromis dans une conspiration.

Pétion, qui n'oubliait pas la bravoure de Michel au siége de Jacmel, en 1800 ; qui avait donné son assentiment à Marion pour le soustraire à toutes recherches ; et qui savait trouver un moyen de tout concilier : Pétion lui fit dire de se rendre au Môle pour s'y racheter en

combattant les ennemis de la République. Il y fut et déclara à Lamarre que, s'il ne le recevait pas dans ce but, il se verrait contraint de s'expatrier. C'était encore un autre compagnon de la Légion de l'Ouest que Michel rejoignait au Môle ; il en fut accueilli, et Michel prit part à la nouvelle campagne dont nous parlerons bientôt. Le 8 mars 1809, Lamarre écrivit au président pour réclamer *sa clémence* envers lui : « Depuis sept mois qu'il est
« avec moi, dit-il, je n'ai eu qu'à me louer de sa conduite,
« soit dans les montagnes du Port-de-Paix, soit au Môle :
« dans chaque affaire, il expose sa vie [1]. » N'est-ce pas ainsi que Lamarre lui-même s'était réhabilité glorieusement à la tête de la 24e ?

Le 9 août, la commission nommée pour faire un rapport sur la création de l'arrondissement de Tiburon, le présenta au sénat. Rédigé par Bourjolly Modé, qui avait puisé l'exaltation de son esprit dans les fastes de la révolution, en France, il offrit les idées suivantes qui décèlent aussi l'esprit qui animait plusieurs autres sénateurs en ce temps-là. Après avoir rappelé des articles de la constitution sur le droit compétent au sénat seul, de délimiter les arrondissemens, le rapport dit :

« Le chef du gouvernement s'est donc écarté du cercle
« de ses pouvoirs *circonscrits* dans la constitution, *lors-*
« *qu'il s'est permis* de former cet arrondissement sans le
« prononcé du corps législatif.... Votre comité pense que,
« non-seulement cette *infraction* inconstitutionnelle peut
« en entraîner *de plus abusives*; mais encore que, ce
« changement ainsi opéré, exige aussi une augmentation

---

[1] Michel, conservé à son pays, fut un bon citoyen et devint sénateur, sous Boyer. Que d'autres furent ensuite dans la même situation où il s'était trouvé, et eurent à glorifier les généreux sentimens de Pétion !

« de fonctionnaires : ce qui est encore un surcroît de dé-
« penses pour l'Etat qui, à peine en ce moment-ci peut
« suffire à ses dépenses ; de plus, propage l'ambition qui,
« malheureusement, est toujours prête à germer dans
« les cœurs. Enfin, *le mal est fait :* il en est *de cet abus*
« comme il en est *de tant d'autres,* mis dans la balance
« politique de la sagesse et de la prudence du sénat. Il
« en est *des pouvoirs* du commandement, *une fois délé-*
« *gués,* tout comme il en est *des domaines affermés* de
« l'Etat, et qui semblent être *une propriété individuelle,*
« dont l'Etat n'a plus de droit et ne peut toucher *sans*
« *déplaire.* Néanmoins, votre comité, partageant les
« sentimens de sagesse et de prudence qui animent le
« corps législatif à cet égard, lesquels devront opérer le
« triomphe des lois de la République, sous lesquelles les têtes,
« enfin, doivent ployer, vous présente, citoyens sénateurs,
« le projet de message ci-après, au Président d'Haïti. »

Et le 11, le sénat eut assez de sagesse et de prudence pour s'abstenir de ce message intempestif, et rendre une loi qui confirma l'arrondissement de Tiburon et le commandement donné au colonel Nicolas Régnier ; mais le port de Tiburon ne fut pas ouvert au commerce.

Le 15, le sénat déclara que ses membres n'avaient pas besoin de faire ordonnancer en dépenses, les feuilles de leurs indemnités par les administrateurs, ainsi que cela se pratiquait auparavant ; ils pouvaient aller les toucher directement au trésor public : un message informa le Président d'Haïti de cette disposition. Les Remontrances l'avaient accusé de donner des ordres, à l'égard de certaines dépenses, sans la participation du secrétaire d'Etat : le sénat voulut avoir le même droit, quoique ce fût *un abus* de sa part.

Cela prouve la justesse de cette idée : — les hommes sont de grands enfans, comme les enfans sont de petits hommes.

En mars précédent, les sénateurs avaient renoncé à leurs indemnités, « jusqu'à une situation financière plus « heureuse; » cinq mois après, cette situation était revenue, comme l'on voit, en dépit des hauts cris jetés dans les Remontrances. Aussi, le 24 août, le citoyen Imbert, chargé du porte-feuille des finances, écrivait-il au sénat, qu'il avait reçu ordre du Président d'Haïti *de faire payer* aux sénateurs leurs indemnités, la situation du trésor public le permettant en ce moment.

Le même jour où cette communication lui fut faite, le sénat rendit la loi sur *l'organisation des tribunaux* de la République. C'est sur le rapport de Daumec que le projet en fut adopté et voté ; il est son œuvre, et prouve sa capacité en cette matière. Voici ce rapport :

Sénateurs,

Depuis la mise en activité de la constitution de 1806, les anciens tribunaux continuent leurs fonctions d'une manière contraire à la loi fondamentale de l'État; le sénat ne peut les laisser subsister plus longtemps sans manquer à ses obligations, et sans compromettre *la séparation des pouvoirs* si heureusement établie par la constitution.

Les affaires publiques souffrent, et *l'impéritie* des tribunaux existans *force* l'autorité exécutive à *s'immiscer* dans les causes judiciaires, contre la loi.

C'est le vœu de la constitution que les pouvoirs soient *séparés*, puisque c'est de leur concentration et *des empiètemens*, que l'on voit naître toujours le despotisme et son affreux cortége. D'après cela, il est constant qu'il ne peut exister de garantie pour les citoyens, si les tribunaux ne jouissent point d'une indépendance qui n'a d'autres limites que celles que la loi trace autour d'eux.

Sous le hideux gouvernement de Dessalines, les membres du corps judiciaire étaient moins des juges, que les exécuteurs de la volonté du tyran. Placés entre l'équité et les décisions bizarres de cet empereur inconcevable, les juges ne purent jamais suivre le sentiment victorieux de la conscience. Dessalines était la loi suprême, et jamais sa bouche criminelle ne s'ouvrit que pour faire couler le sang ou les larmes des familles, dont il extorquait les propriétés. Les citoyens, sans cesse opprimés, végétaient dans l'état du plus dur esclavage.

Sénateurs, chargés de donner des lois à vos concitoyens, vous devez les établir de manière à couvrir la liberté publique ; et c'est en maintenant *la séparation des pouvoirs*, que vous ferez triompher les droits du peuple.

Les tribunaux formant l'intermédiaire entre le corps législatif et le pouvoir exécutif, doivent être au-dessus de toute influence. La loi et l'équité, voilà leur boussole ; mais les juges doivent être éclairés et impartiaux ; procédant toujours dans l'intimité d'une conscience timorée, toujours ils doivent avoir la balance de Thémis à la main : ni le rang, ni la fortune ne doivent faire incliner son aiguille. C'est donc de la composition des tribunaux que va dépendre le repos des familles et l'ordre public. La veuve et l'orphelin, le riche comme l'infortuné, les petits et les grands, tous doivent jouir de la protection impartiale des lois : en un mot, les juges doivent être impassibles comme la loi elle-même.

Mais, dans un pays où malheureusement les lumières ne sont point généralement répandues, où les passions humaines sont souvent substituées à la raison, où enfin *le despotisme*, trop longtemps impuni, *semble y avoir fixé son empire;* dans un tel climat, l'homme est souvent exposé à être entraîné hors des limites de la justice éternelle. Bien pénétré de cette déplorable vérité, consacrée par une cruelle expérience, le sénat, dans sa sagesse, doit placer à la tête des tribunaux *un grand fonctionnaire*, chargé de leur police ; il sera le centre commun où aboutiront toutes les questions et les points douteux, quand les juges se trouveront embarrassés dans l'administration de la justice ; il expliquera les lois dont le sens ne serait point assez intelligible ; il maintiendra l'harmonie entre les juges, et les rappellera à leurs devoirs, s'ils s'en écartaient ; mais, dans aucun cas, il ne pourra les influencer dans leurs fonctions.

Sans doute, les représentans du peuple ne feront aucune blessure à la constitution, en instituant *un Grand Juge* pour la République. Ils auraient pu nommer un secrétaire d'Etat chargé du département de la justice; mais le titre de Grand Juge paraît mieux convenir à nos institutions.

Tous les corps ont leurs chefs; celui de la justice réclame le sien depuis nombre d'années, et vous ne pouvez le lui refuser, sans maintenir les tribunaux dans cette confusion qui fait de la justice un corps sans âme.

Cette importante fonction exige sans doute de grands talens; et si le sénat désespérait de les trouver réunis dans un des citoyens de la République, il serait toujours dédommagé en donnant son suffrage à celui dont l'aptitude aurait surmonté le dégoût qui accompagne souvent l'aspérité de l'étude des lois.

Ce rapport lucide, comme tout ce qu'écrivait Daumec sur la même matière, contient des vérités qui seront toujours appréciées par tout esprit doué de raison; il est fâcheux d'y trouver des allusions à ce qui venait de se passer récemment, entre le sénat et le Président d'Haïti. En proposant la nomination d'un grand juge qui aurait eu les fonctions dont il s'agit, Daumec prouvait qu'il avait à un haut degré, l'intelligence des besoins de son pays, quant à la direction de l'ordre judiciaire. Personne mieux que lui, à cette époque, n'y eût été aussi propre et aussi digne d'être placé à la tête de cette hiérarchie civile, dont le pouvoir offre tant de garanties à la vie, à l'honneur et à la fortune des citoyens, lorsqu'il est bien compris par les magistrats. Mais, malheureusement, moins à cause du surcroît de dépenses, derrière lequel le sénat se retrancha pour rejeter cette utile proposition, qu'à cause de la lutte politique qui venait de s'ouvrir ou d'éclater, et dont le rapporteur se ressouvint naturellement; lui seul en ce moment étant le candidat presque obligé, on sentit que, devant avoir des rapports fréquens avec le Président d'Haïti, Daumec ne pouvait lui agréer.

Cette question de personne était dominée par la situation politique, on n'eut point ce grand fonctionnaire. Il était réservé à des temps plus heureux, et à Daumec lui-même, de faire prévaloir cette idée auprès de Pétion, avec un désintéressement louable, uniquement par rapport au bien public; car alors, il n'aspirait pas, comme en 1808, à occuper cette éminente charge.[1]

La loi, divisée en onze titres et 135 articles, organisa l'ordre judiciaire, moins son chef naturel, avec plus d'intelligence que ne l'avait fait celle sur l'organisation des tribunaux de l'empire, qui subsistaient jusqu'alors. En maintenant les justices de paix, elle institua des tribunaux de première instance au Port-au-Prince, à Jacmel, à l'Anse-à-Veau, aux Cayes et à Jérémie, et deux tribunaux d'appel au Port-au-Prince et aux Cayes. Cependant, cette institution dérogeait aux dispositions de la constitution, qui voulait que des tribunaux civils fussent établis dans les départemens, et que l'appel de leurs jugemens se portât au tribunal civil d'un des départemens voisins, comme il était prescrit sous l'empire : or, d'après la loi nouvelle, l'appel des jugemens d'un tribunal de première instance d'un département, se portait naturellement au tribunal d'appel du même département; mais, en cela, c'était un progrès sur les idées que l'on avait en faisant la constitution. La loi voulut néanmoins s'en rapprocher, en donnant aux parties, soit au civil, soit au criminel, un nouveau droit d'appeler des jugemens rendus par un tribunal d'appel, à celui du département voisin : cette disposition leur donnait la faculté de prolonger leurs procès, à leur détriment et à celui de la

---

[1] En 1815, lorsqu'on prépara la révision de la constitution qui parut en 1816.

justice; car les tribunaux d'appel, en toutes matières, devaient juger en dernier ressort. En matière criminelle, l'institution du jury n'était pas possible: il fallait donc s'arrêter au prononcé des tribunaux d'appel qui en jugeaient seuls, soit au correctionnel, soit au criminel.

Le sénat se détermina à ces dispositions du projet présenté par Daumec, probablement en considérant la difficulté de composer les tribunaux, d'hommes réellement capables d'en remplir les fonctions; les sujets manquaient plus sous ce rapport que pour les autres administrations. C'est ainsi qu'il s'attribua *la cassation* des jugemens, afin de former la jurisprudence du pays, parce que dans son sein se trouvaient les citoyens les plus capables; il exerçait encore les fonctions du tribunal de cassation, dans les cas de prise à partie contre les juges.

Les tribunaux de première instance et d'appel jugeaient de toutes les affaires civiles, commerciales et maritimes: les anciens tribunaux de commerce furent donc supprimés. Ils suivaient dans ces matières les anciennes lois ou ordonnances françaises en usage dans le pays, en attendant que des codes y relatifs pussent être promulgués. Il en était de même pour la procédure criminelle, sauf quelques modifications importantes, telle que la publicité des débats, l'abolition de la sellette et des tortures pour arracher des aveux à un accusé, etc. Aucune condamnation, en vertu des anciennes lois ou ordonnances, n'emportait *la confiscation* des biens du condamné. La contrainte par corps fut établie en matière commerciale. Aucune action n'était recevable, pour dettes antérieures qui auraient été contractées à l'occasion d'acquisitions d'hommes: elles demeuraient éteintes, par les principes mêmes de la liberté civile.

D'autres principes, se rapportant au droit des gens, furent consignés dans la loi. Ainsi, *les étrangers* habitant la République étaient déclarés soumis à ses lois de police et de sûreté ; les délits commis *entre eux* étaient constatés seulement par les tribunaux de première instance, et ils étaient renvoyés à la décision des tribunaux compétens de leur pays.

Les tribunaux ne pouvaient poursuivre aucun agent du gouvernement, pour délits commis dans l'exercice de leurs fonctions, sans une dénonciation officielle du secrétaire d'État, du Président d'Haïti ou d'un décret d'accusation du sénat.

Les délits commis par les militaires et tous ceux qui font partie de l'armée, n'étaient de la compétence des tribunaux civils, que dans le cas où des citoyens de la classe civile en fussent complices. Cependant, les prévenus d'espionnage, d'embauchage, de trahison, de révolte à main armée, d'incendie, de conspiration, de complot pour favoriser la rebellion de Christophe, quelle que fût leur classe, restaient soumis au jugement des commissions militaires permanentes.

La hiérarchie judiciaire fut établie entre tous ceux dont les fonctions se rattachaient aux tribunaux. Il n'y manquait qu'un grand fonctionnaire spécial ; la loi attribua la surveillance de cet ordre au secrétaire d'État. Ce fut lui qu'elle chargea d'installer le tribunal d'appel siégeant au Port-au-Prince ; celui des Cayes dut être installé par l'administrateur principal de cette ville. Enfin, elle prescrivit de chanter un *Te Deum* en actions de grâces, après l'installation des tribunaux de ces deux villes, auquel devaient assister tous ceux qui auraient pris part à cette cérémonie.

Le 26 août, tous les magistrats des justices de paix, des tribunaux de première instance et d'appel, furent élus par le sénat.

Cette loi organique fut un bienfait pour le pays : elle servit de base à d'autres lois semblables rendues dans la suite, à mesure que des innovations parurent utiles. Il faut en rapporter l'honneur, d'abord à Daumec qui l'élabora.

CHAPITRE X.

Campagne de Lamarre dans les hauteurs du Port-de-Paix; ses succès. — Campagne de Pétion contre Saint-Marc; ses succès. — Situation fâcheuse des troupes de Lamarre. — Pétion lui envoie des secours, d'accord avec le sénat. — Souscription volontaire au Port-au-Prince, et contributions dans toute la République. — J.-C. Imbert résiste au sénat. — Mission à la Jamaïque, à propos de l'Anglais Goodall. — Gérin envoie des provisions au Môle. — Le sénat l'en félicite. — Combat devant Saint-Marc et entre les flottes ennemies. — Intrigues ourdies au Port-au-Prince. — Pétion se décide à lever le siége de Saint-Marc. — Le sénat prend des mesures militaires pour aller au secours de l'armée, et écrit à Gérin de venir au Port-au-Prince pour les diriger. — Gérin accepte, mais tarde à s'y rendre. — Retour de Pétion en cette ville. — Le sénat fait organiser sa garde. — Il rend les lois sur la trésorerie générale et les attributions du secrétaire d'État. — Arrière-pensée du sénat dans cette dernière loi. — Adresse de Pétion au peuple et à l'armée, où il parle *des factieux* qui ont tramé secrètement. — Le sénat lui écrit de les faire arrêter. — Il élit Bonnet, secrétaire d'État. — Arrêté de Pétion qui rend les commandans d'arrondissement indépendans les uns des autres, et soumis au Président d'Haïti *seul*. — Revers de Lamarre, détresse de ses troupes. — Il apprend le retour de l'armée au Port-au-Prince, et replie au Môle. — Sa situation et son courage. — Organisation de la secrétairerie d'État par Bonnet. — La garde du sénat est formée. — Gérin arrive au Port-au-Prince. — Le sénat le complimente et écrit à Pétion de l'activer. — Dénonciation d'abus, etc., au sénat. — Ce corps rappelle Gérin aux fonctions sénatoriales. — Sa motion d'ordre et sa déclaration sur *un plan* d'organisation qu'il a médité. — Modé propose *de traîner* Pétion à la barre du sénat. — Gérin *l'accuse* de prolonger la guerre. — Protestation de plusieurs sénateurs. — Mesures militaires ordonnées par Pétion. — Le sénat ne se réunit plus. — Gérin retourne à l'Anse-à-Veau d'où il écrit à Pétion. — Réponse de Pétion. — Examen des causes de rivalités entre plusieurs personnages. — Deux actes législatifs de Pétion. — Ordre en conseil du Roi d'Angleterre qui autorise les relations commerciales des sujets britanniques avec Haïti.

Le général Lamarre n'avait pas tardé à effectuer le projet qu'il avait annoncé au président et au sénat, de se porter avec ses troupes, de l'habitation Foache, dans les montagnes du Port-de-Paix : le 19 juillet il était rendu à une portée de fusil du fort du Trois-Pavillons, occupé par les troupes du Nord sous les ordres du général Jason ; il voulait l'enlever. Mais le 24, Christophe arriva au milieu de son armée qu'il dirigea vainement contre les républicains : les pertes qu'elle essuya dans diverses attaques, le décidèrent à retourner au Cap pour amener de nouvelles forces. En son absence, le 10 août, Jason envoya trois colonnes contre Lamarre, qui vinrent échouer sur ses remparts et perdirent encore une foule de soldats. On conçoit que les républicains en perdaient aussi dans ces combats réitérés, qu'ils avaient des blessés qui diminuaient encore le nombre des combattans. Le 24, Lamarre écrivit au président et lui demanda des troupes, et l'envoi de la flotte pour combattre celle de Christophe, qui ravitaillait son armée par le Port-de-Paix.

Telle était l'intention du président en se disposant à entrer en campagne contre Saint-Marc, d'accord en cela avec le sénat. Il expédia la flotte avec des secours de toutes sortes pour l'armée expéditionnaire, et quitta le Port-au-Prince le 5 septembre.

Panayoty ne tarda pas à arriver devant le Port-de-Paix où il bloqua 5 des garde-côtes du Nord, après avoir capturé la goëlette *le Jacques Simon* qui y portait des provisions. Ces faits mirent Christophe en fureur ; il proposa à deux navires anglais qui étaient dans la rade du Cap, de les armer pour aider les siens, et le 16 septembre Lamarre informa le président de cette particularité, qu'il venait d'apprendre par un prisonnier. Indépendamment de ces deux navires qu'il eut à sa disposition, il se ménagea le concours d'une corvette anglaise, *le Young Roscius*, qui paraît être sortie de la Jamaïque, sous les ordres d'un nommé Goodall : à cette époque, la plupart des navires marchands anglais étaient armés, par rapport à la guerre contre la France et l'Espagne.

Mais Panayoty avait eu ordre du président, de revenir aussitôt que possible au Port-au-Prince, pour aider au transport de l'artillerie de siége dont on aurait besoin contre Saint-Marc, qu'on n'espérait pas d'enlever de vive force. N'ayant pas eu d'engagement, ni avec les navires anglais qu'on arma au Cap, ni avec les garde-côtes bloqués au Port-de-Paix, il dut suivre ses instructions : ce qui excita de nouvelles plaintes de Lamarre contre lui au sénat, et il fut contraint de se justifier près de ce corps, le 8 octobre.

L'armée marchant contre Saint-Marc avait dû se diviser en deux fortes colonnes, l'une passant par la grande route, sous les ordres directs du président, l'autre par les hauteurs de l'Arcahaie et des Verrettes, sous ceux du général Bonnet, afin de balayer les différens postes que l'ennemi y avait établis. Sur l'habitation Couilleau, il s'enfuit sans beaucoup de résistance ; sur celle de Dubourg, ce fut de même. Mais sur l'habitation Verrier, l'ennemi s'était retranché dans une maison en maçonnerie dont il avait crénelé les murs ; la résistance y fut opiniâtre, et il fallut toute la bravoure des officiers et des soldats pour enlever cette position formidable. David-Troy s'y distingua, comme toujours : la fureur des soldats ne fit aucun quartier aux malheureux prisonniers [1].

Pendant ces faits, une lettre de Lamarre, en date du 22 septembre, parvint au président, lui rendant compte d'un nouveau combat qui eut lieu le 19, et où il avait fait des pertes d'hommes, quoique vainqueur. Une autre lettre

---

[1] Leur fureur fut excitée par la mort du colonel Azor Morel, du chef de bataillon Moreau et de plusieurs autres officiers de grades inférieurs.

de lui était adressée au sénat, « exposant sa situation critique, disait-il, non pas des plaintes et des réclamations inconsidérées. » Sa troupe avait à peine de quoi se nourrir, ne pouvant abandonner ses postes pour chercher des vivres dans la montagne ; elle était presque nue, parce que les vêtemens s'usent promptement dans une telle guerre : il demandait enfin toutes sortes de secours en hommes, argent, approvisionnemens, etc., et il concluait par proposer au sénat d'ouvrir une *souscription* volontaire parmi les citoyens, pour lui venir en aide. Cette dépêche fut ouverte au quartier-général par les sénateurs Bonnet, Lys, David-Troy et Delaunay, qui appuyèrent sa proposition en l'envoyant à leurs collègues au Port-au-Prince.

Le président fit aussitôt donner des ordres en cette ville, de réunir des vivres et tout l'argent disponible pour être expédiés à Lamarre ; et le 2 octobre, il lui écrivit en lui envoyant 300 hommes de son armée par une partie des garde-côtes, déjà revenus, en lui annonçant qu'une égale quantité allait suivre ceux-là avec les autres navires. Pour le moment, il ajournait donc à avoir l'artillerie de siége dont il avait besoin ; mais Saint-Marc était cerné.

Le 2 octobre aussi, en recevant la dépêche de Lamarre, le sénat chargea Daumec, Larose et Pélage Varein, de préparer une adresse au peuple, aux fins d'en obtenir une souscription volontaire ; et à cet effet, il convoqua les commerçans du Port-au-Prince, nationaux et étrangers, pour avoir d'eux un prompt secours en argent. J.-F. Lespinasse se distingua par son zèle patriotique à offrir, non de concourir à une souscription à titre de remboursement, mais à une *contribution obligatoire* en faveur de l'armée expéditionnaire. Le sénat tenant au premier mode,

R. Sutherland, qui se distinguait aussi parmi les étrangers, appuya Lespinasse, et le lendemain 15000 gourdes furent versées au trésor par le concours de tous. Le sénat en avisa le président par un message. Cette somme fut réunie aux approvisionnemens préparés par l'administrateur Frémont, par ordre du président, et le 7 octobre, il put écrire de nouveau à Lamarre, en y joignant les 300 hommes qu'il avait promis ; il lui en annonçait 400 autres prochainement, et qu'il négociait l'acquisition d'un navire à trois-mâts, au Port-au-Prince, pour être armé et augmenter la flotte.

Le 3, le sénat avait adopté le projet d'adresse au peuple. Rédigée par Daumec, elle qualifia Christophe « de « nouveau *Verrès*, nouveau *Tarquin*, » en rapppelant toute sa conduite depuis la mort de Dessalines ; elle excita le zèle des citoyens de toute la République pour venir au secours de l'armée expéditionnaire, en louant celui des habitans du Port-au-Prince ; elle annonça les succès de l'armée devant Saint-Marc, et même ceux qu'obtenaient les Indigènes de l'Est d'Haïti, en insurrection contre les Français, dont les dispositions paraissaient favorables à la République : « Puissions-nous être *assez* « *sages*, disait le sénat, pour jouir des faveurs que le ciel « semble nous destiner ! [1] »

Le 4 octobre, le sénat rendit la loi qui imposait les citoyens à la modique somme de 26,000 gourdes, répartie entre tous les arrondissemens, proportionnellement à leur importance, indépendamment de la souscription volontaire des commerçans du Port-au-Prince; et, de même qu'il était dans les idées tirées de l'histoire romaine, il

---

[1] Déjà Pétion, avant de partir avec l'armée, avait fourni quelques munitions de guerre aux indigènes de Neyba et de Saint-Jean, qui avaient envoyé des députations auprès de lui.

imita la Convention nationale de France, en députant dans les arrondissemens ou chargeant spécialement des commissaires sur les lieux, pour activer cette imposition extraordinaire.

Le 6, le président répondit à son message, approuva les mesures prises, en complimentant les commerçans du Port-au-Prince de leur zèle.

Le sénat n'en manquait pas lui-même. Le 8, il adressa un message au citoyen J.-C. Imbert, par lequel il l'enjoignait « à comparaître à sa barre, afin de rendre « compte des opérations de l'armée et de la situa-« tion des finances. » Il est probable qu'aux yeux du sénat, étant chargé du portefeuille de la secrétairerie d'État, il était censé être en correspondance militaire avec le président. Mais ce fonctionnaire, souffrant de son asthme habituel, s'impatienta excessivement de cette espèce de *mandat de comparution*; et, avec un ton de fermeté qu'on ne lui supposait pas, il déclina *le droit* que le sénat prétendait avoir à ce sujet : sa réponse se basait sur la constitution. Le sénat reconnut qu'il avait fait un pas de clerc, et lui députa trois de ses membres pour conférer avec lui sur les mesures à prendre [1].

Le 9, ce corps rendit une loi qui enjoignait à tous les débiteurs du trésor public, à quelque titre que ce fût, d'avoir à solder leurs comptes dans huit jours pour tout délai. Et le même jour, il députa le sénateurs Daumec,

---

[1] A une autre époque, étant chef de bureau au magasin de l'État, je me suis trouvé parmi les fonctionnaires qui accompagnèrent le secrétaire d'État Imbert, à une séance publique de la chambre des représentans qui l'avait mandé à sa barre. Le président de la chambre l'ayant interpellé sur la situation des finances, il lui répondit : « La constitution ne donne pas *le* « *droit* à la chambre de m'interpeller en séance publique, mais à huis-clos. » A cette réponse ferme et catégorique, les représentans passèrent docilement à huis-clos. Les rieurs restèrent du côté du secrétaire d'État, car la chambre s'était proposée bien des choses ce jour-là.

Larose et Pélage Varein, pour se rendre *à l'armée* devant Saint-Marc, afin de se concerter avec le Président d'Haïti sur les mesures à prendre, relativement à l'Anglais Goodall qui, avec sa corvette, prêtait déjà son concours au *Tarquin* du Nord. En attendant, le sénat voulait acheter d'autres navires que celui dont l'acquisition avait eu lieu par ordre du président : malheureusement, il ne s'en trouvait pas d'autres dans la rade du Port-au-Prince, dit son procès-verbal de ce jour.

Le sénat avait reçu l'offre d'un autre Anglais, commerçant au Port-au-Prince, pour porter ses dépêches à l'amiral de la station de la Jamaïque, en réclamation contre la conduite de Goodall, et il pensait devoir envoyer aussi *un agent accrédité*. Mais, en accueillant sa députation au quartier-général, en lui répondant le 11, « qu'il parta- « geait ses sentimens, » Pétion lui dit qu'il n'agréait pas l'idée d'envoyer un agent du gouvernement; mais qu'il était d'avis, en cas que le commerçant anglais eût changé de disposition, de confier ses dépêches au citoyen Dugué : ce qui eut lieu. Nous croyons que Goodall fut blâmé par l'amiral de sa nation; mais il avait eu le temps d'opérer utilement en faveur de Christophe. Au reste, comme on vient de le voir, des sujets anglais servaient respectivement les deux partis en guerre, selon leurs intérêts individuels.

Goodall, en effet, arrivé au Cap, avait convoyé la flotte du Nord au Port-de-Paix, pendant que la nôtre était au Môle, débarquant les renforts et les objets expédiés à Lamarre : il retourna ensuite au Cap.

Dans ces circonstances difficiles pour l'armée expéditionnaire, le patriotisme du général Gérin se réveilla dans sa retraite à l'Anse-à-Veau. Voulant seconder le sénat, il excita les habitans de cet arrondissement à faire une contribution volontaire en vivres du pays, et obtint des caboteurs des mêmes lieux de les porter au Môle. C'était une bonne et belle œuvre de sa part, en le considérant même comme simple citoyen. Informé de cela, le 18 octobre, le sénat chargea son président de lui adresser un message pour lui témoigner sa satisfaction de ce procédé et l'en féliciter : Modé présidait ce jour-là. On conçoit qu'en cette circonstance, les sympathies des sénateurs se réveillèrent aussi en faveur de leur ancien collègue.

Jusque-là tout allait pour le mieux, et la députation envoyée auprès de Pétion rendit compte de sa mission dans la même séance.

On était arrivé au 24 octobre, et l'armée assiégeante avait pris ses positions autour de Saint-Marc, attendant l'artillerie de siége qui n'avait pu encore lui parvenir, par le bâtiment que la flotte devait convoyer. Le 25, les assiégés commencèrent une vive canonnade contre les républicains qui s'étaient approchés de la ville; ils firent une sortie contre la ligne où se trouvaient les 23e et 24e demi-brigades, sous les ordres des généraux Bazelais et Métellus, et furent repoussés avec une perte considérable d'hommes parmi lesquels était un officier supérieur.

Le 9 novembre, le bâtiment qui portait l'artillerie de siége dans la baie de Saint-Marc étant arrivé, il allait la débarquer, quand la flotte du Nord y parut : ce débarquement devint impossible. Cette flotte le canonna ainsi que la ligne des assiégans de ce côté-là [1]. Le 11, l'ennemi sortit de l'enceinte de la ville et attaqua cette ligne

---

[1] Une petite goëlette nommée *l'Aimable Lady*, appartenante au citoyen Gayot, commerçant au Port-au-Prince : elle fut capturée.

sous les ordres du général Bonnet; il fut encore repoussé vaillamment, et il se plaça sous la protection de sa flotte. Mais le 15, celle de la République arriva dans la baie de Saint-Marc, et combattit avec avantage la flotte ennemie, sans qu'il y eût cependant un grand résultat, les bâtimens du Nord étant entrés dans la rade, où ils avaient la protection des forts de la place.

Pendant ce long séjour de l'armée assiégeante autour de Saint-Marc, pour se procurer des vivres, nos soldats allaient à la maraude, ou par détachemens, ou partiellement : c'étaient des combats continuels entre eux et les cultivateurs des montagnes voisines. Le général Pierre Toussaint avait organisé la résistance de ces derniers, en leur donnant pour chef principal un nommé Sibasse: ils finirent par épier les déserteurs de l'armée qui se rendaient au Port-au-Prince, et beaucoup d'entre eux périrent victimes sur la grande route. Les communications avec cette ville devinrent enfin périlleuses, dans un parcours de 30 lieues : l'imagination effrayée grossit encore le danger réel.

Dans une telle situation, les assiégeans n'ayant point d'artillerie, le président ne voulant pas, avec raison, tenter des assauts contre Saint-Marc qui était bien gardé, il était inutile de continuer à rester autour de cette place, lorsque d'ailleurs la corvette de Goodall pouvait paraître et parut effectivement : elle augmenta la flotte du Nord.[1] La nôtre n'était plus de force à se mesurer avec elle, et ne pouvait plus être d'aucun secours pour l'armée; elle se retira sur les côtes de l'Arcahaie.

[1] Une lettre du 8 novembre, de l'adjudant-général Delva, venu au Môle, informait le président qu'une corvette (celle de Goodall) était parvenue à Christophe, et que sa flotte incendia, la veille, la Plate-Forme et toutes les propriétés du voisinage.

D'autres motifs décidaient Pétion à retourner au Port-au-Prince ; il voulait surveiller l'armement du trois-mâts qui venait d'être acheté, et il savait en outre que *des intrigues* s'ourdissaient dans cette ville, depuis que le sénat avait adressé son message de félicitations au général Gérin. Il n'y était question que de son courage, de sa capacité militaire, que le président laissait sommeiller dans la retraite ; on prenait prétexte de la difficulté des communications, pour faire entendre que Gérin seul pouvait les rétablir. Le colonel Boyer, que le président avait envoyé en mission au Port-au-Prince et qui y était le 1er novembre, fut probablement celui qui put bien l'informer de ces intrigues. Il se trouva ensuite à bord du *Derénoncourt*, pendant le combat du 15 entre les deux flottes ; il en écrivit la relation à Caneaux, commandant de la place du Port-au-Prince, en lui parlant aussi de la situation de l'armée assiégeante, d'après ce qu'il avait appris.

Informé de cela, le 17 le sénat invita Caneaux « de se
« rendre dans la salle des séances, pour lui donner con-
« naissance des nouvelles qu'il a reçues de l'armée de-
« vant Saint-Marc. » Caneaux exhiba deux lettres de Boyer, écrites le 15 à bord du *Derénoncourt*. « Après un
« morne silence, continue le procès-verbal, un honora-
« ble membre a pris la parole et a dit que les circons-
« tances actuelles nécessitaient que l'embargo fût tout
« de suite mis sur tous les bâtimens de la rade, jusqu'à
« ce qu'on reçoive des nouvelles directes du Président
« d'Haïti et qu'on sache la situation de l'armée. La mo-
« tion est adoptée. » Ensuite, l'ordre en est donné à l'autorité militaire, avec injonction de mettre en réquisition une partie de la garde nationale de la plaine et de la

ville, pour envoyer des munitions de guerre et de bouche à l'armée.

Voilà donc le sénat, où ne se trouvait *aucun* de ses membres militaires, prenant des mesures de guerre, dictant ses ordres à l'autorité militaire. On conçoit ce que durent produire sur l'esprit public, la comparution de Caneaux dans cette séance du sénat et l'émission de tels ordres. Modé présidait encore ce jour-là. Mais le 18, la présidence du sénat passa à Daumec. Voyons la motion qu'il fit au corps, avant d'avoir reçu d'autres nouvelles de l'armée.

« Un membre a obtenu la parole pour une motion
« d'ordre, et a dit que la situation où se trouve actuelle-
« ment l'armée de la République devant Saint-Marc est
« dans un tel état, que, si on ne prend de suite des
« moyens efficaces pour la dégager, elle courrait les plus
« grands dangers : d'abord, par les chemins qui sont ob-
« strués et qui empêchent la communication par terre ;
« ensuite, les bâtimens ennemis qui sont dans la baie de
« Saint-Marc sont aussi un obstacle à son approvi-
« sionnement, tant en munitions de guerre que de bou-
« che. En conséquence, il propose au sénat de faire
« inviter le général Gérin de se rendre dans le plus bref
« délai possible au Port-au-Prince, pour *reprendre* son
« activité de service : lequel (général) sera placé à la tête
« *d'une forte colonne* pour établir la libre circulation de
« terre. »

Cette proposition fut adoptée *à la majorité*. Daumec, Pélage Varein et Leroux furent chargés de concourir à la rédaction d'un message qui serait adressé à Gérin, par le président du sénat : message où Daumec a dû mettre tout ce qui était propre à enflammer le patriotisme du vieux guerrier. Enfin, le sénateur Leroux fut député auprès de lui, pour porter ce message ; il fut défrayé par cent gourdes prises au trésor, et une escorte de dragons lui fut donnée par le commandant de la place.

Quelle que fût *la célérité* que mit le sénateur Leroux à se rendre à l'Anse-à-Veau, à 30 lieues du Port-au-Prince, ce n'est que le 21 novembre que le message fut remis à Gérin ; et quel que fût *le désir* du sénat de le voir arriver promptement au Port-au-Prince, ce n'est que le 25 qu'il prit la résolution de s'y rendre, d'après sa lettre suivante que nous donnons en extrait :

Honorables sénateurs, — C'est le 21 courant que votre agréable message me fut remis... Puisque vous le voulez, *représentans du peuple souverain*, je marcherai, je m'arracherai *du colier de la charrue* pour m'atteler encore à celui des affaires publiques, qu'à tant de raisons j'avais le droit de fuir. Puisque la patrie réclame mes services, je ne veux point que l'on puisse, après ma mort, flétrir ma mémoire du reproche de les avoir refusés, dans un temps où *l'opinion publique* les avait crus nécessaires. Mais, je ne puis vous dissimuler, que cette opinion se fait illusion *quelquefois* sur le compte d'un homme ; et je ne peux, sans être soupçonné de fanfaronnade, *promettre des merveilles. Entreprenant*, par fois heureux [1], je n'ai dû quelques succès dans la carrière militaire, qu'à la vigilance, à d'utiles précautions, qu'à quelques *punitions* infligées à propos. Avec cette conduite, *j'étais parvenu à établir une discipline qui n'existe plus.* Exigeant des hommes le devoir que leur impose le service, j'ai veillé à leur subsistance et à adoucir leurs maux ; j'ai tâché de les apprécier avant de les employer, et toujours cherché à les mettre à leur place. J'ai été assez souvent heureux dans mes choix. Les petites causes produisent souvent de grands effets. Trouverai-je *sous ma main* ces mêmes élémens, dans un pays où tout varie *comme les phases de la lune*, où le subalterne ou le fonctionnaire *met en délibération* s'il exécutera ou non ponctuellement, les ordres

---

[1] Allusion à l'insurrection contre Dessalines.

qu'il reçoit de son chef et qu'il n'exécute qu'après avoir calculé ce qui peut lui en revenir, et s'il plaira ou déplaira?...

En lisant ce seul extrait de la lettre fort longue, d'un général que le sénat requérait *d'accourir* au secours d'une armée compromise selon ce corps, on peut juger du caractère de Gérin et de ses prétentions vivaces. On le voit toujours *se poser* en face de la postérité contemporaine et future, blâmant incessamment tout ce qu'il ne faisait pas lui-même, parce qu'il croyait, pour ainsi parler, posséder la science infuse en toutes matières.

Il avait mis 4 jours à se décider pour se rendre au vœu du sénat; il en mit dix autres pour arriver au Petit-Goave, éloigné de 15 lieues de l'Anse-à-Veau! Il y arriva le 5 décembre. Du Petit-Goave, ce jour-là, il écrivit au sénat, qu'il était en route pour se rendre à ses ordres; il n'arriva au Port-au-Prince, à 15 autres lieues, que le 11!

Pourquoi ce retard, calculé évidemment, de la part d'un militaire aussi actif, encore dans la force de l'âge, quoi qu'il en eût dit dans sa lettre de démission à Pétion? C'est qu'il souscrivait avec une sorte de *répugnance* au vœu de ses anciens collègues qui avaient encouru son mécontentement, et surtout Daumec; c'est qu'il voyait dans leur démarche, flatteuse pour lui, une mesure qui pouvait ne pas être agréable à Pétion, lequel avait retenu en ses mains le pouvoir de nommer aux emplois militaires, de faire des promotions dans l'armée. Gérin agit tout juste pour ne pas trop l'offusquer, sauf à faire ultérieurement ce que la situation comporterait. Sous un autre rapport, comme militaire, il put envisager que ce serait compromettre sa réputation, que d'accourir au Port-au-Prince, où il ne trouverait pas un soldat, pour y prendre le commandement des gardes nationaux de la ville et de la campagne et aller guerroyer, afin de *désobstruer* la route de cette ville à Saint-Marc.

Pendant que le sénat agissait comme on vient de le voir, le président prenait la résolution de retourner avec l'armée au Port-au-Prince. Probablement, le général Pierre Toussaint avait pu être informé par ses espions, que les républicains allaient lever le siège de Saint-Marc : à la guerre, cela se pratique pour connaître les dispositions de l'ennemi. Il envoya un ou deux régimens qui passèrent par les montagnes et vinrent se poser en embuscade, dans la partie de la route la plus convenable pour une telle opération, se proposant de harceler l'ennemi avec le reste de la garnison de Saint-Marc, dès qu'il leverait ses camps.

Arrivé vers l'habitation Lanzac, au Mont-Rouï, le président donna le commandement de l'armée au général de division Bazelais, ayant sous ses ordres les généraux Bonnet et Métellus, pour la mener à l'Arcahaie ; et il s'embarqua lui-même sur sa petite goëlette *l'Indien* qui le porta dans ce bourg. Nos troupes eurent à se frayer la route à travers l'embuscade ennemie qui fit bien son devoir ; mais enfin elles passèrent. Dans une circonstance pareille, il y a presque toujours quelque confusion ; il y eut des hommes égarés pour ne s'être pas tenus dans les rangs, il y en eut de faits prisonniers par l'ennemi. Réunie à l'Arcahaie, l'armée rentra au Port-au-Prince avec le président, le 21 novembre.

A cette époque, les intrigans et les agitateurs se plurent à accuser Pétion *de lâcheté*, pour n'être pas resté au milieu de l'armée afin de traverser l'embuscade avec elle. Cette imputation convenait à l'opposition qu'on lui faisait, à lui qui avait donné en tant d'occasions la preuve de son courage [1]. Mais, en relatant ces traditions du temps, nous devons dire aussi qu'on avouait que, durant le siége de Saint-Marc, il était souffrant de ses douleurs rhumatismales; il avait donc pu éviter d'aller à cheval dans la partie la plus pénible de cette longue route ; et d'ailleurs, on n'avait pas été informé qu'il y eût embuscade; elle fut aperçue quand on y était déjà et que l'ennemi faisait feu.

Rendu au Port-au-Prince, Pétion fut informé de tout ce qui avait eu lieu depuis le 17 novembre, quatre jours avant son retour. Il garda le silence.

Le 21 même, avant son entrée en ville, Daumec proposa au sénat *diverses mesures vigoureuses*, dit son procès-verbal, qui ne les mentionna pas. Le 22, il félicita, au nom du corps qu'il présidait, les sénateurs Bonnet, Lys et David-Troy, de leur retour au sein de la législature, en leur communiquant les résolutions récemment prises. Le 23, David-Troy, Lys et Delaunay furent chargés *d'organiser* la garde du sénat, pendant la présence des troupes, attendu que les vétérans devaient être tirés des corps, parmi les hommes propres seulement à faire le service dans une ville.

Le sénat était décidé à nommer le secrétaire d'Etat, pour retirer des mains du citoyen Imbert, le portefeuille qu'il tenait provisoirement depuis quatre mois; du reste, il avait déplu par sa lettre du 9 octobre, et il était en bonnes relations avec le Président d'Haïti. Aucun autre citoyen que Bonnet n'était aussi habile à occuper cette haute dignité. Le 23, Daumec proposa de nommer *plusieurs* secrétaires d'Etat, vu les besoins du service pu-

---

[1] Citons seulement l'évacuation de Jacmel, à travers les masses qui l'assiégeaient en 1800.

blic ; l'art. 180 de la constitution le permettait, et *la justice* eût eu le sien en Daumec lui-même ; mais cette proposition fut rejetée. Les mêmes raisons exposées par Bonnet, dans son rapport du 25 février 1807, subsistaient pour concentrer les attributions relatives au département de la *guerre*, de la *marine*, des *finances* et des *domaines nationaux*, selon la loi rendue le 7 mars suivant ; mais qui empêchait de donner *à l'ordre judiciaire* son chef naturel ? Probablement les mêmes motifs dont nous avons parlé dans le précédent chapitre, et auxquels Daumec venait d'ajouter par sa motion d'ordre, de rappeler le général Gérin à l'activité militaire par sa proposition « de mesures
« vigoureuses. »

Le 25, le sénat rendit la loi sur *la trésorerie générale*, qui centralisait les revenus publics dans la haute administration du fonctionnaire chargé de ce service. C'était le citoyen Auguste Nau, digne de cet emploi à tous égards, qui l'occupait depuis le mois de mai précédent, en remplacement de J. Tonnelier. On y remarque, que les produits *des domaines et des douanes* étaient affectés spécialement
« aux dépenses de la guerre et au payement des indemnités
« accordées par la constitution, aux sénateurs et au Pré-
« sident d'Haïti. » Le trésorier général, comme de droit, fut subordonné au secrétaire d'Etat.

Le même jour, une autre loi fut rendue et détermina *les attributions* de ce grand fonctionnaire de la République ; elle concentra en ses mains tous les services publics, tous les ministères ou secrétaireries d'État possibles dans un pays organisé.

Par son article 3 ainsi conçu : « La correspondance
« avec les agents que *le Sénat ou le Président d'Haïti*
« envoie ou entretient auprès des puissances étrangères, »

correspondance également dans les attributions du secrétaire d'État, on reconnaît que le sénat avait *une arrière-pensée* au sujet « du droit d'entretenir des relations « politiques au-dehors, de conduire les négociations, dé-« légué *provisoiremen*^t au Président d'Haïti, etc.; » qu'il se réservait *de reprendre*, selon les circonstances, l'exercice de ce droit constitutionnel, c'est-à-dire d'après la constitution de 1806. Cependant, l'art. 1er de la loi plaçait le secrétaire d'État *sous les ordres* du Président d'Haïti : le cas échéant, une autre loi l'eût placé à cet égard sous ceux du sénat[1].

Mais Pétion, qui gardait le silence jusque-là, parla à son tour *au peuple et à l'armée*, dans une proclamation ou adresse du 26 novembre. Après avoir rendu compte de l'objet qu'il s'était proposé dans la dernière campagne, de la marche de l'armée, des succès qu'elle avait eus contre l'ennemi; en rendant justice aux divers généraux, notamment à Bonnet, pour la bravoure qu'ils avaient montrée, à toute l'armée enfin, à la flotte, et parlé avec non moins d'éloges de Lamarre, « de l'esprit de résolution, de cet ascendant qu'a pris de-« puis longtemps l'armée victorieuse qu'il commande, sur « celle de Christophe qui est toujours battue, » il dit aux citoyens de se reposer sur sa sollicitude pour faire triompher les armes de la République et fixer le bonheur parmi eux. « Tous mes soins, toutes mes veilles, dit-il, seront « toujours consacrés à ce but. » Néanmoins, la proclamation se termina ainsi :

« Cependant, quelques *malveillans* ont cherché, *par* « *des propos calomnieux*, à égarer l'opinion publique

---

[1] La loi du 25 novembre fixait le traitement du secrétaire d'État au tiers de celui du Président d'Haïti ; mais elle lui donnait *le même costume*, à la réserve de la broderie qui serait en argent.

« sur la conduite et les opérations du gouvernement.
« *Ces agitateurs*, qui n'ont jamais rien fait *d'utile* pour
« la patrie, n'ont à espérer, je le sais, que l'indignation
« générale. Que peuvent-ils, d'ailleurs, attendre de leurs
« vaines et insidieuses clameurs ? Le gouvernement, fort
« de sa conscience, se repose sur le jugement de la géné-
« ralité des citoyens ; *et quoiqu'il voue ces factieux au
« plus profond mépris*, ses regards seront toujours fixés
« sur leurs démarches *et sur les trames secrètes qu'ils
« ont eu l'aveuglement de concevoir* [1]. »

Ces paroles étaient incisives et menaçantes ; à qui s'a-
dressaient-elles ? Nécessairement, à tous ceux qui pouvaient avoir à se reprocher des intentions hostiles au
président ; mais personne n'était nommé.

Le 28 novembre, le sénat reçut la réponse de Gérin, du
25, qui lui annonçait que, nouveau Cincinnatus, il abandonnait sa charrue pour se rendre au vœu « des représen-
« tans du peuple souverain. » En même temps, un membre proposa de nommer le secrétaire d'État.

Le 29, la proclamation du Président d'Haïti ayant
paru, le sénateur Lys fit une motion d'ordre, tendante à
ce que le sénat lui adressât un message « pour le requé-
« rir de faire arrêter les conspirateurs qu'il avait signalés
« au public, comme tramant contre la République. »
Cette motion fut adoptée, et Fresnel, Lys, David-Troy,
Modé et Bonnet furent chargés de rédiger ce message.

Aussitôt, le sénat procéda à l'élection du secrétaire
d'État: sur 13 votans, Bonnet eut 10 voix ; Daumec,
Fresnel et Blanchet aîné en eurent chacun une.[2] Daumec

---

[1] Le style de cette proclamation nous fait soupçonner qu'elle fut écrite par Boyer, qui était au Port-au-Prince au plus fort des intrigues ourdies par quelques sénateurs et d'autres citoyens.

[2] Celui qui vota pour Blanchet était nécessairement un opposant à Pétion, un opposant

s'empressa de complimenter Bonnet, en l'engageant *à débrouiller le chaos des finances*, afin d'entretenir les troupes, etc., etc. Mais *l'élu* du sénat, qui pouvait justement ambitionner cette charge, parce qu'il se sentait capable de la remplir dignement, demanda *à réfléchir* avant de l'accepter. Il est présumable qu'il aura voulu consulter préalablement le Président d'Haïti, et pressentir s'il pourrait marcher en harmonie avec lui, ayant à exercer des attributions aussi étendues que celles énumérées dans la loi du 25.

Quelle *objection* Pétion pouvait-il faire à sa nomination ? Il le savait capable d'administrer les finances et toutes les autres branches du service public. Quelle *antipathie* pouvait-il avoir pour celui dont il venait de faire l'éloge, à l'occasion de la campagne contre Saint-Marc ; qui avait été le chef de son état-major pendant plus de trois ans ; qui vivait en intimité avec lui, qui avait tant contribué aux événemens qui amenèrent la fondation de la République et à son élection à la présidence ? Aucune ! *Des rivalités*, dont nous serons forcé de parler bientôt, pouvaient exister *autour* de Pétion, mais non pas *entre lui et Bonnet*, ni aucun des sénateurs. Pétion était placé trop haut dans l'opinion de l'armée et du peuple, pour avoir *des rivaux* dans la République ; et il n'avait *qu'un envieux*, — le général Gérin !

Le 30, Bonnet déclara qu'il acceptait la charge de secrétaire d'État, et le sénat rendit son décret du même jour à cet effet.

En même temps, le projet de message adopté la veille fut voté, et ce message expédié de suite au Président

---

inconsidéré, après les preuves acquises de son insuffisance et *la petite affaire* des cent milliers de café.

d'Haïti. La proposition de Lys était sans doute constitutionnelle dans *sa forme;* mais *au fond,* c'était *un défi* jeté au président, *de faire arrêter les factieux* qu'il avait signalés. Il ne fit arrêter personne ; mais il ne répondit pas à ce message, dont le sénat avait eu encore, nous dirons *l'imprudence,* d'ordonner *l'impression.* C'était trop de *provocations* faites à un chef dont on connaissait les sentimens intimes, et qui avait dans ses mains *l'armée et les masses.* On va voir que le sénat ne s'arrêta pas là.

Si Pétion ne répondit pas par un message à celui du sénat, il y répondit par un acte *significatif*, afin de prouver à ce corps qu'il entendait bien *retenir* les attributions du pouvoir exécutif. Le 5 décembre, il fit un arrêté ainsi conçu :

« Les commandans d'arrondissement sont *indépen-*
« *dans* les uns des autres, et rendent compte *directement*
« au gouvernement de toutes leurs opérations, jusqu'à
« ce qu'il en soit autrement ordonné. — Le secrétaire
« d'État est chargé de l'exécution du présent arrêté qui
« sera imprimé. »

Cet acte ne fut pas *contre-signé* par Bonnet, ainsi qu'il le fit par la suite pour tous ceux de cette nature, émis par le président. Mais, à travers le voile du temps, jeté sur les faits historiques ; en suivant la progression de la lutte ouverte par le sénat, on saisit la pensée de Pétion. Gérin ayant été appelé au Port-au-Prince par le sénat, pour être *réactivé,* ce corps pouvait lui donner le commandement, ou du département du Sud, de nouveau, ou même de celui de l'Ouest. Par son arrêté, Pétion *prévenait* une telle mesure et déclarait d'avance au sénat qu'il n'y souscrirait pas. Le 5 décembre, Gérin arrivait au Petit-Goave: la prévoyance du président était telle, qu'elle n'avait aucun caractère de personnalité dont il pût s'offenser.

Quand, dans sa proclamation du 26 novembre, il faisait l'éloge de Lamarre et de son armée, c'est que des actions glorieuses s'étaient accomplies par leur courage. Le 15 octobre, ce général avait annoncé au président et au sénat, qu'avec 3 bataillons incomplets, il avait enlevé à l'ennemi, en deux jours, 18 postes bastingués sur une chaîne de montagnes: ce fut à la baïonnette que ces braves soldats remportèrent ces victoires. En même temps, Christophe arrivait au Port-de-Paix avec de nouvelles troupes: il mettait dans cette guerre une ténacité et une activité qu'on admirerait, si l'on ne savait pas tout ce qui en coûtait à l'humanité; en lui, ces qualités militaires tenaient à son orgueil qui le portait à tout sacrifier pour rester vainqueur: du reste, il comprenait ce qu'il avait à redouter de la part de Lamarre.

Le 20 octobre, celui-ci donna de nouvelles informations sur sa situation. Ses postes étaient si rapprochés de ceux de l'ennemi, qu'on employa *la mine* contre eux. Trois de ces voies souterraines de destruction avaient réussi et tué bien des soldats républicains, lorsqu'on s'aperçut que l'ennemi continuait cette pratique. On employa *la contre-mine* avec succès, et la lutte eut lieu entre les combattans, *sous le sol* dont ils se disputaient l'empire pour faire prévaloir leurs idées et leurs principes politiques. La victoire resta *aux républicains*, comme *le précurseur* de leur triomphe final après bien d'autres années encore.

Néanmoins, une âme lâche conçut l'idée de tramer en

faveur de la tyrannie du Nord ; elle réussit à porter des militaires de la 9ᵉ à passer à l'ennemi. Excusons ces braves soldats, à raison de cette lutte acharnée, semée de périls, — à raison des privations auxquelles ils étaient en proie depuis si longtemps. Leur général, dont la fermeté s'accroissait dans le danger, en informa le gouvernement le 28 octobre ; il demandait qu'on lui envoyât ou la 18ᵉ ou la 24ᵉ demi-brigades en leur entier, par l'estime qu'il portait à ces deux corps.

Mais alors, la 24ᵉ était devant Saint-Marc avec l'armée ; et la 18ᵉ allait être envoyée à la Sourde, dans le Nord, pour aider quelques partisans de la République en ces endroits, et contraindre Christophe à diviser ses forces pour ne pas accabler Lamarre. Bergerac Trichet avait paru au président, et se montra digne de cette mission : il guerroya pendant deux mois, et ne revint qu'en janvier 1809 au Port-au-Prince, parce que des forces supérieures furent dirigées contre lui, dès après le retour de l'armée en cette ville et les succès qu'eut Christophe sur Lamarre.

Ce dernier écrivait le 30 novembre, de l'habitation Mignon dans la montagne du Port-de-Paix, près du Trois-Pavillons, que la détresse de ses troupes était à son comble ; qu'elles souffraient de la faim ; que leurs vêtemens étaient en lambeaux dans une saison où des pluies fréquentes ont lieu dans le Nord ; que leur nombre était réduit par la guerre et la désertion d'une partie de la 9ᵉ. Il se plaignit encore que la flotte ne venait point à leur secours, et ajoutait de pénibles réflexions par réminiscence de la première guerre civile.

Dans une semblable situation, le 5 décembre Lamarre saisit sur un prisonnier, une lettre du général J.-P. Daut au général Romain, par laquelle il l'informait de la retraite de l'armée devant Saint-Marc, depuis le 20 novembre. Il était évident que les troupes qui défendirent cette ville allaient bientôt accroitre les forces dirigées contre lui : le seul parti qu'il eût à prendre, fut de se replier sur le Môle ; c'est ce qu'il fit. Là, le 10 décembre il écrivit des lettres au président et au sénat, que le sénateur Thimoté apporta au Port-au-Prince ; ce dernier était chargé de faire connaître de vive voix ce que Lamarre disait par écrit : qu'il avait été forcé à cette marche rétrograde ; ses soldats avaient besoin de tout, en renforts, habillement, équipement, vivres, munitions de guerre, etc. ; qu'il avait 700 blessés à l'hôpital ; et qu'il était présumable que l'armée du Nord allait marcher en entier contre le Môle. Néanmoins, Lamarre ne s'y renferma pas ; il établit un grand poste avancé au lieu appelé la Source-Ronde, à une lieue et demie de cette ville, sous les ordres de Delva. Le 16 décembre il confirma sa lettre du 10 ; le 18 il manifesta au président le désir qu'il avait de lui voir récompenser les services signalés et la bravoure de Delva et de Bauvoir, par le grade de *général de brigade*. Delva, à ce moment, combattait et repoussait l'ennemi. Lamarre ajoutait à sa demande en faveur de ses courageux compagnons, qu'il était malade, hors d'état de monter à cheval, et que l'armée pouvait le perdre à tout instant.

Le 27 décembre, une nouvelle lettre de lui annonçait de nouveaux combats soutenus par ses troupes restées vainqueurs. Delva s'y distingua, comme toujours, et la République eut le malheur de perdre le vaillant colonel Gabriel Reboul, commandant de la 14e. Lamarre exprimait ses craintes que les soldats de ce corps du Gros-

Morne n'imitassent ceux de la 9e qui avaient passé à l'ennemi, qui, en ce moment, employait des moyens d'embauchage vers Jean-Rabel. Enfin, le 29, en accusant à Pétion la réception de 10 mille paquets de cartouches, il lui annonça un autre combat de la veille, à la Source-Ronde, où il eut 80 hommes tués ou blessés : à l'hôpital il y en avait 800, et le chirurgien en chef Jean-Philippe, le plus habile en son art, venait de mourir. Il demandait des pièces de campagne et tous les ustensile nécessaires pour soutenir le siége du Môle qui allait commencer ; car l'ennemi approchait toujours et se disposait à cela. « La « fermeté et le courage ne me font point défaut, ajouta-« t-il ; jamais on n'eut plus besoin de ces deux qualités « réunies. J'attends avec la plus vive impatience l'effet de « vos promesses. Rappelez-vous, Président, que les mo-« mens sont précieux et que le sort de l'armée est dans « vos mains. »

Nous ne dissimulons rien de cette âme courageuse, dont l'énergie se renouvelait en raison d'une situation de plus en plus difficile. Avant de dire ce que fit le président pour l'armée expéditionnaire, voyons ce qui se passait entre lui et le sénat.

Le 5 décembre, date de l'arrêté sur les relations des commandans d'arrondissement avec le Président d'Haïti, Bonnet écrivit au sénat, en lui exposant la situation des finances de la République et lui proposant quelques mesures sur cette matière. On peut incontestablement dire, que de ce jour commençait une véritable et intelligente administration financière pour la République. Sous d'autres rapports, le nouveau secrétaire d'État allait justifier aussi l'espoir qu'on avait en ses talens : plus il en possédait, plus il était capable d'apprécier et d'utiliser ceux qui distinguaient d'autres citoyens. Aussi s'entoura-t-il, avec l'agrément de Pétion, de plusieurs hommes marquans.

Il appela Sabourin comme chef de son *secrétariat*, d'où partait sa correspondance à l'intérieur et d'où pouvait sortir aussi celle avec l'étranger, en cas de besoin. Inginac fut placé chef du bureau *des finances*; Boisrond Canal, chef du bureau *des domaines*. Bonnet concentra dans le même local de l'ancienne Intendance, où avait logé M. de Barbé-Marbois, où il logeait également, les bureaux de l'administration principale du Port-au-Prince dirigée par Frémont, ceux du contrôle par Imbert, ceux des guerres et des classes de la marine par A. Pilié; et la trésorerie générale et particulière furent rapprochées: de sorte que, hors l'administration de la douane, tous les bureaux se trouvaient réunis, ce qui facilitait la prompte expédition des affaires. Le secrétaire d'État, veillant à tout, était encore celui qui y contribuait le plus, par son aptitude à remplir ses fonctions diverses.[1]

Le 5 décembre, enfin, la garde du sénat fut définitivement formée sous les ordres du colonel Destrades; mais ce fut une création mort-née, par les circonstances survenues peu de jours après.[2]

Le 10, un arrêté du Président d'Haïti, en exécution de la loi du 4 avril de la même année, régla les classes

---

[1] Le 2 août 1809, Bonnet fit un règlement sur l'organisation des bureaux de la secrétairerie d'État, qui furent divisés en quatre parties : *secrétariat, finances, guerre et marine, domaines et intérieur*, confiées à Sabourin, Inginac, Frémont et Boisrond Canal; leurs attributions respectives furent fixées par ce règlement, qui supprima l'administration principale de l'Ouest, dirigée auparavant par Frémont.

[2] Destrades était boiteux, à cause d'une balle qu'il avait reçue dans la guerre de l'indépendance ; et comme il avait sous ses ordres des vétérans écloppés aussi, nos soldats trouvèrent en cela une occasion de plaisanter de cette garde formée de leurs anciens camarades.

où devaient se trouver les différentes places commandées par des officiers militaires : contre-signé par le secrétaire d'État, on reconnaît là une mesure provoquée par lui, pour mettre ordre en cette matière.

Mais le 12, le général Gérin était rendu au Port-au-Prince ; il s'empressa d'en informer le sénat qui ne s'était pas réuni, à ce qu'il paraît, depuis le 5. Nous ignorons s'il donna également connaissance de son arrivée au Président d'Haïti, ou s'il le visita : d'après le précédent de Jérémie, étant appelé par le sénat, il est probable qu'il s'en abstint. Le sénat lui adressa un message pour le féliciter *de son zèle* (qui n'avait pas été fort empressé), et il en écrivit un autre à Pétion, où il lui disait les motifs qui avaient porté ce corps à requérir de Gérin sa présence au Port-au-Prince, et qu'il invitait le président à les prendre en considération et *d'activer* ce général. En même temps, dans cette séance du 12, *un membre* du sénat y dénonça vaguement des abus, des pillages de propriétés, etc., ce qui venait à la charge du chef du pouvoir exécutif qui ne les empêchait pas, selon l'orateur dont le nom reste inconnu à l'histoire.

Dans la séance du 16, le sénateur Thimoté remit la lettre de Lamarre adressée à ses collègues : dans celle du 17, le sénat fit une loi qui ferma les ports de Miragoane et d'Aquin, sans doute sur la proposition du secrétaire d'Etat, et il nomma des magistrats au Port-au-Prince, en remplacement de ceux qui n'avaient pas accepté.

A cette dernière séance, voyant que Pétion n'avait pas répondu au message du 12, relatif à Gérin, le sénat se résolut à le rappeler à ses fonctions sénatoriales, malgré sa démission acceptée en janvier précédent : au fait, c'était plutôt une réélection, qui était dans le droit constitutionnel du sénat, mais qui n'était point dans les convenances de la situation politique, à moins qu'il ne s'ourdît *quelque intrigue* entre certains sénateurs et Gérin.[1] Le sénat décida en même temps de se compléter par d'autres élections, en remplaçant plusieurs vacances dans son sein. A cet effet, il élut Montbrun, citoyen des Cayes qui avait déjà refusé le sénatoriat le 4 mars 1807, pour remplacer le général Blanchet, décédé à Jérémie, et Jean Giraud, citoyen de cette ville, pour remplacer Magloire Ambroise. Il renvoya à la séance du lendemain, à pourvoir au remplacement de Yayou et de F. Ferrier.

Aussitôt qu'on eût résolu le rappel de Gérin, le président Daumec proposa de lui adresser *de suite* un message pour lui en donner connaissance et l'inviter à venir, *séance tenante*, rentrer en fonction. Gérin se rendit à ce vœu : introduit parmi ses anciens collègues, Daumec lui adressa un discours *pathétique*, dit le procès-verbal, en lui demandant s'il consentait à reprendre sa fonction sénatoriale. Répondant affirmativement, il prêta de nouveau le serment et reçut de tous les sénateurs *le baiser fraternel.*

---

[1] Dans un article inséré sur la *Revue du commerce et des tribunaux*, journal du Port-au-Prince, en date du 20 août 1853, M. le sénateur S. Lamour, qui était copiste au sénat en 1808, et travaillait en cette qualité sous les ordres de Toulmé, secrétaire rédacteur, raconte avoir vu venir chez ce dernier, Daumec, président du sénat, et le général Gérin suivi de ses aides de camp. Daumec, Gérin et Toulmé s'entretinrent ensemble vers 9 heures du matin, et de cet entretien sortit la convocation du sénat, à l'extraordinaire, pour une séance qui eut lieu à 3 heures de l'après-midi. Quoique la mémoire de M. S. Lamour lui fasse défaut, quant à la date de cette séance, qu'il place au temps où Pétion se trouvait avec l'armée devant Saint-Marc, on ne peut révoquer en doute ce fait de l'entretien dont il parle, ni ce qu'il relate ensuite. Il faut dire ici que Daumec et Toulmé avaient épousé deux sœurs, filles de M. Chalumeau, respectable vieillard habitant de Léogane : de là l'intimité qui existait entre eux.

Sa rentrée eût pu n'être encore qu'une consolation. Mais, dès qu'il eut pris place, Gérin fit une motion d'ordre, tendante à ce que le sénat invitât le Président d'Haïti à entretenir une correspondance avec les autorités de Cuba (de cette île dont le sénat ne voulait pas entendre parler), et avec *les Espagnols* qui s'étaient insurgés contre les Français dans l'Est d'Haïti. Quoique le sénat sût pertinemment que Pétion avait des relations avec les indigènes de cette partie, auxquels il avait fourni des munitions de guerre, il nomma un comité de plusieurs de ses membres pour rédiger un message qui lui serait adressé dans le but de la correspondance proposée par Gérin ; et de plus, pour préparer une adresse aux habitans de l'Est, dont la proposition fut faite par un autre sénateur.

Encouragé par l'adoption de sa motion d'ordre, Gérin se leva de sa chaise curule et dit au sénat que, durant sa retraite, *il avait médité sur un nouveau plan d'organisation de la République* qu'il produirait incessamment[1].

A ces mots, ses collègues pâlirent d'émotion ; ils virent toute *une révolution* dans ce plan d'organisation qui exigerait probablement *l'abrogation* de toutes les lois déjà rendues par le sénat depuis 1807, peut-être même *la révision* de la constitution qui, on le sait déjà, n'avait pas eu l'assentiment de l'illustre guerrier.

Si l'on ne se rapporte qu'aux *notes* prises sur une feuille volante, de la séance du 17, par Toulmé, secrétaire rédacteur, car le procès-verbal ne fut pas rédigé, Gérin n'aurait pas parlé de son plan d'organisation[2].

---

[1] Voyez une note à ce sujet, dans le *Recueil des lois*, etc., publié par M. S. Linstant, t. 1ᵉʳ, page 522.

[2] Étant président du sénat dans une session, je mis ordre à ses archives qui étaient dans

Mais en admettant l'assertion d'un témoin oculaire [1], ce fut bien autre chose qui se passa dans cette séance.

Selon ce qu'il rapporte (et l'on doit ajouter foi à la véracité d'un citoyen aussi distingué par ses qualités personnelles), le sénateur Modé, dont nous avons déjà signalé l'exaltation d'esprit, prit occasion de la rentrée de Gérin au sénat, pour faire un discours acerbe contre Pétion, en concluant à ce qu'il fût *traîné à la barre du sénat* pour rendre compte de son administration. Alors, Gérin *accusa* le président de vouloir éterniser la guerre civile, prétendant, comme il le disait toujours, qu'il ne dépendait que de lui de vaincre Christophe. Il n'oublia pas de rappeler que ce fut lui, Gérin, qui s'était mis le premier à la tête du mouvement insurrectionnel qui renversa Dessalines. Il ajouta : « Celui qui a dressé *l'échelle* « n'y a pas monté [2]. » C'était déclarer au sénat, en termes non équivoques, qu'en accusant Pétion, il fallait le déclarer *déchu* de la présidence et le placer lui-même à cette auguste magistrature.

De telles paroles, des prétentions aussi singulières, ne pouvaient obtenir l'assentiment de tous les membres du sénat. Le témoin ajoute que le sénateur Larose, toujours distingué par ses sentimens, toujours honorable par ses vertus civiques, fut le premier à s'élever avec fermeté contre tout ce qui venait d'être articulé au sujet de Pétion, et qu'à lui se réunirent ses collègues Manigat, Charles Daguilh, Barlatier, Fresnel, Neptune et plusieurs autres,

---

un véritable chaos, et je découvris cette feuille volante où se trouvent les simples notes écrites de la main de Toulmó : il se garda d'y mentionner tout ce qui se passa dans cette séance.

[1] M. le sénateur S. Lamour, cité dans une note précédente.

[2] Ces paroles de Gérin prouvent que l'écrit satirique de J. Chanlatte sur le sénat, avait ulcéré son cœur, jaloux de la présidence de Pétion.

pour *protester* contre ces intrigues qui n'eussent été que ridicules, si, en présence de la guerre civile et de toutes les difficultés qu'elle faisait naître, elles n'étaient pas contraires au salut public et factieuses au suprême degré. La séance devint alors si orageuse, qu'elle fut levée.

Il est facile de concevoir que la séance du sénat ayant été publique, Pétion ne fut pas le dernier à savoir les particularités qui y avaient eu lieu. Il était trop attaché à son pays, au bonheur de ses concitoyens; il avait trop de fermeté et de résolution dans le caractère, pour souffrir plus longtemps ces scènes démagogiques qui se passaient au sénat. Il avait déjà montré assez de patience et de modération envers ce corps, pour être autorisé à prendre une mesure vigoureuse, d'après la légende qu'il avait adoptée: *Le salut du peuple est la loi suprême*. Des sénateurs persistant à compromettre ce salut de tous, il eût eu le courage civique *d'interdire* toute réunion du corps législatif, si le sénat lui-même n'avait jugé qu'il devait *abdiquer toute mission* en cette circonstance, ainsi qu'il l'avait prévu, déclaré et écrit dans ses Remontrances du 28 juillet. Ce fut le sénat, ou plutôt ses membres non-réunis en leur palais qui reconnurent, qu'ayant commis *la faute* de rappeler Gérin parmi eux, ils ne pouvaient plus continuer de siéger.

Ce que fit Pétion suffisait pour les y porter. Aussitôt qu'il eut été informé de la scène du 17, il donna l'ordre à Caneaux, directeur de l'arsenal et commandant de la place, de préparer des pièces de campagne avec tout leur attirail de guerre;[1] et il manda au palais de la pré-

---

[1] Caneaux, qui avait été appelé *à la barre* du sénat un mois auparavant, se fit un malin plaisir d'annoncer à tous ceux qu'il rencontra, l'ordre qu'il venait de recevoir. Ami dévoué de Pétion en tout temps, il avait aussi pour Lys, son chef immédiat, un sincère attachement: sa gaieté railleuse eut beau jeu en cette circonstance.

sidence tous les chefs des corps militaires présens au Port-au-Prince, pour leur ordonner de tenir leurs troupes sous les armes.

Ces précautions étant à la connaissance de tout le monde, le sénat resta complètement *ajourné* jusqu'au 8 mars 1811. Il n'y eut à ce sujet aucun acte, ni de ce corps, ni du Président d'Haïti.[1]

Indépendamment des sénateurs qui avaient protesté dans la séance du 17, peut-on croire que des hommes tels que Lys, David-Troy, Daumec lui-même, ne sentaient pas qu'ils devaient *préférer* Pétion, à Gérin dont les prétentions devenaient de plus en plus incommodes? Croit-on que Bonnet, secrétaire d'État, marchant déjà d'accord avec le président, ne leur conseilla pas ce sacrifice de tout amour-propre pour le salut commun? Nous n'en doutons point; et la postérité doit leur savoir gré de n'avoir pas voulu persister dans leur erreur. Ils savaient tous, les qualités de Pétion, les défauts de Gérin. Qu'on se rappelle la scène que ce dernier fit à Bonnet, dans la séance du 7 mars 1807, à propos de la loi sur l'administration qui n'établissait qu'un seul secrétaire d'État, et l'on verra que nos conjectures sont fondées, sur l'intervention que nous supposons de sa part au 17 décembre 1808. Daumec lui-même, qui venait d'intriguer avec Gérin, n'avait-il pas été apostrophé par lui dans cette même séance? A moins que la passion ne l'aveuglât, il dut reconnaître ses torts.[2]

---

[1] M. le sénateur S. Lamour s'est trompé, quand il a dit qu'une proclamation de Pétion ajourna le sénat.

[2] Bien convaincus que le président n'avait pu ignorer le concert qui exista entre eux et Gérin, au su et de la séance du 17 décembre, Daumec et Toulmé profitèrent, quelque temps après, de la présence au Port-au-Prince de leur respectable beau-père Chalumeau, pour aller visiter Pétion avec lui; ils savaient la vénération du président pour ce vieillard. Quand ils entrèrent dans la cour du palais, M. Chalumeau marchait au milieu de ses gendres, l'un

Quant à Gérin, il se décida à partir immédiatement pour l'Anse-à-Veau où il ne fut aucunement inquiété par Pétion. Mais il paraît que, boudant toujours le président, sa conduite fit naître, sinon des agitations, du moins des craintes ou alarmes dont on voit la mention dans la lettre suivante qui est une réponse de Pétion, et que nous produisons ici par anticipation sur l'ordre chronologique des faits, afin que le lecteur sache la suite de son écart du sénat. Nous n'avons pas sa propre lettre au président.

Port-au-Prince, le 16 février 1809.

A. Pétion, Président d'Haïti, au général de division Gérin.

Votre lettre du 12 de ce mois, citoyen général, vient de m'être remise, et je m'empresse d'y répondre.

Il est vrai que des bruits affligeans ont été répandus ici, et que l'espèce d'alarme qu'ils ont occasionnée, a porté plusieurs citoyens à recourir au gouvernement pour manifester leur inquiétude et chercher des consolations. Ces rumeurs, disait-on, étaient la suite *des discours calomnieux annonçant des projets subversifs* et capables de porter les derniers coups à la sûreté publique.

Persuadé *de la folie d'une telle entreprise*, je me suis fait la loi de ne point rechercher ceux qui en étaient présumés *les auteurs*, ayant toujours eu pour principe, de faire tous les sacrifices personnels possibles pour éviter de rencontrer des coupables.

Je suis loin *d'accuser* personne. Mais enfin, pouvais-je empêcher le public de se plaindre, lorsqu'il a été instruit qu'on avait tenu des propos dangereux et qu'il a cru être en danger ?

Quant à moi qui suis ou parais être l'objet sur lequel les traits étaient dirigés, je ne discontinuerai pas de me consacrer à remplir la tâche que je me suis imposée. Je ne veux point m'arrêter à l'in-

---

à sa droite, l'autre à sa gauche. Pétion les voyant venir, feignit de ne pas les reconnaître ; il demanda aux personnes qui l'entouraient : « Quels sont ces messieurs qui viennent me « voir ? — Président, c'est M. Chalumeau et ses deux gendres, lui répondit-on. — Ah ! dit-« il, c'est bien Jésus-Christ entre les deux larrons ! » Il leur fit bon accueil néanmoins mais ces paroles *trop envenimées* furent colportées dans le public, et Daumec surtout ne les pardonna pas à Pétion, du moins jusqu'en 1812 : le président eut tort de les prononcer.

justice des hommes; je me console d'être sans reproche envers personne, et de n'avoir d'autre but que de coopérer de tous mes moyens à procurer la paix et le bonheur à mon pays.

J'ai l'honneur de vous saluer avec considération. Signé: Pétion.

Cette lettre, d'un calme parfait, nous met sur la voie des faits. Il paraît que des propos tenus au Port-au-Prince, attribuaient à Gérin l'intention de conspirer, qu'il en fut question par-devant Pétion, et qu'apprenant cela, Gérin lui avait écrit pour s'expliquer avec lui à ce sujet ; voir si, par sa réponse, le président paraîtrait y donner créance. Eh bien ! on voit que Pétion lui avoue que ces bruits alarmans ont circulé, que des rumeurs ont eu lieu, par suite des discours qu'il considérait comme *des calomnies*, lorsqu'ils annonçaient *des projets subversifs;* et qu'il n'accusait personne, tout en faisant entendre à Gérin qu'une telle entreprise serait *une folie.* Il n'y avait rien dans cette réponse qui pût exciter le mécontentement de Gérin, et l'on verra bientôt que Pétion le rappela à l'activité dans l'armée, pendant une campagne.

De leur côté, les sénateurs militaires qui purent concourir aux actes du sénat, dans un esprit quelque peu hostile au président, ne perdirent point leurs positions en cette qualité; ceux de la classe civile continuèrent à jouir de leurs indemnités.

Nous avons dit que *des rivalités* pouvaient exister autour de Pétion. Cela est vrai, et il faut en parler ; car elles ont eu une influence déplorable sur la conduite de bien des hommes de cette époque.

Par tout ce que nous avons dit précédemment, des relations de Bonnet avec Pétion, on a pu voir que ce dernier avait en lui la plus grande confiance, et qu'il y répondait avec franchise. Pétion aimait Lys et David-Troy, et il les estimait pour leurs qualités. [1]

Il aimait également Boyer qui avait toujours été attaché à sa personne, qui faisait sa correspondance la plus importante, qui était en même temps le chef de son état-major et le colonel de sa garde. Cette position mettait Boyer nécessairement dans l'intimité particulière du président. Depuis la révolution de 1806, ce dernier n'ayant cessé d'influer sur les affaires publiques, Boyer, par son intelligence, son instruction, sa facilité d'élocution, n'avait fait que grandir dans la société de cette époque; et avec le sentiment, la conscience de ce qu'il pouvait *devenir* dans l'Etat par la suite, il était fort naturel qu'il eût de cette ambition qu'il est permis à tout homme de quelque capacité de concevoir ou de montrer. On voyait aussi que Pétion avait pour lui *un faible*, qui tenait à ses malheureuses idées sur l'union des sexes, sur le mariage dont il ne voulut jamais tracer l'exemple ; et cela faisait croire à une grande influence de Boyer sur lui, sur ses déterminations, d'autant plus, que ce dernier n'épargnait pas ceux qui faisaient quelque opposition au président. [2] A ce sujet, il se montrait ardent; et si Pétion lançait quelquefois des paroles incisives contre ses adversaires, il est certain que Boyer, fort spirituel, était souvent plus

---

[1] On se rappelle que Lys était lieutenant de la compagnie d'artillerie commandée par Pétion, dans la Légion de l'Ouest ; que Pétion intervint auprès de Dessalines pour sauver David-Troy. Il ne protégea pas moins Lys auprès de l'empereur, à l'occasion des dénonciations dont il fut l'objet de la part de Germain Frère qui le haïssait : à cette époque, Lys avait des relations compromettantes avec une maîtresse de Dessalines, au Port-au-Prince.

[2] Pétion avait *ce faible* pour Boyer, parce qu'il ne croyait pas qu'aucune femme eût une vertu à l'épreuve ; il faisait des plaisanteries incessantes à ce sujet, et c'était un grave tort de sa part : de là son éloignement pour le mariage légitime. Chef de l'État, il devait penser et agir autrement.

mordant dans ses propos à leur égard : de là encore la croyance qu'il fit naître, qu'il excitait le président contre eux.

De toutes ces choses naquit une sorte de *jalousie* contre Boyer, que les autres amis de Pétion partagèrent : de la jalousie, ils passèrent à la *rivalité politique*, dont Boyer lui-même traça peut-être l'exemple par l'ambition qu'il montrait. Et qui sait si *d'autres rivalités*, d'une nature moins apparente, nées dans les boudoirs, entre des hommes qui suivaient le torrent des mœurs de cette époque, ne contribuèrent pas à les éloigner les uns des autres dans les affaires de l'État !

De tous ceux dont nous parlons, Bonnet était celui qui était le plus opposé à Boyer : on peut dire qu'ils avaient tous deux *leurs torts*, car c'était entre eux *une lutte d'influence*, chacun visant *à se poser pour l'avenir*[1]. On verra cependant que Pétion ne se laissa pas influencer, et qu'il donna toute latitude à Bonnet pour administrer l'État, selon les attributions qu'il avait par la loi du 25 novembre.

Le premier acte *législatif* qu'il proposa au Président d'Haïti, fut un arrêté rendu par ce dernier, le 20 décembre, trois jours après l'ajournement du sénat, qui assujétit les bois jaune de teinture, de gayac et de campêche, à l'impôt territorial de 3 gourdes par millier, réglé et perçu par le fisc au moment de leur exportation. Le motif de cet acte était basé ainsi :

---

[1] Voyez ce que dit Inginac à ce sujet, et ce qui est vrai, dans ses Mémoires de 1843. Il est certain aussi que, par sa passion dont *il abusait* à l'égard de Pétion, Boyer s'attirait la désapprobation de tous les hommes qui étaient dévoués au président : sachant cela, il aggravait *ses torts personnels* en les considérant comme ses ennemis ; même en parvenant à la présidence, il conserva *des rancunes* envers quelques-uns. Je ne calomnie pas, en disant des choses connues de tous les contemporains.

« Considérant que beaucoup *de cultivateurs* attachés
« aux habitations, abandonnent la culture des terres
« pour faire la coupe des bois jaunes de teinture, de
« gayac et de campêche ; ce qui devient de plus en plus
« nuisible… »

Dans sa dernière tournée dans le Sud, Dessalines avait fait *brûler* toutes ces sortes de bois que les cultivateurs avaient coupés, malgré sa défense, et il s'était attiré leur animadversion : le gouvernement républicain se borna *à entraver* cette exploitation par un impôt qui en diminuait le prix de vente au commerce ; les cultivateurs ne s'en apercevaient pas, et ils attribuaient cette réduction de profit aux fluctuations des cours.

Le même jour, un règlement parut sur *la poste aux lettres* dont le service fut fait par les bureaux de place et la gendarmerie, en attendant qu'on pût l'organiser d'une autre manière. Tout en facilitant la correspondance commerciale et privée, cette mesure devait procurer des revenus à l'État.

Ces deux actes portent le contre-seing du secrétaire d'État.

Dans ce même mois de décembre, le général de brigade Métellus devint commandant de l'arrondissement de Léogane, et l'adjudant-général Marion, qui en avait l'intérim, passa à celui de Jacmel, devenu vacant par la nomination de Bonnet, comme secrétaire d'État.

Tandis que le sénat était en lutte avec le Président d'Haïti, et sur le point de s'ajourner, les démarches du sénateur Théodat Trichet, jointes probablement à la correspondance de Christophe avec l'Angleterre, obtenaient du gouvernement de Sa Majesté Britannique, le 14 décembre, un Ordre en conseil par lequel les sujets et les navires de cette puissance étaient *autorisés* à faire le commerce avec Haïti. Il y avait cinq ans que cette jeune nation avait proclamé son indépendance, et que les navires et les sujets britanniques faisaient avec elle un trafic avantageux ; c'est donc le cas de dire, selon le proverbe : *Il vaut mieux tard que jamais.*

C'est à cet acte que se borna le gouvernement qui avait aboli la traite des Noirs dix-neuf mois auparavant [1]. Mais, pour être juste envers tous, il faut dire aussi que la Grande-Bretagne n'ayant pas reconnu formellement l'indépendance d'Haïti, quand Dessalines gouvernait, il n'était pas possible qu'elle la reconnût, par un traité régulier avec l'un ou l'autre des deux États qui étaient en guerre civile : on ne pouvait savoir lequel l'emporterait à la fin sur l'autre. C'est *une excuse* que tout homme de bon sens peut admettre en faveur de ce gouvernement ; mais quand nous arriverons à l'année 1814, nous examinerons mieux sa conduite à l'égard des Haïtiens.

Il est maintenant à propos de parler des événemens qui eurent lieu pendant 1808, dans l'Est d'Haïti.

---

[1] Ce même acte *défendit* toutes relations entre les Haïtiens et les colonies anglaises des Indes occidentales ; on craignait leur contact avec les populations tenues sous le joug de l'esclavage. En effet, au mois de mai 1809, les noirs se soulevèrent à la Jamaïque. Mais, comme il y a toujours *des accommodemens avec le ciel*, lorsqu'en 1813 et 1814, la guerre de la Grande-Bretagne avec les États-Unis eut affamé cette île, on sut fort bien *solliciter* les Haïtiens d'y apporter des vivres de toutes sortes, et ils ne tentèrent point de troubler la tranquillité publique.

CHAPITRE XI.

Causes diverses de l'insurrection des Indigènes de l'Est contre les Français. — Projet de Juan Sanches de Ramirès. — Faits de don Torribio Montès, gouverneur de Porto-Rico. — Il déclare la guerre au général Ferrand : réponse de celui-ci. — Conspiration de Juan Sanches. — Convention entre les Anglais et T. Montès, pour l'expulsion des Français de l'Est. — Conspiration de Cyriaco Ramirès vers Azua, et ses relations avec Pétion : il en reçoit des armes et des munitions. — J. Sanches en reçoit de Christophe. — Le colonel Aussénac est battu par C. Ramirès, à Malpasso et Savana-la-Mula. — Il est forcé d'abandonner Azua. — J. Sanches prend les armes à Seybo. — Ferrand marche contre lui. — Combat entre eux à Palo-Hincado, où Ferrand est vaincu : il se tue. — Le général Barquier lui succède et se prépare à défendre Santo-Domingo. — Les Anglais donnent leur concours aux indigènes pour s'emparer de Samana. — Commencement du siége de Santo-Domingo. — Divisions entre C. Ramirès et J. Sanches. — Ce dernier s'adresse à T. Montès, qui le réduit à un rôle subalterne. — J. Sanches convoque une assemblée d'habitans à Bondilla. — Cette junte déclare que les indigènes ont pris les armes au nom de Ferdinand VII, leur légitime souverain, et reconnaissent J. Sanches pour capitaine-général et intendant par intérim. — Motifs de cette déclaration. — C. Ramirès se retire sur sa propriété. — Mesures que Pétion et Bonnet prennent pour secourir le Môle, assiégé par Christophe. — Les troupes du Nord y pénètrent de nuit et en sont chassées ensuite. — Plusieurs lettres de Lamarre demandant des secours. — La flotte en apporte au Môle. — Incident produit par une corvette anglaise. — Mort violente du sénateur Thimoté, et ses causes. — Sentimens exprimés au président par Lamarre, à cette occasion. — Proclamation du Président d'Haïti annonçant une nouvelle campagne contre Christophe. — Promotion de Bauvoir, Voltaire et Beauregard, au grade d'adjudant-général. — Faits passés aux Abricots, relatifs à Goman.

Lorsque les victoires des armées françaises aux Pyrénées eurent mis la France en possession de plusieurs places d'Espagne, et que celle-ci, pour les ravoir, fut contrainte à céder à la France le territoire de sa colonie à Saint-Domingue, la population tout entière de cette colonie partagea la répugnance de la métropole à consentir à cet acte de cession ¹. Dans la prévision de ce sentiment, comme à cause de la situation où se trouvait la partie occidentale de l'île, en 1795, l'art. 9 du traité avait stipulé, pour les habitans, la faculté de se retirer avec leurs biens sur d'autres domaines de la couronne d'Espagne ; mais aussi, pour les y retenir autant que possible, le Directoire exécutif voulut bien que les autorités espagnoles continuassent à administrer cette colonie, jusqu'à ce qu'il pût y envoyer des fonctionnaires et des troupes d'Europe. Son motif particulier à cet égard, c'est qu'alors la réaction s'opérait en France contre la liberté générale des noirs, et qu'on voulait ménager le *statu quo* de l'esclavage existant dans la partie franco-espagnole ². Malgré ces précautions qui devaient les rassurer, beaucoup d'habitans l'abandonnèrent à cette époque, pour passer soit à Cuba, à Porto-Rico ou à la Côte-Ferme, afin de ne pas être considérés comme *Français*.

Quand, en 1801, Toussaint Louverture effectua, de son chef, la prise de possession de ce territoire au nom de la France, ce fut encore pis : une émigration considérable d'habitans eut lieu, parce qu'on y connaissait *l'homme* personnellement, et qu'on répugnait encore plus à être sous le joug des noirs.

A l'arrivée de l'expédition sous les ordres du général Leclerc, on s'empressa de se soumettre à son autorité, — ce que firent d'ailleurs le général Clervaux, d'abord, puis le général Paul Louverture, — parce qu'à tout prendre, on

---

1 Il s'agissait cependant de reprendre les places importantes de Figuières, de Rosas, et d'une grande partie de la Navarre.

2 D'après le décret de la Convention nationale sur la liberté générale, ce territoire devenant une colonie annexée à Saint-Domingue français, il ne devait plus y avoir *des esclaves* ; mais l'état antérieur des choses s'y maintint.

préférait d'être commandé par des blancs que par des noirs.

Le même motif subsista dans cette ancienne colonie de l'Espagne, après l'expulsion de l'armée française de la partie occidentale, pour ne pas obéir au terrible Dessalines ; on aida le général Ferrand à lui résister, en 1805, non par sentiment d'attachement à la France, mais par choix entre deux dominations également abhorrées.

Et la preuve de ces assertions, nous l'avons déjà exposée dans notre 5° volume, page 433 : en septembre 1803, les habitans conspiraient pour massacrer les Français, quand le général Kerverseau retourna de Las Caobas à Santo-Domingo, et parvint à dissoudre cette conjuration.

A lui succéda le général Ferrand qui, convaincu de ce sentiment hostile de la population, mit en usage toutes les ressources de son esprit pour la porter à rester dévouée à la France. Il maintint son autorité, non *par l'amour* qu'il inspirait, mais *par la crainte* qu'excitait Dessalines ; et quoiqu'il perpétuât l'esclavage, et fût réellement un administrateur intelligent qui développa quelque industrie dans cette partie, il ne put s'empêcher de mettre un terme à bien des abus nés de la mauvaise administration espagnole, et surtout de régler ce qui avait rapport aux biens de main-morte, qu'il soumit aux lois françaises [1]. En outre, aussitôt après la mort de Dessalines, les habitans des communes voisines de l'ancienne

---

[1] « Le général Ferrand proclama provisoirement l'affranchissement de la mainmorte « cale, à laquelle avaient succédé les domaines impériaux ; et les moyens destinés à l'en-« tretien somptueux des cloîtres, et depuis à l'augmentation des revenus du fisc, rendus « bientôt vers la culture qui, à sa mort, marchait à grands pas vers cette question. » (Extrait du *Précis historique*, etc., publié par Gilbert Guillermin, officier français sous les ordres de Ferrand).

partie française, du côté de la République gouvernée par Pétion, sensibles à l'humanité qu'il avait montrée envers les prisonniers faits dans la campagne contre Santo-Domingo, et reconnaissans de ce qu'il avait renvoyé à leurs foyers tous ceux qui étaient sous ses ordres : ces habitans s'empressèrent de conduire leurs bestiaux au Port-au-Prince, de venir y vendre d'autres produits, dont ils ne pouvaient obtenir le débit que là. Averti de cela, le général Ferrand y mit de l'empêchement avec une sévérité qui leur déplut en contrariant leurs intérêts.

Ainsi, à la répugnance que les habitans de l'Est d'Haïti éprouvaient d'obéir aux lois françaises, d'être incorporés à la France, dont les agents avaient envahi toutes les places, tous les emplois importans de cette partie, en les mécontentant encore par le ridicule que l'esprit français jetait sur leurs pratiques de dévotion extrême, se joignirent des actes de l'autorité qui touchaient aux propriétés privées consacrées depuis des siècles, et à celles qui ne pouvaient être fructueuses qu'en profitant de la facilité d'un commerce naturel. De là une haine secrète qui germait dans les cœurs contre la domination française, et qui n'attendait qu'une occasion pour éclater et se développer avec fureur.

La guerre civile survenue entre les Haïtiens, qui étaient en guerre aussi avec les Français, mais qui étaient les amis naturels des habitans de l'Est, par la conformité de religion, par les intérêts, par leur couleur où le mélange du sang africain trahit une origine commune; cette guerre civile n'était pas propre à produire ce résultat. D'un côté, se trouvait un chef connu dans l'Est par des assassinats et l'incendie des propriétés, des villes et des moindres hameaux, dans la désastreuse campagne de 1805; ce n'était pas à lui qu'on pouvait s'allier pour secouer le joug qu'on détestait : de l'autre, était le chef connu au contraire dans cette partie par ses procédés généreux, sa bienfaisance envers les malheureux prisonniers, hommes, femmes et enfans, mais dans l'impossibilité d'aider efficacement à une levée de boucliers. Il fallut donc attendre une circonstance plus propice.

Elle arriva enfin, et elle était de nature à réunir toutes les volontés individuelles, en les soulevant au nom de cette morale universelle, qui inspire de l'horreur pour les actes de mauvaise foi, de violence, déterminés par une personnalité trop intéressée, qui prend la couleur de la politique pour parvenir à ses fins.

Les événemens survenus à Bayonne dans cette année 1808, et peu après à Madrid, le 2 mai, dans lesquels l'empereur Napoléon essayait de substituer sa dynastie à celle des Bourbons en Espagne, furent la cause occasionnelle de l'insurrection des habitans de l'Est contre les Français.

Celle de la Péninsule, empreinte d'un caractère chevaleresque en faveur d'une antique famille de rois, parut au gouverneur de Porto-Rico, propre à réveiller les vieilles sympathies de ces habitans. Dès que la nouvelle en parvint dans cette île, il réunit facilement à ses vues tous ceux qui s'y étaient réfugiés depuis la cession de 1795. Au mois de juillet 1808, don Torribio Montès députa auprès de la junte de Séville, qui avait pris la direction de la résistance en Espagne, pour lui soumettre son plan d'insurrection dans l'Est d'Haïti; le 14 septembre, un vaisseau espagnol arriva à Porto-Rico avec l'approbation du projet et l'ordre de le mettre à exécution.

Mais déjà, en juillet même, le gouverneur avait envoyé un nommé Sarmiento pour disposer secrètement les habitans de Seybo au mouvement.

Avant cela même, un autre homme qui en est devenu le chef, don Juan Sanches de Ramirès, se préparait à à cette éventualité. Né à Cotuy en 1762, il commandait ce bourg sous Toussaint Louverture, et était resté à son poste jusqu'au moment où le général Ferrand prit le commandement de l'Est ; alors il s'en démit par dégoût, et se réfugia à Porto-Rico [1]. Sans moyen d'existence en cette île, il en revint en 1807 et fonda une coupe de bois d'acajou à Macao, sur la côte orientale, de concert avec don Manuel Carabajal. Se trouvant à dîner avec don Diégo de Lira, commandant à Savana-la-Mar, sur la baie de Samana, et ayant appris déjà l'entrée de l'armée française en Espagne, sous les ordres de Murat, il s'en indigna et dit : « Si le sang espagnol est versé en « Europe, nous le vengerons ici ! » Dans cette idée, il communiquait ses dispositions à tous ses amis ; et il se rendit à Porto-Rico dès que Sarmiento fût venu à Seybo, afin de s'entendre avec le gouverneur Torribio Montès ; il en revint aussitôt et débarqua à l'embouchure de la rivière du Soco, voisine du bourg de Seybo. Les habitans de ce lieu, agissant avec une dissimulation profonde, ou plutôt une hypocrisie raffinée, dénoncèrent Sarmiento à Ferrand, afin de lui inspirer cette aveugle confiance qui le perdit.

Sarmiento était retourné à Porto-Rico, donner au

---

[1] Juan Sanches était capitaine d'une compagnie de dragons armés de lances, dans la guerre que firent les Espagnols aux Français de Saint-Domingue ; dans ces circonstances, il avait fait la connaissance de Toussaint Louverture qui servait la même cause que lui : de là son maintien à Cotuy par ce chef, en 1801.

gouverneur l'assurance des dispositions des habitans à s'insurger. Le 2 août, Torribio Montès écrivit une lettre à Ferrand, par laquelle il déclarait la guerre aux Français, au nom de la junte de Séville qui l'avait déclarée à Napoléon. Cette lettre parvint à Santo-Domingo le 10, et Ferrand y répondit de suite en niant l'existence politique de la junte, en se retranchant sur l'absence de toute instruction à cet égard de la part du gouvernement français : il déclara, en outre, qu'il continuerait à permettre les relations entre les possessions espagnoles et la partie de l'Est qu'il gouvernait : « J'attendrai tran- « quillement, disait-il, l'issue de la lutte funeste que la « fatalité a provoquée ; » en Europe, s'entend.

Cette réponse, dictée par la faiblesse de sa position dans un pays hostile, facilitait beaucoup le plan de Torribio Montès ; et quoique Agoustino Franco de Médina, commandant du département du Cibao, à Saint-Yague, eût dévoilé à Ferrand les trames qui s'ourdissaient et qui étaient parvenues à sa connaissance, notamment de la part de Juan Sanches, ce général ne voulut rien faire, sans doute pour ne pas hâter l'explosion.

J. Sanches vint même à Santo-Domingo, fut invité à dîner par Ferrand qui espéra le gagner par des cajoleries. Mais cet « homme aussi habile à manier les esprits qu'à « les gagner, » selon Guillermin, lui fit des protestations de dévouement et sortit de cette ville sain et sauf. Dans les environs, il trouva Pedro Basquez, ancien habitant de Hinche, qu'il entraîna dans le parti qu'il avait adopté et qui, étant très-influent sur les populations des campagnes, devint ensuite un de ses lieutenans, de même que Manuel Carabajal. Arrivé à Cotuy au moment où l'on publiait une proclamation de Ferrand, tendante à calmer les esprits et à les retenir dans le devoir envers la France, J. Sanches fit un appel à la révolte et à ses compatriotes qui l'écoutèrent d'autant mieux, qu'il avait conservé toute leur estime et qu'il était connu dans son lieu natal, comme un homme plein de résolution. Ils jurèrent tous ensemble une haine implacable aux Français, à raison des événemens qui avaient eu lieu en Europe ; et ce sentiment se répandit, de Cotuy dans tout le département du Cibao ou du Nord-Est, lorsque déjà les habitans à l'est de Santo-Domingo, du côté de Seybo et de Higuey, le partageaient.

Dans cet intervalle, les Anglais ne s'endormaient pas ; ils conclurent avec Torribio Montès une convention offensive et défensive, dans le but de chasser les Français de l'Est d'Haïti, de toutes les Antilles, et de rester en possession du commerce exclusif de ces îles. Le gouverneur envoya aussi, vers la fin de septembre, un autre agent nommé Salvador Félix qui débarqua à Baya-Hunda, pour soulever les quartiers d'Azua, Neyba, Saint-Jean, etc. Cet agent s'aboucha avec Cyriaco Ramirès, Christoval Huber et d'autres qui exerçaient de l'influence dans cette partie. Mais déjà, ils avaient commencé leur propagande insurrectionnelle ; car la conspiration était dans toute la partie de l'Est, dès le mois d'août. Cyriaco Ramirès avait envoyé dès lors son second Huber auprès de Pétion, pour en obtenir de la poudre et des armes ; et il en reçut une petite quantité, vu les besoins de la guerre avec le Nord, quoi qu'en ait cru à ce sujet Guillermin, qui assure que Pétion *refusa tout secours*, tout en ajoutant : « Néan-
« moins, il s'engagea à leur fournir *des armes et des mu-*
« *nitions*, en échange des bêtes-à-cornes dont il avait le
« plus grand besoin. » C'est affirmer le fait en le niant.

En même temps, Juan Sanches s'adressait aussi à Christophe, pour avoir de lui des armes et des munitions qui lui furent expédiées. Il s'était déterminé à cette démarche, non-seulement par la proximité du Cibao avec le Nord, mais par les conseils de Manuel Carabajal qui avait connu Christophe au Cap depuis longtemps [1].

Ainsi, les deux chefs des Haïtiens, quoique divisés et en guerre, contribuaient chacun à l'expulsion des Français, d'un territoire qu'ils espéraient de réunir plus tard et qui était compris dans l'acte d'indépendance du 1er janvier 1804.

Informé de la situation des esprits du côté de Neyba, etc., le 3 octobre Ferrand donna l'ordre au colonel Aussénac, officier d'une grande bravoure, de s'y transporter pour prendre les mesures qu'il jugerait convenables. Apprenant lui-même que les insurgés étaient campés à Malpasso, sur les bords de la rivière du Petit-Yaque, le 10 ce colonel partit d'Azua avec 80 hommes de troupes françaises et deux compagnies de dragons indigènes. Le 12, il était en présence de l'ennemi qu'il attaqua ; mais il fut complètement battu par environ 200 hommes réunis sous les ordres de Cyriaco Ramirès et de son lieutenant C. Huber. Ce succès des insurgés rendit l'insurrection générale dans tous ces quartiers ; la nouvelle en parvint de là dans le Cibao et dans le département de l'Ozama, et ranima l'espoir de tous les conspirateurs ; chaque ville, chaque bourgade avaient leurs chefs qui se préparèrent à la lutte.

Un nouvel engagement eut lieu entre Aussénac et les insurgés au nombre de 500, le 23 octobre, à Savana-la-

---

[1] En allant vendre des bestiaux, Manuel Carabajal avait eu l'occasion de se lier avec H. Christophe au Cap, où ce dernier faisait ce trafic peu avant la révolution.

Mula où ces derniers eurent encore quelque avantage ; et peu de jours après, Joseph d'Espinosa, l'un d'eux, fit assassiner le colonel Casillas, indigène resté fidèle aux Français à Saint-Jean. Après cet acte de froide résolution contre celui qu'ils considéraient comme traître à son pays, leur nombre se grossit encore, et ils vinrent se poster à la Tabara, près d'Azua où Aussénac s'était retiré à la suite du combat de Savana-la-Mula.

Selon Guillermin, ils auraient encore député Manuel Ximenès, beau-frère de C. Ramirès, auprès de Pétion *dont il n'obtint rien;* mais il serait revenu « avec « *quelques munitions* qu'il s'était procurées au Port-au-« Prince, à force d'argent. » Il ajoute que « le parti des « insurgés se grossit d'un corps *de mulâtres français et* « *de nègres* réfugiés dans cette partie, etc. » Mais cet auteur s'est trompé à l'égard de Pétion ; il est constant qu'il fournit des munitions aux insurgés, quoique ceux-ci aient pu en acheter aussi du commerce du Port-au-Prince. Les mulâtres et les noirs qui se joignirent à eux, étaient des hommes qui avaient fixé leur résidence dans ces quartiers depuis longtemps ; ils comprirent fort bien qu'ils n'étaient pas *Français*, et qu'ils devaient assister des frères qui soutenaient une cause juste.

L'approche des insurgés d'Azua avait contraint Aussénac à replier jusqu'au-delà de la rivière d'Ocoa ; il se posta sur le plateau de Savana-Buey. En même temps, les insurgés du Cibao arrêtaient A. Franco de Médina à Saint-Yague[1], et Juan Sanches prenait les armes à Seybo. Toute la partie de l'Est était donc soulevée contre les

---

[1] Dans un échange de prisonniers qui eut lieu en 1809, au moment de la capitulation de Santo-Domingo, il rejoignit les Français dans cette ville.

Français à la fin d'octobre, moins la ville de Santo-Domingo et ses environs jusqu'à Bany.

Le 1er novembre, le général Ferrand sortit de Santo-Domingo à la tête de 500 hommes. Dans son aveugle espérance de ramener Juan Sanches et sa troupe qui se formait à Seybo, il se fit précéder dans ce bourg où il dirigeait ses pas, par le colonel Manuel de Peralta, porteur d'une proclamation menaçante; mais qui contenait aussi la promesse de revenir sur tous les actes qu'il avait publiés relativement aux biens de main-morte, etc. Les insurgés n'y virent que de la faiblesse, et ils incarcérèrent Peralta.

Au lieu de marcher droit à Seybo, à 35 lieues de Santo-Domingo, le général Ferrand s'arrêta pendant trois jours sur une habitation qu'il avait fondée à Higuero-Copado, sur la route, et là il fit encore une dernière sommation aux insurgés.

Le 6 novembre, Juan Sanches, prenant le titre de *Capitaine-Général* de la colonie, lui répondit qu'il se défendrait à outrance, s'il était attaqué : il avait sous ses ordres 1200 hommes d'infanterie et 600 cavaliers armés de machettes et de lances, — les hommes les plus robustes de la partie de l'Est, qui manient leurs chevaux avec autant d'adresse que leurs lances. Il avait choisi une excellente et forte position sur le plateau du lieu appelé Palo-Hincado, à six milles de Seybo. Son infanterie de milices avait été grossie de 300 hommes du régiment de Porto-Rico, débarqués peu de jours auparavant à l'embouchure de la rivière de Youma, dans la baie de Higuey. Juan Sanches se réserva le commandement du centre de sa petite armée, donnant celui de la droite à M. Carabajal, et celui de la gauche à Pedro Basquez, composée de la plus grande partie de la cavalerie : elle se masqua derrière un bois.

Le 6 dans la soirée, le général Ferrand partit de son habitation pour aller à la rencontre de l'ennemi. Le porteur de la réponse de Juan Sanches, lui conseilla vainement de ne pas hasarder un combat avec des forces qui quadruplaient les siennes ; un officier d'état-major qu'il avait envoyé en reconnaissance, revint confirmer le dire de cet indigène ; mais ce général comptait sur la valeur de sa troupe, et poursuivit sa marche.

Avant d'arriver à Palo-Hincado, il rencontra à Los-dos-Rios un détachement d'environ 200 insurgés qui s'enfuirent après peu de résistance : Ferrand n'eut que plus d'espoir de battre le corps d'armée.

Le 7 novembre, à 11 heures du matin, il était en présence de l'ennemi : il le fit attaquer dans son centre par sa propre avant-garde. La droite et la gauche de l'ennemi ne lui laissèrent pas le temps de déployer sa troupe en ligne de bataille ; les lanciers seybanos la chargèrent avec tant d'impétuosité, en poussant des cris si assourdissans, que la confusion se mit parmi les Français, et ils lâchèrent pied. Ce fut une mêlée affreuse où le centre ennemi joua aussi son rôle. En vain Ferrand et ses officiers essayèrent d'établir un peu d'ordre, de rallier les fuyards, il leur fallut fuir également devant les lanciers qui hâchèrent les Français avec leurs machettes, quand ils ne se servaient pas de leurs lances.

En fuyant, le général Ferrand ne voyant autour de lui que quelques officiers, fut confus de sa défaite ; il se donna un coup de pistolet vers 6 heures du soir. Des 500 hommes sortis de Santo-Domingo, 40 seulement y rentrèrent ; tous les autres furent, ou sacrifiés sur le champ de bataille et dans leur fuite, ou faits prisonniers. Bien d'autres Français furent alors assassinés isolément dans la campagne où ils étaient établis.

Le cadavre de Ferrand ayant été trouvé sur la route par les vainqueurs de cette sanglante journée, ils eurent l'indignité de lui trancher la tête qu'ils portèrent en triomphe au bout d'une lance.[1] Et cependant, ce général avait constamment été bienveillant, on peut le dire, envers toute la population de cette partie de l'Est ! Il l'avait gouvernée pour la France, de manière à la rendre heureuse autant qu'il dépendait de lui.[2]

A Palo-Hincado, se trouvaient Savary aîné, Faustin Répussart, Desfontaines et Lavalette, quatre hommes de couleur de Saint-Marc, qui, dans tout le cours de la révolution, étaient restés attachés au système colonial ou à la France : ils échappèrent aux lances des Seybanos et rentrèrent à Santo-Domingo.[3]

Le 8 novembre, la nouvelle y parvint de la mort du général Ferrand et de la perte totale de ses 500 hommes. L'autorité passant aux mains du général Barquier, il rendit un arrêté qui déclara la ville de Santo-Domingo en état de siége ; il prit aussitôt des mesures pour sa défense, envoya l'ordre au colonel Aussénac de s'y porter : en ce moment, ce colonel était pressé par C. Ramirès et ses gens. Cette ville allait manquer en même temps des approvisionnemens de la campagne et de l'étranger, l'em-

---

[1] On prétend que la tête du général Ferrand fut conservée comme une relique guerrière, par Santana, père du général Pedro Santana qui est le chef actuel des indigènes de la partie de l'Est. Guillermin dit qu'on assure que ce fut un nommé Foleau qui trancha cette tête.

[2] Des citoyens de Santo-Domingo m'ont dit, que Ferrand se montrait même *partial* en faveur des indigènes, dans toute discussion qu'ils avaient avec des Français.

[3] En 1821, ce Lavalette vint au Port-au-Prince, dans une circonstance qui sera relatée suivant l'ordre chronologique.

bargo des Etats-Unis continuant encore, et les Anglais venant la bloquer par leurs navires de guerre. Mais le courage du général Barquier fut à la hauteur de ces difficultés.

Le 10, 3 frégates anglaises et 2 brigs firent capituler le commandant français à Samana, et les Anglais mirent les insurgés en possession de cette presqu'île, sous la condition de respecter les personnes et les propriétés françaises.

Le résultat du combat de Palo-Hincado fut donc de réduire les Français, à n'être plus en possession que de la ville de Santo-Domingo ; car, dans le courant du mois de novembre, les insurgés sous les ordres de Juan Sanches et de Cyriaco Ramirès s'approchèrent de cette place pour l'assiéger.

A peine vainqueurs, ces deux chefs se divisèrent. Les victoires de Malpasso et de Savana-la-Mula ayant eu lieu avant celle de Palo-Hincado, Cyriaco Ramirès prétendait à avoir le commandement en chef, tandis que Juan Sanches, qui avait déjà pris le titre de capitaine-général et qui avait défait celui des Français en personne, réclamait cette supériorité avec d'autant plus de raison, qu'il était un ancien officier de commune, qu'il avait été lui-même s'aboucher avec le gouverneur de Porto-Rico, qu'il avait sous ses ordres directs des troupes de cette île, et que son triomphe était plus important que celui de son compétiteur, sous les deux rapports, militaire et politique[1].

Une autre cause de division existait entre eux. A raison des

[1] Cyriaco Ramirès était un mulâtre d'une stature gigantesque ; sa voix était en harmonie avec sa taille, et sa bravoure y répondait parfaitement : ce qui lui donnait un grand ascendant sur les populations des quartiers d'Azua, etc. Mais il n'avait pas l'instruction de Juan Sanches.

secours qu'ils avaient reçus de Pétion et de Christophe, en armes et munitions, Cyriaco Ramirès inclinait *à s'allier* avec la République d'Haïti, et Juan Sanches avec l'État du Nord. Il est curieux de constater, dès à présent, que l'idée du premier, qui ne put aboutir alors, finit par triompher avec le temps, et que celle du second, qui réussit à cette époque, suivit la destinée du Nord.

Par ces diverses considérations, Juan Sanches s'adressa au gouverneur de Porto-Rico, dans l'espoir qu'il en serait reconnu comme *le chef supérieur* des insurgés de l'Est, en lui donnant l'assurance que bientôt il contraindrait Santo-Domingo à lui ouvrir ses portes. Mais Torribio Montès lui envoya le colonel don André Ximenès, avec des instructions qui donnaient le commandement en chef à ce dernier, et le commandement *en second* à Juan Sanches avec le grade de *lieutenant-colonel*, attendu que ce n'était que par son autorisation que ce dernier avait soulevé les indigènes contre les Français. Ces instructions autorisaient d'ailleurs Juan Sanches à former des corps d'infanterie et de cavalerie, et à se fixer et s'entendre avec Cyriaco Ramirès et C. Huber, sur la destination qu'ils devaient avoir. Elles disaient en outre, pour prévenir toute alliance avec la partie occidentale d'Haïti : « Les armes et les munitions que don
« Juan Sanches recevra du général nègre Henry Chris-
« tophe, devront être pour le compte de celui-ci, vu que
« toutes celles qui ne lui seront pas remises, dans le
« même état où on les aurait reçues, devront être scru-
« puleusement payées ; mais, sous aucun rapport on
« n'admettra aucun nègre dans cette expédition[1]. »

[1] Dans une autre dépêche de Torribio Montès, il constata « que le général Pétion avait
« accordé à Salvador Félix 40 caisses de cartouches, 4,000 pierres à fusil et 100 piques (fu-

Ces instructions portaient la date du 12 décembre ; et dans d'autres que Torribio Montès envoya au colonel André Ximenès, où il disait que, suivant le rapport de Juan Sanches, Cyriaco Ramirès s'était soumis à ses ordres, ce gouverneur ajouta : « Quoique les chefs de la « partie d'Azua aient proposé au mulâtre Pétion de « faire *des traités* avec lui, aucun ne pourra néanmoins « avoir lieu sans mon consentement, non-seulement « avec Pétion, mais avec Christophe, chef des nègres. « On conservera avec eux la bonne harmonie, en res- « pectant les limites des deux pays. »

Tout en soignant les intérêts politiques de l'Espagne, pour lui faire recouvrer une ancienne colonie qu'elle n'avait cédée à la France qu'avec regret, Torribio Montès ne négligeait pas les siens propres non plus : dans chacune de ses dépêches, il recommandait de lui envoyer *les bois d'acajou* confisqués dans les coupes qui appartenaient aux Français, comme si les insurgés n'en auraient pas besoin pour les dépenses publiques, après leur triomphe définitif.

Cette avidité, et le rang subalterne auquel il réduisit Juan Sanches, jointe à l'opposition que lui faisait Cyriaco Ramirès, porta le vainqueur de Palo-Hincado à recourir à *l'autorité populaire*, pour faire sanctionner en lui l'autorité civile et militaire qu'il voulait exercer dans l'Est. En conséquence, il convoqua sur l'habitation Bondilla, à peu de distance de Santo-Domingo, *des députés* de tous les quartiers, qui se formèrent en une as-

---

« sils). Vous les emploierez de la manière la plus convenable, après lui avoir demandé le « compte de ces différens objets. » Mais, ni Pétion, ni Christophe ne firent payer ce qu'ils avaient fourni aux hommes qui avaient le même intérêt politique que leurs concitoyns immédiats.

semblée ou junte ; ils avaient des pouvoirs illimités. Les uns voulaient l'alliance avec l'État du Nord ; les autres, celle avec la République d'Haïti ; d'autres opinèrent pour déclarer l'indépendance politique de l'Est, et d'autres encore, pour le replacer sous la domination de l'Espagne. Enfin, après de violentes discussions, la majorité se forma ; et le 18 décembre, *la junte* déclara : « Que
« les naturels de la partie espagnole de Saint-Domingue
« prenaient les armes au nom de leur souverain légi-
« time, Don Ferdinand VII, actuellement en captivité
« (en France), et dont les pouvoirs étaient exercés par
« la junte de Séville ; et qu'ils reconnaissaient don Juan
« Sanches de Ramirès, pour leur *capitaine-général et in-*
« *tendant par intérim.* »

Indépendamment de l'origine de ces habitans, de l'intérêt qu'inspirait la famille royale d'Espagne, dépouillée de ses États par la violence, on peut croire qu'ayant besoin du concours des Anglais pour s'emparer de Santo-Domingo et être protégés ensuite, ces considérations influèrent sur la résolution de la junte de Bondilla ; car, probablement, la Grande-Bretagne n'aurait pas prêté la main à la déclaration *de l'indépendance*, ni *à l'alliance* avec l'un ou l'autre État d'Haïti, lorsque dans le même mois de décembre, elle venait *d'autoriser* seulement le commerce de ses sujets avec eux. Il est même permis de croire qu'elle ne rendit son Ordre en conseil du 14, que par la connaissance acquise du soulèvement des indigènes de l'Est, qui allait expulser les Français de toute l'île d'Haïti. D'ailleurs, sa convention avec le gouverneur de Porto-Rico n'était que la conséquence de son alliance avec la junte de Séville ; et c'était au nom de cette dernière et par son autorisation, que ce gouverneur avait fait insurger l'Est : il fallait donc que cette partie d'Haïti se replaçât sous la domination *espagnole*, puisque encore la guerre civile entre Christophe et Pétion empêchait l'un et l'autre de profiter des circonstances pour accomplir le vœu émis le 1er janvier 1804. Dans *l'intérêt politique d'Haïti*, mieux valait que ce territoire retournât *à l'Espagne*, jusqu'à des temps plus heureux : en attendant, les relations de commerce allaient se rétablir comme anciennement, au profit des populations respectives.

La décision de la junte de Bondilla émancipa Juan Sanches de l'autorité que s'arrogeait Torribio Montès. Néanmoins, il ne refusa point les secours qu'il pouvait en recevoir, et ce gouverneur les accorda, bon gré, mal gré, puisque enfin l'ancienne colonie espagnole reprit les couleurs de la monarchie au nom de laquelle on se battait en Europe : il n'eut à regretter que de ne pouvoir plus se faire envoyer *des bois d'acajou*.

Quant à Cyriaco Ramirès, offensé de la décision, il se retira personnellement sur ses propriétés près d'Azua, sa troupe ayant passé sous les ordres de son heureux compétiteur : là, il faisait *le boudeur*, à peu près comme Gérin dans la République d'Haïti [1].

Devenu le chef suprême de l'Est, Juan Sanches fixa son quartier-général sur l'habitation Galar, où Dessalines avait le sien en 1805. Ses troupes, composées des milices ou gardes nationales de tous les quartiers, et de quelques centaines d'hommes du régiment de Porto-Rico, formaient trois divisions : l'une campée à l'est de Santo-Domingo, sous les ordres de Manuel Carabajal ; l'autre

---

[1] En mars 1809, Juan Sanches le rappela à l'armée, en lui donnant le commandement des troupes qu'il avait déjà dirigées. En juin, Pétion réactiva Gérin.

au nord, sous ceux de Diégo Polanco ; la troisième à l'ouest, sous ceux de Pedro Basquez, dans laquelle était le capitaine-général lui-même. Tous les habitans les plus marquans de l'Est se trouvaient dans cette armée, et Guillermin assure que « sa principale force consistait *en « mulâtres et nègres français ;* [1] » c'est-à-dire, de ceux qui s'étaient réfugiés dans cette partie depuis longtemps, et où ils étaient devenus habitans. Dans tous les cas, cet auteur constate la participation des indigènes de l'ancienne partie française à la délivrance de l'Est, de la domination de la France. Il ne constate pas moins, d'un autre côté, la part que prirent à la défense de Santo-Domingo. ceux des hommes de couleur et noirs de cette partie, qui étaient restés fidèles à cette puissance : le général Barquier donna même *la liberté* à une centaine *de noirs* pour qu'ils concourussent à cette défense [2].

Nous ne relaterons pas tous les incidens, tous les combats qui eurent lieu durant huit mois consécutifs, entre les assiégeans et les assiégés, dans lesquels le brave général Barquier et sa vaillante garnison montrèrent une constance digne d'admiration, à supporter toutes les privations qu'il est possible d'imaginer, en déployant chaque jour le courage militaire qui les animait. Nous ne dirons pas non plus quelles furent les nombreuses tentatives que ce général français fit, pour ramener Juan Sanches et les habitans de l'Est à l'obéissance envers sa patrie, surtout par l'intermédiaire du prêtre Bernard Correa y Cidron, docteur en théologie et curé de la cathédrale de Santo-Domingo. Cet ecclésiastique employa, en vain, dans une correspondance avec le chef des indi-

---

[1] Page 456, dans la note 62.
[2] Voyez l'ouvrage de Guillermin, page 223.

gènes, tous les argumens qu'il put puiser dans son érudition et dans les livres saints, en remontant jusqu'à Adam et Ève, en citant des textes latins des pères de l'Église, et des exemples tirés de l'histoire d'Absalon, de David, de Cyrus, de Nabuchodonosor, etc., etc. Juan Sanches resta sourd à tous ces discours ; son âme *endurcie* n'aspirait qu'à une chose : la remise à son autorité de la place de Santo-Domingo.

Nous dirons bientôt comment elle eut lieu. En attendant, passons aux faits qui s'accomplissaient dans la partie occidentale d'Haïti.

L'année 1809 se distingue entre toutes, pour cette île. Au moment où elle commençait, la guerre existait à toutes ses extrémités : — à Santo-Domingo, entre les Indigènes et les Français ; — au Môle, entre l'armée expéditionnaire et celle du Nord ; — à la Sourde, entre Bergerac Trichet et sa demi-brigade, opposée à quelques troupes de ce département ; — enfin, dans la Grande-Anse, entre les insurgés et les forces du Sud.

A la suite de tous ces combats acharnés, mais après bien des obstacles semés sur ses pas par un enchaînement de causes naturelles, la *République d'Haïti* a fini par rester prépondérante, parce que, dans ses nobles aspirations, elle ne voulait que le bonheur de l'universalité des hommes habitant le même pays.

Parlons donc des actes de son glorieux fondateur, revêtu en ce moment d'un pouvoir extraordinaire, d'une dictature inévitable, nécessaire, par les fautes de ses meilleurs amis, de ses coopérateurs à l'œuvre intelligente à laquelle ils se dévouèrent tous.

Parmi ces derniers, *le plus capable*, alors, d'aider le

chef de l'État à gouverner, se trouvait à la tête de l'administration. Il avait à pourvoir aux nécessités pressantes de l'armée expéditionnaire désormais renfermée dans les murs du Môle, comme *le poste avancé* de la République, destiné à contenir le tyran du Nord, à occuper tous ses instans pour l'empêcher d'exercer ses fureurs contre elle : glorieuse et périlleuse mission où chaque soldat, chaque officier, le général en chef lui-même devaient comprendre qu'ils étaient en quelque sorte *des sentinelles* préposées à la garde de leurs concitoyens et des institutions proclamées pour assurer leurs droits. S'ils ne saisirent pas tout d'abord cette pensée, ils la comprirent enfin ; et leur héroïque dévouement, leur abnégation patriotique, n'en ressortent que mieux aux yeux de la postérité reconnaissante.

Il faut aussi rendre justice à Bonnet ; il comprit parfaitement la mission qui lui était dévolue, et il a également droit à la gratitude de la patrie. Tous ses efforts tendirent à ravitailler la place du Môle, à procurer à ses braves défenseurs les objets dont ils avaient besoin, à fournir à la flotte, qu'il fallut augmenter pour correspondre à celle du Nord afin de secourir cette place, les choses nécessaires à son armement, son équipement, son rationnement, sa solde, etc., tandis que le Président d'Haïti s'occupait spécialement avec Panayoty et les capitaines des garde-côtes, de l'installation de ces navires achetés du commerce étranger.

Pétion était chaque jour à l'arsenal pour presser les travaux qui s'y exécutaient dans ce but, tant il se préoccupait des secours à porter à l'armée expéditionnaire : il savait l'activité de Christophe, les moyens qu'il employait pour parvenir à ses fins, et il jugeait avec raison que ce chef ennemi ne négligerait rien pour assiéger le Môle avec toutes les règles de l'art, s'il ne réussissait pas à enlever cette place de vive force.

En ce moment-là, la flotte de la République se composait de deux trois-mâts, *la Furieuse* et *la Républicaine*, du brig *l'Alexandre*, et des goëlettes *le Derénoncourt*, *la Présidente*, *l'Indépendance* et *le Rebecca*. Celle du Nord avait une véritable corvette, deux brigs et plusieurs goëlettes.

On conçoit que les dépenses, pour l'entretien de nos bâtimens et pour approvisionner le Môle en toutes choses, étaient considérables eu égard au peu de revenus de l'État; et il fallait encore procurer à l'armée répartie dans les départemens, principalement au Port-au-Prince, son habillement, son équipement et sa solde. Pour subvenir à toutes ces dépenses, Bonnet provoqua diverses mesures législatives du Président d'Haïti, et en prit lui-même dans le cercle de ses attributions.

Ainsi, le 4 janvier, un arrêté du président établit un impôt du vingtième de la valeur locative des maisons dans les villes et bourgs; le 31, un autre arrêté prorogea pour 1809 les lois précédentes sur les patentes; d'autres arrêtés changèrent en patentes l'impôt mal assis sur les guildives, ordonnèrent une plantation spéciale *de vivres* sur chaque habitation, pour en pouvoir expédier au Môle et fournir à l'alimentation de l'armée en général [1], fixèrent le droit de tonnage, etc., sur les navires étrangers, ordonnèrent qu'ils seraient tenus à

---

[1] L'embargo mis par les États-Unis sur leur commerce, privait nos ports des comestibles qu'ils nous fournissent habituellement; il fallait y suppléer par les vivres du pays : la farine, les salaisons, etc., étaient d'une cherté excessive, et la République avait peu de revenus. Le mérite de Bonnet n'en ressort que plus.

faire leur retour en denrées du pays, afin de n'en pas emporter le numéraire. Le secrétaire d'État lui-même publia divers avis au public et prescrivit aux fonctionnaires, de contraindre les débiteurs de l'État à payer ce qu'ils lui devaient, principalement les fermiers des biens du domaine.

Cette dernière mesure, exécutée avec fermeté, lui attira le mécontentement et même l'inimitié de bien des gens haut placés, qui excitèrent la foule des fermiers contre lui ; mais il ne s'arrêta point à leurs clameurs injustes ; il dut même résilier des baux-à-ferme, faute de payement, et l'irritation des fermiers récalcitrans n'en augmenta que plus. Des égoïstes d'une autre espèce vinrent joindre leurs plaintes à celles-là : ils obtenaient facilement de fausses attestations des particuliers, dans les enquêtes supplétives des titres de propriété, pour en réclamer la remise du domaine : le secrétaire d'État provoqua un arrêté du président, en date du 17 mai, par lequel toute réclamation de cette nature était renvoyée à la paix intérieure du pays.

Nous avons laissé Lamarre, au 29 décembre 1808, se préparant à se voir assiéger au Môle, demandant des secours en toutes choses, au moment où il venait de combattre à la Source-Ronde et où il avait 800 blessés à l'hôpital. A ce poste avancé, se trouvaient presque toutes ses forces sous les ordres de Delva, qui était secondé par Toussaint, Léger et Germain. Lamarre, malade d'une affection cutanée, se tenait au Môle avec Bauvoir, Éveillard et Masson Dias, ce dernier, ancien officier de marine. Le chef de bataillon Henry était le commandant de la place, et le capitaine Alain, son adjudant ; deux compagnies de grenadiers, quelques gardes nationaux et quelques tailleurs sous les ordres de Faux, formaient toute la garnison intérieure de la place, et gardaient les forts Georges, Allemand, Vallière, et les postes Intermédiaire et de la porte de Jean-Rabel.

Informé sans doute de cette situation, par les transfuges de la 9ᵉ qui avaient passé sous ses drapeaux, et surtout par *Madou*, capitaine renvoyé de ce corps qui s'offrit de piloter l'ennemi, le redoutable *Monseigneur du Nord* [1], étant au Port-de-Paix, ordonna aux généraux Romain et Magny de se laisser guider par cet officier, pour pénétrer dans l'enceinte du Môle, enlever cette place, tuer ou faire prisonniers Lamarre et les officiers supérieurs qui étaient avec lui, bien convaincu qu'après un tel succès, il parviendrait à vaincre Delva et ses compagnons à la Source-Ronde.

Dans ce but, Romain et Magny, à la tête de dix bataillons d'infanterie et deux escadrons de cavalerie, surprirent la garde de la porte de Jean-Rabel, le 13 janvier à 3 heures du matin, et l'enlevèrent : après y avoir placé des troupes, ils pénétrèrent dans l'enceinte du Môle et vinrent prendre position sur la place d'armes. Quoique surpris, ces militaires tirèrent quelques coups de fusil qui donnèrent l'alarme dans la ville.

Lamarre fut un des premiers réveillés : il habitait une maison située près du fort Georges. Il chargea Bauvoir de sa défense, fit partir Éveillard avec l'une des compagnies de grenadiers, et ses aides de camp Valery Renaud,

---

[1] Peu après sa constitution de février 1807, Christophe se fit qualifier de *Son Altesse Sérénissime Monseigneur le Président*; le titre d'*Excellence* était trop mesquin pour lui, l'autre préparait les esprits à celui de *Sa Majesté* : ce fut une habileté de sa part. Dans une lettre du 13 novembre 1807, de Lamarre à Pétion, il disait de Christophe : l'*Oppresseur monseigneurisé*.

Michel et Arnoux, pour aller à la rencontre de l'ennemi, et il se porta lui-même dans ce dessein à la tête de l'autre compagnie de grenadiers, accompagné de ses autres officiers d'état-major, Honoré et Hyppolite, et de ses guides. Passant par deux des rues aboutissant à la place d'armes, ils attaquèrent sans hésiter toutes ces masses qui les contraignirent bientôt à faire retraite au fort Georges ; et elles s'y dirigèrent en prenant position dans les maisons en maçonnerie qui l'avoisinaient, notamment dans celle qu'habitait Lamarre. De là, les généraux ennemis ordonnèrent un feu de tirailleurs sur le fort, que deux colonnes tentèrent vainement d'enlever d'assaut. Le jour se fit et vint encore éclairer les combattans. Les républicains virent alors à quelles forces ils résistaient.

En ce moment, Lamarre prit la résolution de sortir du fort Georges, par le côté opposé à l'ennemi, avec Honoré et son guide Rémy, afin d'aller par l'ancien jardin du roi au ford Allemand[1]. Là, il fit diriger deux pièces de 24 contre les troupes qui s'efforçaient d'enlever le fort Georges, tandis que le commandant ennemi, laissé à la porte de Jean-Rabel, dirigeait lui-même une pièce de même calibre contre ce fort. Peu après son départ, ses guides Décade et Soulouque l'avaient suivi et joint au fort Allemand. Mais, laissons-le parler dans sa lettre au Président d'Haïti.

« Jusqu'alors, nous étions livrés à nos seuls moyens ;
« ils étaient faibles par le nombre, et nous avions fait
« tout ce que notre pays peut exiger de nous. Moi-même,
« croyant que je devais m'immoler pour lui et qu'il fallait
« étonner l'ennemi par quelque coup hardi, je le tournai ;

---

[1] De ce fort, il envoya Honoré pour faire avancer les troupes de la Source-Ronde.

« et *je le chargeais par ses derrières avec trois hom-*
« *mes* [1], lorsque l'adjudant-général Delva, qui avait été
« réveillé par les coups de canon et avait donné l'ordre
« au colonel Germain de se porter au Môle avec 150
« hommes, l'ayant suivi avec le colonel Toussaint et ses
« dragons, arriva à notre secours. En ce moment, l'en-
« nemi fut mis en déroute et opéra sa retraite par la
« porte de Jean-Rabel : les rues furent jonchées de ca-
« davres. Blessé déjà en trois endroits, le colonel Éveil-
« lard ayant reçu dans cette dernière circonstance deux
« autres blessures, je fus contraint de le ramener au fort
« Georges. »

Et ce héros se tut sur ses propres blessures ! — un coup de baïonnette et une balle au bras gauche, et une autre balle sous l'aisselle droite.

« L'adjudant-général Delva et le colonel Toussaint,
« continua-t-il, ont chargé l'ennemi avec le courage qu'on
« leur connaît; ils en ont fait un carnage affreux : tout
« le grand chemin de Jean-Rabel ne présente plus que
« l'aspect d'un vaste cimetière. Presque tous mes braves
« officiers ont été blessés : je n'ai que des éloges à don-
« ner à ceux qui ont combattu; tous se sont montrés
« avec la plus grande bravoure... J'ai eu le malheur de
« perdre mon aide de camp Hyppolite, qui est mort en
« chargeant l'ennemi. »

Un drapeau, plusieurs tambours et une grande quantité de fusils furent les trophées de cette victoire. Ce jour-là, officiers et soldats ne voulurent faire quartier à aucun prisonnier, afin de terroriser l'ennemi et de le dégoûter, une fois pour toutes, de tenter désormais de semblables

---

[1] Ces trois hommes qui secondèrent si bien l'intrépide Lamarre, ce sont ses guides Rémy, Décade et *Soulouque*, — ce dernier devenu *Sa Majesté* FAUSTIN I*er*, *Empereur d'Haïti*.

surprises contre le Môle. Cette place fut ainsi sauvée : aussi Lamarre a-t-il pu dire au président, en commençant sa lettre :

« Citoyen président, le Peuple d'Haïti sera content de « son armée; elle vient de renouveler ses prodiges et « cette valeur qui ne l'a jamais abandonnée. Le soldat « s'est conduit comme l'officier, et l'officier s'est montré « digne du grade dont il a été honoré; mais je laisserai « parler les faits : mieux que moi, ils vous feront con- « naître ce que le pays doit à la brave armée expédi- « tionnaire du Nord. »

Oui, la République lui dut beaucoup ! car elle occupa durant trois ans son redoutable ennemi, tandis que des passions blâmables agitaient les esprits. Et comment le chef de l'État, et le grand fonctionnaire qui le secondait alors, n'auraient-ils pas compris ce qu'ils devaient faire en faveur de tant de braves ! Nous venons de dire quelle fut leur sollicitude.

Après avoir relaté les faits de la journée du 13 janvier, où la flotte ennemie vint dans la rade du Môle pour coopérer à l'action de Romain et Magny, Lamarre disait au président : « Empressez-vous de voler à notre secours ; « nous avons besoin de renforts : des hommes, des mu- « nitions de guerre et de bouche, des habillemens et de « l'argent. Envoyez-nous la flotte, sinon permettez-moi « de me retirer d'ici ; car, je ne veux point m'exposer *à* « *être déshonoré.* » C'est-à-dire, *à être vaincu* par un ennemi qu'il venait de terrasser, après l'avoir si souvent battu : cette âme altière ne pouvait l'entendre autrement.

Sa dépêche fut apportée par un étranger du nom de Richeux, qui avait introduit quelques provisions au Môle, dont il allait toucher le payement au Port-au-Prince [1]. Peu de jours après, un autre étranger nommé Kerkland apporta une autre dépêche où Lamarre renouvelait ses demandes. « J'espère, dit-il, que bientôt nous verrons « flotter dans la rade du Môle le pavillon de notre es- « cadre. Mes blessures et celles du colonel Éveillard vont « assez bien. » Plusieurs autres lettres de dates rapprochées suivirent celles-là et dans le même but. L'une d'elles informa le président, que l'ennemi avait porté toutes ses forces contre la Bombarde et la Source-Ronde, et qu'après de nouveaux combats où Bauvoir et Toussaint furent blessés, quoique ayant été lui-même au secours de Delva, il fut forcé d'évacuer ces positions et de rentrer sa troupe au Môle : en cinq jours il avait eu 500 hommes hors de combat. Christophe était présent parmi ses troupes. « Il faut, dit Lamarre, que cet état de « choses ait un terme, et très-rapproché : si l'on ne « peut nous secourir, qu'on nous retire de cette terre de « désolation. »

Cette dernière dépêche fut écrite au moment où Gérin adressait sa lettre à Pétion, qui nécessita la réponse de celui-ci déjà produite. On saisit alors la coexistence déplorable de la triste situation de l'armée expéditionnaire, et de l'agitation de l'esprit public, au Port-au-Prince, Gérin se conduisant de manière à le faire soupçonner de conspiration. On peut ainsi comprendre les embarras de Pétion, après les conspirations de Yayou et de Magloire Ambroise, après l'ajournement forcé du sénat, dont les membres opposans étaient loin de lui savoir gré du ré-

---

[1] Richent était un de ces Français habitant Saint-Yague de Cuba, qui établirent des relations de commerce avec le Môle.

sultat de leurs propres fautes. Cependant, au milieu de tout cela, le président veillait à assurer à la flotte, sinon la supériorité sur celle du Nord, du moins l'égalité dans tout combat qui pouvait se livrer entre elles; car c'était là la chose essentielle pour secourir le Môle. En effet, comment y envoyer des approvisionnemens, si ce n'était par la flotte? Comment y expédier des troupes, qui encombreraient ces bâtimens et gêneraient leurs manœuvres, s'ils devaient encore craindre la rencontre de ceux de l'ennemi? Il ne fallait pas exposer la vie des soldats de renfort, lorsque déjà le champ de bataille où ils allaient se trouver était redouté des plus braves, comme un lieu d'où ils ne pouvaient guère espérer de revenir.

Enfin, dans les derniers jours de février, la flotte partit sous les ordres de Panayoty, et arriva au Môle sans livrer combat, avec des troupes et des approvisionnemens de guerre et de bouche. Le 1er mars, Lamarre écrivit au président : « L'extrémité où la place et l'armée étaient
« réduites, fut à son comble ; je ne trouve point d'ex-
« pression assez forte pour vous la dépeindre. A l'arrivée
« de la flotte, à la consternation, à la douleur muette, a
« succédé une joie indicible parmi les infortunés que j'ai
« l'honneur de commander... Je vais remplir vos vues,
« en envoyant au Port-au-Prince les blessés et les estro-
« piés. Mon cœur sera soulagé de ne plus avoir devant les yeux les victimes d'une guerre opiniâtre....
« L'armée expéditionnaire se montre digne de votre
« sollicitude à la secourir, par sa constance et ses
« travaux guerriers.... Envoyez-nous des pièces de
« campagne avec des boulets et mitrailles, des haches,
« pioches, etc. Envoyez-moi le chef de bataillon Zé-

« non ¹ avec un obusier, des obus chargées et quelques artilleurs. »

Delva devait porter cette lettre ; il fut remplacé par Éveillard aîné, qui était chargé d'informer le président de quelques tracasseries suscitées à Lamarre, par le capitaine d'un corvette *anglaise* arrivée au Môle en même temps que notre flotte. Ce *gentleman* prétendait « que le « gouvernement de la République avait *mal acheté* les « plus forts bâtimens qui la composaient ; qu'il avait « enrôlé *des sujets anglais* ; et qu'un ordre de S. M. B. « venait de déclarer *la neutralité* de la Grande-Bretagne « dans la querelle civile entre les Haïtiens. » Or, si cet acte était réel, *la partialité* de ce capitaine n'était pas moins évidente, quand il nous cherchait querelle pour l'achat de nos gros navires de guerre qui équilibraient les deux flottes ennemies. Lamarre lui répondit qu'il croyait le président assez expérimenté, pour n'acheter des navires qu'à bon escient et pour ne pas vouloir enrôler des étrangers ; qu'au surplus, il allait écrire pour en informer le président, et que la corvette anglaise pouvait se transporter au Port-au-Prince. Nous ignorons si elle y vint, si son capitaine osa récidiver ses ridicules observations, qui n'avaient d'autre but que de paralyser notre flotte, par la crainte d'une tentative de la part de la corvette à capturer ceux des bâtimens qu'il désignait. Vingt jours après, Lamarre informait le président qu'un étranger, venu de la Jamaïque au Môle, lui avait rapporté que Christophe y avait fait faire des réclamations au sujet de nos

---

1 Zénon était un ancien artilleur de la Légion de l'Ouest, dans la compagnie que commandait Pétion : c'était un officier aussi brave que capable dans son art ; il était un homme de couleur de la Martinique. Cette île et la Guadeloupe ont été noblement représentées à Haïti.

CHAPITRE XI.

bâtimens, et que c'était la cause de la mission de la corvette anglaise au Môle.

Quoi qu'il en fût, on n'en tint aucun compte, et la flotte quitta le Môle, emportant environ 400 blessés et beaucoup de femmes, d'enfans et de vieillards au Port-au-Prince[1]. Elle ne tarda pas à y retourner avec de nouveaux renforts et des approvisionnemens de guerre et de bouche ; et pendant plusieurs mois, il en fut ainsi pour mettre le Môle à même de résister : en peu de temps, l'armée expéditionnaire fut portée à 4,000 hommes[2].

Un événement pénible à relater survint en cette place assiégée, dans la nuit du 6 au 7 mars : — la mort violente du sénateur Thimoté. Depuis le mois de décembre 1808, il était resté au Port-au-Prince d'où il vint au Môle avec la flotte, à la fin de février. Pendant son séjour en cette ville, il avait été témoin de la mésintelligence du sénat et de Gérin avec le président ; il sut tout ce qu'on imputait au vieux général boudeur. Soit qu'il perdît confiance dans la cause de la République qu'il avait embrassée avec chaleur, soit qu'il fût irrité par la perte de sa fortune, toujours est-il qu'à son arrivée au Môle, apprenant la désertion à l'ennemi de beaucoup de soldats de la 9e, il conçut un projet dont on ne parvint pas à saisir le but véritable. Après avoir fui la société de Lamarre avec qui il avait été si intimement lié, et s'être fait le centre des mécontens qui se plaignaient de l'abandon que le gouvernement faisait de l'armée expéditionnaire, qui reprochaient à Delva et Léger une inflexibilité trop rigoureuse

---

[1] Pétion eut un soin particulier de ces personnes auxquelles il fit donner des rations journalières au magasin de l'État, du linge, etc.
[2] *Bulletin officiel*, gazette du Port-au-Prince, du 18 juin 1809, N° 1er.

dans le service militaire, et à Lamarre une condescendance portée à la faiblesse, disaient-ils, envers ces deux officiers supérieurs ; Thimoté s'ouvrit au capitaine Gaspard, de la 24e, sur son dessein dont le premier objet aurait été *l'arrestation* de Delva et Léger et leur renvoi au Port-au-Prince : il voulait porter ce capitaine à gagner les autres officiers et les soldats de ce corps, et par eux entraîner toute la garnison. « Quant à mon collègue La-
« marre, dit-il à Gaspard, c'est malheureux ; mais que
« voulez-vous ? »

Telle fut la déposition faite par cet officier au général en chef : il s'y trouve aussi, ce qui ne s'accorde pas avec l'objet primitif, l'assurance donnée par Thimoté, que les troupes seraient bien accueillies par Christophe. En restreignant son projet à la simple arrestation et déportation de Delva, le second de Lamarre, c'eût été toujours un acte de haute insubordination militaire provoqué de la garnison, et qui eût pu avoir de funestes conséquences.

Quoi qu'il en soit, aussitôt informé de ce projet, Lamarre donna l'ordre à Delva, qui se fit accompagner par Léger, d'aller opérer l'arrestation de Thimoté pour le renvoyer au Port-au-Prince. Il eût dû l'appeler chez lui et exécuter cet ordre lui-même, ou en confier l'exécution à un autre que Delva, qui ne pouvait être qu'irrité contre le sénateur. Celui-ci, voyant les deux officiers supérieurs entourés d'un fort détachement de troupes, se refusa à se laisser arrêter par eux, réclama ses immunités sénatoriales et offrit de se rendre seul auprès de Lamarre : il s'était armé à l'apparition des troupes. Delva, à son tour, eût dû lui donner la faculté qu'il réclamait ; car il ne pouvait se soustraire à son arrestation dans la place du Môle. Loin de là, Delva ordonna à la garde de le saisir : Thimoté prit la fuite à ces mots, et Delva enjoignit aux soldats de faire feu ; le malheureux Thimoté tomba mort. Delva, et Léger qui lui prêta le concours de ses rigueurs inutiles et coupables, étaient évidemment sous l'impression d'une funeste irritation.

Lamarre rendit compte de ce malheureux événement, sans en dire toutes les circonstances, mais en soutenant que Thimoté était *coupable* ; et à ce sujet, il insinua au président, que son projet pouvait être lié à d'autres projets conçus au Port-au-Prince. « Il est possible, lui dit-il,
« que cela vous conduise à quelques renseignemens qui
« peuvent être utiles *à vous et à notre pays*. Cela mérite
« des réflexions : il faut *déjouer* sans aucun délai les en-
« nemis de notre indépendance. Quant à moi, je le jure
« encore : je ne serai jamais *l'instrument* d'aucun parti,
« et je périrai *pour le chef* que mon pays a nommé et
« pour sa constitution. Ordonnez. »

Quelques jours après, en lui disant que le Môle était incessamment canonné et bombardé, il l'informa que les postes ennemis étaient si rapprochés des nôtres, que l'on se parlait de l'un à l'autre ; qu'il avait entendu lui-même, que l'ennemi disait à nos soldats, que le général Gérin et le président étaient divisés et en guerre ouverte ; il ajouta : « Quant à moi, je ne puis penser un seul mo-
« ment, que le général Gérin puisse jamais oublier ses pro-
« pres intérêts et ceux de la chose publique, jusqu'au point
« de chercher à troubler l'ordre et l'harmonie qui doit exis-
« ter parmi nous. » Il dit ensuite à Pétion, que son intention était de se rendre au Port-au-Prince, afin de conférer avec lui sur les moyens de mettre fin à la guerre civile ; mais que l'armée s'étant opposée à son départ, il lui ex-

pédiait Delva, qui possédait toute sa confiance et qui lui expliquerait ses vues et la situation des choses au Môle. Sa lettre porte la date du 22 mars.

C'est à dessein que nous transcrivons cette déclaration relative à Gérin, de la part de Lamarre dont la loyauté apparaît dans toutes ses lettres à Pétion, même quand il se plaignait de ne pas être assez secouru. En terminant celle du 7 mars qui concerne la mort de Thimoté, il fit au président une déclaration non moins catégorique de ses sentimens de dévouement, alors qu'il était déjà informé des événemens de décembre 1808 qui contraignirent le sénat à abdiquer toute mission. Et cependant, quand Gérin conspira contre le gouvernement de son pays, des agitateurs prétendirent qu'il était d'accord avec Lamarre, afin de lui trouver une sorte d'excuse pour cette mauvaise action, dans la désapprobation que ce dernier aurait donné, selon eux, à la conduite des affaires par Pétion.

Le 7 avril, Lamarre écrivit de nouveau et dit au président, que les contrariétés que ce dernier éprouvait et dont il lui avait parlé dans une de ses lettres, semblaient tenir à une machination perverse dont on pourrait découvrir la trame : « En y réfléchissant mûrement, ajouta-
« t-il, je pense qu'il conviendrait mieux de nous retirer
« d'ici où nous ne pouvons rien, et de nous rendre à
« notre pays auquel nous pouvons encore être utiles.
« Quoi qu'il en soit, nous nous défendrons avec cou-
« rage. »

Mais nous avons déjà dit que la flotte avait été envoyée au Môle avec des renforts successifs et des approvisionnemens en tous genres; Zénon y arriva peu de jours après cette lettre, et fut très-utile comme artilleur. Le

10 avril, le président émit une proclamation par laquelle il ordonna une levée générale des troupes et des gardes nationales, pour entreprendre une nouvelle campagne : une partie même des employés d'administration et le secrétaire d'État, leur chef direct, durent la faire : les magistrats seuls en furent exceptés.

Le président avait été extrêmement affligé de la mort du sénateur Thimoté, qui avait été le promoteur principal de l'insurrection de la 9ᵉ ; mais les circonstances de ce fâcheux événement étaient telles, qu'il fallut l'accepter comme fait accompli.¹ Comment punir Delva, sans manifester au moins son mécontentement à Lamarre, pour l'avoir chargé d'opérer l'arrestation de cet infortuné, égaré par une malheureuse idée ? Cependant, il jugea que cet officier ne pouvait plus être envoyé au Môle, où sa présence serait infailliblement d'un mauvais effet par rapport à la 9ᵉ et à la 14ᵉ ; Delva resta au Port-au-Prince : par la même raison, il y fit revenir le colonel Léger. Déjà, le colonel Bauvoir, malade par suite de ses nombreuses blessures, avait dû quitter ce glorieux champ de bataille : le grade d'adjudant-général lui fut décerné en récompense de ses services dévoués. En même temps, dans ce mois d'avril, une semblable récompense fut donnée à ceux du sénateur Voltaire et du colonel Beauregard, commandant de la place des Cayes.

Lamarre, privé ainsi du concours de trois vaillans officiers, ne fut plus secondé que par l'adjudant-général Chauvet et les colonels Eveillard et Toussaint. Ils soutinrent ce siége remarquable où chaque jour était un

---

1 Pétion devint le protecteur de la famille de Thimoté, réfugiée au Port-au-Prince : il prit son jeune fils comme employé dans ses bureaux, où il resta jusqu'en 1820, sous Boyer, pour devenir à cette époque fonctionnaire public au Port-de-Paix.

combat à outrance : nous en relaterons d'autres circonstances en leur temps.

Au moment où nous allons parler de la campagne résolue par la proclamation du 10 avril, il est convenable d'expliquer pourquoi une partie des troupes du Sud y prit part, la garde nationale les remplaçant.

Le fameux Goman continuant à inquiéter ce département dans les limites de tous ses arrondissemens, et principalement dans la Grande-Anse, foyer de sa révolte, et ce chef de bandes se tenant de sa personne toujours dans les hautes montagnes, le général Francisque avait conçu l'idée de lui tendre un piége, dans l'espoir de le capturer et de terminer cette révolte. A cet effet, il avait autorisé le colonel Bellefleur, commandant la place des Abricots, de paraître vouloir trahir la République pour se ranger sous ses ordres, en lui livrant ce bourg et lui faisant espérer la conquête de tous les autres situés sur le littoral. Bellefleur remplit parfaitement ce rôle ; il avait envoyé à Goman des munitions de guerre, comme gage de ses dispositions, et le jour pour l'introduction du bandit dans la place des Abricots fut fixé au 13 janvier.[1] Mais, Bellefleur avait réuni des troupes autour de la place, du côté opposé à celui où il devait arriver pendant la nuit : le secret fut si bien gardé à cet égard, et Goman eut une telle confiance en son étoile, qu'il s'y rendit à l'heure marquée. Bellefleur fit sa soumission apparente ; mais, comme il arrive souvent dans de pareilles entreprises, trop d'empressement de la part d'un chef des troupes

---

[1] On remarquera sans doute, la coexistence des deux faits passés aux Abricots et au Môle, dans la nuit du 13 janvier : en ces deux endroits, un succès presque identique favorisa les armes de la République.

donna l'éveil à cet homme, qui avait déjà passé une partie de sa vie à être *marron* dans les bois. Aussitôt qu'il se fut aperçu que la conduite de Bellefleur n'était qu'un piége tendu à sa crédulité, il se mit à fuir et eut le bonheur de sortir des Abricots, pour gagner les bois : ses gens furent taillés en pièces.

Depuis cette nuit, infructueuse quant à l'objet principal qu'on s'était promis, Goman s'était retiré le plus loin qu'il pût, et une sorte de trève succéda à ses tentatives récidivées contre le littoral ; beaucoup de malheureux qui suivaient sa bannière vinrent même se rendre aux autorités. La campagne contre le Nord survenant, le Président d'Haïti put faire marcher une partie des troupes du Sud.

CHAPITRE XII.

Pétion rappelle le général Gérin à l'activité militaire, en lui donnant le commandement d'une division dans la campagne qui s'ouvre. — Il nomme Bonnet et Lamarre, généraux de division. — Bonnet commande une autre division de l'armée. — Elle se porte au Mirebalais et ne peut traverser l'Artibonite, par la crue des eaux. — Le plan de la campagne ne peut s'exécuter. — Nouvelle expédition à la Sourde, sous les ordres du colonel Lys. — Désertion considérable des troupes. — Attaque infructueuse du fort de la Sourde où meurt le colonel David-Troy. — Retraite de la colonne par l'ancienne partie espagnole, et son retour au Port-au-Prince. — La désertion des troupes contraint Pétion à y retourner aussi. — Conduite du général Gérin, qui retourne à l'Anse-à-Veau. — Promotions de généraux de brigade. — Le général Lys va remplacer à Jérémie le général Francisque, qui vient occuper sa place au Port-au-Prince. — Pétion fait commencer les fortifications de cette ville. — Combats entre la flotte républicaine et celle du Nord, où la première obtient des avantages. — Le Môle est approvisionné et soutient le siége. — Mesures financières provoquées par Bonnet. — Acte concernant le commerce et la condition des étrangers dans la République. — Arrêté du Président d'Haïti qui distribue des concessions de terre à titre de *don national*, aux officiers et soldats invalides ou en non-activité de service. — Cette mesure est étendue aux gérans ou conducteurs des habitations rurales. — Capitulation de Santo-Domingo envers les Anglais et les Indigènes. — Portrait de Juan Sanches de Ramirès. — Petion et Christophe lui envoient des députations qui le félicitent sur ses succès. — Rétablissement du commerce des bestiaux. — Projets de Juan Sanches pour faire scission avec l'Espagne et s'allier avec Christophe. — Conspiration du général Gérin, qui se suicide. — Jugement sur lui. — Proclamation de Pétion à ce sujet. — Bergerac Trichet et Thomas Durocher sont emprisonnés pour leur complicité. — Arrêté qui fixe la garde des généraux. — Lys revient au Port-au-Prince, et Francisque retourne à Jérémie. — Retour en Haïti de F. Garbage et Quayer Larivière.

Si le premier soin du gouvernement avait été d'organiser et d'augmenter la flotte, d'envoyer par elle des renforts, des munitions, des approvisionnemens de toutes sortes à l'armée expéditionnaire au Môle, il dut reconnaître néanmoins qu'il y avait d'autres efforts à faire en sa faveur, pour opérer une diversion dans l'armée du Nord qui assiégeait cette ville. Dans ce but, la campagne ordonnée par la proclamation du 10 avril réunit au Port-au-Prince, à la fin de mai, 12000 hommes d'infanterie et 1000 de cavalerie, tant en troupes de ligne qu'en gardes nationales et employés publics.[1]

Afin de satisfaire au désir qu'avait manifesté le sénat, de voir le général Gérin rappelé à l'activité militaire, de prouver à ce général qu'il ne conservait aucune rancune pour sa lettre du mois de février, Pétion l'invita à venir au Port-au-Prince pour prendre le commandement d'une division de l'armée: il s'y rendit.

Jusque-là, Bonnet et Lamarre n'étaient que des généraux de brigade: le président les promut au grade divisionnaire dû à leur mérite. D'autres promotions étaient à faire parmi les colonels; mais il paraît que la nécessité de les conserver à la tête des corps qu'ils commandaient, pour entrer en campagne, fit ajourner leur élévation.

L'armée fut ainsi composée: la 1re division ou colonne de droite fut placée sous les ordres du général Gérin, avec les adjudans-généraux Véret et Marion, les 13e, 18e, 21e et 24e demi-brigades, et 2000 hommes de la garde nationale de l'arrondissement de Léogane. — La 2e division ou colonne de gauche fut commandée par le général Bonnet, avec les adjudans-généraux Lacroix et Beauregard, le corps des bombardiers, les 12e, 16e, 22e et 23e demi-brigades, et 1000 hommes de la garde nationale de l'arrondissement de Jacmel. — La 3e division ou colonne du centre resta sous les ordres directs du Président d'Haïti, ayant avec lui les généraux Bazelais, chef de l'état-major général, Lamothe Aigron et Métellus, les

---

[1] *Bulletin officiel* du Port-au-Prince, du 13 juin, N° 1er.

adjudans-généraux Delva et Gilles Bénech, les 3ᵉ, 10ᵉ, 11ᵉ, le dépôt ou partie des 27ᵉ, 28ᵉ et 29ᵉ demi-brigades, la garde du gouvernement déjà portée à 1200 hommes, et une compagnie d'élite formée d'officiers sans emplois et forte de 400 hommes. — Le général Nicolas Louis eut le commandement de la cavalerie, et le général Vaval fut destiné à commander la réserve qui serait formée d'une partie de la 3ᵉ division. Deux compagnies d'ouvriers, comme pontonniers, marchèrent aussi avec l'armée.[2]

Le 6 juin, l'armée se mit en marche du Port-au-Prince et se concentra à la Croix-des-Bouquets; le 8 elle partit de ce bourg et arriva le 10 au Mirebalais. Cette direction lui avait été donnée, afin de pénétrer dans la paroisse de la Petite-Rivière pour arriver aux Gonaïves: ce qui eût contraint Christophe à lever le siége du Môle pour défendre son territoire attaqué par le centre.

Déjà, l'ancien bourg du Mirebalais, sur la rive gauche de l'Artibonite, avait été abandonné par ses ordres depuis la tentative de Lys et David-Troy, en février 1808, pour l'établir sur la rive droite: des forts y avaient été construits et garnis de gros canons. Arrivée à l'ancien bourg, l'armée trouva le fleuve excessivement grossi par les pluies de la saison; et toutes les rivières qui y affluent sur la rive gauche étaient également pleines. Il n'y avait pas moyen de traverser l'Artibonite dont le courant est très-rapide[3]; on passa 3 jours à attendre inutilement la

---

1 Ce dépôt des trois corps du Nord consistait en des transfuges venus successivement au Port-au-Prince, surtout au retour de Bergerac Trichet de la Sourde.

2 Le président avait prévu que l'Artibonite pouvait être débordée, et il avait fait apporter des câbles pour tenter son passage. Nos moyens, sous ce rapport, étaient pour ainsi dire insignifians.

3 Moreau de Saint-Méry dit : « Si l'on veut aller du Mirebalais à la Petite-Rivière, l'on « traverse l'Artibonite à environ une demi-lieue du bourg, ce qui n'est rien moins qu'aisé. « —Depuis le bourg du Mirebalais jusqu'à la limite des Verrettes, il y a un grand nombre

décroissance des eaux, qui semblaient au contraire augmenter; et durant ce temps, les forts ennemis canonnaient nos troupes.

Le général Gérin, revêtu d'un manteau rouge, se plut à s'exposer aux boulets et à y exposer aussi les troupes de sa colonne; il s'obstina à les contraindre de passer le fleuve *à la nage*, sous les canons de l'ennemi; plusieurs soldats et officiers s'y noyèrent avec leurs chevaux : des murmures se firent entendre parmi ces troupes, et dans la nuit leur désertion commença. Elle fut d'un fâcheux exemple sur les autres corps de l'armée, et alors Gérin de se récrier contre l'indiscipline, de censurer, de déclamer selon son habitude.

Pétion, voyant que le but principal de la campagne était manqué par l'impossibilité de traverser l'Artibonite, se résolut à faire une nouvelle expédition à la Sourde, plus importante que la première. Ce canton de la Grande-Rivière du Nord n'étant qu'à quelques lieues du Cap, il espérait que la présence de quelques demi-brigades contraindrait Christophe à retirer du Môle une partie de ses troupes, tandis que le reste de l'armée se porterait contre Saint-Marc, par la rive gauche de l'Artibonite. Dans ce nouveau plan, il forma une colonne dont le commandement fut donné au colonel Lys, et qui fut composée de son corps de bombardiers, des 10ᵉ, 13ᵉ, 16ᵉ, 22ᵉ, 23ᵉ et 24ᵉ, sous les ordres des colonels Masson Dias (revenu du Môle), Bourdet, J.-B. Franc, David-Troy, J.-J. Sudre et Clermont; d'un escadron de cavalerie sous ceux de Jean Langevin, et d'un détachement de gardes nationaux du Petit-Goave, sous ceux de Tahet.

« de gués dans la rivière de l'Artibonite; mais la raideur des écores et les contours des
« mornets empêchent d'en profiter. » Pages 233 et 234 du 2ᵉ volume.

Les colonels Lannes et Roux durent guider la colonne, par la connaissance pratique qu'ils avaient des localités.

On est porté à se demander pourquoi le président préféra donner ce commandement à Lys, moins ancien colonel que Bourdet et Masson Dias, lorsqu'il avait d'ailleurs des officiers généraux sous sa main ? Il est difficile de comprendre ses motifs, alors qu'il était à craindre que l'égalité de grade entre tous ces chefs de corps, eût pu nuire à l'obéissance due au chef de la colonne. Il faut donc conjecturer, qu'indépendamment de sa confiance en Lys et de son amitié particulière pour lui, la qualité de *sénateur* fut la cause déterminante de ce choix ; David-Troy, son lieutenant, l'était aussi.

Quoi qu'il en soit, dans la nuit du 13 au 14 juin, la colonne se mit en marche sur Las Caobas, où elle arriva dans la journée suivante. Le secret ayant été gardé sur sa destination, bien des gardes nationaux et des employés d'administration défilèrent avec elle et ne reconnurent leur erreur qu'au jour. Ce mécompte occasionna leurs regrets, exprimés assez haut pour porter les troupes à la disposition fâcheuse de la désertion : quand, le 15, il fallut traverser l'Artibonite à un gué encore difficile, la colonne fut réduite à environ 1200 hommes. Les provisions de bouche s'épuisaient déjà, même pendant qu'on était au Mirebalais, le soldat portant habituellement dans son havresac, des vivres pour quelques jours et devant se nourrir par la maraude en pays ennemi. Avec une telle manière de faire la guerre, il faut nécessairement une discipline fondée sur la violence, pour obtenir des résultats appréciables, — une discipline semblable à celle qui régnait dans notre armée, sous Toussaint Louverture et Dessalines, et qui était encore celle pratiquée par Christophe. Or, il n'y avait rien de cela sous Pétion : de là toutes ces campagnes infructueuses.

Les colonels, voyant le nombre de leurs soldats diminué par la désertion, donnèrent eux-mêmes un libre cours à la jalousie qu'ils ressentaient, de se trouver placés sous les ordres d'un collègue en grade. D'un autre côté, Lys y donna lieu par son intimité avec David-Troy, qui le portait à l'avoir presque toujours auprès de lui ; tous deux plus éclairés que les autres, David-Troy étant d'ailleurs d'un caractère superbe, ils ne firent rien pour s'en rapprocher et entretenir l'harmonie entre eux.

Cependant, le 21 juin, la colonne arriva à l'entrée de la Sourde, après avoir traversé des lieux où le soldat ne put se nourrir, et avoir fait fuir des éclaireurs qui observaient sa marche. Depuis que Bergerac Trichet y était allé, Christophe avait fait construire un fort ayant des canons, dans une position qui commandait ce canton : le général Martial Besse le gardait à la tête de quelques troupes. Dès qu'il apprit par ses éclaireurs que la colonne s'avançait, il sortit avec un détachement pour épier sa marche : il vint inopinément rencontrer la 10ᵉ, qui était en tête ; un engagement eut lieu, dans lequel ce général faillit à être fait prisonnier ; il rentra dans le fort. Toute la colonne parvint près de là à 5 heures de l'après-midi : la nuit se faisait déjà dans ce pays de montagnes, et il y avait des difficultés de terrain autour du fort. Présumant une résistance qui obligerait à combattre de nuit, Lys aima mieux poster ses troupes de manière à le cerner, pour l'attaque au jour.

Mais, des avis étaient parvenus au Cap sur la marche de la colonne, et Christophe avait expédié, pour secourir Martial Besse, des forces commandées par le général Joachim Deschamps, officier aussi distingué que lui. Joachim arriva près du fort à 9 heures du soir et voulut y pénétrer ; mais Martial Besse, qui n'était pas avisé de sa marche, croyant que c'était une attaque des républicains, le fit repousser à coups de fusil. Joachim crut de son côté que le fort avait été déjà enlevé et l'attaqua avec résolution.

Cette erreur allait profiter aux républicains, lorsque le colonel Clermont qui, dit-on, était presque ivre, s'imaginant que c'était Lys qui avait ordonné une attaque à son insu, fit donner la 24e contre le fort : plusieurs de ses soldats y pénétrèrent, et Lys fut contraint de faire appuyer ce corps par la 16e. A cette troisième attaque partie d'un point opposé à celui où venait Joachim, Martial Besse, qui avait observé les diverses positions occupées par les troupes républicaines, jugea promptement de l'état des choses ; il donna l'entrée du fort à celles de son collègue, et de concert, ils combattirent l'ennemi. Force fut à tous les colonels d'engager l'action pour soutenir la 24e et la 16e. Au moment où David-Troy conduisait la 22e contre le fort, se retournant vers ses musiciens pour leur ordonner de jouer un air martial, il reçut une balle au cou qui le renversa.

Averti de ce fâcheux malheur, Lys se porta auprès de son ami, qui avait déjà le râle de la mort ; il ne put recueillir de lui aucune parole. Désolé de voir périr son lieutenant, il ordonna de cesser le feu contre le fort et réunit les autres colonels en conseil de guerre. Ils reconnurent que les munitions allaient leur manquer, bien des caisses de cartouches ayant été jetées ou emportées par les eaux au passage de l'Artibonite. Le conseil résolut l'évacuation immédiate de la Sourde, pour retourner dans l'Ouest ; elle eut lieu cependant un peu avant le jour, pour se porter à la Grande-Rivière et suivre la grande route qui conduit dans l'ancienne partie espagnole. Le cadavre de David-Troy fut inhumé à quelque distance, près de cette route. Sa mort fut un événement douloureux pour la République, et une perte pour la cause de la liberté, qu'il avait toujours défendue.

Les généraux du Nord s'étant aperçus de la retraite des républicains, les poursuivirent : des militaires s'égarèrent et furent faits prisonniers, notamment le brave colonel Bourdet, de la 13e ; d'autres se perdirent dans les bois et souffrirent de mille privations, coururent bien des dangers avant d'échapper à l'ennemi. Celui-ci n'attaqua point la colonne en retraite, jusqu'aux bords de l'Artibonite, à Banica : là eut lieu un combat où les troupes du Nord furent repoussées avec avantage. Le reste de la colonne put ensuite continuer sa marche par Saint-Jean, où elle arriva le 26 juin. Les habitans accueillirent officiers et soldats avec le plus grand empressement et leur fournirent des vivres ; ils agirent de même envers les traînards qui arrivèrent successivement dans ce bourg. Le 28, Lys se remit en route avec sa troupe, par Neyba, où il arriva le 1er juillet : là encore, les habitans firent un bon accueil à nos soldats, par suite des dispositions de tous ces lieux à s'allier à la République. Enfin, le 3, tous entrèrent à la Croix-des-Bouquets : le lendemain, le président vint les y joindre, et ils se rendirent le 6 au Port-au-Prince.

Après le départ de la colonne pour la Sourde, Pétion quitta le Mirebalais dans l'intention de marcher contre les Verrettes et Saint-Marc. Mais la désertion des troupes et des gardes nationaux fut telle, qu'il fit passer le reste de l'armée par les montagnes pour se rendre à l'Arcahaie, d'où elle revint au Port-au-Prince : ce qui fournit au général Gérin une nouvelle occasion de déclamer contre la mollesse du Président d'Haïti. A peine de retour dans cette ville, il en partit pour l'Anse-à-Veau, mécontent plus que jamais : on put prévoir que cette fois, il n'allait pas se borner à des plaintes et qu'il tenterait quelque chose contre la tranquillité publique.

Le moment était arrivé où le président devait satisfaire à la juste ambition de quelques officiers supérieurs de l'armée, en récompensant d'ailleurs leurs services. Le 28 juillet, il promut au grade de *général de brigade*, les adjudans-généraux Marion et Delva, et les colonels Bruny Leblanc, Lys, B. Trichet, Gédéon, Vancol, Boyer et Frédéric. Boyer continua à commander sa garde, Marion l'arrondissement de Jacmel, Bruny Leblanc celui de Nippes ou de l'Anse-à-Veau, et Lys celui du Port-au-Prince : les autres généraux firent partie de l'état-major général. Le chef de bataillon Henry devint le colonel de la 18e.

Il paraît que les dispositions où se trouvait Gérin, firent juger prudent d'opérer une mutation entre les généraux Lys et Francisque : le premier reçut ordre d'aller prendre le commandement de l'arrondissement de la Grande-Anse, et le second vint le remplacer au Port-au-Prince. Par cette simple mutation, Pétion s'assura du maintien de son autorité dans le Sud. En retournant à Jérémie, Bergerac Trichet, quoique dévoué à Gérin, ne pouvait y exercer plus d'influence que Lys, secondé par Borgella avec la 15e, et Henry avec la 18e. Dans l'arrondissement de Tiburon, Nicolas Régnier et Bigot étaient attachés à leurs devoirs : il en était de même des généraux Wagnac, aux Cayes ; Vaval, à Aquin, et Bruny Leblanc, à l'Anse-à-Veau : tous les officiers supérieurs sous leurs ordres suivaient leur exemple. Le président put donc compter sur la tranquillité du Sud, en cas que le général Gérin voulût tramer. Malheureusement pour lui-même, ce général ne tint aucun compte de la situation des choses et des sentimens des hommes, ainsi qu'on le verra.

Si la présence de Lys à Jérémie fut d'une haute portée politique, celle de Francisque au Port-au-Prince produisit un changement remarquable dans la police de cette ville, surtout parmi les troupes : la discipline s'en ressentit, au grand avantage de l'armée et des citoyens. Lys, il faut le dire, aimait beaucoup les plaisirs, dans une ville où la société d'autres hommes instruits comme lui, alimentait ces dispositions de son caractère bienveillant : d'un cœur excellent, d'une bonté indulgente, il ne mettait pas dans l'exercice de son autorité assez de fermeté et d'activité. Francisque fit tout le contraire, quoiqu'il fût lui-même un digne et bon citoyen : il exigea l'observance du dveoir militaire de la part des colonels et officiers des corps de troupes, pour réfréner leurs soldats ; il fit observer la loi sur la police des villes par les magistrats préposés pour son exécution : en peu de temps, veillant à tout, incessamment à cheval, il fit cesser les désordres, les vols qui étaient si communs au Port-au-Prince. Il inspirait à tous, cette sorte de crainte compatible avec une autorité qui veut le respect des personnes, des propriétés et des choses.

Le président s'opposa-t-il à ce que Francisque agît ainsi ? Non. Il lui laissa la même latitude dans son service, qu'au secrétaire d'État dans le sien : c'est donc une preuve qu'il voulait l'ordre et la tranquillité publique, la répression de la licence et le maintien des lois. C'était aux autorités secondaires à le comprendre, à remplir leurs devoirs, à ne pas vouloir que le chef de l'État intervînt à tout moment, dans les affaires de détail administratif qui étaient de leurs attributions.

Dans sa pensée, il paraît, la campagne de 1809 devait être la dernière à entreprendre contre Christophe, puisque toutes, depuis 1807, n'avaient abouti à aucun résultat appréciable sous le rapport militaire; car, aussitôt son retour au Port-au-Prince, il traça le plan des fortifications de cette place qui furent commencées. Il dut prévoir que le Môle tomberait tôt ou tard au pouvoir de son infatigable ennemi, et qu'alors il marcherait contre la capitale : en faire le boulevard de la République pour lui résister, se préoccuper spécialement de soutenir le Môle afin de donner le temps de la fortifier, furent l'objet le plus pressant.

Il faut rendre justice à Christophe pour l'énergie qu'il montra pendant cette guerre, l'activité qu'il déploya partout où il était attaqué. Sans ces qualités qu'il possédait, il eût été vaincu ; elles tenaient à son caractère orgueilleux, et son système de gouvernement les exigeait aussi. Il avait commencé par toutes les rigueurs de son despotisme, qui firent soulever contre lui les populations fatiguées de son joug ; il fallait qu'il continuât ces moyens affreux, qui lui firent compter pour rien le sacrifice des hommes pour se défendre. Avec lui, l'insuccès d'un officier dans une affaire quelconque entraînait souvent sa mort; mais la sienne, d'une manière violente, devait enfin *solder ce bilan du crime*, s'il est permis de s'exprimer ainsi.

Peu de jours avant le départ de l'armée du Port-au-Prince, le 27 mai, la flotte en était sortie, cette fois, sous les ordres d'Augustin Gaspard, le plus ancien capitaine après Panayoty : elle se rendit au Môle pour y débarquer quelques troupes et des approvisionnemens. Celle de Christophe ayant paru du côté nord de la presqu'île, Lamarre invita le commandant Gaspard à aller la combattre, et se porta lui-même sur la presqu'île pour assister à la bataille [1]. Le 6 juin, il informa le président que la flotte du Nord était composée de 6 bâtimens, et que *la Furieuse*, commandée par Benne, et le *Derénoncourt*, par Barthole, furent les seuls de nos bâtimens qui combattirent en cette circonstance contre tous ceux de l'ennemi. *La Républicaine*, que montait Gaspard, drossée par les courans, s'affala sur la côte et eût péri, si *la Présidente* n'était pas venue la remorquer ; les autres ne prirent aucune part à l'action, leurs capitaines ayant prétendu, à tort ou à raison, que le vent les en avait empêchés. Benne reçut une balle à la main dans ce combat : son collègue et lui ayant supporté tout le choc furent forcés enfin de prendre chasse. A leur rentrée au Môle, Lamarre les en fit sortir de nouveau pour aller à la rencontre de la flotte ennemie : deux autres combats eurent lieu, dans l'un desquels un boulet de 24 du *Derénoncourt* coula la mouche de l'ennemi, appelée *l'Avant-Garde* [2].

Le 7 juillet, le président rendit un arrêté qui décerna à Benne et à Barthole, *un sabre d'honneur* à chacun, en

---

[1] Elle eut lieu le 31 mai.
[2] En l'absence du président, Caneaux, commandant de la place, improvisa un grand bal chez lui, pour fêter cet événement. Les habitans du Port-au-Prince étaient dans la joie; ils croyaient que la flotte du Nord allait être anéantie.

récompense du courage qu'ils avaient montré ; et le 10 novembre suivant, sur la proposition du secrétaire d'État, il créa les grades de *contre-amiral* et de *vice-amiral* auxquels pouvaient parvenir les capitaines de garde-côtes, à raison de leurs actions éclatantes ou de l'ancienneté de leurs services [1].

Après ces combats, la flotte retourna au Port-au-Prince, emportant des blessés de la place du Môle ; et au commencement de juillet, elle y revint avec des munitions de guerre et de bouche, de l'argent pour la solde des troupes et des étoffes nécessaires à la confection de leur habillement. Le 17, en accusant réception de ces objets au président, Lamarre lui dit : « Mon courage est toujours
« ferme, citoyen président, et quoique épuisé de fatigues
« et de maladies, si vous vous décidez de suite à m'en-
« voyer une demi-brigade de 1,500 hommes avec son co-
« lonel, croyez que je ferai triompher les armes de la Ré-
« publique : j'irai chercher *le lion* dans sa tannière [2]... »
Cette âme héroïque, habituée à battre l'ennemi, ne reculait devant aucune entreprise et mesurait la valeur des autres à la sienne.

A partir de cette époque, le siége du Môle ne présenta que les incidens journaliers d'une telle situation : les

---

[1] Ni Panayoty ni les autres ne parvinrent à ces grades sous Pétion. Dans le même temps, Christophe avait déjà nommé un contre-amiral, son fidèle Bastien.

[2] Ce fut à cette époque que Lamarre adressa une lettre à Borgella, commençant ainsi : « Dans une autre circonstance, tu m'écrivis : *Aux armes*, mon cher Lamarre ! et je répondis « à ton appel. Aujourd'hui, à mon tour, je te dis : *Aux armes*, mon cher Borgella ! Viens « au secours de l'armée expéditionnaire avec ta demi-brigade. J'en demande une tout en-« tière au président, etc. »

A cet appel, Borgella écrivit à Pétion, en lui envoyant la lettre de Lamarre et sollicitant avec instance *la faveur* d'aller au Môle avec la 15°, ou seul de sa personne. Pétion ne fit aucune réponse à sa lettre : la 15° et son brave colonel étaient trop nécessaires à Jérémie, pour la situation militaire et politique ; on va le reconnaître. La lettre de Lamarre à Borgella fut écrite par Hérard Dumesle, et probablement aussi celle à Pétion.

troupes ennemies n'osèrent plus tenter d'y pénétrer ni donner un assaut, se rappelant la fameuse journée du 13 janvier. Christophe se borna à faire dresser chaque jour de nouvelles batteries de gros calibre pour le réduire; il y fit porter des mortiers qui lançaient incessamment des bombes. Tel que Toussaint Louverture au siége de Jacmel, il contraignait ses soldats et les populations à des travaux excessifs pour atteindre son but; et quand on considère les difficultés de toute nature dont il triompha, on ne peut refuser *au despotisme*, animé par l'orgueil, non un sentiment d'admiration *qu'il ne peut jamais mériter*, mais l'appréciation de ses moyens d'action et du résultat qu'il peut obtenir.

Nous arriverons à la chute du Môle, en 1810, et nous dirons comment se termina ce grand drame militaire, malgré les secours incessans qu'apportait la flotte à la courageuse armée expéditionnaire, constatés par la correspondance de son illustre chef.

Le 2 août, une très-belle barge doublée en cuivre entra au Port-au-Prince; elle était montée par quatre marins qui déclarèrent que c'était celle qui servait à Christophe pour aller par fois du Cap au Port-de-Paix[1]. Ces hommes avaient profité de l'absence de leur officier, au moment où ils faisaient de l'eau, pour s'échapper aux cruautés du tyran dont ils racontèrent quelques actes: il est probable que le malheureux officier a dû périr victime de l'évasion des marins.

Le 10 novembre, le secrétaire d'État Bonnet provoqua du Président d'Haïti, un arrêté qui établit une nouvelle perception sur les denrées du pays, à leur exportation,

---

[1] *Bulletin officiel* du samedi 5 août, N° 8.

destinée à l'entretien de la gendarmerie. Le 30 décembre, il en provoqua un autre qui fixa une imposition sur les boucheries. Le même jour, une autre disposition fut prise à l'égard des commerçans nationaux et étrangers, et cette fois, le président prit « l'avis de son conseil, » dit cet acte.

Aucun étranger ne put être admis à se fixer dans la République, pour y exercer une industrie quelconque, qu'au préalable il n'eût obtenu du Président d'Haïti une autorisation spéciale à ce sujet. Aucun d'eux ne put faire le commerce de détail, ni faire le cabotage et le commerce sur les côtes, par lui ou des agents, ce droit étant réservé aux Haïtiens : ils ne purent non plus résider autre part que dans les ports ouverts au commerce étranger. La perception du droit de consignation fut établie désormais sur le produit total de la vente des cargaisons, et non plus sur le prix des factures comme par le passé. Enfin, le droit de tonnage sur les bâtimens étrangers fut fixé à 50 centimes par chaque tonneau.

Toutes ces dispositions, utiles et justes, prouvent de nouveau l'intelligence de Bonnet dans l'administration de l'État, et le concours qu'il donnait à son chef.

Une autre mesure dont il ne partagea pas l'idée, d'après ses convictions, fut prise par Pétion le 30 décembre. Il faut la faire connaître par son texte ; car elle ouvrit une ère nouvelle pour la République et influa puissamment sur sa stabilité, en faisant dès lors espérer son application sur une large échelle. Voici l'arrêté qui fut publié ce jour-là.

    Le Président d'Haïti,

Toujours occupé de rendre le sort des défenseurs de la patrie aussi heureux que les moyens de l'État peuvent le permettre, et de récompenser *les militaires* qui ont rendu des services à la République et qui ne sont pas en activité de service; après avoir pris *l'avis de son conseil*, arrête ce qui suit :

1. Il sera fait aux défenseurs de la patrie en non-activité de service, pour eux et leurs ayans-causes, une répartition *de terres* à titre de *don national*, qui sera réglée de la manière suivante :

Aux sous-officiers et soldats, *cinq carreaux*.

Aux officiers, depuis le grade de sous-lieutenant jusqu'à celui de capitaine inclusivement, *dix carreaux*.

Aux chefs de bataillon, *quinze carreaux*, et aux colonels, *vingt-cinq carreaux*.

2. La répartition ci-dessus sera déterminée par un règlement particulier. Le secrétaire d'État est chargé de l'exécution du présent arrêté, etc.

Signé : PÉTION.[1]

Au chapitre V de ce livre, nous avons exposé la divergence de vues qui existait entre Pétion et le sénat, lorsque, moins d'un mois après son élection, il proposa à ce corps, *de vendre* une habitation du domaine public à chaque officier de tous grades ; et nous avons dit quel fut le résultat immédiat du système *de moitié*, dont il traça l'exemple sur les propriétés qu'il tenait à ferme de l'Etat : — que les cultivateurs y trouvèrent, non-seulement plus d'aisance, mais qu'en se distribuant par familles pour exploiter des portions de terrain, ils acquirent par cette pratique, cette espèce *d'indépendance personnelle*, objet

---

[1] En 1839, dans une conversation que j'eus avec le général Bonnet, sur le système économique du pays, parlant de la situation *des grandes propriétés rurales*, comme je lui disais qu'elle était le résultat de la distribution des terres par Pétion, de l'ardeur que mettaient les campagnards à acquérir *de petites propriétés*, causes *de stabilité sociale*, selon moi, il me dit qu'il avait *combattu* ce projet en décembre 1809, prévoyant ce résultat ; que ce fut *une faute* de la part de Pétion ; qu'il fallait s'en tenir au système du sénat dont il avait été le promoteur, dans la loi de 1807 sur la police des campagnes.

Ce système était *aristocratique*, dans les idées de l'ancien régime: celui de Pétion était *démocratique*, dans les idées nouvelles ; ce chef était un républicain sincère. Les idées et les vues de Bonnet avaient certainement leur valeur, au point de vue de la grande production ; mais elles n'étaient plus praticables, pas aussi justes que celles de Pétion: je le pense ainsi.

de leurs vœux constans ; que la conséquence d'un tel état de choses était désormais *le morcellement* des habitations, *leur distribution* aux individus.

Nous voilà arrivé au premier acte de cette grande mesure politique, dictée par *la justice*, qui est l'unique cachet de la vraie politique. Ce fut pour Pétion, le premier pas fait dans cette voie de bienfaisance qu'il parcourut si glorieusement.

Et à qui revenait mieux cette initiative dans les récompenses nationales, qu'aux militaires retirés du service, par leur âge ou leurs infirmités, qu'aux invalides par blessures reçues sur le champ de bataille, en servant leur pays et la cause de la liberté? Officiers ou soldats, ces citoyens avaient combattu depuis nombre d'années dans toutes nos guerres ; ils étaient pauvres, et l'État ne pouvait les salarier, les pensionner sur leurs vieux jours : n'était-il pas de toute *équité* qu'ils reçussent du gouvernement un coin de cette terre qu'ils avaient arrosée *de leur sang*, que la plupart d'entre eux avaient aussi arrosée *de leur sueur* sous l'affreux système colonial? La République n'est-elle pas le gouvernement *pour tous*, si ce n'est *par tous?* Peut-elle comporter *des priviléges* en faveur d'un petit nombre, jouissant de tous les avantages de la société?

Pétion honora donc son pays et sa race tout entière en comprenant ces grandes vérités, en les pratiquant au profit de ses compagnons d'armes les plus nécessiteux. Par son arrêté du 30 décembre, il leur accorda, **au nom de la nation**, des terrains en quantité suffisante, selon leur position sociale, afin de les exploiter à leur avantage et à celui de leurs familles. Désormais, chaque soldat, chaque officier était assuré que, devenant infirme ou invalide à la guerre, il aurait un droit égal à la munificence nationale, dignement interprétée par le chef de l'État [1].

Ce qui n'est pas écrit dans cet arrêté, mais ce qui eut lieu par suite de ses dispositions, c'est que Pétion arriva bientôt à considérer aussi les services que rendaient au pays, à l'État, les *gérans* ou *conducteurs* des habitations rurales, et à les récompenser par des concessions de cinq ou dix carreaux de terre, c'est-à-dire ceux placés sur les propriétés domaniales. En général, c'étaient d'anciens individus habitués, depuis les colons, à diriger les ateliers dans leurs travaux agricoles ; ils exerçaient une influence dérivant de leur âge et de cette autorité déléguée; les cultures se maintenaient encore par leurs soins ; car les fermiers de l'État n'allaient guère sur les biens affermés. Par ces dons nationaux, ils étaient intéressés à continuer leur utile gestion, à tracer l'exemple aux cultivateurs, par le travail auquel ils se livraient pour leur propre compte, et à les maintenir dans l'obéissance au gouvernement, par l'effet de leur reconnaissance personnelle pour cet acte de justice et de bienfaisance.

Il paraît que ce fut à cette fin de l'année 1809, que Bonn. proposa d'établir *le monopole* sur la vente du

---

[1] Dans ses Mémoires publiés en 1843, à Kingston, en confirmant ce que j'ai su du général Bonnet lui-même, — qu'il fut *opposé* aux dons nationaux, — B. Inginac prétend que ce fut *sur sa propre proposition* que Pétion les délivra. Je ne puis réfuter cette assertion par aucun document ; mais je crois difficilement que le chef qui, moins d'un mois après son élection, avait proposé la vente des habitations, ne serait pas encore celui qui conçut l'idée des concessions de terre, surtout lorsqu'il avait sous les yeux, le plan du partage des terres, proclamé par Polvérel sous les ordres de qui il avait servi, tandis qu'Inginac était alors avec les Anglais.

Pour appuyer son assertion, Inginac assure que « l'État manquait de ressources et que les « défenseurs de la patrie montraient *du découragement*. » Or, à cette époque, Bonnet fournissait à tous les besoins du Môle et de la marine : ces deux services l'emportaient sur les autres, et l'on sait que les troupes de la République ont toujours été d'une abnégation admirable, surtout sous Pétion : d'ailleurs, cette distribution de terres n'était qu'en faveur des invalides, des militaires en non-activité.

sel, du tabac et du bois de campêche, afin d'augmenter les revenus de l'État; car cet acte a disparu comme cet établissement du magasin du *fisc*, qui ne dura pas longtemps, parce que les clameurs publiques s'élevèrent contre le secrétaire d'État [1].

Cependant, l'histoire doit rendre justice à sa mémoire pour son patriotisme et la haute intelligence dont il fit preuve dans l'administration des finances de la République. Voici le résultat de son exercice pendant l'année 1809 :

RECETTES GÉNÉRALES.

Au 1er janvier, il existait dans les diverses caisses.			*gourdes* 48,270 89
PRODUIT des DOUANES.	Importation,	277,17 91	
	Exportation,	463,973 08	
	Impôt territorial,	234,703 47	
	Consignations,	30,858 69	1,042,589 22
	Pesage,	21,337 44	
	Jaugeage,	2,518 60	
	Cubage,	2,730 68	
	Tonnage,	9,287 33	
PRODUIT des DOMAINES.	Vente des denrées du pays,	92,983 16	
	Loyers de maisons,	42,958 75	203,476 81
	Fermage de guildives, sucreries, hattes, etc.	43,352 57	
	Warffage,	24,182 33	
PRODUIT DE DIVERSES RECETTES.	Patentes,	28,648 25	
	Timbre et enregistrement,	2,602 31	
	Confiscations,	1,176 33	107,432 13
	Extraordinaires,	62,450 45	
	Retenue des 4 et 6 deniers pour livre sur les marchés,	12,534 79	
		Total.	1,401,769 07
Au 31 décembre, il restait *à percevoir*, des recettes ordonnancées pour la somme de.			34,390 79
		Total général,	1,436,159 86

[1] Les fonctions sénatoriales de Manigat ayant cessé, il devint garde-magasin du fisc au Port-au-Prince. On y vendait en détail et en gros, le sel et le tabac. Les anciens débitans de ces denrées se plaignirent de cette mesure fiscale qui leur enlevait leur profit ; ils persuadèrent les consommateurs que le fisc vendait *plus cher* qu'eux-mêmes.
Déjà on se plaignait que le secrétaire d'État donnait *la préférence*, pour des fournitures faites à l'État, à son beau-frère Péan, qui était commerçant en gros ; on l'accusa d'être *son associé*. Péan avait aussi une quinzaine de cabrouets qui faisaient concurrence aux autres entrepreneurs des charrois de l'État : de là de nouvelles plaintes contre le secrétaire d'État. Enfin, les gros fermiers des biens du domaine, qu'il contraignait au payement de leurs fermes ; les débiteurs en général, les commerçans qui étaient forcés de payer les droits en numéraire : tous unirent leurs clameurs contre lui.

[1809] CHAPITRE XII.

Pendant l'année, il est entré dans les ports de la République, 426 navires jaugeant 35,602 tonneaux. Le montant de leurs cargaisons, sur *factures*, s'est élevé à 3,090,839 g. 33, et d'après le *tarif*, a 2,789,212 g. 63.

Il a été exporté ; — *Café*, 22,436,392 livres ; — *Coton*, 182,917 livres ; — *Cacao*, 301,431 livres ; — *Campêche*, 4,224,193 livres ; — *Gayac*, 2,322,338 livres ; *Acajou*, 41,978 pieds réduits, etc.

Ce mouvement d'importation et d'exportation a eu lieu dans les quatre administrations principales du Port-au-Prince, de Jacmel, des Cayes et de Jérémie.

DÉPENSES GÉNÉRALES.

			gourdes.
APPROVISION NEMENS.	Bois de construction et autres,	8,339 27	
	Fer, acier, cuivre, etc.	7,888 32	
	Matières combustibles,	3,278 03	
	Habillemens,	88,075 81	227,771 97
	Façons d'ouvrages et charrois,	9,264 92	
	Divers objets,	110,926 02	
ARSENAUX.	Armes à feu et blanches,	12,789 50	
	Bouches à feu,	1,200	
	Munitions, boulets, etc.	39,572 19	117,533 44
	Journées d'ouvriers et traitemens,	607 25	
	Divers objets,	63,364 50	
ARMEMENT et DÉSARMEMENT.	Achat de bâtimens,	164,416 17	
	Solde et appointemens des équipages,	14,117 74	
	Traitement de table,	11,768	368,588 42
	Cordages et effets de grément,	26,719 54	
	Journées d'ouvriers,	21,128 50	
	Diverses fournitures,	132,380 47	
APPOINTEMENS et SOLDE.	Appointemens,	80,402 71	
	Solde,	102,802 66	186,104 53
	Logemens d'officiers,	2,899 16	
HOPITAUX.	Journées de malades,	2,739 16	
	Médicamens,	4,075 78	
	Légumes et graisseries,	332 90	40,262 73
	Appointemens des employés,	3,434 53	
	Diverses fournitures,	28,680 38	
INSPECTION de VIVRES.	Farines et biscuits,	87,903 81	
	Vivres, etc. du pays,	23,339 30	
	Viandes salées et fraîches,	54,888 00	260,786 37
	Poissons salés,	41,871 53	
	Boissons,	11,961 51	
	Divers objets,	41,632 46	
DIVERSES DÉPENSES.	Achats de denrées,	48,855 46	
	Indemnités et gratifications,	17,697 99	
	Divers remboursemens,	75,902 79	383,846 79
	Place du Môle,	202,205 71	
	Divers objets,	39,184 84	
DOMAINES et SERVICES de L'INTÉRIEUR.	Réparations des maisons de l'État,	4,688 36	
	Charrois de denrées et fournitures de l'intérieur,	2,464 83	
	Appointemens des agens de l'administration,	64,527 03	92,270 33
	Pensions et secours,	6,381 07	
	Fournitures de bureaux,	5,108 47	
	Diverses dépenses,	9,829 82	
		Total,	1,677,654 84

Dans les dépenses ci-dessus sont comprises les dettes laissées par l'exercice de l'année 1808, et par eux la somme de 251,388 g. 94 qui a été payée en 1809. Ainsi, le total des dépenses étant de . . . . 1,677,654 g. 84

En défalquant cette somme de 251,388 94

Il resterait pour l'exercice de 1809, ci 1,426,265 90

	Report,	1,426,268 g. 90

Mais, à son tour, cet exercice laissait des dettes à payer en 1810, savoir :

1° pour divers marchés,	233,301 g. 14		
2° divers mandats émis,	24,461 28	}	271,591 14
3° diverses délégations du Môle.	3,828 72		

Les Dépenses générales de 1809 ont donc été de.	1,697,860 g. 04
Les Recettes générales ayant été de.	1,436,159 86
Les Dépenses ont excédé les Recettes.	261,700 g. 18

Ce résultat était inévitable, en présence des besoins de la place du Môle et de la flotte. Nous trouvons même, dans le tableau représentant tous ces chiffres, l'observation suivante :

« La dépense pour la marine doit être évaluée à
« 447,571 g. 66, et celle pour le Môle à 298,904 g. 38,
« attendu que *les vivres* qui ont été fournis à l'une et à
« l'autre, provenant des magasins de l'État, montant,
« pour la marine, à 78,983 g. 24, et pour le Môle à
« 96,696 g. 67, ne sont point compris dans les cha-
« pitres 3 et 7, mais bien au chapitre 6 (inspection de
« vivres), comme il appert aux états. »

Les comptes de Bonnet, pour l'année 1809, confirment pleinement la justice que nous avons rendue à ses talens de grand administrateur, à ses lumières, au chapitre XI de ce volume [1].

Quant aux événemens de la partie de l'Est, il y avait déjà quelques mois qu'ils étaient terminés, par la capitulation de Santo-Domingo.

Au mois d'avril, les Anglais avaient augmenté le nombre des bâtimens qui bloquaient cette place, sans pouvoir empêcher néanmoins qu'elle reçût de temps en temps des approvisionnemens en farines, etc., par des corsaires français, ou sortis du port ou envoyés

---

[1] Ces comptes ont été dressés par Inginac, chef du bureau des finances à la secrétairerie d'État : ils prouvent sa capacité incontestable.

là des autres îles de l'archipel. De son côté, dans le même mois, don Torribio Montès s'était décidé à envoyer tout le régiment de Porto-Rico, sous les ordres du colonel Arata, qui prit le commandement des opérations militaires, pour ne laisser à Juan Sanches que son autorité civile et politique sur la population indigène.

Celle de la ville s'élevait à environ 5000 âmes, et il y avait 1100 soldats français. Après s'être nourris des chevaux, des mulets, des ânes, des chiens, des chats, de vieux cuirs, d'herbes, de la racine vénéneuse de la *gualliga* [1], ils virent arriver autour de la place, qui était incessamment canonnée et bombardée, 1400 hommes de troupes anglaises sous les ordres du général Carmichaël, venant de la Jamaïque. Il fallut enfin céder aux horreurs de la famine et à la force : le 30 juin, le général Barquier réunit les officiers supérieurs et les chefs de service en conseil de guerre, qui résolut de capituler, non avec les indigènes et Juan Sanches, mais avec les Anglais. La convention de capitulation fut ratifiée de part et d'autre, le 7 juillet : en conséquence, les postes de la place furent remis aux troupes anglaises et espagnoles de Porto-Rico. Les officiers de la garnison conservèrent leurs épées ; ils furent envoyés en France, sous la condition de ne pas porter les armes contre la Grande-Bretagne et ses alliés pendant trois ans ; les sous-officiers et soldats prisonniers de guerre, déposant leurs armes, durent aussi être envoyés en France pour être échangés contre des prisonniers anglais, en passant d'abord à la Jamaïque, etc., etc.

---

[1] Espèce de manioc sauvage qui exige six jours de préparations successives, avant de pouvoir servir à la nourriture peu substantielle qu'elle procure et qui occasionne encore des gonflemens.

La remise entière de la place eut lieu le 11 juillet, après des échanges de courtoisie entre les officiers anglais et français.

Après avoir agi ainsi envers leurs ennemis, les Anglais réclamèrent de leurs amis, — *des indemnités*, pour se défrayer des dépenses occasionnées par leur concours dans la prise de Santo-Domingo. Juan Sanches n'ayant point d'argent, ils prirent possession de la ville, établirent une consigne sévère à l'égard des indigènes de la campagne qu'ils ne laissèrent pas entrer dans la place, embarquèrent à bord de leurs vaisseaux les plus belles pièces d'artillerie en bronze qui la défendaient, des tableaux historiques qui décoraient le palais du gouvernement ; et ils se préparaient à démonter *toutes les cloches des églises* pour les emporter aussi, quand Juan Sanches fit un appel aux indigènes qui se cotisèrent pour fournir une somme à leurs *auxiliaires*.

Toutes ces choses se passèrent durant le reste du mois de juillet et d'une partie de celui d'août. Alors survint inopinément un nouvel *auxiliaire* aux indigènes : *la fièvre jaune* commença à sévir contre les Anglais. Ce fut le signal d'un abandon précipité de Santo-Domingo, de la part de ces amis exigeans.

Tout en essayant de tourner Juan Sanches de Ramirès en ridicule, par rapport à son costume qui lui parut bizarre, Guillermin en a donné un portrait qu'il est bon de placer ici, à cause de ce que nous aurons à dire de son administration dans l'Est :

« Ce chef de parti est d'un caractère doux ; il a l'air
« simple et modeste ; mais cette modestie et cette sim-
« plicité apparentes cachent un orgueil démesuré et la
« finesse d'un homme d'une condition plus relevée, qui

« la sienne. Son abord facile, son ton mielleux et persua-
« sif préviennent en sa faveur. Moins superstitieux que ne
« l'est ordinairement un Espagnol, il se sert des prêtres
« pour les faire concourir à l'exécution de ses desseins, sans
« se livrer aveuglément à leurs conseils et leur donner
« trop d'influence. Extrêmement secret et réservé, il ad-
« met peu de personnes à son entière confiance, et ne
« laisse pénétrer que ce qu'il est de son intérêt de faire
« connaître. Il affecte les principes d'humanité, de mo-
« dération et de désintéressement, seulement pour légi-
« timer le motif de ses entreprises et accréditer une opi-
« nion favorable sur sa moralité : il sait flatter et contenir
« au besoin les passions des autres. Sanches n'a jamais
« fait preuve de valeur ; mais il a une fermeté d'âme qui
« lui tient lieu de courage et lui sert à relever celui de ses
« soldats [1]. Sanches doit plus à la nature qu'à l'éducation ;
« aussi a-t-il plus d'esprit que de connaissances, plus de
« moyens de conduite que de talens acquis. Ambitieux,
« il a l'air de dédaigner les grandeurs ; mais il est capa-
« ble de tout pour les obtenir. Intrigant, audacieux, il
« a osé s'asseoir à la table du général Ferrand, dans le
« temps même où il venait de consommer son crime et
« de répandre les fermens de révolte dans toute la par-
« tie de l'Est. Fin et délié, il a su se servir du gouverneur
« don Torribio Montès pour le succès de ses projets, et
« s'est joué scandaleusement de la promesse qu'il lui avait

---

1. Guillermin s'est trompé à cet égard. Juan Sanches fut nommé alcade de Cotuy, à l'âge de 17 ans, à cause de ses lumières pour cette localité et de sa sagesse précoce. Peu après, il dut aller lui-même arrêter un brigand nommé Miguel Robles, qui dirigeait une bande de voleurs. Celui-ci s'enferma dans une caze et bien armé : à la voix de l'alcade qui lui disait de se rendre à discrétion, il en ouvrit la porte et déchargea son trabucco. Juan Sanches lui lâcha un coup de pistolet en pleine poitrine, qui l'étendit mort. C'est à partir de cette action que sa réputation de bravoure se fit dans l'Est.

« faite, de le reconnaître pour chef immédiat de cette co-
« lonie. Sanches, enfin, est d'une taille moyenne, d'une
« figure assez commune; actif et tempérant, il a le tra-
« vail facile, de la pénétration dans l'esprit, de l'assiduité
« au travail, et il dort fort peu. »

Tel fut l'homme qui organisa l'insurrection de l'Est contre les Français. On reconnaît qu'il possédait toutes les qualités nécessaires à cette entreprise, indépendamment des diverses causes qui la facilitaient. Cyriaco Ramirès, son compétiteur, ne pouvait lutter avec lui : en juin, au moment où Santo-Domingo allait capituler, il fut arrêté par ordre de Juan Sanches qui l'envoya à Porto-Rico, en l'accusant auprès du gouverneur, de tramer en faveur de Pétion. Après la reddition de la place, T. Montès l'y renvoya ; et Juan Sanches le fit mettre en prison où il resta dans les fers, jusqu'à l'amnistie générale du 30 juin 1812, proclamée par les Cortès d'Espagne.

Dès que Pétion eut appris la capitulation de Santo-Domingo, il expédia Sabourin et Monier pour complimenter J. Sanches sur ses succès, et lui proposer de permettre la continuation du commerce des bestiaux et autres produits des indigènes de l'Est avec la République d'Haïti, avec le judicieux espoir que ces relations de bon voisinage produiraient leur fruit plus tard [1].

En même temps, Christophe députa l'adjudant-général Campos Thabarrès, indigène de Saint-Yague, dans

---

[1] Monier, blanc français naturalisé Haïtien par Dessalines, était en 1800 commissaire du gouvernement près le tribunal civil du Port-au-Prince. En 1801, il habitait Cotuy et fut très-lié avec Juan Sarches ; mais il ne pouvait exercer auprès de lui autant d'influence que Carabajal et A. Munoz. Le but actuel de Pétion fut néanmoins atteint : le commerce des bestiaux se rétablit entre les indigènes de l'Est et la République, par autorisation de Juan Sanches : ce dernier n'eût pu l'empêcher sans mécontenter la population. Il en fut de même pour l'État du Nord.

le même but, et avec d'autant plus d'espoir de rattacher Juan Sanches à son gouvernement, que c'était à lui qu'il avait fourni des armes et des munitions, et qu'il comptait encore sur l'influence des conseils de M. Carabajal.

Juan Sanches accueillit ces divers envoyés avec politesse, et Thabarrès, son compatriote avec plus d'affabilité, à raison des précédens. En ce moment arrivait aussi Andrès Munoz, jadis membre de l'assemblée centrale de 1801 et qui fut ensuite commissaire du gouvernement près le tribunal civil de Saint-Yague, sous Toussaint Louverture. Munoz avait connu Christophe au Cap et avait été flatté de ses prévenances envers les membres de l'assemblée centrale ; il en avait retenu une idée avantageuse, à cause de sa manière d'exercer l'autorité ; à Saint-Yague, il s'était lié avec Juan Sanches qui commandait Cotuy alors ; et il se joignit en 1809 à Carabajal, pour le conseiller de se rapprocher de Christophe plutôt que de Pétion.

A. Munoz conseilla même à Juan Sanches, de proclamer *l'indépendance* de la partie de l'Est, de l'Espagne, au nom de laquelle il avait pris les armes ; mais pourvu qu'il s'alliât à Christophe dont le pouvoir lui parut plus assis, afin d'en être secouru au besoin. Adoptant ce plan qu'il ne pouvait mettre à exécution dans le moment, sans soulever contre lui les populations de l'Est, Juan Sanches chargea Thabarrès de le communiquer à Christophe. Il ne rendit aucun compte à la Régence d'Espagne des succès qu'il avait obtenus, pour ne pas être obligé de demander des récompenses pour les hommes qui l'avaient aidé, et exciter par là leur mécontentement qu'il exploiterait contre cette autorité, en les persuadant qu'elle avait dédaigné d'y répondre. D'un autre côté, il avait accueilli ce projet d'indépendance, parce que, en 1809, on pensait que Napoléon eût pu triompher de la résistance de l'Espagne.

Mais la Régence avait été informée, et des bruits d'indépendance ou d'alliance avec Christophe, et de la capitulation de Santo-Domingo : elle s'empressa de faire acte d'autorité dans cette ancienne colonie, en y envoyant quelques fonctionnaires, notamment don Francisco Murillo, en qualité de lieutenant du roi à Santo-Domingo. Il était en outre question d'y envoyer don Ignacio Caro, pour prendre l'autorité des mains de Juan Sanches. Ces choix de la Régence furent conseillés par don Xavier Caro, neveu du précédent et ministre de cette Régence, né à Santo-Domingo.

Dès que Juan Sanches apprit ce projet, il expédia en Espagne A. Munoz, chargé d'y donner l'assurance de son dévouement à la métropole et de faire ajourner tout envoi de titres et de grades à ceux de ses compagnons qui l'avaient aidé dans l'insurrection, sous le prétexte que ce serait exciter leur ambition. En même temps, F. Murillo informait don J. M. Villaviciencio, son allié et l'un des membres de la Régence, de la trame ourdie par Juan Sanches, A. Munoz et Carabajal. La Régence retint A. Munoz en Espagne, et expédia néanmoins à Juan Sanches, le titre de *brigadier capitaine-général*, afin de le porter à ne pas briser avec elle.

Nous donnerons plus tard la suite de la conduite tortueuse de ce chef, en parlant de son administration et de sa mort. Le 19 décembre, il adressa une lettre à Pétion, en envoyant au Port-au-Prince deux officiers, pour expliquer les motifs de quelque sévérité dont il avait usé envers le capitaine d'une falouche haïtienne, qui vint de Jacmel à Santo-Domingo. Il disait à Pétion, que les lois l'eussent autorisé à être encore plus sévère ; mais que son amitié pour lui et le désir de lui être agréable en tout, avaient désarmé son autorité.

L'année 1810 s'ouvrit sous de tristes auspices pour la République d'Haïti. Les événemens les plus graves s'accomplirent pendant son cours, et il fallut au chef qui la présidait toute sa sagesse politique, tout son dévouement patriotique, pour l'empêcher de se précipiter dans l'abîme ouvert sous ses pas par des citoyens recommandables à plus d'un titre, mais égarés par des passions funestes qui eussent fait le malheur de la nation, si celui dont ils attaquèrent imprudemment le pouvoir n'était pas pénétré de la noble mission qu'elle lui confia.

Le général Gérin entra le premier dans cette carrière dangereuse et périt victime de ses calculs d'ambition, sinon de ses sentimens jaloux et haineux.

Par tout ce que nous en avons déjà dit, le lecteur ne sera pas étonné d'apprendre que, de retour à l'Anse-à-Veau après la campagne de 1809, il commença à conspirer définitivement, pour renverser Pétion de la présidence ou allumer une nouvelle guerre civile dans le Sud contre l'Ouest. Sachant que plusieurs sénateurs restaient mécontens de l'ajournement forcé du sénat, à son occasion personnelle ; que bien des militaires blâmaient le président de ce qu'ils appelaient sa mollesse dans la conduite de la guerre, dans la discipline de l'armée, qu'ils ne trouvaient pas qu'il fût assez pour la garnison du Môle ; ayant reçu, dit-on, quelques lettres de Lamarre qui s'en plaignait aussi, comme il le faisait directement au président, sans avoir cependant l'intention de pousser à la révolte contre lui : le général Gérin crut le moment propice pour mettre à exécution sa conspiration *permanente*[1].

Dans ces vues, vers novembre 1809, il quitta l'Anse-à-Veau, se rendit à Cavaillon et aux Cayes ; là il s'embarqua sur un bateau qui entra dans tous les petits ports des côtes du Sud jusqu'à Jérémie. « Dans tous ces lieux, il
« parlait ouvertement contre le système politique et ad-
« ministratif du Président d'Haïti, contre ses actes ; met-
« tant en avant le désordre, l'insubordination qu'il tolé-
« rait, l'abandon et la perte prochaine de l'armée du
« Môle ; et, par ces propos, cherchant à intéresser les au-
« torités au changement qu'il disait nécessaire et qu'il
« préméditait. »[2] » Mais partout on l'écouta, sans lui donner des espérances à ce sujet. A Jérémie, le général Bergerac Trichet et le colonel Thomas Durocher furent *les seuls* qui parurent lui avoir fait des promesses formelles, ainsi qu'on le verra par leur conduite. Après un court séjour dans cette ville, Gérin retourna à l'Anse-à-Veau, s'aveuglant sur l'influence de ses discours séditieux.

Il était impossible que Pétion ne fût pas informé de ses démarches factieuses : la plupart des fonctionnaires civils ou militaires durent l'en aviser. Certains d'entre eux ne le firent pas, tels que Lys, commandant en ce moment l'arrondissement de la Grande-Anse, et Borgella, — par égard pour Gérin et dans la pensée qu'il s'abstiendrait de tout acte coupable ; ils se bornèrent à rester et

[1] Dès après sa démission acceptée à Jérémie par Pétion, Gérin conçut son projet. Il en parla à Borgella qui, de retour d'Aquin en juillet 1808 et se rendant à Jérémie, passa par l'Anse-à-Veau et l'y vit. Borgella lui conseilla de n'en rien faire ; il lui renouvela ses conseils à la fin de 1809. — Notes biographiques dictées par Borgella.

[2] Notes fournies par Bruno Picdeper, sur la conspiration de Gérin.

à maintenir les troupes et les citoyens dans la fidélité au gouvernement. Mais le général B. Leblanc fut celui qui dut tenir le président mieux renseigné, parce qu'il était à l'Anse-à-Veau, foyer de la conspiration. Persuadé de la folie de Gérin, ainsi qu'il le lui avait fait entendre par sa lettre du 16 février 1809, Pétion ne pouvait faire autre chose que de donner ses ordres à B. Leblanc pour cette éventualité, puisque Gérin persistait dans sa haine. Ce commandant d'arrondissement les exécuta, en tenant surtout la 16e demi-brigade, que Gérin et lui avaient commandée, sous les armes et en parfaite discipline, afin de s'opposer à la moindre tentative : sa responsabilité l'exigeait ainsi.

Mais Gérin s'en prévalut pour prétendre qu'on en voulait à sa vie. Dans le courant de janvier, après avoir écrit des lettres à des chefs militaires sur divers points, il expédia à Jérémie le chef d'escadron Lhérisson, de son état-major, avec des lettres pour ceux de cette localité : Lhérisson fut chargé de les appuyer et d'entraîner ces officiers supérieurs dans sa faction [1].

Lys, Borgella et Henry refusèrent d'y entrer ; leur conduite maintint les troupes et les citoyens en parfaite tranquillité [2]. Mais Bergerac Trichet et Thomas Durocher s'entendirent pour aller à l'Anse-à-Veau, avec le corps *des Eclaireurs* que commandait ce dernier. A cet effet, ils firent abandonner les postes que ce corps occupait dans la campagne pour contenir les insurgés, et marchèrent jusqu'au Corail. En apprenant ce fait coupable, Lys

---

[1] Lhérisson fut accompagné dans cette mission par le lieutenant Lamothe Duthiers.
[2] Le colonel Henry s'empressa d'en donner connaissance au président, tandis que les autres s'en abstinrent encore, pour ne pas dénoncer Gérin. Fonctionnaires militaires, ils le devaient cependant ; mais on comprendra cette délicatesse de sentiment à l'égard d'un général qui avait rendu tant de services à son pays.

s'y porta avec ses aides de camp pour faire rétrograder les Éclaireurs.

Dans cet intervalle, et aussitôt même le départ de Lhérisson de l'Anse-à-Veau, Gérin ayant pour sa garde toute une compagnie de grenadiers de la 16e, commandée par le capitaine Toureaux qui lui était aveuglément dévoué, employa ces soldats à faire des remparts autour de sa maison ; il fit des meurtrières dans le mur d'enceinte de cette propriété, se préparant enfin comme s'il allait soutenir un siége.

Le général B. Leblanc ne put rester simple spectateur de pareils préparatifs de défense, évidemment faits pour pouvoir attendre des troupes de renforts, puisqu'il n'ignorait pas l'envoi des lettres et de Lhérisson à Jérémie. Il en avisa le président, et fit occuper la place d'armes par la 16e et les dragons, avec des pièces de campagne.[1] Ces précautions militaires étaient nécessaires, par rapport à ce qu'avait fait Gérin lui-même, et pour le cas où des troupes quelconques arriveraient à son secours. Mais B. Leblanc tenta des moyens plus concilians auprès de son ancien chef, qu'il voyait égaré par ses passions : il lui envoya plusieurs députations des notables citoyens de l'Anse-à-Veau, pour l'engager à abandonner son projet, lui représenter combien il était peu convenable de se livrer encore à la guerre civile, quand déjà la patrie en gémissait et que la sécurité du département du Sud était troublée par les insurgés de la Grande-Anse ; il lui fit proposer enfin, il l'invita même à se rendre au Port-au-Prince auprès du Président d'Haïti.[2]

Gérin refusa toutes les voies de conciliation, tant

---

[1] La maison de Gérin était située en face de la place d'armes.
[2] Notes fournies par Bruno Piedeper.

par son caractère obstiné que parce qu'il comptait sur la prompte arrivée de Bergerac Trichet, de Thomas Durocher et des Éclaireurs. Il fut même assez téméraire, comme toujours, pour faire sortir de ses remparts la compagnie de grenadiers qu'il avait, en voyant que le général B. Leblanc faisait avancer ses troupes pour cerner sa maison. Il ordonna à Toureaux d'attaquer, peut-être avec un dernier espoir que la 16ᵉ, loin de riposter, se ressouviendrait qu'il avait été son colonel et ne voudrait pas se battre contre ces grenadiers du même corps.

Le combat s'engagea cependant, et ces derniers furent mis en déroute, à la première décharge où périt le capitaine Toureaux. Quoique Gérin se fût placé à découvert sur le mur de sa maison, armé de ses pistolets, pour exciter ses grenadiers de la voix et du geste, on ne tira point sur lui, par ordre de B. Leblanc. Mais se voyant sur le point d'être fait prisonnier, il se fit sauter la cervelle. Ce fut le 18 janvier. La troupe ayant envahi tumultueusement sa maison, un sapeur trancha la tête de cet infortuné général, mais sans l'aveu du général B. Leblanc.[1]

Telle fut la fin malheureuse de Gérin qui, moins de quatre ans auparavant, avait harangué cette même 16ᵉ demi-brigade pour la conduire au Pont-Rouge ! Exemple frappant des vicissitudes politiques ! Lorsqu'un homme

---

1 Gérin avait deux sœurs aînées, femmes noires de la plus grande respectabilité, nommées Catherine et Sannite ; il chérissait ses sœurs autant qu'elles l'adoraient, on peut se servir de cette expression. Catherine eut le courage de coudre la tête de son infortuné frère au cou ; elle imbiba son mouchoir blanc de son sang et le conserva toute sa vie, en portant constamment le deuil. Habitant le Port-au-Prince, elle ne cacha à personne sa haine ou plutôt sa rancune contre Pétion, qui le savait et la respecta toujours. Le 29 mars 1818, en apprenant la mort de Pétion, elle se rendit à l'église ; et là, elle mêla ses larmes à celles du peuple, *ne pouvant comprendre*, dit-elle *à ma mère qui était son amie, la profonde sensibilité qu'elle éprouvait*. La divine Religion avait versé ses grâces dans son bon cœur.

marche dans la voie des aspirations populaires, son influence devient irrésistible, tout lui réussit. Mais vient-il à les méconnaître ensuite, à substituer ses vues personnelles à celles de ses concitoyens, cette influence tombe, elle s'anéantit sous la pression des idées et des sentimens qu'il ne partage plus. Ainsi il en arriva du général qui avait pris dans le Sud, la direction de l'insurrection légitime qui aboutit à la révolution de 1806. On n'a qu'à se rappeler tout ce qui a été dit de Gérin depuis la mort de Dessalines, pour se convaincre de cette vérité qui se reproduit à la suite de toutes les révolutions politiques.

Malheureusement pour lui et pour son pays, qui doit regretter sa triste fin, comme celle de Yayou et de Magloire Ambroise, Gérin avait un caractère obstiné, incapable de céder à l'évidence des choses. Naturellement despote, il ne sut pas comprendre ce qu'exigeait le régime républicain sous lequel il vivait : de là toute son opposition à Pétion. Elle emprunta encore une vivacité née de l'espoir, de la prétention qu'il avait eue d'être le chef de l'État, parce qu'il avait été *le premier* à régulariser l'insurrection de 1806, et qu'alors il était ministre de la guerre et de la marine. Une telle prétention n'était pas fondée, en présence de l'ancienneté des grades militaires de Pétion et de ses qualités pour gouverner la République. Sa jalousie déplorable l'aveugla sur l'influence qu'il croyait exercer, et il en périt victime. Fut-il plus satisfait des autres membres du sénat, qui ne partageaient pas ses idées politiques et ses vues administratives ? Il prouva le contraire par sa démission donnée le 9 mars 1807 et renouvelée le 11 janvier 1808. S'il consentit à rentrer dans ce corps le 17 décembre suivant, ce ne fut que dans un but factieux, dans l'espoir de saisir une prépondérance qu'il n'eut jamais, et qu'il voulait exercer sur le Président d'Haïti, au moyen de la constitution. Mais un tel homme n'eût pas laissé subsister l'ombre même de cet acte ; car ce jour-là, il annonça qu'il avait médité dans sa retraite un nouveau plan d'organisation : c'était annoncer la subversion des institutions proclamées sans son concours, sans sa participation [1].

On pouvait, on devait éprouver *des regrets* de la mort du général Gérin. Mais ce qu'il y eut de coupable de la part de tous les opposans au système politique de Pétion, c'est qu'ils eurent l'*injustice* de lui attribuer cet événement, comme si les faits ne parlaient pas assez éloquemment. Écoutons son propre langage, dans sa proclamation du 24 janvier :

Alexandre Pétion, Président d'Haïti.

Une nouvelle conspiration a éclaté, elle s'est terminée comme les précédentes.

Un général connu par des services rendus à son pays, mais qui n'a jamais su maîtriser l'effervescence de son caractère et de son ambition, a porté l'égarement jusqu'à trahir la confiance de ses concitoyens et compromettre leur existence en se faisant chef de parti. Qu'il ait, en s'abusant dans ses calculs, supposé pour lui toutes les chances les plus favorables, pouvait-il dans ce cas même, ne pas prévoir que le résultat de sa tentative serait une nouvelle guerre civile ? Il a payé de sa vie, qu'il eût dû terminer plus utilement pour sa patrie et plus glorieusement pour lui, l'audace de son entreprise. *Tous ceux* qui ont partagé les criminels projets d'un homme qui voulait se frayer dans le sang, un chemin à la domination, *me sont connus*. Faut-il encore compter *sur le repentir*, et les soustraire à la rigueur de la loi ? Faut-il prendre contre eux des mesures de pré-

---

[1] On peut se rappeler que, quoique élu membre de l'assemblée constituante de 1806, Gérin ne prit point part à ses travaux ; et qu'après, il blâma son œuvre en s'adressant à Bonnet et à d'autres de ses membres.

caution que la prudence peut suggérer? J'y consens. Mais qu'ils sachent que je dois compte au peuple de la sécurité dont il doit jouir sous mon administration, et que la tête de quiconque osera désormais y porter atteinte, sera livrée, sans rémission, au glaive de la justice.

Donné au Port-au-Prince, le 24 janvier 1810.

Signé: PÉTION.

Certes, c'était le moins que Pétion pouvait faire en cette circonstance, que d'avertir *les factieux*, que de les menacer, pour l'avenir, de toute la rigueur des lois. Mais, parmi eux, deux complices de Gérin s'étaient trop compromis pour ne pas subir au moins ces mesures de précaution dont parlait le président. Bergerac Trichet et Thomas Durocher marchaient à la tête des Éclaireurs, ils étaient déjà rendus au Corail pour se porter à l'Anse-à-Veau, lorsqu'ils apprirent la mort de Gérin; leur position devint embarrassante. Le général Lys fit retourner les Éclaireurs à leurs cantonnemens, et ne put qu'informer le président de leur marche, sans opérer toutefois l'arrestation des deux officiers supérieurs. Thomas Durocher envoya un officier auprès de Borgella, lui demander ses conseils. Ce colonel lui fit dire d'avoir confiance dans les sentimens de modération du président, de se rendre de suite au Port-au-Prince et de lui avouer ses torts. Thomas Durocher et Bergerac Trichet suivaient ces conseils d'un véritable ami de tous les deux, quand l'ordre du président arriva ensuite pour leur arrestation: ils se rendirent au Port-au-Prince, avouèrent la faute qu'ils avaient commise, et furent mis en prison. Pétion ne voulut pas les faire juger militairement; car ils eussent été condamnés *à mort et flétris* comme conspirateurs: en se bornant à leur simple détention, il compta sur leur repentir pour qu'ils pussent de nouveau servir leur pays, ce qui eut lieu par la suite [1].

Pétion savait que dans des temps d'effervescence politique, il faut user de beaucoup d'indulgence envers les hommes qui se laissent entraîner par leur esprit déraisonnable et les passions du moment ; que tel qui se rend coupable aujourd'hui aux yeux de la société et des lois, peut redevenir demain bon citoyen. C'est ainsi qu'il conserva à son pays la plupart de ceux qui lui furent opposés, parce qu'ils ne pouvaient comprendre sa pensée politique, ni avoir foi dans les succès qu'il lui préparait pour l'avenir. Mais il n'est pas donné à tous les chefs de gouvernement de savoir pratiquer le pouvoir comme il le fit.

Lhérisson n'eût pas subi un autre sort que celui de ces deux officiers supérieurs, s'il avait eu plus de patience qu'il n'en montra. A son retour de sa mission coupable à Jérémie, il fut arrêté au Petit-Trou avec le jeune Lamothe Duthiers, par ordre du général B. Leblanc, et déposés tous deux dans une maison, sous la garde d'un officier qui négligea même de leur ôter leurs armes. Jugeant de la situation désespérée de Gérin, dont il connaissait les faibles moyens, Lhérisson se donna un coup de pistolet et mourut immédiatement [2]. Ce fut regrettable, car il avait de la capacité et était un citoyen distingué sous d'autres rapports.

La folle entreprise de Gérin détermina un arrêté du Président d'Haïti, en date du 16 février, qui fixa le nombre de militaires qui devaient désormais servir de

---

[1] Le 27 janvier, le général Wagnac, dont les sentimens furent toujours honorables, envoya un officier porteur d'une lettre au président, par laquelle il le pria de considérer les anciens services de Thomas Davocher, qui n'était qu'égaré. Pétion y eut égard comme à ceux de Bongerac Trichet.

[2] Lamothe Duthiers quitta le pays peu après l'affaire de Gérin ; il resta plusieurs années à l'étranger et revint sous l'administration de Boyer, qui le nomma trésorier à Santo-Domingo.

garde aux généraux ; il fut réduit à 15 pour les généraux de division, et à 10 pour ceux de brigade, tandis qu'auparavant ils avaient une compagnie entière, et presque toujours des grenadiers, soldats d'élite dans les corps de troupes.

Cette crise étant terminée, Pétion manda le général Lys au Port-au-Prince, où il reprit le commandement de l'arrondissement des mains du général Francisque, qui retourna à celui de la Grande-Anse : preuve évidente qu'il avait craint que Gérin n'exerçât quelque influence sur l'esprit de Francisque. Cette seconde mutation eut lieu à la fin de mars, et Borgella exerça l'intérim après le départ de Lys de Jérémie [1].

Au moment où Gérin terminait sa carrière si tristement, la République vit arriver dans son sein deux enfans d'Haïti, qui en avaient été expatriés : François Garbage, ancien secrétaire et aide de camp de Montbrun, et Quayer Larivière, ancien chef d'escadron au Fort-Liberté, né au Dondon. Accueillis tous deux avec un empressement bienveillant par Pétion, Garbage devint l'un de ses principaux secrétaires, et Quayer Larivière reçut le commandement d'un escadron des chasseurs de la garde du gouvernement, qui prenait alors de l'accroissement. Ces deux hommes figurèrent d'une manière remarquable par la suite, dans les affaires du pays [2].

---

[1] Par sa lettre du 31 mars, le général Francisque fit savoir au président, que Borgella avait pris les mesures les plus convenables, pendant l'intérim, pour calmer l'effervescence qui s'était manifestée parmi les Éclaireurs. Il disait en outre, qu'il croyait prudent de ne pas punir ceux qui en étaient les meneurs ; que ces dispositions fâcheuses avaient empêché la soumission de Jason Domingon avec une bande de 400 insurgés.

[2] Garbage, déporté en 1803 par les Français, fut fait prisonnier par les Anglais. Il est probable qu'il revenait d'Angleterre ou des États-Unis. — Quayer Larivière était dans l'île de Corse d'où il se sauva sur un navire anglais qui allait à Constantinople ; de là il alla à Cadix

CHAPITRE XIII.

Le général André Rigaud arrive de France aux Cayes. — Accueilli avec allégresse, il se rend au Port-au-Prince, sur l'invitation de Pétion. — Réception qui lui est faite par tous les citoyens, honneurs qu'il reçoit du Président d'Haïti. — Il est promu *général de division*. — Réflexions sur les circonstances dans lesquelles il retourne dans le pays. — Pétion supprime la charge de secrétaire d'État et la remplace par celle d'un administrateur général des finances. — Il révoque Bonnet et le remplace par J.-C. Imbert. — Examen des motifs donnés pour ces mesures et de ceux qui ont pu réellement les occasionner. — Les Anglais informent Pétion, que Rigaud est envoyé par la France dans un but politique. — Pétion lui en donne connaissance et il l'avoue, en expliquant sa conduite. — Autre renseignement sur le retour de Rigaud. — Justification des mesures politiques de Pétion. — Il charge Rigaud de pacifier la Grande-Anse, et place les forces du département du Sud sous ses ordres. — Idée que conçoivent les factieux, à cette occasion. — Situation critique de la place du Môle. — La flotte de la République ne peut rien faire pour elle, celle du Nord ayant une frégate. — Projet audacieux conçu par Lamarre, d'enlever cette frégate à l'abordage, et repoussé par Panayoty. — Lamarre est tué par un boulet. — Éveillard lui succède. — La prise des forts de la Presqu'île contraint la flotte à fuir au Port-au-Prince. — *Le Derénoncourt* est détruit sur la Gonave. — Christophe donne le nom de *Cap-Henry* à la ville du Cap. — Honneurs funèbres rendus à Lamarre, au Port-au-Prince. — Pétion expédie des barges qui apportent quelques secours au Môle. — Éveillard est tué par une balle. — Toussaint Paul le remplace. — Combats et résolution de ce chef. — Il envoie au Port-au-Prince, les insignes militaires de la garnison du Môle, et évacue les forts qui lui restent. — Tous les défenseurs du Môle sont successivement faits prisonniers. — Mort glorieuse de Toussaint Paul, à la citadelle Henry.

Le département du Sud était encore sous l'impression douloureuse de la regrettable catastrophe qui mit fin aux jours de Gérin, deux mois étaient à peine écoulés, quand,

où il vit Jean-François dans la plus affreuse misère. De Cadix, il se rendit à Londres où la maison Stanisford et Blund, qui faisait beaucoup d'affaires avec la place du Port-au-Prince, lui donna des facilités pour y passer sur un de ses navires.

le 7 avril, un navire des États-Unis arriva dans le port des Cayes, ayant à son bord le général ANDRÉ RIGAUD.

Ce fut tout un événement, et pour le Sud et pour l'Ouest, formant alors la République d'Haïti.

Accueilli avec des transports d'allégresse, par les autorités et la population entière des Cayes et de la campagne, dans son lieu natal, qu'il avait été forcé d'abandonner dix années auparavant, Rigaud trouva en un jour la compensation à ses tribulations durant ce laps de temps, tant à Saint-Domingue même lorsqu'il ne lui fut pas permis de le revoir, que dans l'exil sur la terre étrangère, où il vécut avec une nombreuse famille, accablé de toutes sortes de privations. A un autre que lui, il eût suffi de ce retour heureux au lieu de son berceau, pour s'inspirer toujours des sentimens de sage modération dans la patrie qui le recevait à bras ouverts, pour faire des réflexions profondes sur la situation des choses, sur la condition nouvelle des hommes, et y conformer sa conduite. Mais il était dans sa destinée, sans doute, qu'il en fût autrement.

Le général Wagnac s'était hâté d'informer le Président d'Haïti de l'arrivée de l'ancien commandant du Sud, et Pétion s'empressa de députer vers lui un de ses aides de camp, pour le féliciter de son retour dans le pays et l'inviter à venir au Port-au-Prince : il s'y rendit. Sur toute sa route, il reçut des honneurs qui décelaient la joie des populations des villes et des campagnes. Des citoyens du Port-au-Prince allèrent au-devant de lui à plusieurs lieues ; son entrée en cette ville fut un vrai triomphe, et Pétion reçut son ancien chef avec des démonstrations de la plus sincère satisfaction, en le faisant loger au palais de la présidence. Arrivé dans la semaine sainte, Rigaud assista avec lui à la messe du jour de Pâques, où il ne manquait jamais de se trouver, et ils participèrent tous deux, avec les fonctionnaires publics, à un banquet qui leur fut offert au presbytère par l'abbé Gaspard, curé du Port-au-Prince : ce fut le signal d'autres auxquels des fonctionnaires et des citoyens se plurent à convier l'ancien révolutionnaire. Le commandant des forces navales, Panayoty, se réunit aux frères Gaspard et aux autres capitaines des garde-côtes, pour offrir à Pétion et lui une brillante fête, à bord du *Flambeau* qui portait le pavillon du commandant.

Toute cette réception, toutes ces fêtes, tout cet accueil empressé, prouvent la profonde estime et l'amour que Rigaud avait laissés dans le cœur de ses compatriotes. A la parade qui eut lieu le dimanche de Pâques, les troupes étant réunies au grand complet, Pétion lui céda *la droite* pour en passer l'inspection, et le présenter en quelque sorte à leur respect, par cet acte de déférence : il l'accepta. Cette courtoisie militaire jeta peut-être dans son cœur, la première étincelle de l'ambition nouvelle qui s'y alluma bientôt après: le brevet de *général de division* que lui donna Pétion, pour mieux le rehausser aux yeux de l'armée et des citoyens y contribua encore.

Malheureusement pour la gloire personnelle du général Rigaud, il arriva en Haïti dans des circonstances fâcheuses, dans celles où son caractère ne pouvait éviter l'écueil où il échoua. Il trouva le sénat forcément ajourné; plusieurs des sénateurs en proie à la rancune qu'ils gardaient à Pétion, quoique ce fût par leurs propres fautes; les esprits encore agités par la mort récente de Gérin; le Môle assiégé de manière à prévoir sa chute très-prochaîne ; le Sud inquiété par une rébellion qui durait depuis trois ans ; la plupart des militaires de distinction blâmant, secrètement ou ouvertement, la politique que suivait Pétion dans la guerre civile avec le Nord. Rigaud ne pouvait guère échapper aux confidences de toute nature qu'il reçut sur la marche des affaires publiques : il lui eût fallu une tête mieux organisée que la sienne, pour résister au tourbillon qui l'entraîna.

Parmi les hommes du Port-au-Prince qui le revirent avec le plus de satisfaction, étaient Bruno Blanchet, secrétaire général, qui avait été sénéchal aux Cayes et représentant de Polvérel dans le Sud, et Bonnet, secrétaire d'État, qui fut le chef de son état-major jusqu'en 1800. Ces deux citoyens, distingués par leurs talens, étaient très-estimés de Rigaud, et ils ne pouvaient manquer d'exercer une grande influence sur son esprit. Le premier, on le sait déjà, conservait une vive animosité contre Pétion, pour sa révocation de la charge de secrétaire d'État : le second fut mécontent à son tour, pour sa révocation de la même charge, qui eut lieu trois semaines après l'arrivée de Rigaud.

Le 28 avril, Bonnet avait provoqué du président, un arrêté qui prohibait l'importation des liqueurs fortes dans les ports de la République, à l'exception du genièvre en caisse ; et tout-à-coup, le 1er mai, parut un autre arrêté qui, « considérant que les dépenses excessives de la guerre,
« font un devoir de rechercher tous les moyens possibles
« d'économie dans l'administration, et de simplifier autant que possible le mode d'organisation des finances
« de la République, » *supprima* la charge de secrétaire d'État et créa celle d'un *administrateur général des finances*, revêtu des mêmes attributions, en réglant le

service administratif dans les différens bureaux [1].

Le 9 mai, un ordre du jour, *à l'armée*, prévint le public, que le citoyen Jean-Chrisostôme Imbert, administrateur du département du Sud, était nommé administrateur général des finances. Bonnet, général de division depuis un an, devint l'inspecteur en chef des fortifications du Port-au-Prince, auxquelles on travaillait avec activité.

Il faut peu d'efforts de raisonnement pour concevoir que le motif *réel* de la suppression de la charge de secrétaire d'État, ne fut pas celui allégué dans l'arrêté du 1er mai. Elle accordait 8000 gourdes de traitement à ce grand fonctionnaire, et la nouvelle charge 4000 gourdes à celui qui le remplaçait ; il est vrai que cet acte supprima aussi les chefs de service et un certain nombre d'employés, mais tout cela ne produisait que quelques milliers de gourdes d'économie.[1] D'ailleurs, le changement de personne était assez significatif : à Bonnet succédait Imbert, ayant les mêmes attributions qu'il exerçait ; mais la différence était grande entre un homme de haute capacité, actif et infatigable, et un homme capable seulement dans la comptabilité, pour ainsi dire inerte par ses habitudes sédentaires ; entre un général de division connu de l'armée, et un citoyen de la classe civile incapable d'influence sur elle. Le vrai motif de cet acte, sa cause réelle, doivent donc être attribués à des considé-

---

[1] Le titre d'administrateur général des finances fut emprunté à l'organisation financière de Toussaint Louverture : le nombre de ses employés fut réduit, la place de contrôleur dans les douanes, supprimée ; il n'y eut plus que des administrateurs particuliers dans tous les ports ouverts, etc.

[2] A.-D. Sabourin devint chef d'escadron aide de camp du Président d'Haïti ; B. Inginac le chef de ses bureaux au titre de secrétaire particulier, comme Garbage ; Boisrond Canal retourna aux Cayes sans emploi ; Frémont y devint administrateur particulier.

rations politiques. On ne peut dire exactement quelles elles furent, mais on peut conjecturer à ce sujet.

Par tout ce qui a été rapporté jusqu'ici, des relations entre le sénat et Pétion, on a pu reconnaître que Bonnet avait été en quelque sorte l'âme de ce corps, par ses aptitudes diverses : il était le centre autour duquel gravitaient Lys, Daumec, David-Troy, les plus influens après lui. Il avait été *opposé* à la proposition de vente des habitations par le président, et il y avait fait substituer le système établi par la loi de 1807 sur la police des campagnes, tombée en désuétude par le régime du métayage, *de moitié*, mis en vigueur par l'exemple tracé par le président. Tout récemment, il venait encore de *s'opposer* à la distribution des concessions de terre aux militaires invalides ; et Pétion y attachait une grande importance, par le résultat politique qu'elle devait produire.

Ensuite, le sénat, quoique *ajourné* depuis décembre 1808, avait *le droit* de reprendre ses séances et son pouvoir constitutionnel ; et Bonnet restait toujours influent sur ceux de ses membres qui étaient secrètement mécontens de cette situation, avec d'autant plus de raison, qu'en qualité de secrétaire d'État, ayant les attributions déterminées par la loi du 25 novembre 1808, il était *le second* personnage de la République, et qu'en sa qualité de général de division, il était *l'égal* du général Pétion. Le Président d'Haïti n'avait été élu que pour quatre années ; en 1811, ses fonctions allaient cesser. L'arrivée de Rigaud n'était propre qu'à réveiller le mécontentement des sénateurs opposans, à leur inspirer le désir et l'espoir de remplacer Pétion par lui ; et Bonnet, maintenu secrétaire d'Etat, pouvait jouer un grand rôle dans cette circonstance ; car, s'il s'attacha à Pétion, dès les derniers mois de la guerre de l'indépendance, sous le règne de Dessalines et depuis, c'est que Rigaud n'était pas dans le pays, Rigaud a qui il avait été on ne peut plus dévoué.[1]

La suppression de la charge de secrétaire d'État, sa révocation, *peuvent* donc avoir eu ces considérations politiques *pour motifs secrets*. On voit que nous ne voulons rien dissimuler à l'égard de la conduite de Pétion, même quand il y a de sa part *apparence* d'ambition personnelle.

Mais il faut que l'on sache aussi qu'à ce moment-là, Bonnet était en lutte avec tous les débiteurs de l'État, principalement les fermiers des biens domaniaux, presque tous officiers de tous grades. S'autorisant de son devoir de les contraindre à payer, de son rang militaire, de sa qualité de secrétaire d'État, sa fermeté ne reculait pas quand il fallait tenir un langage sévère, à eux parlant : de là les clameurs, le mécontentement qu'il suscitait. A cet égard, nous n'avançons rien dont nous ne soyons certain, et ces choses vinrent sans doute en aide à la résolution prise par le président, de lui retirer l'administration générale de la République.

Il y a eu encore un autre motif qui aura influé sur l'arrêté du 1er mai, et c'est en le connaissant, que le lecteur jugera s'il n'y eut de la part de Pétion, que *des vues personnelles*, qu'un étroit égoïsme *d'ambition*. Mais, pour apprécier ce motif, commençons par examiner et résoudre les questions suivantes :

---

[1] Bonnet avait beaucoup contribué à l'élection de Pétion, *en opposition* à Gérin ; rien ne l'empêchait de concourir maintenant à celle de Rigaud, *en opposition* à Pétion, lorsque d'ailleurs Lys lui-même, Daumec, Modé, Pélage Varein, etc., étaient des mécontens. Bonnet était au sénat, et il n'avait pas empêché ce corps de produire ses Remontrances ; il avait été le président du comité qui rédigea l'acte du 4 août, par lequel le sénat retira les pouvoirs extraordinaires donnés à Pétion.

Depuis sa sortie du fort de Joux, André Rigaud était à Agen, loin de la mer, et placé sous la surveillance de la haute police : comment a-t-il pu quitter sa famille à Agen, pour aller s'embarquer et passer aux États-Unis ?[1] Pourquoi, quelques mois après, sa femme et ses enfans en bas âge ont-ils pu partir de France, aller aussi aux États-Unis et delà se rendre en Haïti, dans le port de Jacmel ?

Ces questions sont très-importantes au point de vue de la vérité historique, et à celui de la moralité des faits d'après lesquels on devra juger Rigaud et Pétion.

Il faut n'avoir aucune idée de la manière dont se fait la police dans les États européens, pour croire que Rigaud aura pu s'enfuir d'Agen, avoir le temps de se rendre dans un port de mer, et là, lui *mulâtre au teint brun*, s'embarquer facilement, sans que la police l'eût su, eût éventé cette fuite, sans courir après lui, sans faire jouer *le télégraphe* pour l'arrêter. Ensuite, on voit sa femme et ses enfans partir quelque temps après, bien certainement avec la permission des autorités, probablement sur la connaissance acquise de l'arrivée de Rigaud en Haïti.

Aussi, les Anglais, toujours assez bien informés, ne tardèrent-ils pas à donner avis à Pétion, que l'ancien général du Sud, qui leur fut constamment antipathique, n'y était revenu qu'avec l'autorisation du gouvernement français, et en quelque sorte comme *son agent*. Et voici comment ils le surent, assure-t-on.

---

[1] On se rappelle sans doute que Rigaud obtint son élargissement du fort de Joux, par la protection de Louis Bonaparte, devenu ensuite roi de Hollande. A Agen se trouvait aussi la famille de Toussaint Louverture, également placée sous la surveillance de la haute police. On a dit que Rigaud s'embarqua à Bayonne, sur le même navire qui le porta aux Cayes, et qui appartenait à un Français nommé Servan, naturalisé citoyen des États-Unis et habitant New-York. Servan vint effectivement avec lui aux Cayes. Dans un second voyage, il eut le malheur d'être capturé par la flotte du Nord, et il périt par ordre de Christophe.

A peine Rigaud était-il parti de France pour les États-Unis, que 4 frégates et 4 brigs en seraient sortis aussi, séparément, mais avec destination définitive *pour les côtes d'Haïti :* les 4 brigs furent capturés par les Anglais. A bord de l'un d'eux se trouvaient des lettres d'anciens colons, pour leurs fils ou parens qui étaient sur les frégates et parlant de la mission que Rigaud avait reçue de l'Empereur Napoléon, « de se rendre en Haïti, d'essayer « d'y reprendre son ascendant et l'autorité supérieure, « afin de replacer ensuite le pays sous la domination « de la France. » Ainsi, les frégates et les brigs auraient été expédiés dans le but de l'aider dans cette œuvre.

Qu'on n'objecte pas tout d'abord, qu'une telle chose est *invraisemblable*, et de la part du gouvernement impérial de France et de celle des colons, divulguant ainsi un plan combiné dans le silence du cabinet. A l'égard de ces derniers, on connaît déjà leur vaniteuse présomption qui les portait à ne jamais douter du succès d'aucune démarche tendante à les replacer sur leurs biens, et l'on sait s'ils furent assez influens en France pour avoir su ce plan. Quant au gouvernement impérial, on n'a qu'à se rappeler la mission de Ducoudray et d'Étienne Mentor, en 1805: il ne pouvait pas plus renoncer *à l'espoir* de rétablir son autorité *à Saint-Domingue*, que ne le fit après lui le gouvernement de la Restauration.[1] Il est d'ailleurs pour tous les gouvernemens *des devoirs* impérieux que tout esprit raisonnable doit reconnaître : la force des choses seule les contraint à y renoncer. Au moins, la mission qu'aurait eue Rigaud était plus digne d'une puissance civilisée que la précédente, sauf l'enjeu *de sa tête*,

---

[1] Nous parlerons aussi de la mission secrète de Liot, à la fin de 1812, etc.

qui eût roulé dans la poussière, au moindre mot qu'il aurait prononcé dans le sens d'une si haute *trahison* des intérêts réels de ses compatriotes.

Ces lettres, enfin, étant en la possession des Anglais, Lord Seymour, commandant de la station navale des Antilles, les envoya à Pétion, *après* l'arrivée de Rigaud, en même temps que deux des brigs capturés, que le président acheta pour augmenter la flotte de la République, et qui furent nommés *le Conquérant* et *le Vainqueur*.

Dès le 23 février de la même année, Pétion écrivait à Lamarre, de se reposer sur sa sollicitude à soutenir le Môle par tous les moyens possibles, surtout par la flotte; qu'il attendait de jour en jour *la frégate* qu'il avait fait d'acheter aux États-Unis; que, pour plus de sûreté, il en avait fait demander *une autre* en Angleterre; qu'en outre, il attendait aussi *une grande corvette*[1]. Ces navires demandés en Angleterre furent remplacés par les deux brigs dont il s'agit.

En recevant la communication de Lord Seymour, Pétion eut la franchise de la montrer à Rigaud, ainsi que les lettres des colons[2]. *Alors seulement*, Rigaud avoua qu'effectivement il avait paru se prêter à cette mission du gouvernement impérial, pour pouvoir sortir de France et revenir dans son pays; mais qu'il était loin d'avoir l'intention de servir cette puissance : — même échappatoire qu'employa Étienne Mentor auprès de Dessalines, ayant été également contraint à son aveu par l'exécution de Ducoudray.

[1] J'ai sous les yeux la lettre *originale* de Pétion à Lamarre, qui fut donnée à mon frère par un des parens de ce général; elle est de la main de Boyer.
[2] Rigaud resta au Port-au-Prince environ un mois; vers le milieu de mai, il retourna aux Cayes: les lettres et les brigs envoyés par Lord Seymour arrivèrent dans le courant d'avril.

Veut-on une autre donnée sur la question qui nous occupe ? La voici :

Dans sa mission en France, en 1825, le colonel Frémont eut l'occasion de faire la connaissance du général Pamphile de Lacroix, dont on connait les mémoires édités en 1819. Ce général lui ayant demandé, quelle opinion on avait eue en Haïti, du retour du général Rigaud dans le pays, Frémont lui répondit qu'on y avait appris par les Anglais, qu'il avait été envoyé pour agir dans l'intérêt de la France. Pamphile de Lacroix répliqua : *qu'il ne pouvait l'assurer, mais qu'il le croyait*, par les circonstances qu'il relata à Frémont. Selon ce qu'il dit à ce dernier, — étant à l'armée, en Espagne, en 1809, il reçut l'ordre de venir à Paris auprès du ministre de la guerre ; à son arrivée, le ministre lui dit : « C'est l'Em-
« pereur qui veut vous parler : allez aux Tuileries. » Il y fut et eut l'honneur d'être introduit auprès de Napoléon. L'Empereur lui parla de l'expédition de 1802, dit-il, se fit raconter bien des circonstances y relatives, et lui demanda son opinion sur Pétion, Christophe et autres chefs noirs ou mulâtres, avant d'en venir à Rigaud et sur ses sentimens pour la France ; il questionna Pamphile de Lacroix, plus au sujet de ce dernier que des autres, sans laisser percer néanmoins aucune intention de s'en servir. Après avoir reçu ces renseignemens, ajouta-t-il, Napoléon le congédia, et il fut prendre les ordres du ministre de la guerre, qui le renvoya à l'armée. « Quelque temps
« après, dit Pamphile de Lacroix à Frémont, je lus sur les
« journaux, que le général Rigaud s'était *évadé* de
« France. J'eus la pensée, alors, qu'il n'avait pu quitter
« la France que par suite des renseignemens que j'avais
« donnés à l'Empereur, attestant son constant *dévoue-*

« *ment* pour elle, tandis que je lui avais représenté Pé-
« tion, comme *le machinateur* de la défection des troupes
« coloniales au Haut-du-Cap¹. »

Ces particularités corroborent ce que Pétion apprit par l'avis officieux de Lord Seymour. Un tel avis, dans les circonstances où était la République à l'arrivée de Rigaud, dut être mûrement pesé et apprécié par cet esprit froid qui avait si bien observé son ancien général, qui le connaissait pour un homme agissant plus par sentiment chevaleresque que par méditation et raisonnement : de là sera sorti aussi l'arrêté du 1er mai, qui supprima la charge de secrétaire d'État, pour pouvoir révoquer Bonnet, alors qu'il y avait d'autres motifs pour lui retirer les rênes de l'administration. Nous osons croire que nos *conjectures* ne sont pas dénuées de bon sens.

A cette époque, on a dit, on a cru que Boyer avait exercé une grande influence sur la résolution du président, par sa mésintelligence avec Bonnet, par l'ardeur de son ambition personnelle, qui le portaient à écarter ce redoutable concurrent, comme tous autres, dans la succession future de la présidence². Mais, pour ajouter foi à une telle supposition, il faut qu'on n'ait pas observé le caractère de Pétion, méditant toujours avec calme et

---

1 A son retour de France, en 1826, Frémont, l'ancien ami de mon père, qui m'accorda aussi son amitié dont je m'honore, me raconta sa conversation avec le général Pamphile de Lacroix, qui s'est gardé de parler de cela dans ses Mémoires, à l'occasion du retour de Rigaud. Il y dit d'ailleurs, avoir fourni des notes au Premier Consul, le 7 novembre 1803, sur l'expédition et sur les officiers noirs et mulâtres ; et par là, on s'explique pourquoi l'Empereur voulut causer avec lui.

2 En 1811, j'entendis le général Lamothe Aigron dire ces choses à mon père, avec qui il passa une soirée : j'ai toujours retenu dans ma mémoire qu'il ajouta, à propos de Boyer : « Songez à ce que je vous dis, et vous verrez que *ce petit homme* succédera au président : « il a su *écarter* tous ceux qui auraient pu y prétendre. » Alors, Bonnet, Lys, etc., étaient dans le Sud, en scission avec l'Ouest ; et Boyer était général de division, commandant de la garde et de l'arrondissement du Port-au-Prince.

exécutant sa volonté avec une fermeté et une persévérance que nul autre ne posséda comme lui, excepté Toussaint Louverture.

Que Rigaud lui ait avoué ou non ce qu'il apprit par Lord Seymour, Pétion *devait agir de manière à ôter toute chance* à Rigaud de parvenir *à la présidence.* S'il crut que Bonnet, secrétaire d'État, pouvait se laisser entraîner par son ancienne affection, pour favoriser cette élection, *non pas, certainement, dans les vues de servir les desseins de la France,* mais dans l'espoir que Rigaud eût mieux conduit la guerre contre le Nord, mieux gouverné la République, en restant lui-même *plus influent* auprès de son ancien général qu'il ne l'était auprès de Pétion, celui-ci *ne devait pas hésiter à le révoquer.* Son *devoir* envers HAÏTI, qu'il avait contribué à rendre indépendante de la France, par son union avec Dessalines, *lui en imposait l'obligation,* afin de ne pas compromettre cette œuvre, opérée par la fusion des anciens partis de Rigaud et de Toussaint Louverture, au prix de tant de travaux guerriers, du généreux sang versé dans la guerre contre l'armée française.

Nous n'avons pas *la prétention* d'imposer nos appréciations ; mais nous ne concevrions pas *un Haïtien* qui penserait que, dans l'acte du 1er mai, *interprété* ainsi par nous, Pétion n'agit que dans *des vues personnelles,* dans l'intérêt du maintien de son pouvoir, par une ambition égoïste.

Il avait pris ses précautions politiques, par rapport à Rigaud ; mais il lui accorda la plus belle position militaire qu'il pût envier.

Dès les premiers jours du mois d'avril, Jean-Baptiste

Lagarde avait réussi à faire passer à la révolte tout le corps des *Éclaireurs* et bien des cultivateurs déjà soumis[1]. La force des révoltés se trouvait augmentée par l'accession nouvelle de cet homme d'action et influent : il fallait donc de plus grands moyens de répression. Le président confia au général de division Rigaud la mission de diriger les forces employées dans la Grande-Anse : il voulut qu'il eût l'honneur de tenter au moins la pacification de son département natal. Il envoya même sous ses ordres le général Métellus, avec un fort détachement des 21e et 24e demi-brigades. Métellus avait revu son ancien général avec autant de plaisir qu'aucun autre citoyen[2].

Le 5 juin, Rigaud émit une proclamation datée des Cayes, pour entrer en campagne. On y remarque ce passage : « Bientôt les révoltés apprendront que *la clémence « du président à leur égard, jusqu'à ce jour, n'est ni « crainte ni faiblesse*; il voulait les ramener à leur de- « voir *par la douceur*, et leur donner le temps de ré- « fléchir sur l'abîme qu'ils creusaient sous leurs pieds... « Une armée considérable va se mettre en campagne, et « ne sera dissoute qu'après avoir soumis les révoltés par « la persuasion ou par la force. Telles sont les inten- « tions du président, et telle est ma résolution.... »

Rigaud avait nécessairement le commandement *en chef* des forces du Sud : aussitôt les factieux le qualifièrent de *général en chef*, pour le désigner comme le

---

[1] Le 16 avril, Maurice Duverger, âgé de 26 ans, lieutenant de grenadiers dans la 15e, étant campé sur l'habitation Charamel avec 8 soldats de sa compagnie, combattit contre une nuée d'insurgés commandés par J.-B. Lagarde. Ils ne purent le vaincre, qu'en mettant le feu à la maison où il s'était renfermé avec ses grenadiers. Duverger reçut successivement 8 balles avant de mourir. Un seul de ces braves soldats réussit à s'échapper, avec 16 paquets de cartouches ; il se nommait Zamor Gradis. Borgella l'éleva au grade de sergent.

[2] Le 3 juin, Métellus écrivit de Corail à Pétion : dès le 23 mai, il avait marché contre les révoltés.

second personnage militaire de la République. Ce titre lui resta dans l'armée du Sud et parmi les citoyens, qui crurent reconnaître que le Président d'Haïti l'avait voulu en lui donnant si promptement cette mission ; et cela servit encore à égarer Rigaud.

Un autre acte qui y contribua, fut un arrêté du président, en date du 6 juillet, qui, pour assurer le succès de la campagne contre les révoltés, mit tout le département du Sud *en état de réquisition,* afin que les gardes nationales se joignissent aux troupes sous les ordres de Rigaud ; chacun des arrondissemens dut fournir un certain nombre d'hommes, proportionnellement à leur importance. Les mesures les plus sévères furent dictées contre les militaires qui seraient éloignés de leurs drapeaux, sans une permission légale de leurs chefs de corps. Le 19 août, le président fit encore un arrêté sur le recrutement de l'armée, afin d'augmenter sa force.

Ainsi, Pétion *n'épargna rien* pour mettre Rigaud à même d'éteindre la révolte de la Grande-Anse, de rétablir la tranquillité dans le Sud, de rendre aux familles la sécurité de leurs personnes et de leurs propriétés, et faire revivre enfin l'ancien prestige militaire du général sous les ordres duquel il avait servi.

Laissons Rigaud à Jérémie, où il se rendit à la fin de juin, dirigeant déjà les opérations militaires contre les révoltés, pour parler du siége du Môle, de la brave armée renfermée dans ses murs, et qui comptait dans ses rangs autant de héros que de soldats. Allons sur ce théâtre ensanglanté, pour admirer leur valeur, honorer leur mémoire par le récit de leurs hauts faits, et jeter des fleurs sur leurs tombes.

Après la campagne infructueuse de 1809, au Mirebalais et à la Sourde, Pétion ne s'était attaché qu'à augmenter le nombre des bâtimens de la flotte, pour secourir le Môle, en renforts de troupes de temps en temps, et chaque mois, en objets d'approvisionnemens de toute espèce [1]. Les préoccupations politiques que lui avait suggérées la conduite de Gérin, puis sa folle entreprise, ne le détournèrent point de ce soin urgent. Déjà, nous avons cité sa lettre du 25 février, où il faisait espérer à Lamarre que deux frégates et une corvette arriveraient bientôt et donneraient une prépondérance marquée à notre flotte sur celle du Nord. Mais, contre son attente, ces bâtimens ne lui furent pas envoyés pour empêcher la chute du Môle, tandis que Christophe reçut *une frégate*, qui fit obtenir à sa flotte la supériorité sur la nôtre. En mai, cette dernière était composée de 15 navires, dont 2 corvettes ou trois-mâts, 6 brigs et 7 goëlettes, y compris *le Derénoncourt*.

A la fin de ce mois, toute la flotte était réunie dans le port du Môle. Il y avait alors 17 batteries ennemies, de canons, d'obusiers et de mortiers, dirigées contre cette place et ses différens postes. Le 3 juin, Lamarre écrivit au président que, la veille, une nouvelle batterie de 2 pièces de 18 avait été établie par l'ennemi, dans une position qui faisait atteindre les bâtimens de la flotte ; et que Panayoty fut contraint de les faire sortir du port pour

---

[1] En février, Madame Chartron, Française qui s'était faite *capitaine* d'un corsaire de sa nation, se rendit au Môle et fournit à Lamarre quelques barriques de tafia et d'autres provisions nécessaires à l'armée ; elle vint ensuite au Port-au-Prince où le président lui fit payer la valeur de ces objets. Cette femme, d'une stature colossale, était d'une bravoure extraordinaire ; elle visita les postes du Môle où pleuvaient les boulets et les bombes. « Elle a eu la bonté de « m'offrir ces objets, dit Lamarre à Pétion, dans sa lettre du 12 février : je vous prie d'avoir « des égards pour elle. »

mouiller à la pointe de la Presqu'île, sous la protection de nos forts existant là. Déjà, l'ennemi avait construit une batterie sur la position appelée *Morne-à-Cabrits*, qui domine le Môle. On conçoit alors que l'énorme quantité de projectiles qui étaient lancés chaque jour dans la place, occasionnait des pertes en hommes tués ou blessés et diminuait ainsi chaque jour le nombre de ses défenseurs ; et les munitions se consommaient rapidement.

Par cette même lettre, Lamarre annonçait qu'il envoyait au Port-au-Prince un certain nombre de blessés, en demandant de la poudre. Il ajouta : « Cherchez tous
« les moyens de nous en faire parvenir. S'il était possi-
« ble *de nous dégager de cette position*, vous seriez chéri,
« président, des soldats qui n'ont l'œil que sur vous. Je
« me rassure donc sur vos soins ; et croyez que vous avez
« en moi, un officier qui périrait de mille morts plutôt
« que de voir triompher le tyran. »

Deux jours après, il écrivit encore qu'il avait dû recourir à Panayoty, pour avoir de la poudre ; qu'une batterie de 24 dirigée contre la maison qu'il occupait près du fort Georges, l'avait réduite en décombres, et que, pendant une nuit, un boulet tombé au pied de son lit, en brisant le mur, lui avait fait des blessures à la tête et au bras. « Oui, président, il faudrait des peintures nouvelles
« pour vous donner une idée de la position de tant de
« braves soldats qui sont autant de héros. Leurs frères
« *pendus* à leurs yeux, leur compagnons d'armes morts
« à leur côté, ce sont des spectacles qui m'attendrissent
« et arracheraient des larmes au plus barbare des hom-
« mes... Le citoyen Dupré vous dira la vérité ; écoutez-le [1].

---

[1] Dupré, qui chanta l'héroïsme de Lamarre et de sa brave troupe, s'était rendu volontairement au Môle pour tout voir par ses yeux. C'est là qu'il s'inspira pour ses poésies, pour le

« Mes meilleurs officiers sont hors de combat. Je vous
« informe que j'ai élevé au rang d'*adjudant-général*,
« les colonels Eveillard et Toussaint Paul : je pense que
« vous m'approuverez.¹ »

Le 23 juin, il répondit à une lettre de Pétion, datée du
15. « J'ai toujours pensé, président, que vous aviez la
« vue fixée sur ce point important de la République, que
« je défendrai toujours avec cette même ardeur qui m'a-
« nime sans cesse pour la défense de mon pays. » Il
ajouta que, les batteries ennemies écrasant le fort Georges et ne faisant du Môle qu'une ville réduite en affreux
décombres, Panayoty lui avait donné 350 marins pour
aider les troupes assiégées à enlever à l'ennemi le Morne-
à-Cabrits. « Le 18 du courant, à une heure de l'après-
« midi, nos soldats, guidés par le désespoir et la vengeance
« dans le cœur, se sont emparés de ce poste important.
« La garnison qui le défendait prit la fuite et se jeta dans
« la batterie n° 13. Nos braves donnèrent trois assauts
« à cette dernière ; mais n'ayant pu l'emporter, je l'ai
« cernée : j'ignore si je pourrai m'en rendre maître. Cette
« tentative m'a coûté quelques morts et rempli mes hô-
« pitaux de blessés. Malgré le succès que je viens d'avoir
« sur l'ennemi, je me trouve d'autant plus embarrassé,
« que je me verrai forcé d'abandonner ce poste (le Morne-
« à-Cabrits), si je ne reçois pas du renfort². Cette con-
« quête m'a obligé de diminuer mes autres postes ; et le
« 24 au matin, le poste de la Vigie, au sud du fort Val-
« lière, a été pris ; un fifre et un tambour y ont été sur-

---

drame qu'il fit de *la Mort de Lamarre*, qu'en sa qualité d'acteur il représenta ensuite sur
le théâtre du Port-au-Prince en janvier 1815. Sa visite au Môle est une belle page qu'il
écrivit lui-même et qui honore sa mémoire.

1 Ces promotions furent confirmées par le président.
2 Cette position fut en effet abandonnée, et l'ennemi la réoccupa.

« pris et *pendus* à notre vue. Cet inhumain (Christophe)
« devient de jour en jour plus féroce. Enfin, citoyen
« président, nous sommes au *nec plus ultra*. »

C'est la dernière lettre que nous avons à citer de Lamarre. Nous avons souvent préféré sa propre correspondance, à une relation qui eût été dépourvue de l'expression de ses sentimens, de ses vues militaires, de ce mâle courage qui l'animait : par là, le héros n'apparaît que mieux à l'admiration de la postérité. On voit qu'il ne se dissimulait point, ni sa position désespérée, ni l'importance du Môle pour garantir la République d'une invasion de Christophe ; et tout en demandant plusieurs fois qu'on l'abandonnât, il était plus préoccupé du sort de ses soldats que du sien propre : pour lui, le sacrifice de sa vie était résolu avec une abnégation sublime.

Mais, comment faire évacuer *en même temps* toute cette troupe, en présence de la flotte du Nord, égale déjà à la nôtre et accrue d'une frégate qui lui donna la supériorité ? L'impossibilité d'une telle entreprise était évidente. Pétion avait voulu maintenir le Môle, par l'espoir qu'il nourrissait, dès le mois de février, d'avoir deux frégates et une corvette, des États-Unis et d'Angleterre ; mais au lieu de cela, ce fut Christophe que les Anglais favorisèrent, en lui vendant une ancienne frégate française qu'ils avaient capturée [1] : ils ne donnèrent que deux brigs à Pétion, et les Américains n'envoyèrent point la frégate qu'ils avaient promise [2]. Dès-lors, le Môle devait succomber sous le rude siège qu'il essuyait, et par l'impos-

---

[1] Elle se nommait *la Constitution* : Christophe lui donna le nom de sa fille aînée qui s'appelait *Améthyste*.

[2] Pétion ne reçut une frégate des États-Unis, qu'en 1818 : elle fut appelée *l'Abolition de la Traite*.

sibilité d'en renforcer la garnison et d'y envoyer des approvisionnemens. Notre flotte ne pouvait sortir de son mouillage à la Presqu'île.

Convaincu de ces vérités, Lamarre conçut une idée qui donne encore la mesure de son âme valeureuse. Il invita Panayoty à réunir chez lui tous les capitaines de la flotte ; et là, il leur communiqua son audacieuse idée : « Je vais m'embarquer, leur dit-il, avec deux compagnies « de grenadiers, sur celui de vos bâtimens qui vous pa- « raîtra le plus propre à remplir mon but. Je ne demande « qu'une chose à son brave capitaine : c'est *d'aborder* « la frégate ennemie ! Moi et mes grenadiers, nous vous « répondons de la capturer. »

A ces paroles, animées par l'air guerrier du héros, Jean Gaspard, capitaine du brig *le Flambeau*, le plus beau navire de la flotte où montait Panayoty, accepta avec ardeur cette proposition qui plaisait à son intrépidité. Aug. Gaspard, son aîné, capitaine du brig *le Conquérant*, promit de seconder son frère: à l'envi, chacun des capitaines répondit comme les deux Gaspard, et s'offrit d'aborder un des navires de la flotte ennemie. Ce fut un moment d'enthousiasme électrique que communiqua la bouillante valeur de Lamarre.

Mais Panayoty, calme et réfléchi, repoussa la proposition en faisant prévoir la possibilité d'un insuccès qui exposerait la flotte aux gros calibres de la frégate. Il dit enfin à Lamarre : « Si vous n'étiez pas le chef néces- « saire, indispensable de la garnison du Môle, j'accepte- « rais votre proposition comme mes lieutenans. Êtes- « vous assuré de ne pas être atteint d'une balle ou d'un « boulet, avant d'avoir abordé la frégate ? » .

Toutes les règles de la prudence rendaient ces réflexions sages : elles firent avorter le projet de Lamarre. Mais, si Panayoty eût envisagé qu'à tout instant il courait le risque d'être emporté par un boulet, d'être atteint par un éclat de bombe, par une balle, tant il exposait sa vie, peut-être eût-il adhéré à ce projet. A la guerre, ne faut-il pas quelquefois des actes de témérité pour retenir la victoire, pour sauver une armée? Supposons l'audacieuse entreprise de Lamarre réalisée : quel immense résultat !... Au lieu de cela, c'est l'héroïque fin de ce brave qu'il nous faut relater.

Le 29 avril, il avait écrit une lettre à sa mère, Madame Veuve Pellerin, où il lui disait que Christophe était arrivé avec six généraux et des forces, dans l'intention, supposait-il, de donner un assaut à tous ses postes du Môle. Ce jour-là, la flotte ennemie était devant la rade ; mais il rassurait sa mère, en ajoutant: « Tranquillisez-vous, chère et bonne mère ; le courage de votre fils égalera toujours ses sentimens pour vous. Adieu. »

Le 16 juillet, il eut le pressentiment de sa mort; avant de sortir de chez lui, il remit à Éveillard jeune de petits objets pour être donnés à sa mère, comme témoignage de son souvenir ; et, suivi de son aide de camp Honoré, du chef de bataillon Fortuné Desmares, son cousin, du sous-lieutenant Soulouque et de quelques guides, il passa au fort Allemand et se rendit à la redoute N° 4. Là, Lamarre prit le fusil d'un soldat et se mit à tirailler avec un poste ennemi, très-rapproché du N° 4. La plus grande partie de son corps était à découvert. Les militaires du N° 4, dans leur sollicitude inquiète pour leur général, lui firent des observations qu'il n'écouta pas. Cet échange de coups de fusil attira l'attention de l'ennemi au poste *Gandou*, placé sur le Morne-à-Cabrits, et l'on y découvrit le costume rouge des guides de Lamarre. Une pièce de canon fut pointée sur le fameux *général en chef* qui se plut en ce jour néfaste à se faire *soldat* : idée républicaine qui rehausse son mérite militaire, en immortalisant son nom. Le boulet lancé l'atteignit à la hanche gauche, en enlevant cette partie de son corps : le même projectile tua un soldat du 3e bataillon de la 9e qui était en sentinelle, et l'un des boutons de son habit perça la cuisse de Fortuné Desmares. « *C'est fini, prenez-moi,* » dit Lamarre en recevant le coup; et il rendit le dernier soupir.

Averti de cette catastrophe, l'adjudant-général Éveillard, qui succédait de droit à Lamarre dans le commandement, par son ancienneté, se rendit sur le champ au N° 4; il y fit garder le cadavre de son chef, de son ami, jusqu'à la nuit, puis on l'apporta dans sa demeure. L'autopsie en fut faite; le cœur et les entrailles en furent retirés pour être envoyés au Port-au-Prince, accompagnés par Eveillard jeune, chef de bataillon. Panayoty et Jean Gaspard reçurent à bord du *Flambeau*, ces parties du corps de l'homme qui a rempli Haïti de son nom illustre. Le corps fut enterré sans pompes et en secret, au cimetière de la Savanne-du-Roi, afin que l'ennemi ne pût le souiller en devenant maître du Môle. Mais on fit un cercueil rempli de pierres qui fut enterré au fort Georges, le lendemain à 7 heures du soir, avec tous les honneurs possibles en une telle circonstance.

Le jour suivant, l'ennemi n'ayant pu douter de la mort de Lamarre, la flotte du Nord parut devant la baie du Môle, se mit en panne et tira le canon de deuil. Dans nos fastes militaires, nul autre que ANDRÉ-JUSTE-BORNO LAMARRE n'a été l'objet d'une pareille distinction.[1] On reconnaît par ce fait un des traits caractéristiques de Henry Christophe : il honora la mémoire du plus redoutable de ses ennemis.

Il est plus facile de concevoir que d'exprimer l'émotion et la douleur de tous les militaires de la garnison du Môle, depuis Eveillard et Toussaint Paul jusqu'au dernier soldat, à la mort glorieuse de leur chef bien-aimé. Celui qui les guidait dans les combats, qui partageait leurs dangers, qui les soignait dans leurs blessures, dont la sollicitude incessante les aidait à supporter les privations de tous genres, n'étant plus parmi eux, ils eurent la conviction que le même sort leur était réservé. Mais, les chefs supérieurs devinrent encore plus dignes des regrets de la République, par la résolution qu'ils prirent de périr tous, plutôt que de se soumettre à leur barbare ennemi ! Résister à ses efforts, le combattre pied à pied sur ce champ de gloire, telle fut leur héroïque détermination.

Notre flotte, ne pouvant se mesurer avec celle du Nord, restait toujours à l'ancre sous la protection des forts de la Presqu'île ; il ne convenait pas d'ailleurs que Panayoty abandonnât la brave garnison qui défendait le Môle, en cherchant à fuir au Port-au-Prince à travers les bâtimens ennemis. Mais Christophe profita de la mort de Lamarre pour ordonner une tentative contre la Presqu'île. Son aide de camp, Charles Pierre, brigadier de ses armées, commanda cette expédition qui lui réussit ; 6 à 7 bataillons pénétrèrent avec lui sur cette langue de terre, dans la nuit du 24 juillet ; le 25, dans la matinée, les forts furent enlevés, malgré la résistance de leurs dé-

---

[1] Lamarre naquit au Fond-Parisien, dans la commune de la Croix-des-Bouquets, le 15 janvier 1775.

fenseurs, composés en partie des marins de la flotte. Le chef de bataillon Gaspard, qui commandait le principal, préféra mourir plutôt que de se rendre prisonnier. Aussitôt, Charles Pierre commença ses dispositions pour dresser une batterie à proximité du rivage, afin de canonner les bâtimens de notre flotte; et ceux du Nord étaient devant la baie. Il n'était plus possible ni de tenir dans leur mouillage, ni de rentrer dans le port du Môle, puisqu'ils avaient dû en sortir à cause des boulets qui tombaient à leurs bords : il fallait donc gagner le Port-au-Prince ou tout autre port de la République.

Dans la nuit du 25 au 26, ils levèrent l'ancre et partirent à l'heure ordonnée par Panayoty, emportant les précieuses dépouilles de Lamarre, Éveillard jeune, des blessés et des femmes qui étaient déjà embarqués depuis plusieurs jours. Ils réussirent à passer au travers de ceux du Nord : *la Républicaine* et *le Souffleur*, mauvais marcheurs, ne purent les suivre. Au jour, l'amiral Saint-Jean aperçut les autres au large et leur donna chasse, en laissant le chef de division Cadet Antoine avec quatre bâtimens, pour amariner *la Républicaine* et *le Souffleur*, mais ils entrèrent dans le port et se placèrent sous les canons du fort Georges.

Le vent favorisa la fuite de ceux qui étaient sortis de la Presqu'île, excepté *le Derénoncourt*, commandé par le brave Barthole. Tandis que les autres gagnaient le Port-au-Prince, ce dernier fut canonné par la corvette *l'Athénaïs* et le brig *le Jason*; mais *le Derénoncourt* arriva à la pointe ouest de la Gonave, où Barthole le fit échouer, pour ne pas être pris. Dans la nuit, il fit débarquer sur cette île les femmes, les blessés et son équipage, et mit le feu à sa belle goëlette : au jour, la poudre de la sainte-barbe la fit voler en éclats, à la vue des bâtimens ennemis. Elle subit ainsi la même destinée que le courageux marin dont elle portait le nom [1].

Après la prise de la Presqu'île, Christophe retourna au Cap pour jouir des succès qu'il venait d'obtenir par la mort de Lamarre, la fuite de notre flotte et la possession de la Presqu'île, qui assuraient la chute prochaine du Môle. Il laissa au général Romain le soin de s'en emparer, ayant sous ses ordres les généraux Magny et Guerrier. Le 30 juillet, il fit un arrêté qui, « considérant que « le nom de la ville du Cap, depuis l'expulsion des Fran- « çais et l'indépendance d'Haïti, n'a point été changé, « et que la dénomination du *Cap-Français* lui est don- « née par les étrangers, » ordonna qu'à l'avenir, cette ville porterait le nom de *Cap-Henry*.

S'il avait été moins personnel, il eût compris que la dénomination de *Cap-Haïtien* était celle qu'il convenait de substituer à *Cap-Français*; mais, en ce moment surtout, son orgueil était si flatté du triomphe de ses armes! La basse adulation de ses serviteurs l'excitait encore; car nous lisons dans le numéro de sa *Gazette officielle* du 9 août 1810, qu'au 15 juillet précédent, jour de la fête de *Saint-Henry*, le maréchal de camp Pierre Toussaint prononça un discours à Saint-Marc, dans lequel il exalta les hautes qualités de « notre auguste et « vertueux président, » et dit : « Quel est celui d'entre « nous qui, pour prix des services éclatans que *son sou-* « *verain* ne cesse de rendre à son pays, pour le dédom- « mager de ses nombreux sacrifices, ne brûle pas de ré-

---

[1] Nous avons puisé presque tous les faits relatifs à la prise de la Presqu'île et à notre flotte, dans la *Gazette officielle de l'État d'Haïti*, du 9 août 1810, N° 32.

« pandre son sang *pour soutenir le trône que l'amour et*
« *la fidélité de ses sujets lui ont élevé?* »

Ainsi, dès cette époque, *Son Altesse Sérénissime Monseigneur le Président* était un *souverain* qui avait *son trône et ses sujets*, selon le brave Pierre Toussaint; et quelques années après, ce souverain, pour récompenser l'initiative qu'il paraît avoir prise dans cet ordre d'idées, mit *sa fidélité* à l'épreuve en le faisant périr *d'inanition* dans le célèbre cachot *Bélizaire*, à la citadelle Henry.

Mais, parlons des honneurs funèbres qui furent rendus par la République, à la mémoire du général qui honora son pays et la liberté, dont il servait la cause, qui s'honora lui-même par son courage à soutenir le siége fameux d'une ville après avoir si souvent battu ses ennemis, par son langage au chef de l'État, si souvent empreint de sa fierté républicaine et de sa mâle énergie.

Pétion, qui avait eu l'honneur de s'offrir à Rigaud pour aller partager les dangers de ses compagnons d'armes au siége de Jacmel, où sa vie était chaque jour exposée, pouvait bien penser que Lamarre était aussi exposé à périr au Môle. Néanmoins, à l'arrivée de ses dépouilles mortelles, *de ce cœur* qu'animaient de si beaux *sentimens, de ces entrailles* qui s'émurent toujours à la vue des maux de la patrie, Pétion éprouva une vive douleur de la perte du brave capitaine, dont il estimait les qualités distinguées. Comprenant le sacrifice fait de cette vie si noble au service de la République, il voulut qu'elle lui rendît les honneurs funèbres dus à son rang et à son mérite, dans des funérailles pompeuses, dont il ordonna lui-même tous les préparatifs.

Un char revêtu de deuil et traîné par quatre chevaux

noirs, reçut l'urne qui renfermait le cœur et les entrailles de Lamarre. Toutes les troupes de la garnison du Port-au-Prince, y compris la belle garde du gouvernement, formèrent le cortège qui partit du palais de la présidence, où l'urne funéraire avait été exposée sur un lit de parade, dans une chambre ardente, et se dirigea à l'église métropolitaine. Tous les fonctionnaires civils et militaires, les instituteurs avec leurs élèves, admis à la cérémonie pour recevoir dans leurs jeunes cœurs le germe des vertus guerrières, les commerçans, la population tout entière de la ville, participèrent à ces funérailles. Le canon de deuil fut tiré toute la journée, dans les forts de la ville et à bord des navires de la flotte revenus dans le port. De l'église, où le culte catholique joignit ses pompes religieuses à celles de l'ordre civil et militaire, où A. D. Sabourin, chef d'escadron et aide de camp du Président d'Haïti, prononça une oraison funèbre à la mémoire de l'illustre défunt [1], le cortège se rendit dans la soirée, à la lueur de nombreuses torches fumantes, au fort Saint-Joseph où l'urne fut déposée dans un caveau.

Ce fort, qui avait été défendu par Lamarre, le 1ᵉʳ janvier 1807, prit dès ce jour le nom de fort *Lamarre*, pour honorer encore la mémoire de ce défenseur de la patrie qui, en ce jour d'épreuves, avait oublié qu'il était *prisonnier*, pour ne songer qu'à être *soldat*. Après que l'artillerie et la mousqueterie des troupes eurent terminé la cérémonie militaire, le Président d'Haïti fut accompagné à son palais par les généraux et autres officiers supérieurs, parmi lesquels on distinguait Delva, Nicolas Louis, Bau-

---

[1] La loge maçonnique *l'Amitié des frères réunis*, dont Lamarre était membre, fit aussi dans son sein un service funèbre pour honorer sa mémoire; elle y admit les membres de la famille du défunt, et Daumec prononça son éloge d'une manière fort éloquente; il excellait dans ce genre.

voir, Chauvet, Léger, pleurant le héros dont ils avaient si souvent partagé les nobles travaux.

A partir du jour de l'arrivée de la flotte, Pétion devint un véritable fils pour Madame Veuve Pellerin, mère de Lamarre, un parent affectueux pour tous les membres de sa famille ; et quand arriva le temps où il distribua de grandes propriétés rurales aux généraux, la mère de Lamarre reçut celle qui eût échu à son fils.

Pendant que la flotte de la République se tenait à la Presqu'île, le président, informé de la présence de la frégate ennemie qui l'y contraignait, avait expédié trois barges avec des munitions de guerre au Môle ; elles réussirent à y entrer de nuit. Le retour de nos bâtimens le porta à organiser ce service sur une plus grande échelle, soit pour y envoyer des munitions, soit pour recueillir des blessés et ce que les barges pourraient enlever d'hommes valides, au moment où la place ne pourrait plus se soutenir. Mais la flotte ennemie prit à son tour des précautions pour les empêcher de pénétrer dans le port : cette mission devint excessivement difficile et périlleuse. Dans une expédition d'une dizaine de ces barges, deux seulement d'entre elles parvinrent à leur destination [1]. C'étaient de faibles secours pour la garnison qui se voyait pressée chaque jour par les assiégeans.

Dans la seconde quinzaine de juillet, Eveillard écrivit plusieurs lettres à Pétion, que son frère apporta. Le 14 août, il l'informa que ce jour-là, la flotte ennemie avait tenté d'enlever *la Républicaine* et *le Souffleur* ; mais que les canons du fort *Lamarre* (jadis Georges) l'avaient

---

[1] Parmi ces intrépides bargistes, je ne me ressouviens que des noms de Boisfer, Casimir Soleil et J.-P. Gressier.

repoussée, en sacrifiant toutes les gargousses qu'il y avait : alors, il ne restait plus à toute la garnison du Môle que mille paquets de cartouches, et c'était ce que son brave commandant demandait le plus pour prolonger la défense de la place [1]. Du 14 au 23 où il écrivit de nouveau, le capitaine Moret y était parvenu dans une barge avec des munitions ; et il retournait au Port-au-Prince avec Arnoux, aide de camp de Lamarre, emportant la nouvelle de la prise du poste de la barrière de Jean-Rabel et de plusieurs autres dans son voisinage, dans la journée du 22, par l'ennemi qui occupa une partie de la ville. Toussaint Paul prodigua sa bravoure en le combattant, et reçut quatre blessures, sans quitter le champ de bataille qu'avec ses soldats : presque tous les officiers étaient blessés. La flotte du Nord vint en même temps canonner le fort Lamarre et nos deux garde-côtes ; ceux-ci furent alors coulés par leurs capitaines, pendant que le fort ripostait et la contraignait à se retirer. Toussaint écrivit aussi le 23 au président et lui dit que les forts Lamarre, Allemand, Vallière et sa redoute, étaient les seules positions qui fussent en leur possesssion [2].

Le 11 septembre, l'ennemi attaqua ces diverses positions en même temps, dès 6 heures du matin. En repoussant un assaut, Eveillard sortit pour charger l'ennemi et fut atteint d'une balle à la tête qui termina sa carrière : son corps fut porté au fort Vallière qu'il avait défendu [3].

---

[1] Cette lettre du 14 août fut confiée à Valery Renaud Desruisseaux, qui avait été aide de camp de Lamarre dont il était le parent.

[2] Toussaint Paul adressa aussi des lettres à Rigaud, le priant d'aider Pétion à leur porter secours. Il est probable que Lamarre lui aura écrit, en apprenant son retour dans le pays ; il avait été un officier de son escorte, sous les ordres de Borgella.

[3] Le corps d'Eveillard fut placé dans une pipe de rhum qu'on embarqua sur une barge commandée par Goimbert, l'un des capitaines des navires coulés dans le port, pour être

L'intrépide Toussaint Paul, tout couvert de blessures, recueillit à son tour le dangereux, mais glorieux héritage laissé par Lamarre.

Le 16, l'ennemi coupa d'abord toutes communications entre les forts Allemand et Lamarre, pour que leurs garnisons ne pussent pas se secourir ; puis, dans la même journée, il enleva le premier, sans beaucoup de résistance de la part des soldats fatigués de cette lutte désespérée. Dès la mort d'Eveillard, la désertion à l'ennemi avait commencé dans leurs rangs : il faut excuser cette défaillance en une telle circonstance. C'est au fort Allemand que le brave Zénon fut tué à côté de ses pièces d'artillerie. Pendant l'attaque, l'ennemi mit le feu aux maisons d'une ville qui allait tomber en son pouvoir ; par cette destruction, il voulait effrayer ses défenseurs.

Toussaint n'avait plus à défendre que les forts Lamarre et Vallière, situés sur le rivage de la mer, et un faible poste au Cap-à-Foux : là, il pouvait encore recevoir des secours du Port-au-Prince, par les barges qui réussiraient à arriver au Môle. Il se tenait au fort Lamarre, ayant encore sous ses ordres les colonels Germain, Auguste Coignac et Pierre Lelong, et les chefs de bataillon Alain, Félix, Edouard, Ignace, Bily, Jean Gourneau, Vindiau Hetrel et Jean-Louis Vallée. Germain ne tarda pas à aller faire sa soumission à l'ennemi ; mais tous les autres restèrent fidèles à leurs drapeaux. Les privations de toutes sortes assiégeaient tous ces braves et leurs infortunés soldats, comme l'ennemi lui-même ; presque sans munitions de guerre, ils recevaient tous une faible ration de

---

portée au Port-au-Prince. Le lieutenant Soulouque l'accompagna et fut admis dans la garde à cheval du président. Ce dernier fit faire des funérailles à Eveillard, qui fut enterré au fort qui porte son nom dans la ligne de défense, au nord de la ville.

mais par jour. Sans aucun officier de santé pour les soigner, les blessés n'avaient pas même la ressource des plantes du pays dont les militaires atteints savent faire usage ; ils étaient couchés sous des tentes formées avec les voiles de *la Républicaine* et du *Souffleur*.

Le 23 septembre, l'ennemi, qui attendait en vain la soumission de nos gens, coupa la communication entre les forts Lamarre et Vallière. Mais l'esprit du militaire, fidèle à l'honneur de son drapeau, est inventif : dans la nuit, à la basse marée, Toussaint faisait passer des hommes dans la mer, ayant l'eau jusqu'à la gorge, pour transmettre ses ordres au fort Vallière. Alors parvint une barge envoyée par Pétion, avec des cartouches et des approvisionnemens. Le président entretenait l'espoir de ces braves, d'être enlevés par d'autres barges qu'il faisait armer ; mais Madame Toussaint, qui était au Port-au-Prince, écrivit à son mari que c'en était fait d'eux tous.

Sa résolution fut aussitôt prise d'évacuer les deux forts sur le poste du Cap-à-Foux, d'y rallier tous ses compagnons d'infortune, pour tenter de gagner la partie du pays redevenue *espagnole*, par la Bombarde ou le Port-à-Piment, en marchant toujours dans les bois, et enfin se rendre au Port-au-Prince : résolution désespérée, sans doute, mais qui prouve l'énergie d'une âme vouée au culte de la liberté. Cependant, ne s'aveuglant pas sur les risques réels qu'il courrait, en militaire d'honneur, qui attachait un haut prix aux insignes de la noble profession des armes, il se résolut en même temps à sauver ceux qui restaient encore dans ses mains, en les expédiant au Président d'Haïti par la barge que ce chef venait d'envoyer au Môle.

Dans cette pensée, qu'il communiqua à ses compagnons du fort Lamarre, qui l'approuvèrent, la nuit du 24 au 25 septembre étant venue, Toussaint lui-même, suivi de quelques hommes qui apportaient les insignes militaires qu'il y avait, descendit dans la mer et se rendit au fort Vallière. Là, il fut également approuvé par les braves qu'il y trouva ; on y réunit les drapeaux des corps d'infanterie, les guidons de la cavalerie, les cannes de tambours majors et les instrumens de musique, et on les plaça à bord de la barge. Alain, qui avait commandé la place du Môle, fut choisi pour remplir cette honorable mission. Au moment de son départ, Toussaint le chargea de dire à Pétion, que leurs derniers cris comme leurs sentimens seraient en faveur de la liberté et de la République, et il lui fit promettre de jeter ces insignes à la mer, si le sort le faisait tomber au pouvoir d'un bâtiment ennemi. Le sort se plut à favoriser Alain, qui arriva au Port-au-Prince avec son précieux dépôt.

Les fastes militaires de toutes les nations, présentent peu d'exemples d'un semblable dévouement à l'honneur de sa profession.

Le 28 septembre, le général Romain fit attaquer le fort Lamarre, où Toussaint était revenu après le départ d'Alain. Décidé à périr glorieusement, Toussaint ne voulut pas le défendre ; mais, haranguant sa faible garnison, il sortit du fort à sa tête et se fraya un passage au milieu des troupes qu'il avait si souvent fait fuir. Arrivé au fort Vallière, il en fit sortir aussi la garnison, abandonnant tous ses blessés aux vainqueurs. Se dirigeant sur le poste du Cap-à-Foux, selon qu'il l'avait déjà résolu, il combattit encore pour y arriver. Là, tout le reste de la garnison du Môle se trouvait réuni : ces infortunés poursuivirent leur route par la côte, et parvinrent à la hatte la Grenade. Mais ils furent contraints de gagner les bois, Romain ayant envoyé des colonnes dans toutes les directions pour leur barrer le passage.

Cernés enfin à la Plate-Forme et sommés de mettre bas les armes, manquant de nourriture, altérés par une soif ardente, sans munitions, ils promirent de ne plus fuir et sollicitèrent la permission de se reposer. Assuré de sa proie, le vainqueur, qui avait besoin aussi de repos, la leur accorda : il était nuit. Mais Toussaint et Auguste Coignac, à la faveur de la nuit, abandonnèrent leurs compagnons endormis et passèrent au milieu de leurs ennemis : déjà, les autres officiers supérieurs s'étaient détachés d'eux pour se sauver individuellement dans les bois. Au jour, Jean-Louis Vallée, seul de son grade, fit sa soumission à l'ennemi. Romain, à qui il fut envoyé avec ses gens, les fit conduire sur l'habitation Foache, où se trouvait Christophe : celui-ci fit rentrer dans les troupes du Nord, tous les anciens militaires qui avaient embrassé la cause de la République, et il ordonna de grouper en un seul détachement ceux de l'Ouest et du Sud, qu'il envoya au Cap. Une arrière-pensée de s'en servir plus tard fut la seule cause du pardon qu'il accorda à ces derniers [1].

Des patrouilles furent lancées à la poursuite de Toussaint, d'Auguste Coignac et de tous les autres officiers supérieurs qui s'étaient évadés : l'une d'elles découvrit Toussaint et Auguste endormis, on fit feu sur eux ; Au-

---

[1] Quelque temps après, il distribua des grades à plusieurs d'entre eux, les fit habiller et embarquer sur sa flotte qui alla les débarquer à la pointe de la Seringue, pour se joindre à Goman. Ces militaires lui avaient promis de servir sa cause; mais, à peine débarqués, ils se rendirent à Jérémie où ils se soumirent à la République. C'est d'eux qu'on apprit les particularités de l'évacuation héroïque du Môle.

guste fut atteint et on lui trancha la tête. Mais, Toussaint réussit encore à fuir et ne tarda pas à rencontrer Pierre Lelong, Jean Gourneau, etc. Tous ensemble prirent la résolution de subir la loi du vainqueur, ayant épuisé leur énergie dans une lutte où ils avaient rempli tous leurs devoirs militaires. Ils se rendirent à Foache, où ils trouvèrent Romain, le généralissime étant retourné à Milot : ils y furent conduits.

En les voyant, en voyant Toussaint Paul surtout qui avait déserté sa cause en 1807, quand il lui avait promis de tout faire pour embaucher les officiers supérieurs de la 9e, Christophe rugit de colère : il l'accabla de paroles outrageantes, l'appela traître, et ordonna qu'on les conduisît tous à la citadelle Henry pour être enfermés dans ses noirs cachots et y périr lentement. Mais Toussaint, reprenant toute son énergie et sa dignité, lui répondit : « Je ne suis point *un traître :* la cause de la Liberté m'a « paru préférable à celle de ton despotisme inhumain, et « je l'ai embrassée avec sincérité, je t'ai combattu avec « courage. Aujourd'hui encore, j'aime à dire en ta pré- « sence : *Vive la République ! Vive le Président d'Haïti !* » Il fut traîné à la citadelle avec ses compagnons : ils y périrent tous ! [1]

Qui pourrait refuser son estime et son admiration à de tels guerriers ? Qui peut ne pas reconnaître l'influence des idées républicaines sur l'âme de tels hommes ? Comme ils montrèrent tous, ces généreux défenseurs de la liberté,

---

[1] La biographie de Toussaint Paul, écrite par mon frère C. Ardouin, mais encore inédite, m'a fourni la plupart des faits relatifs à la guerre de la péninsule du Nord et au siège du Môle ; il les avait recueillis par la tradition orale de plusieurs des combattans, notamment Alain, décédé général de brigade, qui avait une excellente mémoire. La correspondance de Lamarre, que j'ai citée souvent, avait été copiée par lui aux archives du gouvernement, de même que celle de Rigaud qu'on va lire bientôt et d'autres encore.

depuis REBECCA jusqu'à TOUSSAINT PAUL, ce que peut cet amour sacré sur le cœur humain! Que de traits de courage il y aurait à citer de la part des soldats eux-mêmes, à côté des actes de bravoure, d'intrépidité, de constance à supporter une situation militaire des plus critiques, de la part de Lamarre, et d'Éveillard et de Toussaint Paul qui furent les derniers chefs de l'armée expéditionnaire! Et cette valeur éclatante de Delva, de Bauvoir, de Léger, de tous les autres officiers supérieurs ou inférieurs qui participèrent à la guerre fameuse de la péninsule du Nord! Ils dorment presque tous aujourd'hui, dans la tombe où s'engloutissent les générations; mais le souvenir de leurs hauts faits doit les faire revivre avec gloire dans le cœur de leur postérité; car ils remplirent leurs devoirs avec une sainte abnégation. La patrie leur doit ses regrets et sa gratitude.

Un soldat de la 24e était dans les rangs de sa compagnie, l'arme au bras gauche, et Lamarre et ses officiers se trouvaient tout près d'eux. Une balle atteint ce militaire à ce bras; il passe son fusil au bras droit et dit à Lamarre: « Général, j'ai reçu un billet d'hôpital. » Lamarre s'avance et l'embrasse, en l'envoyant chez lui pour être soigné.

Le chef de bataillon Guillotte, de Jérémie, se rendait à son poste en compagnie du lieutenant Dufour, de la 16e; une bombe vint tomber à leurs pieds. Guillotte la frappe d'une badine qu'il tenait à la main, en disant à son compagnon: « C'est bien sur nous que l'ennemi l'a dirigée! » La bombe éclate aussitôt, coupe la badine sans les toucher: ils en rient et continuent leur route.

Il suffit de ces deux faits pour donner une idée de la valeur des défenseurs du Môle. Mais, ne refusons pas de reconnaître celle des assiégeans ; car, s'ils furent d'un parti politique contraire au nôtre, s'ils combattirent pour l'établissement du despotisme, de la tyrannie sanguinaire de Henry Christophe, ils étaient nos frères, des frères égarés par leurs idées ou contraints par la force d'un pouvoir arbitraire : ils le prouvèrent ensuite, quand ils se rallièrent volontairement sous les étendards de la République.

A Christophe lui-même, nous avons déjà rendu justice pour l'énergie qu'il montra dans le but qu'il voulait atteindre. Les généraux qui dirigèrent le siége du Môle, Romain, Magny, Guerrier, et d'autres officiers supérieurs employés sous leurs ordres, avaient assez prouvé leur courage sur d'autres champs de bataille, pour que l'on ne doute pas de celui qui les animait pendant ce laps de près de deux années, dans toute la guerre de la péninsule du Nord. Leurs soldats montrèrent moins souvent que les soldats républicains, cet entrain, cet élan qui distinguaient ces derniers, probablement parce qu'ils ne jouissaient pas réellement de la même liberté, parce qu'ils n'avaient pas la même conviction, que leurs travaux guerriers fussent dans l'intérêt de la patrie commune.

Plusieurs traits sont à notre connaissance, de la bravoure d'Etienne Bottex, colonel aide de camp de Christophe. Dans une circonstance, il lisait une lettre avec Saintion Leconte, lorsqu'un boulet enleva la tête de ce dernier, sans l'émouvoir autrement que par le sentiment pénible de la mort d'un ami. Le 11 septembre, jour où périt Éveillard, on le vit passer près des troupes républicaines, au trot de son cheval, malgré tout le feu dirigé contre lui, pour aller porter un ordre au Quartier-Neuf. On assure qu'à la prise du Morne-à-Cabrits par Lamarre,

Bottex montra tant d'intrépidité à défendre ce point, que Christophe, émerveillé, le nomma *général de brigade*, en même temps que Guerrier, Charles Pierre et Jacques Simon ; mais que des murmures se firent entendre à ses côtés, par rapport à cette promotion d'un *chef d'escadron* qui n'eut alors que le grade de colonel.[1]

Après la conquête du Môle, le Vandale qu'on a osé comparer à Pierre-le-Grand, ordonna à Bottex de présider à la destruction des édifices de cette ville, déjà en ruines par l'effet du siége. Il assouvit sur *des pierres*, la rage que lui avait inspiré la noble résistance de Lamarre et de ses compagnons ; et, cependant, il avait fait rendre au héros les honneurs militaires ! C'est sans doute par ce contraste, qu'il parut mériter la comparaison avec un génie qui en montra tant dans sa carrière.

La terre où un autre Christophe (Colomb) posa son pied pour la première fois dans l'île d'Haïti, ne présenta plus que l'aspect de la désolation. La ville que fonda un autre célèbre amiral (le brave comte d'Estaing), n'offrit plus que le spectacle des ruines qu'entraînent les dissensions civiles et la guerre.

---

[1] Tous ces faits relatifs à Bottex, sont cités d'après son oraison funèbre prononcée au Cap, à sa mort en 1842, par Saint-Martin, ancien représentant.

CHAPITRE XIV.

Situation des esprits après la chute du Môle : reproches faits à Pétion. — Rigaud se fait le chef de la faction du sénat et se place sous l'influence de Bruno Blanchet. — Il a une entrevue avec Goman et ne réussit pas à le porter à la soumission. — Il propose à Pétion un plan d'organisation qui n'est pas accepté. — Son amour-propre froissé le porte à des reproches injustes. — Réflexions sur ce plan et sur ses lettres à Pétion. — Le projet de la scission du Sud se concerte à Jérémie, entre Rigaud et Blanchet. — Opinion du colonel Borgella à ce sujet. — Moyens constitutionnels employés pour y parvenir. — Faits survenus aux Cayes où Rigaud et Blanchet arrivent subitement. — Des députés de communes se constituent en assemblée départementale, prononcent la séparation du Sud de l'Ouest, nomment Rigaud général en chef du département et lui adjoignent un conseil privé pour l'administrer. — Réflexions sur ces actes. — Motifs de la participation qu'y prend Borgella. — Attitude primitive des généraux qu'il entraîne par son exemple. — Les généraux Bonnet et Lys quittent le Port-au-Prince et se rendent dans le Sud. — Examen des causes probables de leur défection. — Mesures militaires que prend Pétion. — Députation qu'il envoie auprès de Rigaud. — Rigaud et son armée vont près du Pont-de-Miragoane. — Pétion s'y rend et l'invite à une entrevue. — Christophe envoie une députation au Port-au-Prince. — Rigaud et Pétion en présence au Pont-de-Miragoane : leur conduite respective. — Pétion consent à la séparation, et retourne au Port-au-Prince. — Ce que fait Rigaud dans le Sud. — Ordre du jour de Pétion contre les malveillans qui tiennent des propos. — Il fait travailler aux fortifications du Port-au-Prince.

Dans la situation où étaient les esprits, antérieurement à la mort de Gérin, et depuis cet événement et l'arrivée de Rigaud, il était presque impossible que tous les mécontens par motifs divers, ne s'unissent pas dans un commun accord pour reprocher à Pétion le résultat désastreux qui venait de s'accomplir au Môle. C'est la coutume de toute opposition, de ne tenir jamais aucun compte au gouvernement des embarras qu'il éprouve, des difficultés qu'il rencontre en voulant remplir son devoir, et que souvent elle est la première à faire naître ; elle n'a toujours qu'une maxime à la bouche, et c'est celle-ci : « Le gouvernement doit réussir. » En général, les hommes rendent, pour ainsi dire, un culte *au succès*; ils méconnaissent *les intentions*[1]. Aussi, sont-ils souvent cause des mauvais gouvernemens, ou plutôt de l'oppression qu'ils subissent de la part de détestables gouvernans ; ceux-ci, fatigués à la fin de l'opposition qu'ils rencontrent, emploient la force et la violence, qui font ordinairement bon marché de tous ces épilogueurs de leur conduite.

On a vu comment le général Gérin blâma constamment celle de Pétion, dès la révolution de 1806, pour aboutir enfin à la conspiration où il succomba. Après avoir marché d'accord avec Pétion, des membres du sénat vinrent ensuite à se constituer opposans à son système politique, et finirent par établir dans le sein de ce corps *une faction* qui fut cause de son ajournement. Effrayés des tendances despotiques de Gérin, ils ne pouvaient pas s'unir à lui ; mais Rigaud fut le chef qui leur parut propre à réaliser leurs vues : l'accueil qu'il reçut des populations et de Pétion lui-même, la position militaire que lui fit le président, furent exploités dans ce but. Son caractère personnel, ses anciens services, les confidences qu'il reçut dès son arrivée, tout devait lui donner cette présomption qu'il eut d'être appelé à jouer le rôle auquel on le conviait. Il n'avait pas assez de jugement pour apprécier sainement la situation nouvelle du pays, et reconnaître que, s'il fut pendant longtemps *le*

---

[1] Il s'agit ici *des bonnes intentions ;* car ceux qui les méconnaissent, dans leur aveugle amour pour *le succès,* font presque toujours l'éloge de la perversité qui réussit.

chef d'un parti politique, cette mission avait passé à la personne de Pétion durant son exil, et que, dans l'actualité, *s'opposer* au Président d'Haïti, c'était se faire *le chef d'une faction.*

Un plus beau rôle lui était échu dans les circonstances où il trouva le pays : c'était de se faire *le conciliateur entre* Pétion et tous les hommes distingués qui n'approuvaient pas sa politique, de leur conseiller plus de patience et de modération dans l'expression de leurs sentimens patriotiques, pour les rapprocher du chef de l'État et rétablir l'harmonie entre eux et lui ; de se pénétrer davantage des motifs de la politique de ce dernier, de les discuter avec lui, et surtout de considérer les modifications, les transformations que la société avait subies durant le laps de dix années que lui, Rigaud, avait passées à l'étranger. Tel ne fut pas le rôle qu'il accepta : aussi se jeta-t-il promptement dans celui qui en fit *le chef de la faction du sénat.*

Nous avons cité Bruno Blanchet, comme l'un des hommes qui devaient, par leurs antécédens, exercer le plus d'influence sur l'esprit de Rigaud. On connaît la cause de son opposition à Pétion, de son mécontentement. Sa révocation de la charge de secrétaire d'État avait ulcéré son cœur, quoique le président eût *créé* pour lui celle de secrétaire général du gouvernement. Il ne lui pardonnait pas cet acte nécessaire, de même qu'il avait gardé rancune à Dessalines pour sa destitution de trésorier à Jérémie. D'un caractère irascible, infatué de ses connaissances théoriques en matière politique et de législation, il se croyait une capacité transcendante *à diriger* les conseils du gouvernement ; et comme Pétion ne se mit pas sous sa tutelle, il considéra le secrétariat général comme une mystification[1]. Dès que Rigaud se fut rendu à Jérémie, pour diriger les opérations contre les insurgés de la Grande-Anse, il s'y rendit aussi afin de s'emparer de son esprit.

Nous ne pouvons citer que peu de lettres de Rigaud à Pétion, durant sa mission militaire et même politique ; car il s'agissait de mettre fin à l'insurrection, autant par des mesures de sagesse gouvernementale que par la force des armes. Dans celle qu'il lui écrivit le 17 juin, il lui disait des insurgés : « Je tâche de les ramener en partie « par les voies de douceur et de persuasion... »

En effet, il essaya de persuader Goman de se soumettre à la République. Ce chef de révoltés avait été du nombre des 700 noirs auxquels Rigaud avait donné la liberté, en septembre 1792 : ce qui motiva la qualification de *parrain* qu'il donnait à ce général, et l'attachement qu'il montra à sa cause perdue, en 1800, en se tenant dans les bois durant toute l'administration de Toussaint Louverture. Se ressouvenant de ces circonstances, il se prêta à une entrevue avec Rigaud, qui eut lieu dans le courant du mois de juillet, sur l'habitation Favier, située dans le canton de la Voldrogue. Nul autre que Rigaud ne pouvait obtenir cela de Goman ; mais il ne fit que *promettre*, pendant l'entrevue, de réunir son monde et de venir bientôt à Jérémie faire sa soumission, sous la condition de conserver son grade de général et de garantir ceux de ses officiers ; ce à quoi Rigaud consentit. Des semaines se passèrent,

---

[1] Dans une discussion qui eut lieu entre Blanchet et Pétion, sur une matière de gouvernement que je ne puis préciser, le premier cita l'autorité d'un principe de *l'Esprit des lois* par Montesquieu. Pétion répliqua : « Oui, Montesquieu a écrit cela dans son cabinet ; mais « s'il était chef d'un gouvernement, il eût *agi* autrement. » Blanchet répartit alors : « Mais, « président, Montesquieu n'était pas une f..... bête. » On prétend que ce jour-là, il avait la tête chargée.

T. VII.

sans qu'il effectuât sa promesse. Il était naturellement si farouche, qu'après l'affaire des Abricots où il faillit être pris, lorsqu'on le vit consentir à cette entrevue, on avait espéré qu'il déposerait les armes ; cette espérance déçue fit croire à une intrigue qui l'en aura détourné. Les *opposans* allèrent même jusqu'à accuser Pétion d'en être *l'auteur*, pour ravir à Rigaud *la gloire* de la pacification des quartiers en révolte. D'autres factieux ont dit ensuite, qu'il entrait dans sa politique, de laisser *subsister* l'insurrection afin de contenir le département du Sud, de même qu'ils ont prétendu qu'il avait sacrifié l'armée du Môle, par rapport à Lamarre qu'il redoutait. Ces absurdités se réfutent assez d'elles-mêmes, en présence des faits. Quant à Goman, il est présumable que ses habitudes des bois et le rang qu'il tenait parmi les révoltés, l'auront seuls porté à manquer à sa promesse ; il devait sentir qu'en se soumettant, il serait réduit à une nullité complète[1].

Quoi qu'il en soit, le 30 juillet, Rigaud répondit à la dépêche du président qui lui annonçait la mort de Lamarre ; il exprima la douleur qu'il éprouvait de ce fâcheux événement. « Je suis pénétré *comme vous*, mon cher
« président, de la nécessité de faire tous les efforts pos-
« sibles pour dégager la garnison du Môle du danger où
« elle se trouve. Malheureusement, les choses ne vont
« pas aussi vite que je le désirerais ; cela va lentement,
« mais cela va toujours. Il faut *du temps et de la persévé-*
« *rance* pour consolider une tentative aussi délicate (celle
« relative à Goman), et ce serait tout gâter si on voulait

---

[1] Le colonel Borgella assistait Rigaud dans l'entrevue. Rigaud ayant demandé à Goman s'il le connaissait, il répondit dans son langage : « Je le connais si bien, que je puis dire, « que *si tous les mulâtres lui ressemblaient*, il n'y aurait jamais de guerre parmi nous. » Il suffit de cette réponse, pour ne pas croire à la prétendue intrigue qui l'aura détourné de toute soumission, et surtout pour ne pas attribuer cette basse intrigue à Pétion.

« brusquer les choses en ce moment-ci. Il faut des dis-
« positions *préparées et méditées avec soin,* afin de par-
« venir à pouvoir remplir *nos vues,* et de *sauver,* par de
« sages mesures, *une garnison* (celle du Môle) nécessai-
« rement utile à la République. »

Ainsi, voilà Rigaud lui-même qui reconnaît que « le
« temps et la persévérance » sont nécessaires, par rapport à l'insurrection que le gouvernement voulait éteindre
dans la Grande-Anse ; le voilà encore qui pense qu'il faut
certaines lenteurs, pour « préparer et méditer avec soin
« de sages mesures, » afin de sauver une garnison qui a
perdu son chef, et qui est pressée par un vigoureux ennemi, disposant de forces immenses : et alors, cependant, on reprochait à Pétion de ne pas aller assez vite
dans ces deux buts à atteindre ! Mais Rigaud voulait arriver, lui, à tout un nouveau *plan* d'organisation des choses, à des conseils qu'il faisait transmettre au président :
écoutons-le dans la même lettre du 30 juillet :

« Je voudrais de tout mon cœur vous faire lire dans
« ma pensée, *parce que je connais vos intentions pour le*
« *bonheur du pays ;* mais, le citoyen Blanchet, qui re-
« tourne au Port-au-Prince, et le général Wagnac, que
« j'engage à se rendre auprès de vous, vous feront part
« *de mes vues.* Si vous les approuvez, vous agirez en
« conséquence ; dans le cas contraire, et que votre dé-
« termination soit différente *de mon plan, tracez-moi*
« *la conduite que je dois tenir ; je me soumettrai sans*
« *observation ;* j'irai où il faudra, sans considérer les en-
« traves et les dangers : heureux et mille fois heureux, si
« je puis rendre encore un grand service à mon pays et à
« mes frères, et vous prouver, général président, mon
« *sincère* attachement pour vous. »

Par cette lettre, il disait au président, que beaucoup d'hommes et de femmes étaient revenus sur les habitations ; qu'ils prétendaient que c'était par ordre de Goman ; que celui-ci avait promis plusieurs fois de venir à Jérémie ou sur l'habitation Testas, afin que Rigaud fît choix des hommes qui resteraient armés ; mais que *la défiance* le retenait encore ; que J.-B. Lagarde l'inquiétait davantage, malgré les lettres flatteuses qu'il lui avait adressées. Rigaud avait reçu des lettres d'Eveillard et de Panayoty, que lui envoya le président, et il fit savoir à ce dernier qu'il leur avait donné l'espoir *de marcher* bientôt à leur secours. « Puis-je tenir cette promesse ? dit-il en termi« nant. Puisse la marche des affaires me le permettre « bientôt, et puissiez-vous, général président, *goûter mon* « *plan* et me mettre à même de l'exécuter. Blanchet et « Wagnac vous mettront au fait. »

Quel était ce plan ? Nous l'ignorons, car il paraît avoir été exposé *verbalement* par les deux envoyés, chargés d'exprimer toute la pensée de Rigaud. Le 4 septembre ils étaient de retour auprès de lui, porteurs de dépêches de Pétion, en date des 25 et 27 août ; Rigaud en accusa réception :

Vous me marquez avoir convoqué *votre conseil* pour le consulter sur *quelques idées* que j'ai eu l'honneur de vous soumettre, *non* pour faire adopter *un nouveau plan d'administration*, *mais* seulement pour *rectifier* celui qui existe, *qui est tout-à-fait vicieux*. Je m'en suis convaincu *en voulant prendre connaissance* de celui de Jérémie ; mais *on s'oppose* à ce que j'aie connaissance, *ni des ressources ni des charges*, et on sait bien la raison pourquoi, mais vous l'ignorez.

En vous soumettant mes idées *sur l'administration et sur ce qu'il convenait de faire pour organiser l'armée*, mon espérance était seulement que vous auriez pu y trouver quelque chose de convenable ; mais, puisque *rien* ne vous paraît *propre à être adopté*, surtout pour la circonstance présente, il me reste *le regret de ne pouvoir coopérer à vous porter à quelques changemens* que je croyais nécessaires et indispensables.

Il est certain *qu'un conseil*, composé de plusieurs personnes expérimentées, *doit voir mieux qu'une seule qui a perdu de vue les affaires du pays depuis plusieurs années* [1].

Je vous avoue franchement, mon cher président, que les divers systèmes qu'on a établis ici, par la corruption, l'ambition et la cupidité, que le gouvernement *n'a pas pu* ou *n'a pas voulu réprimer*, rend ce pays *insoutenable* pour tous les hommes qui ont *des principes et des mœurs :* cependant il faut y vivre et y périr, puisqu'il n'y a point de ressources, point de salut dans d'autres climats.

Des *malveillans* empêchent ou éloignent du moins la pacification de cette partie *de la colonie*....

Vous convenez, général président, que le Môle est perdu sans ressources, et ce, faute de munitions. Je ne vous dirai point *quels étaient les moyens à prendre* dans le temps, pour que cette place ne manquât pas de cet objet important [2] : je ne dirai point non plus *comment* on aurait pu faire pour transporter une infinité de fusils qui y sont inutiles et qui nous seraient bien nécessaires, puisque nos bâtimens y ont été dernièrement et en sont revenus. Je sais que par une fatalité attachée à notre mauvais génie, vos ordres ne sont point exécutés et que vous n'êtes nullement secondé.

Vous avez *pourtant*, général président, *de bons officiers généraux, de bons citoyens*, sincèrement attachés au pays, *qui auraient pu vous seconder, si vous les appeliez auprès de vous. Qu'attendez-vous donc pour le faire? Que le mal soit sans remède* [3] *?* Il vous reste encore beaucoup de ressources ; *élevez-vous à la hauteur qu'il convient; osez prendre le parti que les circonstances exigent*, et vous sauverez votre pays et vos compatriotes.

Un conseil *bien choisi*, composé *d'hommes intègres, amis du pays*, vous donnera des avis salutaires, *et vous fera sentir* la nécessité de prendre *des mesures vigoureuses*.

---

1 Aveu remarquable !

2 Et lui, Rigaud, avait-il pourvu la place de Jacmel de provisions alimentaires, pour y empêcher la famine ? Avait-il fait assez d'efforts pour la secourir militairement ? Il oubliait tous ces reproches qui lui furent adressés à cette époque.

3 Tous les généraux étaient employés ; les citoyens, c'étaient Blanchet, etc., etc.

Il est temps, général président, *que vous vous montriez aussi grand et aussi ferme* que vous avez été jusqu'ici *bon et humain*. *Donnez l'exemple*, en faisant mettre *de l'ordre dans l'administration et la discipline parmi les troupes qui vous entourent au Port-au-Prince*, si vous voulez que les autres quartiers *de la colonie* s'y soumettent ; car à quoi serviraient la bonne morale et les bons préceptes, *sans les bons exemples ?*

Qu'un assassin, qu'un perturbateur du repos public, qui sollicite votre indulgence, soit par vous repoussé et livré à toutes les rigueurs des lois : par ce moyen les crimes seront moins fréquens, les criminels moins audacieux, et par conséquent les honnêtes gens plus en sûreté... [1]

Chargé par vous, de la pacification de la Grande-Anse, je vous promets que *je ne négligerai rien* pour y parvenir... Dès ce jour, mon cher président, je me bornerai à faire exécuter, autant qu'il me sera possible, les ordres que vous m'envoyez. *Je m'abstiendrai de tous conseils, avis ou plans quelconques, comme très-inutiles pour le moment*. Vous louerez sans doute ma franchise, général président ; elle tient à mon caractère, et je la dépose dans le sein d'un ancien ami, parce que je m'intéresse sincèrement à sa gloire et à sa réputation.

Je vous prie d'agréer mes sentimens respectueux d'attachement et de parfaite considération.

Signé : A. RIGAUD.

Ces deux lettres, du 30 juillet et du 4 septembre, sont très-importantes pour faire juger de la conduite de Rigaud. Dans la première, on le voit entièrement sous l'influence des idées de Blanchet, qu'il envoya auprès de Pétion pour faire accepter ce qu'il appelle *son plan* : dans la seconde, il explique ce plan, qui consistait principalement à mettre *de l'ordre* dans l'administration de la République, ensuite, *à organiser l'armée*. Ce dernier

---

[1] Dans ce système de répression sévère, il était entendu néanmoins que le gouvernement serait fort indulgent pour *certains individus* : on voit dans ce paragraphe une allusion à l'affaire de Michel. Fallait-il donc aussi faire périr Bergerac Trichet et Thomas Durocher ? Et si Pétion avait recherché, pour les punir, les vrais auteurs de l'assassinat du Cabaret-Carde !

point n'aura pas sans doute été suggéré par le général Wagnac, envoyé aussi pour expliquer les vues de Rigaud et de son conseiller ; car ce général montra toujours une entière déférence envers le président et un attachement dévoué à sa personne.

Blanchet avait été révoqué de la charge de secrétaire d'État, pour n'avoir pas pu fournir au sénat un seul état des recettes et des dépenses, aucun compte quelconque, aucun cadastre, etc., que ce corps demandait vainement, pour éclairer son comité de finances présidé par Bonnet; sa propre incurie, sa passion pour ce qui troublait souvent sa raison, l'avaient empêché d'exercer aucune autorité sur les agents comptables ; *le désordre* le plus complet existait dans sa gestion des deniers publics [1] : et c'était cet homme, révoqué par le président pour ces motifs, que Rigaud envoyait pour faire accepter *des idées d'ordre* dans l'administration de l'État !

L'armée était *organisée* par plusieurs lois du sénat, et son organisation tenait encore des précédens établis par les régimes antérieurs à la République : il n'y avait donc rien à faire sous ce rapport. Mais on trouvait qu'il n'y avait pas *assez de discipline, de subordination* de l'inféférieur au supérieur ; et Rigaud désignait à cet égard *les troupes du Port-au-Prince*, comme traçant de mauvais exemples aux autres [2].

Il trouvait *tout-à-fait vicieux* le régime de l'administration des finances, parce que les agents comptables de Jérémie s'opposèrent à ce que lui, général d'armée en

---

[1] Nous passons condamnation, comme on peut voir, sur *l'ordre* relatif aux *cent milliers de café*, — le seul qui existât dans sa gestion.

[2] Nous avons dit que, durant quelques mois, le général Francisque maintint l'ordre parmi ces troupes. Le général Lys étant retourné à son poste, c'est donc *à lui* que ce reproche pouvait être adressé !

campagne, s'ingérât à prendre connaissance *des ressources et des charges*, à mettre *la main dans les finances*; mais ces agents avaient leur chef direct qui leur donnait des ordres et auquel ils rendaient compte !

On le voit convenir, « qu'ayant perdu de vue les af-
« faires du pays pendant plusieurs années, » il a pu proposer *un plan* qui a paru inacceptable aux hommes qui formaient le conseil du président et qui étaient « des
« personnes expérimentées; » mais on reconnaît ensuite l'ironie de cet aveu, lorsqu'il dit à Pétion de s'entourer « d'hommes intègres, amis du pays, qui lui don-
« neraient des avis salutaires, qui lui feraient *sentir* la
« nécessité de prendre des mesures vigoureuses. »

L'amour-propre de Rigaud se montra plus irrité, sa présomption se décela encore davantage, lorsqu'il dit à Pétion : « Il vous reste encore beaucoup de ressources ;
« *élevez-vous* à la hauteur qu'il convient ; *osez* prendre
« le parti que les circonstances exigent, et vous sauverez
« votre pays et vos compatriotes... *Il est temps* que vous
« vous montriez *aussi grand et aussi ferme* que vous
« avez été jusqu'ici bon et humain. » C'était un langage qu'il eût pu adresser *à l'adjudant-général* Pétion, du temps de sa toute-puissance dans le Sud ; mais qui était *impertinent* de la part d'un général s'adressant *au Président d'Haïti*. Les termes *de la colonie*, dont il se servit deux fois dans cette lettre, prouvent que Rigaud se croyait encore dans l'exercice de son ancien pouvoir, qu'il confondait *les temps et les personnages*, et qu'il n'était pas lui-même *à la hauteur* de la situation nouvelle du pays. Les reproches qu'il fait par rapport au Môle démontrent qu'il s'instituait l'organe de tous les opposans, de tous les factieux de l'époque, au premier

rang desquels était Blanchet qui, peut-être, aura rédigé la lettre du 4 septembre : tout son ensemble n'est, au fond, qu'une reproduction des Remontrances du sénat à Pétion.

C'est qu'alors le travail *de la scission du Sud* marchait à grands pas. Jérémie en était le foyer, parce que Rigaud et Blanchet s'y trouvaient ; mais ils combinaient ensemble leurs mesures pour la faire éclater aux Cayes, chef-lieu du département du Sud, afin de lui donner plus d'importance aux yeux de la population.

Au mois *d'août*, le colonel Borgella fut *consulté* à ce sujet, à Jérémie, notamment par les citoyens Gas et Jean Giraud, ce dernier *mécontent* de ce que l'ajournement du sénat, au 17 décembre 1808, ne lui avait pas permis d'y siéger. Borgella repoussa l'idée de cette scission par toutes les raisons qui voulaient le maintien de l'union entre le Sud et l'Ouest, pour résister à Christophe. Se trouvant sur le point d'aller à Aquin, pour assister au mariage d'une jeune parente, Borgella alla dire adieu à Rigaud. Celui-ci lui demanda ce qu'il y avait de nouveau dans Jérémie ; c'était une manière de le porter à s'expliquer sur le projet qu'il avait jeté dans l'esprit des citoyens. Borgella lui en parla dans les mêmes termes qu'à Jean Giraud et Gas. Blanchet, présent à la conversation, déblatéra contre Pétion qui, selon lui, perdait la République ; et il énuméra toutes les fautes, tous les torts qu'on voulait bien lui reprocher. « Alors, dit Borgella, « au lieu de *séparer* le Sud de l'Ouest, — ce qui affai- « blirait la République à l'égard de Christophe, — mieux « vaut attendre la fin de la présidence de Pétion, pour « avoir un nouveau chef, qui pourrait être le général « Rigaud. » Rigaud parut *goûter cette idée*, mieux que

Pétion n'avait *goûté son plan*, et Borgella prit congé de lui. En sortant de sa demeure, il dit à un officier qui était avec lui : « Vous avez entendu ce que m'a dit le gé-
« néral Rigaud, il semble avoir approuvé mes observa-
« tions ; mais tenez pour certain que M. Blanchet lui
« fera faire une folie [1]. » Elle eut lieu, et Borgella y fut entraîné. On saura ses motifs.

Informé de cette trame coupable, Pétion envoya l'ordre à Rigaud de faire revenir à leur cantonnement, le général Métellus et son détachement des 21e et 24e demi-brigades. Le 21 septembre, Rigaud lui écrivit qu'il était encore obligé de les garder par rapport aux insurgés mais de nouveaux ordres du président les firent revenir dans l'Ouest. Métellus était un général trop important, pour qu'il le laissât plus longtemps sous l'influence pernicieuse d'une conspiration pareille.

Par cette même lettre et par une autre du 8 octobre, Rigaud entretenait encore le président de ses opérations contre les insurgés : « Je ne vous tairai point, général
« président, *qu'il y a beaucoup à faire, avant de se pro-*
« *mettre un résultat immédiat*. Néanmoins, je ne cesse-
« rai d'employer tous mes soins *pour réparer nos mal-*
« *heurs devenus assez grands* pour redoubler notre ar-
« deur et notre activité. C'est avec *de tels sentimens* que
« je vous prie *de me croire toujours disposé à vous secon-*
« *der, et à être constamment votre serviteur et ami...*
« Au retour *de la marche* que je vais faire, j'aurai
« l'honneur de vous rendre compte de ce qui se sera
« passé. »

Et il préparait ses manœuvres pour opérer la scission !

---

[1] Borgella partit de Jérémie le 16 août. Quatre mois étaient à peine écoulés depuis le retour de Rigaud dans le pays, que déjà il cherchait à en troubler l'harmonie !

Et il put croire que Pétion était dupe de toutes ses protestations de fidélité et d'amitié ! Pétion était déjà fixé, en écoutant Blanchet, après avoir causé avec le général Wagnac. Ignorait-il d'ailleurs tout ce qui se disait au Port-au-Prince même? Le bavardage des opposans lui en avait assez appris, et plusieurs citoyens avaient passé dans le Sud, soi-disant pour affaires d'intérêt privé : de ce nombre étaient Pélage Varein, sénateur en fonction ; Daumec et Simon, qui avaient cessé de l'être de droit en 1809, ayant été élus pour trois ans en 1806.

La mission de Blanchet, au Port-au-Prince, paraît avoir eu pour but de prévenir *les opposans,* de l'intention de Rigaud, au cas que son fameux plan ne fût pas adopté par Pétion. Il était assez coutumier de ces sortes de voyages, pour qu'on présume cela de lui. On vient de lire que Rigaud disait au président « qu'il y avait *beaucoup* « à faire, *avant* de se promettre un résultat *immédiat,* » par rapport aux insurgés de la Grande-Anse ; mais ces paroles avaient un double sens, et elles se rapportaient à un autre *plan* sorti également du cerveau de Blanchet, rédacteur principal de la constitution de 1806.

Au terme de son article 46, — tous les trois ans, du 1er au 10 du mois de novembre, les assemblées paroissiales devaient se convoquer *de plein droit,* dans chaque département, pour nommer chacune un électeur; ces électeurs réunis ensuite en assemblées électorales aux chefs-lieux des départemens, devaient former des listes de citoyens propres à remplir les fonctions de sénateurs, qu'ils enverraient au sénat ; et ce corps nommerait parmi les candidats, le nombre de sénateurs qu'il faudrait pour remplir les vacances survenues dans son sein, par mort, démission ou expiration de fonction. Or, la série de ceux nommés pour trois ans n'avait pu être renouvelée en 1809, vu l'ajournement du sénat.

Blanchet fit imaginer à Rigaud, de provoquer des citoyens des communes du Sud, la nomination *clandestine* des électeurs pour se rendre aux Cayes, dans le but avoué par la constitution, ou peut-être désigna-t-il ceux gagnés au but qu'il se proposait : on fit ces nominations clandestines, pour éviter que le gouvernement ne fût informé d'une chose qu'il aurait empêchée ; on les fit même *avant le 1er novembre*, dans toutes les communes, pour se trouver réunis aux Cayes ce jour-là [1].

Aux Cayes, était Eugène Hays, homme jeune, de capacité et respectable d'ailleurs ; il était fort attaché à Rigaud et était dans le secret du projet. Etant lié avec le sénateur adjudant-général Voltaire, commandant de la place et chargé de l'arrondissement en l'absence du général Wagnac, qui était en campagne contre les insurgés, E. Hays lui confia ce secret dans l'espoir de le rallier à Rigaud : Voltaire parut s'y prêter, pour se mettre au courant de toute l'affaire. Le 28 octobre, on lui fit lire *le procès-verbal* de la prétendue *assemblée paroissiale*, qui n'avait pas eu lieu, et sur lequel les citoyens apposaient leurs signatures ; il éluda d'y mettre la sienne, mais il promit de laisser réunir *en assemblée publique*, les électeurs de toutes les communes du Sud ou prétendus tels. Le 30, il fit des dispositions militaires avec le peu de soldats qui étaient aux Cayes, les troupes

---

[1] Je puise la plupart des faits relatifs à la scission du Sud, dans la copie d'une lettre écrite le 1er janvier 1811, par Étienne Berret, habitant respectable de Cavaillon, qui y prit une grande part ; elle fut adressée à son beau-frère Tapiau qui était alors à l'étranger. Berret lui avoue tous les faits, en essayant de le convaincre que la haute opinion qu'il avait de Pétion n'était pas fondée. On verra reparaître les noms de ces deux hommes estimables dans la suite de notre histoire. Berret, on peut le dire, était *le représentant des idées du Sud*.

étant dans la Grande-Anse, et fit occuper l'arsenal par des marins des garde-côtes *le Conquérant* et *le Flambeau*, que lui envoyèrent leurs capitaines, Augustin et Jean Gaspard; et il expédia une lettre au Président d'Haïti, l'informant de toute la trame et lui disant d'envoyer des troupes dans le Sud pour la déjouer : sa lettre fut portée à Aquin par la voie de mer et remise au général Vaval pour être acheminée. Tate, chef des mouvemens du port, l'aida dans ses dispositions militaires [1].

Mais le 31 octobre, le général Rigaud arriva dans la plaine des Cayes *sans rien savoir* de tout ce qui se passait en ville, ni de ce qui avait eu lieu dans toutes les communes du Sud ; il s'arrêta sur l'habitation Gracette. Il fut *tout étonné* de voir accourir auprès de lui, *les électeurs* de ces communes, les citoyens de la ville et environ 5000 hommes de la plaine ; eux tous le prièrent *de soutenir leurs droits*. A la nouvelle de son arrivée en plaine, les soldats de Voltaire l'abandonnèrent, les marins quittèrent l'arsenal et retournèrent à leurs bords : force fut au commandant de la place de se réfugier aussi sur *le Conquérant*, où A. Gaspard, excellent citoyen, garantit sa vie, mais où il devint *prisonnier* ; car les Gaspard adhérèrent au mouvement populaire.

La situation de sa ville natale était trop critique, les sollicitations des citoyens de tous états étaient trop pressantes, pour que le général Rigaud n'y entrât pas, afin *de rétablir l'ordre* et de laisser *au peuple du Sud* la liberté d'exprimer *sa volonté*. Le 1ᵉʳ novembre, il y fit une entrée solennelle, accompagné de Blanchet et des citoyens accourus auprès de lui [2].

---

[1] Tate était natif de Curaçao, mais habitant Haïti depuis longtemps.
[2] Dans cette circonstance, Rigaud agissait à peu près comme il avait fait en 1796, lors de

Protégés par sa présence, les électeurs des Cayes se réunirent *en assemblée communale* et déposèrent, comme *indignes de leur estime*, Voltaire et Tate, en vertu des articles 20 et 21 de la constitution, pour l'avoir *violée* en s'opposant aux délibérations des citoyens [1]. Celle-ci eut lieu le 1er novembre.

Le 2, *les électeurs* se constituèrent « *en députés* nom-« més pour représenter les communes composant le dé-« partement du Sud, afin *de statuer* sur ce qui convient « *pour sauver la chose publique* de la situation malheu-« reuse dans laquelle elle se trouve ; » et ils nommèrent E. Hays, président, et Dupont, secrétaire *de l'assemblée départementale* [2].

Le 3, cette assemblée se réunit et prit l'arrêté suivant qu'il est important de connaître :

Considérant que l'autorité souveraine appartient au peuple, qu'il la délègue à sa volonté et en reprend l'exercice quand il lui plaît ;

Considérant que la constitution autorise tous les citoyens à manifester leurs sentimens sur les opérations du gouvernement, et qu'en cela, ils ne portent point atteinte *au respect qu'ils lui doivent*; et que s'ils étaient privés de ce droit, la liberté cesserait d'exister;

Considérant la situation critique et malheureuse dans laquelle a réduit le département du Sud, la guerre du quartier de la Grande-Anse qui, depuis près de quatre ans, désole cette portion de la République ;

Considérant que la guerre contre le Nord n'a jamais pu permettre au Président d'Haïti *de s'occuper sérieusement* de l'insurrection de la

---

l'affaire de la délégation ; il était revenu *dans la colonie*, selon ses lettres à Pétion, et il devait suivre ses antécédens.

1 Voltaire et Tate avaient *violé* la constitution ; mais les électeurs-députés agissaient au nom *du peuple souverain*, qui autorise parfois de mettre la constitution *en sommeil*.

2 On remarqua malicieusement, que Rigaud fit son entrée aux Cayes le jour de la *Toussaint*, qui avait été celui de la fête de Toussaint Louverture, et que l'assemblée départementale se constitua le jour *des Morts* : deux fâcheux pronostics pour la scission du Sud.

Grande-Anse, dont les progrès entraîneraient infailliblement la perte totale du département du Sud ;

Considérant que l'expédition contre les révoltés n'a jamais été confiée *qu'à des autorités secondaires, avec des pouvoirs limités;* et que l'expérience a prouvé que, loin d'atteindre le but désiré, cette insurrection a *un accroissement* dont les conséquences pourraient devenir dangereuses pour les citoyens du Sud, leurs familles, leurs propriétés, et même pour toute la République 1;

Considérant que le département du Sud, dans les limites déterminées par la constitution, comporte *une étendue* assez considérable pour réclamer *un chef* qui soit seul chargé de le régir et gouverner, conformément aux lois et à l'équité ;

Considérant que le vœu général des citoyens du Sud est d'avoir *un chef particulier* pour les commander, afin de n'être pas dans l'obligation d'aller au loin réclamer la justice dans leurs plus petits différends;

Considérant qu'il est utile et conforme au sentiment de tous les citoyens du Sud, *d'organiser un gouvernement chez eux*, pour employer tous les moyens de maintenir la paix et l'harmonie parmi eux;

Considérant que cette disposition ne doit point *détacher* les citoyens du Sud, de l'amitié qu'ils portent à leurs frères de l'Ouest ; qu'au contraire, quoique gouvernés séparément, ils conserveront toujours une sincère union et feront cause commune, lorsqu'il s'agira de repousser les ennemis de la République ;

Considérant, enfin, qu'il est instant de rétablir *la discipline* dans les troupes du Sud, et de former *une administration* qui puisse procurer des ressources pour leur entretien ;

Le peuple du département du Sud a arrêté et arrête les dispositions suivantes :

1° Le commandement *en chef* du département du Sud est déféré au général Rigaud, *le fondateur de la liberté à Haïti.*

Il aura exclusivement le droit de commander l'armée du Sud, de nommer à toutes les places civiles et militaires, de faire des lois pour le bonheur du peuple, de révoquer toutes celles existantes qui seraient contraires à ce but, et de faire généralement toutes dispositions que sa sagesse lui suggérera pour le bien général, ainsi que diminuer ou augmenter les impôts publics, s'il est nécessaire.

---

1 Cet accroissement provenait de la défection des Éclaireurs, par suite de la conspiration de Gérin.

2° Pour la garantie publique, et aider *le général en chef* dans ses travaux, il lui sera adjoint *un conseil privé* qui sera composé *des généraux* et *de cinq citoyens notables* qui seront choisis au scrutin secret, dont la nomination formera un acte séparé.

Seize députés signèrent cet arrêté du 3 novembre. Le même jour, ils nommèrent les cinq membres notables du conseil privé : c'étaient Bruno Blanchet, Montbrun, Constant [1], Daguilh et Simon, ces deux derniers ex-sénateurs ; et l'assemblée départementale, *en se dissolvant*, fit une adresse à Rigaud pour le prier d'accepter la charge de *général en chef* et le féliciter du choix du peuple du Sud.

Le 6, Rigaud émit une proclamation *à ses concitoyens* du département du Sud, où il exprima toute sa gratitude pour cette nouvelle preuve de leur estime et de leur confiance, et autres généralités usitées en pareils cas ; mais il évita toute allusion à l'autorité de Pétion, toutes paroles acrimonieuses.

Toutes ces résolutions n'ont été évidemment que l'œuvre commune de Rigaud et de Blanchet ; les citoyens du Sud n'y auraient pas songé, si elles ne leur avaient pas été suggérées, par l'impatiente ambition de l'un et par la haine de l'autre [2]. Dans l'année 1809, Gérin avait vainement tenté de les soulever contre l'autorité du Président d'Haïti ; mais il est vrai qu'il n'avait aucune influence dans ce département, tandisque Rigaud en exerçait. Les longs malheurs de ce dernier, son retour inespéré, l'accueil qu'il reçut, le rang auquel l'éleva le président, les

---

[1] Celui-ci mourut vers la Noël, et fut remplacé par E. Hays. Montbrun, élu sénateur le 17 décembre 1808, n'avait pu siéger à cause de l'ajournement du sénat.

[2] Le dernier considérant de l'acte du 3 novembre est la reproduction du plan de Rigaud, dans sa lettre du 30 juillet, sur l'ordre à mettre dans l'administration et l'organisation de l'armée, sa discipline.

pouvoirs qu'il lui accorda dans le Sud : tout servit à cette influence.

On a considéré comme « une grande faute politique » de la part de Pétion, d'avoir donné ces pouvoirs à Rigaud, en l'élevant au grade de général de division et mettant le Sud en réquisition sous ses ordres, après avoir accepté la démission de Gérin en 1808 et résolu alors que les départemens de la République n'auraient plus de commandant en chef.

Mais, d'abord, il ne pouvait mieux faire pour prouver à ses adversaires que son cœur était inaccessible *à la jalousie* dont ils l'avaient accusé envers Gérin, qu'en donnant ce grade et cette position militaire à Rigaud. Ensuite, en lui confiant la mission politique de tenter la pacification de la Grande-Anse, il prouvait encore qu'il était incapable *d'envie*, et que, chef de l'État, il avait autant d'affection pour les populations du Sud que pour celles de l'Ouest.

Les antécédens de ces deux hommes, Rigaud et Pétion, en remontant jusqu'à l'affaire de Montbrun, à Jacmel, avaient démontré le peu d'estime qu'ils avaient l'un pour l'autre ; mais en 1799, Pétion avait tout sacrifié au salut commun, à la défense *des idées politiques* qui renfermaient *l'avenir du pays*, en allant se placer sous les ordres de Rigaud, en s'offrant pour aller défendre Jacmel en 1800. Devenu *le chef du parti* qui représentait ces idées, après la déportation de Rigaud en 1802, il l'avait noblement vengé en s'unissant à Dessalines pour conquérir l'indépendance d'Haïti. En 1808, quand le fils de Rigaud vint solliciter des secours pour soulager son infortune à l'étranger, il y avait concouru avec les autres citoyens. Maintenant que Rigaud était revenu lui-même dans le pays, en l'accueillant, en l'élevant en grade, en lui faisant une belle et haute position, malgré les avis officieux qu'il reçut des Anglais, tout en prenant ses judicieuses précautions pour qu'il ne devînt point *le chef* de la République, Pétion semblait lui dire : « Par votre conduite « antérieure, mal comprise du vulgaire, on avait cru « qu'une basse ambition était le seul mobile de vos dé-« terminations : aujourd'hui que la Providence nous a « permis de réaliser nos idées politiques, que l'avenir de « notre pays et de notre race est assuré par ses soins, « montrez-vous *au second rang*, comme un noble sou-« tien de nos institutions. Allez rendre le calme aux es-« prits, la sécurité aux familles, dans ce département du « Sud que vous avez jadis gouverné : je ne limite point « vos pouvoirs ; faites tout ce que votre sagesse et votre « expérience des affaires publiques vous suggéreront, « tandis que, dans l'Ouest, je me prépare à résister à « l'invasion de notre ennemi commun. »

Au lieu de cela, que fit Rigaud, en se plaçant sous l'influence de la haine injuste de Blanchet, du mécontentement non moins injuste des factieux du sénat, de tous les opposans qui flattèrent sa vanité et sa présomptueuse ambition ? Il employa les pouvoirs qu'il avait reçus dans un but déterminé, à soudoyer *la division* de la République, en abandonnant sa mission, dans le moment même où la chute du Môle exigeait toute *son union* pour résister efficacement à l'inévitable agression de Christophe. Ne lui attribuons point le sentiment *de l'ingratitude* envers Pétion ; car, en politique, c'est *par raisonnement* et non *par sentiment* qu'on doit agir. Eh bien ! *la raison* condamne Rigaud dans ses procédés, pour le résultat auquel il parvint. Opérer *la séparation du Sud* du gouvernement général de l'État, vouloir établir dans le pays *le système fédératif*, c'était méconnaître *le besoin d'unité politique qui doit toujours en constituer la force*; c'était déroger aux anciennes traditions de ce pays, comme colonie, qui avait suivi la loi ou plutôt l'instinct de *l'unité* qui a fait *la force* de sa métropole, pour renouveler en 1810 la faute politique que commit ce même Rigaud, lorsqu'il arrêta l'élan de ses troupes victorieuses au Grand-Goave, prétendant qu'il devait se borner à conserver son commandement dans le Sud [1].

Comment! le Nord et l'Artibonite se montraient compactes, unis sous une domination absolue, comme en 1799, avec la même férocité de la part de leur chef, et Rigaud pensait mettre le Sud à l'abri de leur invasion, faire le bonheur de sa population, en l'isolant de l'Ouest, en le détachant de l'autorité de Pétion! Si sa pensée ne fut pas celle *d'un mauvais citoyen*, elle fut bien celle *d'un enfant* en politique. Et c'est cet homme, absent du pays depuis dix ans, ne se pénétrant pas de tous les événemens qui s'y étaient passés dans cette période de temps, c'est cet homme qui osa dire à Pétion : « Elevez-vous à la hau-
« teur qu'il convient; osez prendre le parti que les cir-
« constances exigent; il est temps que vous vous montriez
« aussi grand et aussi ferme que vous avez été jusqu'ici
« bon et humain! » Si Pétion n'avait pas su *toujours* prendre le parti que les circonstances exigeaient, Rigaud eût-il trouvé *une patrie* pour l'accueillir, sa terre natale pour recevoir ses restes, quand arriva sa dernière heure?

---

[1] Sous ce rapport, Rigaud ne fut pas aussi conséquent que Toussaint Louverture ; il fallait nécessairement que l'un ou l'autre fût le chef de toute la colonie ; et quand Hédouville autorisa Rigaud à garder le Sud indépendant de son rival, Rigaud aurait dû passer outre et tenter de conquérir la suprême autorité.

Admettons que s'il est vrai, comme tout porte à le croire, que l'Empereur Napoléon lui donna la mission dont nous avons parlé, et qu'en lui promettant d'essayer de la remplir, Rigaud *le trompait* et n'avait d'autre but que d'échapper de ses mains. Admettons encore que rien de tout cela n'a existé entre eux ; mais en rompant *l'unité, l'indivisibilité* de la République, en l'affaiblissant ainsi, Rigaud ne faisait-il pas *les affaires de la France*, par la désunion qu'il mettait dans les esprits, par la haine qui pouvait s'ensuivre entre les cœurs ! [1]

Il est à remarquer, puisque l'histoire doit *tout dire, tout avouer* pour l'enseignement des nations, que dans la séparation du Sud, dans sa scission avec l'Ouest, les citoyens *hommes de couleur* furent en grande majorité dans les idées et les principes de ce *général en chef*,— tandis qu'au contraire, les citoyens *hommes noirs* furent en grande majorité pour le maintien de l'autorité du *Président d'Haïti* ; et, par là, nous entendons les hommes possédant *des lumières*. La passion, le patriotisme égaré, étaient du côté des premiers ; — la raison, le patriotisme éclairé, du côté des derniers. Dans tout le Sud, aux Cayes particulièrement, *l'union* entre eux avait toujours été fondée sur une estime réciproque, sur tous les sentimens et toutes les raisons qui doivent toujours en faire *un peuple de frères*, et tous l'avaient prouvé en octobre 1806. Mais, à partir de novembre 1810, *des inimitiés* naquirent entre un grand nombre de ces citoyens, et elles peuvent encore servir de filiation pour expliquer des événemens survenus postérieurement et jusqu'à nos jours.

---

[1] En 1810 et longtemps après, la France était-elle disposée à renoncer *à Saint-Domingue* ? N'était-ce pas, de la part de Rigaud, renouveler le résultat de la mission d'Hédouville ?

Qui en fut cause, sinon Rigaud, qu'ils avaient tous reçu à bras ouverts ; qu'ils avaient pressé contre leurs cœurs, unis dans un même sentiment d'affection pour cet ancien chef? Ce dernier fut-il *moins coupable*, en produisant ce déplorable résultat par son ambition, qu'Étienne Mentor qui, mu par une semblable passion, ou agissant dans les vues de la France, poussa Dessalines aux excès qui le perdirent? Si Rigaud n'a eu que son ambition pour mobile, il n'a pas moins agi de manière à faire *soupçonner* ses sentimens, de vouloir servir *les mêmes intérêts étrangers*.

Il nous reste à raconter comment Borgella embrassa la cause de la séparation du Sud, après avoir désapprouvé ce projet à Jérémie ; car sa conduite influa sur celle de la plupart des militaires du département et de bien des citoyens, par l'estime générale dont il jouissait. Il nous faut dire les motifs qui le déterminèrent, pour que l'on sache s'il est *excusable*.

En arrivant à Aquin, venant de Jérémie, il avait fait part au général Vaval, son ami et commandant de l'arrondissement, du projet qui s'élaborait dans cette ville : mais en ajoutant qu'il espérait encore que Rigaud aurait égard aux observations qu'il avait faites à Blanchet en sa présence. Lorsque l'assemblée départementale se constitua, on sentit aux Cayes l'importance de son adhésion, et on députa auprès de lui Dupont et Glézil fils pour le solliciter de la donner. Rigaud lui écrivit aussi à ce sujet, en lui avouant qu'il espérait que *son exemple* serait décisif sur l'esprit des autres chefs militaires ; et qu'il comptait sur les sentimens d'attachement dont il lui avait toujours donné des preuves.

En cette circonstance difficile, Borgella se trouva partagé entre la fidélité *à l'union* du Sud et de l'Ouest, plus encore qu'à *Pétion*, et le dévouement qu'il portait à Rigaud, dont il avait commandé l'escorte anciennement, ainsi qu'on l'a vu déjà. Son bon sens, son jugement éclairé désapprouvaient *la séparation*, comme offrant un danger extrême pour la République ; mais les choses étaient si avancées, Rigaud était déjà si compromis dans cette affaire, qu'il ne voyait pour lui d'autre issue, qu'un nouvel exil sur la terre étrangère, ou une fin semblable à celle de Gérin. Cette idée réveilla en son âme, toute la sensibilité qu'y avaient excitée les anciens malheurs de ce chef, et il se décida *pour la séparation*, par la considération exprimée dans l'acte du 3 novembre, — que le Sud ferait *cause commune* avec l'Ouest, lorsqu'il s'agirait de repousser les entreprises de Christophe ; considération qui entraîna bien d'autres citoyens aussi [1].

Peut-être qu'à ce moment Borgella se dissimula l'influence qu'exercèrent sur son esprit, et la mort de Lamarre, cet ami, ce camarade d'armes, qui lui avait fait un appel dans sa détresse au Môle, auquel il ne put répondre par la volonté de Pétion, et la désapprobation que lui aussi donnait à la conduite de la guerre civile par le président.

En nous tenant aux seuls motifs qu'il a avoués, nous dirons que le sentiment de son affection pour Rigaud, l'a emporté sur son devoir de militaire et de citoyen.

---

[1] Sa défection en 1810 peut se comparer à celle de Pétion en 1799, par les heureux résultats que l'une et l'autre produisirent. Dans la guerre civile du Sud, Pétion grandit sous le rapport *militaire et politique*, et put devenir en 1802 le lien *d'union*, l'organe de la *fusion* entre le parti de Rigaud et celui de T. Louverture. Dans la scission de ce département avec l'Ouest, Borgella fut remarqué aussi comme homme *politique*, en devenant la cause première de sa fin ; et en se soumettant à l'autorité de Pétion, il grandit aussitôt comme *militaire*, au siège du Port-au-Prince.

Mais si, en prenant cette résolution, il a entraîné d'autres à son imitation, du moins sa participation à cet événement a été cause *du salut* de plusieurs hommes distingués, du maintien *de l'ordre* dans le Sud et de *son retour* heureux au giron de la République. Borgella *seul* pouvait succéder au pouvoir éphémère de Rigaud dans ce département, après lui avoir *sauvé la vie* aux Cayes, et préparer, par ses actes et sa modération, la réconciliation du Sud et de l'Ouest.

Son adhésion détermina celle du général Vaval ; mais celui-ci, en recevant de Voltaire sa lettre adressée au président, y en avait joint une autre de lui-même. Il chargea Bruno, commandant de la place d'Aquin, de les expédier au Port-au-Prince ; alors, il ne s'était pas encore prononcé. Bruno trahit sa confiance en gardant ces lettres. Afin de s'assurer du concours de Vaval et de Borgella, le général Rigaud vint lui-même à Aquin où il le réclama et l'obtint.

Ni le général Bruny Leblanc, ni le général Francisque n'avaient encore adhéré à la séparation, encore moins le général Wagnac qui était dans la Grande-Anse. Étant à Jérémie, Rigaud n'avait point cherché à gagner Francisque ni Wagnac ; il voulait attendre que les députés, réunis aux Cayes, proclamassent leur acte du 3 novembre. Alors, il écrivit à ces trois généraux. B. Leblanc resta fidèle au président jusqu'au 25, où la 16ᵉ l'abandonna et le contraignit à adhérer [1]. Francisque ne se prononça avec le colo-

---

[1] Une lettre de B. Leblanc au président, à cette date, constate ce fait d'abandon. Les factieux embauchèrent la 16ᵉ, en reprochant à ce général la mort de Gérin, en disant aux soldats qu'il les avait égarés pour les porter à combattre contre leur ancien colonel. Les trois communes de l'arrondissement de Nippes furent *les seules* qui n'envoyèrent point des électeurs-députés aux Cayes, tant on tenait son commandant en suspicion et en haine par rapport à Gérin.

nel Henry et la 18°, qu'à l'arrivée de Borgella, que Rigaud renvoya à Jérémie dans ce but. Quant à Wagnac, il suivit le torrent, mais avec la secrète pensée d'agir plus tard en faveur de Pétion, ainsi qu'on le verra. Nous ne parlons pas du général Vancol, qui commandait alors l'arrondissement de Tiburon, parce qu'il était déjà une nullité par l'usage immodéré des liqueurs fortes, qui le rendit fou à la fin. Le colonel Bigot se rallia à la séparation, avec la 19° : elle était déjà consommée.

Ainsi, tous les hommes de valeur dans l'ordre *militaire*, n'approuvèrent point d'abord la séparation du Sud : ils y adhérèrent *sans conviction politique*, plus par ménagement pour Rigaud qui s'était trop compromis ; et certes, dans la situation du pays à cette époque, *le pouvoir militaire* représentait plus la volonté *du peuple*, que *les faiseurs de procès-verbaux*,[1] qui parlaient en son nom et qui n'étaient que les organes de Blanchet, dirigeant le vieux Révolutionnaire dans une entreprise non motivée par les circonstances, pour en faire le chef d'une faction inconséquente.

L'adjudant-général Voltaire était descendu aux Cayes, quelques jours après l'arrivée de Rigaud, sur la démarche de sa femme ; mais, conservant sa fidélité au président, il refusa d'adhérer aux instances qu'on lui fit et partit pour Jacmel, avec le commandant Tate, dévoué sans bornes à Pétion. Le 7 novembre, Rigaud écrivit au général Marion, beau-frère de Voltaire et commandant de l'arrondissement de Jacmel, pour lui expliquer les causes

---

[1] J'emprunte cette expression à Borgella qui, en me racontant ces évènemens, me dit : « Ces *faiseurs de procès-verbaux* nous ont entraînés dans une scission qui a failli être cause « de notre perte. S'il avait fallu combattre contre l'Ouest, on n'en aurait pas vu un seul à « l'armée. » De même dans les évènemens de 1806, le pouvoir militaire était réellement le représentant du peuple.

du départ de cet officier supérieur. Il lui parla des événemens des Cayes ; il n'avait accepté le commandement en chef du Sud, disait-il, que pour sauver ce département prêt à tomber au pouvoir de Christophe, parce qu'il alimentait l'insurrection de la Grande-Anse par ses partisans : « Je vais prendre des mesures vigoureuses pour « son extinction totale, et dans peu, fournir les moyens « du Sud contre le Nord. » Mais il eût été plus rationnel de prendre ces mesures, d'après les pouvoirs que le président lui avait confiés, plutôt que de se livrer aux intrigues. Sa lettre en était encore une à l'égard de Marion dont il cherchait l'approbation.

Pendant que Voltaire et Tate se rendaient dans l'Ouest, deux généraux importans abandonnaient leurs postes au Port-au-Prince, pour se rendre furtivement aux Cayes : Bonnet, directeur des fortifications, et Lys, commandant de l'arrondissement. La fuite de ces deux autorités militaires, de deux hommes qui avaient tant aidé Pétion à fonder la République, une et indivisible, donnait un caractère de gravité extraordinaire à la séparation du Sud ; elle était de nature à occasionner bien d'autres défections dans l'Ouest, et c'est ce qui arriva, non parmi les militaires, mais parmi les citoyens de la classe civile. Le sénateur Modé quitta Jacmel et passa dans le Sud.

Par la révocation de Bonnet de la charge supprimée de secrétaire d'État, par les antécédens qui le rattachaient au général Rigaud, le président pouvait en quelque sorte s'attendre à sa défection. Mais celle de Lys l'affecta beaucoup et sincèrement : ce dernier n'avait point eu avec Rigaud, dans le passé, de ces relations qui pouvaient le rattacher à lui en cette circonstance ; c'était avec Pétion qu'il en avait eu. Aussi crut-il que ce fut à la suggestion de Bonnet, à son intimité avec lui, que Lys céda dans cette regrettable démarche [1].

Quant à Bonnet, il est présumable que son amour-propre, froissé de sa révocation, fut la première cause de sa défection, si toutefois il n'était pas entré d'avance, de même que Lys et d'autres, dans le projet médité entre Rigaud et Blanchet ; car il est difficile de penser qu'ils n'auront pris le parti de quitter l'Ouest, qu'en apprenant les événemens survenus aux Cayes : de tels hommes ne pouvaient pas céder ainsi subitement à une pareille résolution.

On a dit à cette époque, que la vie de Bonnet était menacée et que ce fut l'unique cause de sa défection. Lui-même l'a cru et l'a dit en arrivant dans le Sud [2]. Mais, qui pouvait attenter à ses jours au Port-au-Prince ? Seraient-ce quelques-uns des hommes qui avaient été mécontens de lui, quand il était secrétaire d'État ? Mais, depuis le 9 mai il avait cessé ses fonctions, et aucun attentat n'avait été commis sur sa personne. Serait-ce de la part de Pétion qu'il aurait redouté un assassinat ? Mais Bonnet savait qu'il était incapable d'une action aussi détestable.

Il y a lieu peut-être de présumer que sa mésintelligence avec Boyer aura contribué aussi à sa défection. En perdant sa position de secrétaire d'État, Bonnet a pu croire

---

1 Madame Lys ayant été auprès de Pétion pour obtenir un passeport, afin d'aller joindre son mari, il le lui accorda, en exprimant à ma tante toute sa peine de la résolution prise par Lys : « C'est *ce gros* Bonnet, dit-il, qui l'aura entraîné. Lys ne sait-il pas que je suis son « ami de cœur ? Ne lui en ai-je pas donné mille preuves, notamment sous le règne de « Dessalines ? Peut-il préférer le général Rigaud à moi ? »

2 Bonnet et Lys s'étant arrêtés chez Berret, en allant aux Cayes, Berret affirme dans sa lettre du 1er janvier 1811, que Bonnet lui dit que sa vie était en danger au Port-au-Prince.

que Boyer avait influé sur la résolution du président, ainsi qu'on l'a cru assez généralement alors, parce qu'il est probable que Boyer en aura témoigné sa satisfaction [1]. Ordinairement, quand des hommes de mérite sont en rivalité politique, le succès de l'un fait souvent prendre à l'autre des déterminations extrêmes, par l'amour-propre froissé de ce succès de son adversaire : or, la révocation de Bonnet devenait un succès pour Boyer : ce général de haute capacité perdait là une belle position.

Quelle que fût la cause réelle de la défection de Bonnet et de Lys, ils ne pouvaient pas mieux faire pour favoriser l'ardente ambition de Boyer, ainsi qu'on le verra par la suite : désormais, il restait seul auprès de Pétion, et il sut fort bien tirer parti de sa position, à l'exclusion de tous autres.

En recherchant les causes diverses des faits, des événemens de notre histoire nationale, nous n'aspirons nous-même qu'à faire ressortir *la vérité* qui enseigne ; elle seule est *l'idole* à laquelle nous sacrifions, même lorsque nous parlons de Pétion et de ses actes.

Aussitôt le départ des deux généraux, il expédia aux Cayes un officier de son état-major nommé Joseph Legardeur, homme du Sud, porteur de dépêches pour le général Rigaud, afin de lui demander les causes des mouvemens populaires qui se passaient dans ce département; et probablement pour s'enquérir particulièrement si les autorités militaires les secondaient franchement, pour causer avec les hommes qui lui étaient dévoués dans cette partie. Joseph rencontra en route les deux généraux qui

---

[1] On verra dans un autre chapitre, deux lettres de Boyer à Pétion, qui, en motivant un jugement sévère à son égard, prouveront que le président ne se laissait pas influencer par lui.

ne le quittèrent pas un seul instant, jusqu'à Aquin. Nous ignorons quelle fut la réponse positive de Rigaud ; mais il n'a pu qu'envoyer les actes publiés aux Cayes, pour notifier au Président d'Haïti la séparation du Sud de l'Ouest, le régime départemental établi [1].

En même temps que Joseph Legardeur, les aides de camp Ulysse et Hogu partirent pour s'aboucher avec le général B. Leblanc, à l'Anse-à-Veau, et le général Francisque, à Jérémie : ces deux généraux étaient encore soumis à l'autorité du chef de l'État. Afin de la soutenir efficacement, Pétion fit partir 1500 hommes de troupes sous les ordres du général Delva, secondé du général Gédéon. Delva se porta au Pont-de-Miragoane, et de là jusqu'à l'habitation Trémé ou Dufrétey, à 3 lieues d'Aquin, comptant sur la fidélité de B. Leblanc et de l'arrondissement de Nippes.

Rigaud avait dû présumer que le président tenterait de maintenir son autorité par les armes ; dans cette prévision, il avait réuni aussi les troupes à sa portée, en en rappelant même de la Grande-Anse. Le 25 novembre, il était à Aquin avec elles et des gardes nationales, et alors la 16e avait abandonné le général B. Leblanc.

En faisant marcher Delva, le président l'avait fait précéder d'une députation composée du sénateur Fresnel et des citoyens Dupré, J.-F. Lespinasse, P. Michel, Michaux et Arrault, envoyés auprès de Rigaud. Le 25, cette députation le joignit à Aquin où se trouvaient aussi les généraux Vaval et Wagnac, et les adjudans-généraux Véret, Gilles Bénech et Beauregard. Là, un procès-verbal fut rédigé pour constater ce qui fut dit de part et d'autre.

[1] Berret nous apprend cela, dans sa lettre du 1er janvier 1811.

La députation déclara : « Que l'objet de sa mission « était d'empêcher que la guerre qui se préparait n'eût « lieu, envisageant les effets funestes qu'elle devait pro- « duire ; et que son but était de proposer une réconcilia- « tion sincère entre le Président d'Haïti et le général « Rigaud. »

Ce général répondit : « qu'il n'avait jamais eu l'in- « tention de se diviser avec *le Président d'Haïti* ; que la « marche des troupes de l'Ouest était le seul motif qui « l'avait déterminé à se mettre en état de défense, pour « préserver le département du Sud des malheurs de l'in- « vasion qui le menaçait ; que sa nomination au com- « mandement en chef du département du Sud n'est point « un sujet de le détacher *de l'amitié* qu'il porte au pré- « sident, *dont il n'a jamais méconnu l'autorité* ; qu'il « offre de concourir ensemble à la prospérité d'Haïti et « à la défense de la République, en se portant soit contre « Christophe ou contre les insurgés de la Grande-Anse, « pourvu toutefois que le département soit garanti de « tout danger, et que l'armée de l'Ouest *se retire* du ter- « ritoire du Sud. Telles sont également les intentions des « généraux et officiers supérieurs. »

La députation retourna aussitôt au Port-au-Prince pour faire son rapport à Pétion. Elle informa le général Delva, à Trémé, de ce qui avait eu lieu ; et ce général, ayant acquis la certitude de la défection de B. Leblanc, con- traint à cela par celle de la 16e, se décida à revenir au Pont-de-Miragoane, en même temps qu'il recevait de Ri- gaud une lettre qui l'invitait à quitter le territoire du Sud, parce que la présence de ses troupes à Trémé *inquiétait* les habitans et les cultivateurs. En lui répondant, de Saint- Michel, le 28 novembre, jour où il quitta Trémé, Delva lui dit que c'était par ce seul motif qu'il avait opéré sa marche rétrograde; et il ajouta *des conseils* à Rigaud pour éviter la guerre avec l'Ouest. Le 29, il informa le président de son retour au Pont, en lui envoyant copie de sa correspondance avec Rigaud, par le chef d'escadron Cerisier, aide de camp du président, qui était venu en mission auprès de lui.

Averti de la marche rétrograde de Delva, le général Rigaud vint avec ses troupes et prit position sur l'habitation Colombel, non loin du Pont-de-Miragoane.

Le 1er décembre, le président arriva au Pont avec sa garde et quelques autres troupes qui renforcèrent la colonne de Delva; et il adressa une lettre à Rigaud, l'invitant à une entrevue sur le Pont.

Le 2, les deux chefs et leurs armées étaient en présence; chacun était entouré d'officiers de tous grades, mais les généraux Bonnet et Lys, quoique à l'armée du Sud, ne parurent point : ils comprirent cette haute convenance.

Cette entrevue, où la guerre pouvait se décider, fournit l'occasion de remarquer l'extrême différence qui existait entre le caractère de Pétion et celui de Rigaud. En s'avançant l'un vers l'autre, Pétion avait son sabre au fourreau et ne le dégaîna pas [1] : Rigaud, au contraire, dégaîna l'épée qu'il portait. Le premier était d'un calme parfait, le second très-agité. Rigaud ne put s'interdire à lui-même une infinité de reproches à Pétion sur son administration, se faisant l'écho de tous les opposans, de tous les factieux de l'époque. Il prétendit justifier ainsi la séparation du Sud, afin de le soustraire à cette administration qu'il appelait vicieuse. Il lui reprocha la chute du Môle,

---

[1] Pétion portait toujours son sabre à la Mamelouck.

etc., comme s'il ne se ressouvenait plus des reproches dont il avait été lui-même l'objet dans le passé, pour respecter celui qui l'avait accueilli avec tant de fraternité : devenu *le chef d'une faction*, son langage devait inévitablement être en rapport avec cette position. Pétion le laissa dire tout ce qu'il voulut, en lui montrant le même flegme qu'aux sénateurs, lisant en face de lui leurs Remontrances du 28 juillet 1808.

Mais le général Delva, sans doute indigné de ce langage hautain et déplacé, le releva avec une véhémence extraordinaire. Il lui rappela les faits antérieurs de la guerre civile avec Toussaint Louverture, et reproduisit tous les reproches qu'on lui avait adressés alors, en ajoutant que son ambition voulait encore exciter une division funeste à son pays, etc[1].

Pétion n'ayant pas interdit la parole à Delva, Rigaud fut tellement courroucé, qu'il frappa son pied droit de la pointe de son épée, croyant frapper à terre. A ce moment, Pétion lui dit : « Général, vous vous êtes blessé ! — Ce « n'est rien, répondit Rigaud ; » et il frappa encore son pied de son épée : ce qui lui occasionna une blessure qu'on ne put guérir et qui contribua à sa mort. Ce fait, où la vanité le disputait à l'orgueil, peint mieux le caractère de Rigaud que tout ce qu'on pourrait en dire.

Enfin, le Président d'Haïti, chef de l'État, parla à son tour ; et ce fut pour dire au général Rigaud que, puisque les citoyens du département du Sud pensaient qu'il était *de leur intérêt* de se séparer de celui de l'Ouest, de diviser

---

[1] Delva avait donné à Rigaud, en 1799, les plus grandes preuves de dévouement. Mais, forcé de s'expatrier avec lui en 1800, il avait erré sur la terre étrangère durant sept ans ; il pouvait s'indigner de la nouvelle entreprise de Rigaud, qui n'était nullement nécessitée par les circonstances où l'on se trouvait en 1810.

la République, qui était déjà fractionnée par la rébellion de Christophe, pour se gouverner et s'administrer comme ils le jugeraient convenable, il consentait à leur laisser cette faculté, à ce que Rigaud fût leur général en chef, et qu'il se contenterait de gouverner et administrer l'Ouest. « Evitons la guerre entre nous, général, ajouta-t-il ; car
« ce serait favoriser les armes de Christophe. Le peuple
« haïtien est déjà assez malheureux, par celle que son am-
« bition a allumée, pour ne pas nous livrer de nouveau
« aux désastreuses conséquences des dissensions intesti-
« nes. Voyez comme Christophe se prépare déjà à profi-
« ter de nos divisions : à peine je suis parti du Port-au-
« Prince, qu'il y a envoyé une députation dont la mission
« apparente est de nous sommer de nous soumettre à son
« autorité, mais dont le but réel est de s'assurer s'il peut
« marcher contre nous. Je vais y retourner pour lui faire
« face, s'il veut nous attaquer : l'Ouest saura lui ré-
« sister [1]. »

Il se retira avec ses officiers, en donnant l'ordre de faire retourner les troupes au Port-au-Prince. Des postes furent cependant établis sur les limites de l'Ouest et du Sud, afin de surveiller les communications entre ces départemens.

Rigaud retourna aussi aux Cayes avec son armée, en faisant également placer des postes sur les limites.

On conçoit que les communications devinrent difficiles entre le Sud et l'Ouest.

Une députation de trois citoyens du Nord et de l'Artibonite était effectivement arrivée au Port-au-Prince, après le départ de Pétion [2]. Elle avait été reçue par le général

---

[1] Si ce ne furent pas les propres paroles de Pétion, c'en est du moins le sens.
[2] Ces députés étaient Bertrand Lemoine, Baubert et L. Dessalines, qui avaient été mem-

Boyer, que le président y avait laissé pour surveiller la ville et son arrondissement, et ce général s'était empressé d'acheminer les dépêches qu'elle lui avait remises, en l'invitant à se retirer de suite à Saint-Marc d'où elle était venue par mer. Dans le même temps, la flotte du Nord croisait devant Jérémie et les parages voisins : ce que Rigaud n'ignorait pas.

Ces deux faits suffisaient pour tempérer la fougue du général en chef du Sud ; ils arrivaient à point, pour démontrer son inconséquence aux yeux des vrais patriotes de ce département, qui n'avait pu résister seul à Toussaint Louverture, malgré l'héroïsme de ses défenseurs. Car, en le séparant de l'Ouest et s'instituant commandant en chef, indépendant de l'autorité du Président d'Haïti, il eût été impossible de réunir les forces des deux départemens pour combattre Christophe, comme Rigaud le prétendait dans son système ; *l'unité d'action* eût manqué aux opérations militaires, surtout lorsqu'on reprochait à Pétion de ne pas savoir conduire la guerre, de ne pas maintenir assez la discipline des troupes, et que Rigaud se croyait meilleur général que lui. Dans le cas où l'Ouest, privé des forces du Sud, eût été vaincu, le même sort serait arrivé à ce dernier département. Il ne fallait pas une intelligence supérieure pour comprendre cette situation : aussi peut-on dire que le travail *de la réconciliation* commença dès la scission opérée, dans les esprits judicieux, dans les cœurs dévoués au bonheur du pays.

Ce dut être l'espoir de Pétion : sa modération en cette circonstance, son désintéressement marqué au coin d'un patriotisme si élevé, étaient assez éclatans pour être re-

---

bres de la constituante de 1806, et signataires de la protestation contre cette assemblée et la constitution.

marqués dans tout le Sud. Il était impossible que le calme, succédant à l'agitation factice provoquée par une ambition surannée, ne vînt pas dessiller les yeux, en leur faisant voir que le Président d'Haïti n'avait rien épargné pour procurer la sécurité au Sud, lorsqu'il mit ce département tout entier sous les ordres de Rigaud, afin qu'il tentât de pacifier l'insurrection de la Grande-Anse. Tous les motifs argués en faveur de la séparation devaient inévitablement être jugés, lorsque Rigaud se mettrait à l'œuvre d'organisation qu'il projetait.

Retiré dans le Sud, il la commença immédiatement *par l'armée*, en donnant aux demi-brigades de nouveaux numéros, depuis un jusqu'à six, comme dans les temps passés : revenu *dans la colonie*, il ne pouvait pas avoir d'autres idées que celles qu'il eut à cette époque antérieure. Il imposa à ces troupes une discipline et une subordination qu'il prétendit supérieures à celles qui existaient dans les troupes de l'Ouest, et ce fut *par l'armée du Sud* que la scission se termina. Quant à l'administration politique des arrondissemens et à l'administration financière, il ne put que continuer celles qu'il avait trouvées établies et qui étaient la suite des traditions antérieures. Il prétendait que *la corruption, l'ambition et la cupidité* étaient la base des systèmes fondés avant son retour, et que Pétion *n'avait pas pu ou n'avait pas voulu les réprimer*; et relativement *aux finances*, il arriva cependant un moment où il fallut liquider *la dette départementale du Sud* à près de 300,000 gourdes.

Nous donnons ces aperçus d'avance, afin que l'on juge de la validité des motifs argués en faveur de la scission du Sud, et de la moralité de ce fait qui pouvait mettre la République en péril, sans la sagesse de Pétion qui conjura probablement toute tentative de la part de Christophe.

En effet, on ne peut assigner la cause qui le porta à s'abstenir de toute entreprise contre la République, dans le moment où il apprit la division survenue entre le Sud et l'Ouest. Vainqueur au Môle, il semble qu'il aurait dû tenter alors de profiter de l'effet moral produit par ses succès, sur sa propre armée et sur les républicains, en même temps que de la lutte politique entre ses ennemis. On peut présumer aussi, que les pertes énormes que subit son armée dans toute la guerre de la péninsule du Nord et au siége du Môle, lui firent sentir la nécessité de la réorganiser, de la renforcer, avant de concevoir aucune campagne. En ce temps-là encore, il méditait son organisation monarchique qui eut lieu peu de mois après : peut-être voulut-il l'attendre pour distribuer les titres et les décorations à ses officiers de tous grades ; ce qui devait les stimuler pour ses projets ultérieurs.

Quoi qu'il en soit, de retour au Port-au-Prince, Pétion se vit forcé d'émettre « un ordre du jour contre les mal-« veillans qui répandaient des bruits calomnieux, pro-« pres à éteindre le courage des défenseurs de la patrie. » Nous ne possédons pas cet acte ; mais nous savons que la tourbe des opposans, au Port-au-Prince principalement, méconnaissant la sagesse de sa modération au Pont-de-Miragoane, qui tendait à les sauver eux-mêmes de leurs inconséquences et de leurs mauvais sentimens envers lui, continuait son bavardage habituel en essayant de porter la défection dans les troupes, de les persuader qu'elles ne pourraient plus résister aux forces du Nord, étant privées du concours de celles du Sud, et que la faute en était au président qui avait provoqué la séparation de ce département par sa mauvaise administration : de là cet acte pour leur imposer silence : il fut publié le 8 décembre¹.

Les travaux des fortifications de la ville reprirent une accélération commandée par les circonstances². Désormais, il fallait s'attendre à soutenir la lutte contre Christophe, avec les seules troupes de l'Ouest. Cependant, la Providence se réserva d'y faire concourir brillamment celles du Sud, en prouvant que les erreurs politiques n'avaient pas éteint le patriotisme dans le cœur des citoyens de ce département.

1 Un homme de couleur, nommé Desforces, était employé au magasin général, sous les ordres de mon père ; malgré cet ordre du jour, il se permit des propos malveillans contre le président dans des cercles de la ville. On vint en faire le rapport à Pétion, qui envoya un officier et quatre soldats de la garde l'arrêter en flagrant délit de son bavardage, afin de le conduire au palais de la présidence. En l'apercevant au milieu de ces militaires, Pétion fit dire à l'officier de le conduire en prison où il passa 48 heures : les propos cessèrent immédiatement au Port-au-Prince. Quant à Desforces, après sa sortie de prison, il voulait s'enfuir ou dans le Sud ou à l'étranger ; mais mon père lui dit qu'il valait mieux aller avouer ses torts au président, et il l'amena au palais où il pria le président de lui pardonner. Pétion se contenta de dire à Desforces : « Apprenez à vous taire, et retournez à vos fonctions au magasin général. » Voilà le chef digne de commander aux hommes, par une modération exemplaire, par une générosité incessante.

2 Bélisaire Bonnaire, vieux révolutionnaire, et Cébron Moquet, tous deux maçons de profession, se dévouèrent à ces travaux, par l'attachement qu'ils avaient pour Pétion et leur pays.

CHAPITRE XV.

Acte de l'assemblée départementale du Sud, réglant l'exercice du pouvoir conféré à Rigaud : injure qui y est faite à Pétion. — Adresse de Pétion au peuple et à l'armée. — Il invite les sénateurs présens au Port-au-Prince à rentrer en session. — Ces sénateurs appellent ceux qui sont dans le Sud. — Ceux-ci font défaut, et les autres constituent le sénat. — Le 9 mars, Pétion dépose le pouvoir présidentiel. — Le sénat le réélit pour 4 années. — Il prête serment : discours à cette occasion. — Interpellation qui lui est faite à l'église, par Saget, ancien constituant. — Modération de Pétion. — Loi sur le commerce. — Acte du conseil du Sud sur les finances. — Rigaud publie une adresse des citoyens du Sud à leurs frères de l'Ouest : accusations insérées dans cet acte contre Pétion. — Paroles qu'il prononce en le lisant. — Il fait faire aussi une adresse des citoyens de l'Ouest à leurs frères du Sud : accusations qu'elle contient contre Rigaud. — Conduite de Juan Sanches, à Santo-Domingo. — Conspiration ourdie contre lui. — La Régence d'Espagne y envoie Xavier Caro. — Députation envoyée par Christophe à Juan Sanches : concert entre eux. — Retour de Xavier Caro en Espagne. — Adresse de Juan Sanches à ses concitoyens, et sa mort. — Christophe lui fait rendre des honneurs funèbres. — Il se fait nommer *Roi d'Haïti*, établit la monarchie et la noblesse dans le Nord et l'Artibonite. — Ses actes sur ces institutions. — Titres fastueux qu'il adopte. — État des finances dans l'Ouest. — Soulèvement d'un bataillon de la 17e dans la Grande-Anse. — Il se porte aux Cayes. — Rigaud va à sa rencontre aux Quatre-Chemins et court des dangers. — Borgella le protége. — Les soldats mutinés l'attaquent dans sa maison en ville. — Ils sont défaits par la garde nationale, etc. — Répression sanglante de cette révolte et meurtre de quelques partisans de Pétion. — Borgella protége la vie du général Wagnac. — Proclamation de Rigaud, accordant amnistie aux soldats en fuite. — Wagnac est l'auteur de leur révolte. — S'il a agi d'après les instructions de Pétion. — Maladie de Rigaud, chagrins qu'il éprouve. — Pétion va au Pont-de-Miragoane avec des troupes, et revient au Port-au-Prince.

Devenu paisible possesseur du pouvoir dans le Sud, par les concessions du Président d'Haïti faites au Pont-de-Miragoane, Rigaud sentit la nécessité de le régler par un acte, pour offrir des garanties aux citoyens, dans l'exercice des attributions qui lui avaient été accordées par celui du 3 novembre. L'assemblée départementale y avait déclaré *sa dissolution* ; mais il la fit *revivre* le 9 janvier 1811, afin d'avoir ce nouvel acte pour paraître mieux tenir ses attributions et celles de son conseil privé, des députés du peuple du Sud. Il paraît que l'opinion publique s'effrayait déjà, de l'usage que pourrait en faire le général en chef, dominant les autres généraux et les citoyens conseillers. A cet effet :

L'assemblée départementale du Sud, réunie au lieu ordinaire de ses séances ;

Considérant que par l'acte du 3 novembre dernier, la forme du gouvernement du Sud, fondé sur la volonté bien prononcée de tous les citoyens, n'a pas été expliquée de manière *à fixer l'opinion publique* et prévenir les événemens qui pourraient influer sur nous, en cas de mort du général en chef, commandant le département ;

Considérant que l'accumulation de tous les pouvoirs sur une seule tête est ce qui constitue *le despotisme*, et que la révolution qui s'est opérée dans le Sud, n'a été qu'un recours au principe de la liberté ;

Considérant que *les maux* dont le peuple est maintenant *la victime*, ne proviennent que *du peu de soin* qu'a eu le gouvernement *de consulter l'opinion des hommes sages et intéressés au bonheur du pays, pour n'écouter que le conseil de quelques favoris toujours guidés par leurs vues particulières et par leurs passions* ;

L'assemblée départementale, sans déroger à la confiance illimitée que tous les citoyens du Sud ont justement placée dans le général Rigaud, commandant le département, a arrêté ce qui suit, *comme articles constitutionnels*, jusqu'à ce qu'il en soit autrement statué par une constitution définitive ;

1. Le gouvernement du département du Sud réside dans un conseil ; le conseil est présidé de droit par le général en chef, commandant le département.

2. Tout ce qui est proposé au conseil ne peut être résolu et avoir force de loi, qu'à la majorité des voix.

3. Le conseil réside au chef-lieu du département.

4. En cas de vacance par mort, démission ou autrement du général en chef, (cet article réglait la forme de l'élection de son successeur, par l'adjonction de quelques fonctionnaires publics au conseil.)

5. Toutes lois, etc., sont signées par le général en chef.

6. Le général en chef dispose de la force armée qui est instituée pour défendre le département du Sud contre les ennemis du dehors, et pour assurer au-dedans le maintien de l'ordre et l'exécution des lois.

7. Les contributions publiques sont délibérées et fixées par le conseil.

8. Le conseil arrête le plan de l'organisation de l'administration des finances, et règle les appointemens des divers agents de l'administration.

9. Le conseil procède à l'organisation de l'ordre judiciaire et à l'adoption d'un code unique.

Tel fut cet acte qui, cette fois, *enterra* l'assemblée départementale pour toujours.

Celui du 3 novembre et la proclamation de Rigaud du 6, ne contenaient aucun mot acerbe contre Pétion et son autorité. Dans le premier, on l'avait qualifié de *Président d'Haïti*; on pouvait s'en tenir aux deux premiers considérans de celui du 9 janvier. Mais, le troisième respirait le fiel de Blanchet; il accusait Pétion d'être l'auteur des maux dont souffrait *le peuple*, et l'on voit bien la corrélation qui existe entre ce considérant et la lettre de Rigaud, du 4 septembre 1810 : c'étaient les mêmes pensées reproduites, les mêmes reproches que lui avait adressés Rigaud, au sujet de son conseil qui n'avait pas agréé *le plan* qu'il lui fit exposer par Blanchet. Dès lors, la scission du Sud prenait aux yeux de Pétion, un caractère plus coupable ; car la passion s'ingéniait à lui trouver des torts, à incriminer ses intentions dans l'exercice de son pouvoir présidentiel, dont le terme allait bientôt arriver.

En conséquence de l'acte du 9 janvier, le 1er février il publia une adresse *au peuple et à l'armée*. Nous ne pouvons en rien citer, ne la possédant pas ; mais il est probable que cette adresse avait pour but de réfuter les calomnies insérées dans cet acte, de justifier son administration dans toutes ses parties : peut-être lançait-elle aussi quelques traits contre ses injustes accusateurs, persistant dans leurs déloyales imputations, malgré la modération dont il avait fait preuve au Pont-de-Miragoane. Ce que nous présumons ici expliquera d'autres actes postérieurs. En attendant, parlons de ceux du sénat, appelé à reprendre ses fonctions par rapport à l'expiration du mandat présidentiel.

Le 17 février, le Président d'Haïti adressa un message aux sénateurs présens au Port-au-Prince, pour les inviter *à rentrer en session*, en convoquant les autres membres du sénat qui étaient absens de cette ville.

En ce moment, ce corps n'avait plus que 9 membres : c'étaient Larose, Fresnel, Voltaire, Leroux, Neptune, présens au Port-au-Prince, — Lys, Modé, Delaunay et Pélage Varein, qui étaient dans le Sud. Au 17 décembre 1808, jour de son ajournement, il était composé de 21 membres, y compris Montbrun et J. Giraud, élus ce même jour, mais n'ayant pas eu le temps de venir prêter leur serment, au cas même où ils auraient accepté. De cette époque au 17 février 1811, 5 étaient morts, 5 avaient cessé d'être sénateurs en décembre 1809, par expiration de fonctions[1].

En recevant le message du président, les cinq séna-

---

[1] Ceux décédés étaient J.-L. Barlatier, David-Troy, Thimoté, Gérin et Lamarre ; ceux dont les fonctions avaient cessé en décembre 1809, étaient Daumec, Ch. Daguilh, Simon, Th. Trichet et Nanigat.

teurs présens se réunirent et se conformèrent à l'art. 68 de la constitution, disposant :

« Aussitôt la réunion d'un nombre quelconque de sé-
« nateurs au Port-au-Prince, les présens prendront un
« arrêté pour inviter les absens à se joindre à eux dans
« le délai *de quinzaine* au plus tard ; ce délai expiré,
« *si la majorité des sénateurs* se trouve réunie, *cette ma-*
« *jorité*, dans tous les cas, *constitue le sénat, et peut faire*
« *tout acte législatif.* »

Le 20 février, les cinq membres prirent un arrêté, en comité, par lequel ils invitèrent les quatre autres qui étaient dans le Sud, à venir au Port-au-Prince pour se joindre à eux et reprendre l'exercice de leur pouvoir constitutionnel. Mais on conçoit d'avance que les absens ne déférèrent point à cette invitation : Pélage Varein, seul, étant à Miragoane, répondit à la circulaire, promettant de venir et fit défaut néanmoins.

En conséquence, le 8 mars, le délai de quinzaine étant expiré, les cinq sénateurs présens constituèrent *le sénat,* la majorité étant de leur côté ; et ils déclarèrent entrer en session : ils adressèrent leur acte à ce sujet au Président d'Haïti. Celui-ci répondit le même jour au message du sénat, et lui rappela que le terme de son mandat arrivant le lendemain, il allait remettre les rênes du gouvernement, aux mains de l'administrateur général des finances qui avait remplacé le secrétaire d'État : ce qui eut lieu *en forme.*

Le 9, ce grand fonctionnaire informa le sénat de la remise du pouvoir présidentiel ; et « Le sénat, usant des
« droits que lui donne l'art. 109 de la constitution, vou-
« lant témoigner la gratitude nationale à celui qui, par
« sa sagesse, par ses vertus, par ses talens militaires, et

« par son mérite personnel, a si bien soutenu l'État dans
« les momens les plus critiques, a réélu et proclamé, à
« l'unanimité, le citoyen ALEXANDRE PÉTION, Président
« d'Haïti pour quatre années. » Une députation de deux
sénateurs lui fut envoyée pour lui donner connaissance
de sa réélection et l'inviter à fixer le jour pour prêter
son serment. Un ordre du jour au peuple et à l'armée,
du 9, émané de l'administrateur général des finances,
avertit la nation de cette réélection.

En vain dirait-on, qu'elle ne fut qu'un simulacre de la
volonté des cinq sénateurs. Ces cinq citoyens recommandables par leur patriotisme et leurs qualités personnelles,
ne pouvaient qu'interpréter le vœu réel du peuple et de
l'armée en cette circonstance, comme le sénat, en grande
majorité, l'avait interprété en mars 1807. La fidélité de
Voltaire fut néanmoins une chose heureuse pour la gloire
de Pétion. Si ce sénateur fût resté dans le Sud, *la majorité
du sénat s'y serait trouvée*; elle eût pu, en *interprétant*
la constitution, élire Rigaud le 9 mars; et alors,
pour le salut du peuple, Pétion eût été contraint de *résister* à cet acte factieux, afin de se maintenir au pouvoir; et
que de déblatérations ne seraient pas survenues ensuite,
de la part de ses détracteurs [1] ! Voltaire remplit donc envers la patrie, non-seulement un acte dicté par le sentiment, mais un acte de haute intelligence, au milieu de
factieux divisant la République, pour favoriser une ambition inconséquente, dans la situation où elle se trouvait.

---

[1] Nous disons « en interprétant la constitution, » parce qu'à vrai dire, le siége du sénat étant fixé au Port-au-Prince, il aurait fallu un acte préalable de ce corps, d'après l'art. 69, ordonnant sa translation ailleurs. Mais, dans les circonstances où l'on se trouvait, il eût été facile de motiver sa réunion aux Cayes, par son ajournement forcé au 17 décembre 1808; et l'apparence du droit constitutionnel serait restée en faveur de la faction.

Le 10, Pétion se rendit au palais du sénat, entouré des officiers généraux et autres : toutes les troupes de la garnison prirent les armes et formèrent une haie depuis ce palais jusqu'à l'église, où un *Te Deum* fut chanté après la cérémonie du serment prêté par le Président d'Haïti.

Dans le discours prononcé par le sénateur Larose, comme dans celui de Pétion, il n'y eut aucune allusion à la scission du Sud : le premier *couvrit la responsabilité* du Président d'Haïti devant l'histoire, pour le long ajournement du sénat, par ces paroles :

« Rendant hommage à vos vertus, les représentans du
« peuple ont senti que *les circonstances seules* ont maî-
« trisé *l'empire des lois* dont la garde et l'exécution vous
« ont été confiées. »

Larose pouvait tenir ce langage patriotique, puisqu'il fut le premier *à protester* contre celui tenu par Gérin et Modé, dans la scandaleuse séance du 17 décembre 1808 qui occasionna l'ajournement du sénat. Ami intime de Daumec, il n'avait pas approuvé son intrigue avec Gérin.

On remarque les passages suivans dans le discours de Pétion :

« Chargé de diriger les armées, j'ai toujours ménagé
« le sang *du soldat ;* à l'intérieur, j'ai cherché à conserver
« la paix et l'harmonie, par tous les moyens de concilia-
« tion qui ont dépendu de moi. *Le peuple* avait trop long-
« temps gémi sous le joug de la tyrannie, pour ne pas
« s'abandonner *sans réserve* à l'exercice de la plénitude
« de ses droits : il a dû en quelque sorte *s'y délecter.*
« L'expérience a prouvé, par sa fidélité, que *la douceur*
« était plus propre à le fixer que *la rigueur.* Il est juste,
« brave et sensible ; les bons exemples et le régime des
« lois le tiendront aussi soumis, qu'il est terrible quand il

« s'élève contre l'oppression.... Nous appellerons sans
« cesse tous les cœurs à la confiance, par notre désinté-
« ressement et notre bonté. Dieu qui a tout fait pour nous,
« couronnera nos efforts, et nous jouirons, avec l'amour
« du peuple, de cette douce sérénité de conscience qui est
« la récompense la plus flatteuse pour les hommes dé-
« voués à la félicité de leur patrie. »

Avait-il tort de parler ainsi du peuple haïtien, et de compter *sur son amour*, par la douceur du régime que fonda sa politique gouvernementale ? Le temps l'apprit, sans doute ; mais il donna la preuve, immédiatement après son discours, et avant la fin de cette cérémonie où il prit de nouveaux engagemens envers son pays, que ses concitoyens pouvaient compter aussi *sur sa parole*, sur la continuité de la douceur de son administration ; et voici le fait qui le prouva.

Le cortége étant à l'église, dès que le curé de la paroisse eût chanté le *Te Deum*, on vit Saget[1], ancien constituant de 1806 et alors percepteur du timbre au Port-au-Prince, s'avancer au milieu de la nef avec une chaise : il monta dessus en donnant le dos à l'autel, afin de parler à Pétion en face : les deux présidens occupaient un banc placé dans la nef et faisant face à l'autel. Dans cette position, Saget, tenant à la main un exemplaire imprimé de la constitution, interpella Pétion avec véhémence ; il lui demanda s'il l'avait toujours *respectée*, comme il l'avait promis sous serment, le 10 mars 1807 ? Pourquoi avait-il laissé le sénat *ajourné* pendant plus de deux ans, et ne faisait-il pas exécuter toutes les lois que ce corps avait

---

[1] Saget qui, en 1802, avertit Dessalines que les Français devaient l'arrêter à la Petite-Rivière.

rendues? Il lui reprocha, enfin, une infinité de choses, comme les opposans du temps.

Cette apostrophe inattendue, dans un jour et un lieu aussi solennels, au temps de la scission du Sud, occasionna une grande émotion parmi tous les assistans. Mais le calme qui parut sur la physionomie de Pétion, un léger sourire qu'on découvrit sur ses lèvres, firent comprendre qu'il considérait les paroles du citoyen Saget, d'ailleurs homme de bien, comme une aberration de son esprit exalté dans le moment. Les aides de camp du président, Sabourin et Cerisier, maîtres de cérémonies, invitèrent les corps administratif, judiciaire, etc, formant le cortége, à reprendre la marche pour sortir de l'église et retourner au palais du sénat. Durant ce temps, Saget continuait toujours à pérorer; enfin, les deux présidens et les sénateurs se levèrent aussi et prirent leur rang dans le cortége, qui sortit entièrement de l'église : force fut à l'orateur de cesser son véhément discours [1].

Les sénateurs et tout le cortége accompagnèrent ensuite le Président d'Haïti à son palais, où il les retint pour participer à un grand banquet préparé par ses ordres. Le soir, une illumination vraiment spontanée témoigna de la joie générale des citoyens du Port-au-Prince.

Il y eut un homme qui crut alors pouvoir *spéculer* sur l'imprudence de Saget. Le lendemain matin, il se rendit auprès du président et lui demanda *la faveur* d'occuper l'emploi de percepteur du timbre que Saget exerçait : « Mais, répondit Pétion, M. Saget n'a pas été déplacé. — « Je le croyais, président, à cause des injures qu'il vous « a faites hier à l'église. — Il ne m'a fait aucune injure ;

---

[1] Le combat finit faute de combattans.

« il s'est trompé dans les reproches qu'il m'a adressés, et
« je continue à le considérer comme un homme de bien,
« un bon patriote : il ne sera pas remplacé. » Force fut
aussi *au spéculateur d'emplois* de se retirer confus, et
nous n'ajoutons aucune réflexion sur sa démarche, ni sur
la réponse de Pétion.

Le premier acte législatif que fit le sénat, fut une loi
rendue d'après la réclamation des commerçans étrangers,
contre la loi du 23 avril 1807 et l'arrêté du Président
d'Haïti du 30 décembre 1809, sur le commerce, qui limitaient la vente des cargaisons par de grosses quantités de
marchandises. Appuyée par le président, cette réclamation
porta le sénat à fixer d'une manière plus équitable, la
quantité de ces marchandises que tous commerçans, étrangers ou nationaux, pouvaient débiter dans leur négoce :
ce fut l'objet de la loi du 10 avril.

Dans le Sud, Rigaud faisait encore attendre son organisation financière et judiciaire, et il laissait ces deux branches du service public, sous l'empire des lois que le Sénat
de la République avait rendues ; il n'y eut même pas aucune autre organisation décrétée durant toute la scission.
Mais il s'occupa, après l'entrevue du 2 décembre, à décerner au commencement de 1811, des grades militaires
à ceux qui lui parurent les mériter : il éleva les généraux
Vaval et Francisque au grade divisionnaire. Wagnac, Lys
et B. Leblanc restèrent généraux de brigade. Le colonel
Faubert fut promu à ce grade ; et au mois de mars, Borgella y fut également nommé, pour être employé à Aquin
sous les ordres de Vaval : il revenait alors de Jérémie
avec la 15e demi-brigade, devenue le 2e régiment du Sud [1].

[1] Borgella ayant habité Jérémie pendant quatre années, la population entière de cette

Par sa lettre du 7 novembre 1810 au général Marion, Rigaud avait dit qu'il allait prendre des mesures *vigoureuses* pour *l'extinction totale* de l'insurrection de la Grande-Anse ; mais elle ne fut que *contenue* comme auparavant, le soin de la défense du Sud, du côté des limites de l'Ouest, le préoccupant davantage en retenant une partie des troupes à Aquin et à l'Anse-à-Veau.

Lorsque le sénat eut réélu Pétion à la présidence, Rigaud, toujours sous l'influence pernicieuse de Blanchet, sortit entièrement de toute réserve à l'égard du chef de l'État ; il fit « une adresse des citoyens du Sud à leurs « frères de l'Ouest, » que Blanchet rédigea. Elle peignit Pétion sous les plus horribles couleurs, en lui reprochant sa *mauvaise* administration durant les quatre années de sa présidence antérieure ; ses *fautes* dans la guerre contre le Nord, la *chute* du Môle ; sa *partialité* qui le portait à y envoyer les troupes du Sud, plutôt que celles de l'Ouest, pour y être sacrifiées ; *l'épuisement* des finances de ce département dans de folles dépenses ; sa *négligence* ou plutôt son mauvais vouloir dans la répression de l'insurrection de la Grande-Anse ; d'avoir *fait périr* les généraux Yayou, Magloire Ambroise, Gérin et Lamarre, etc ; d'avoir *contraint* le sénat à s'ajourner, en *détruisant* la constitution, pour exercer le pouvoir absolu ; de l'avoir fait *revivre* uniquement pour *forcer* les sénateurs du Port-au-Prince à le réélire Président d'Haïti, ce qui était contraire au vœu des citoyens *du Sud* manifesté dans les actes de leur assemblée départementale. Enfin, cette adresse dit de

---

ville éprouva une vive peine à son départ ; car il était une sorte de providence pour les malheureux qu'il assistait, un ami pour tous les gens de bien qui recherchaient sa société, rendue plus agréable encore par l'amabilité et la bonté de sa femme. Les militaires ne regrettèrent pas moins sa translation à Aquin, parce qu'il avait pour eux les mêmes attentions, les mêmes égards que pour ceux de la 15e.

Pétion, « qu'il voulait être un maître absolu, avoir des « esclaves pour lui obéir ; et que, *semblable* à Christophe, « *il se disait* le successeur légitime et naturel de Dessa- « lines. » Cet acte, qui contenait tout le fiel et toute la haine de Blanchet, se terminait ainsi, en s'adressant aux citoyens de l'Ouest : « Ayez un sénat, si vous voulez, mais « que votre sénat soit celui de l'Ouest. Ayez un prési- « dent, si vous voulez, mais que votre président soit ce- « lui de l'Ouest. Le département du Sud se régit par « ses propres lois, par son conseil et par son général en « chef. »

Que l'on suive le général André Rigaud dans toute sa conduite, depuis son arrivée aux Cayes, le 7 avril 1810, jusqu'à cette adresse dont il adopta l'idée, qu'il fit revêtir du nom des principaux citoyens du Sud, qu'il fit imprimer, publier et envoyer dans l'Ouest, et l'on ne sera nullement étonné qu'il soit arrivé à cet acte furibond. Son impatiente ambition l'avait empêché d'attendre la fin de la présidence de Pétion, pour essayer de son influence sur la faction du sénat et se porter concurrent au 9 mars 1811 ; il avait cru devoir profiter de l'émotion générale éprouvée à la chute du Môle, pour effectuer son système départemental ; et, maintenant que la modération et le désintéressement politique de Pétion, le laissaient paisible possesseur du pouvoir dans le Sud, il ne pouvait se faire à l'idée de sa réélection à la Présidence de la République, qui était une protestation contre la scission du Sud, qui en assurait le terme dans un avenir plus ou moins éloigné. Voilà le motif de son irritation, la cause de cette jalousie effrénée qui le dévorait.

Cette adresse étant parvenue à Pétion, il la lut d'abord, en présence de plusieurs fonctionnaires publics, avec la même impassibilité qu'il avait mise à lire l'arrêté du général Leclerc, qui déporta Rigaud en France et qui, le rendant désormais chef de son parti politique, lui fit prendre la résolution de conduire ce parti à l'indépendance de Saint-Domingue. Mais quand il arriva à l'accusation qui le comparait à Christophe, ses traits s'animèrent et il dit : « Ah! le général Rigaud ne suit que les « inspirations de la haine que m'a vouée M. Blanchet ! Il « a consenti à me comparer à Christophe ! Eh bien ! *je* « *veux entrer aux Cayes en pantoufles !* »[1]

Après la publication de l'adresse du Sud, les réfugiés de l'Ouest principalement, et bon nombre de citoyens scissionnaires, ne gardèrent plus aucune mesure dans leurs propos à l'égard de Pétion ; le général en chef en avait donné le signal par ses accusations. Aux Cayes, à Jérémie, à Aquin, à Miragoane, dans tous les bourgs du Sud, c'était un concert de réprobation contre le Président de la République : il était exactement renseigné de ces divagations passionnées, par ses partisans secrets.

Il se devait à lui-même, il le devait au pays, d'y faire répondre dans la même forme. En conséquence, une « adresse des citoyens de l'Ouest à leurs frères du Sud » fut rédigée par Sabourin[2]. Ceux du Port-au-Prince furent convoqués au palais de la présidence, afin d'en entendre la lecture ; ils y adhérèrent sans hésitation et apposèrent leurs signatures, tout en déplorant l'acrimonie contenue dans celle du Sud, qui nécessitait cette réponse formulée avec modération et fermeté : les noms des militaires s'y confondirent avec ceux des citoyens de la

---

[1] Mon père était présent, quand Pétion prononça ces paroles, et je les tiens de lui.
[2] Je le sais, pour avoir vu Sabourin à l'imprimerie nationale, où il vint corriger les épreuves : il y avait peu de temps que mon père m'y avait placé, pour apprendre le métier d'imprimeur.

classe civile et des fonctionnaires publics. Des copies de cet acte furent envoyées aux commandans des arrondissemens de Léogane et de Jacmel, et revinrent revêtues des signatures de tous ceux de ces villes, du Petit-Goave, du Grand-Goave, des Cayes-Jacmel, de Fesle, de Baynet et des Côtes-de-fer.

L'adresse de l'Ouest s'attacha d'abord à justifier Pétion, par ses sentimens connus dans tous les temps, par la douceur de son administration ; à légitimer sa réélection, par les dispositions de la constitution, en faisant entendre que l'ajournement du sénat, pendant plus de deux années, avait été *le fait* des sénateurs eux-mêmes, sans rappeler cependant ce qui pouvait être imputé à ceux qui se coalisèrent avec Gérin contre le président. Elle le défendit à propos de la mort des généraux Yayou, Magloire Ambroise, Gérin, et de la chute du Môle, etc. ; mais elle récrimina aussi contre Rigaud :... « Fallait-il accréditer
« l'opinion des étrangers, — que le général Rigaud *est*
« *l'émissaire de Bonaparte*, et qu'il veut faire de la République *une province française ?*...[1] La *reconnais-*
« *sance* est un des devoirs les plus sacrés parmi les hommes ; *l'ingratitude* est rangée au nombre des plus grands
« vices. Nous vous demanderons : *Sous quels auspices* le
« général Rigaud a-t-il pu se déterminer à venir à Haïti ;
« si le président *ne s'est pas prêté* à tous les moyens
« de l'y appeler ; *s'il eût osé* s'y rendre sous tout autre
« chef que lui, commandant le pays ? Nous vous citerons
« sa réception au Port-au-Prince... Nous vous demande-
« rons : Si le Président d'Haïti n'a pas fait tout ce qu'il
« devait faire ? Et nous vous laisserons à juger si le géné-

---

[1] Il suffisait de ce trait pour dépopulariser Rigaud dans le Sud.

« ral Rigaud a rempli ses obligations. » L'affaire de Montbrun, « la bonne foi violée à son égard; » celle de l'insurrection de la Vallée, par des soldats du régiment de Faubert, et tendante à expulser Bauvais de Jacmel; le Môle abandonné dans la guerre civile; Jacmel non secouru : tous ces faits revinrent sur le tapis politique, à la charge du général en chef du Sud, indépendamment de la scission qui divisait la République. L'adresse de l'Ouest porta la date du 22 avril.

Qui la provoqua et en fit une nécessité politique? La défense est de droit naturel : celui qui attaque, doit s'attendre à ce que son adversaire emploie tous les moyens propres à l'anéantir. — Nous reprendrons la suite des événemens du Sud : passons à l'Est d'Haïti.

Lorsque Juan Sanches eut reçu le titre de brigadier capitaine-général, que lui envoya la Régence d'Espagne, il avait hésité à l'accepter, afin de n'être pas lié à cette ancienne métropole aux yeux de la population indigène de l'Est, et ce, pour rester libre d'agir suivant son projet d'indépendance; mais la poire n'étant pas mûre, il céda aux conseils de quelques-uns de ses amis. Le 16 août 1810, il prêta son serment de fidélité dans une grande cérémonie : se sentant dès lors soumis à l'autorité métropolitaine, quoique fort dissimulé, il ne put se contenir et dévoila sa pensée secrète aux yeux des assistans.

Cette irritation le porta à brusquer incessamment, fonctionnaires et citoyens. Un jour, il alla même jusqu'à frapper un nommé Foleau, originaire de Jacmel, habitant Santo-Domingo depuis longtemps [1]. Celui-ci, par

---

[1] C'est le même Foléau à qui Guillermin a attribué l'action d'avoir tranché la tête du général Ferrand, lorsque les insurgés rencontrèrent son cadavre.

vengeance, osa concevoir le projet *de déposer* Juan Sanches, parce qu'il avait pris une part active à l'insurrection, et qu'il avait une certaine influence ; mais, découvert dans sa conspiration, il fut accusé de vouloir *proclamer la République d'Haïti* à Santo-Domingo, et périt avec trois de ses principaux complices. Juan Sanches profita de cette circonstance pour tenter de se débarrasser de Cyriaco Ramirès, qui était aux fers, en l'accusant de complicité au prétendu projet de Foleau, avec d'autant plus d'apparence de raison, que l'infortuné avait été d'avis de *s'allier* avec la République. Heureusement pour Cyriaco Ramirès, l'un des magistrats chargés de juger cette affaire, José Joaquim Delmonte, réussit à faire rejeter l'accusation de complicité [1]. La jalousie haineuse de Juan Sanches jeta ainsi dans l'esprit public, *l'idée de la possibilité* de cette entreprise ; elle germa et porta son fruit plus tard.

Cet échec que subit le capitaine-général devant la magistrature, devint le signal d'une vive opposition de la part des fonctionnaires qui ne tenaient pas leurs emplois de son autorité ; elle se communiqua aux citoyens, parmi lesquels se trouvaient des hommes d'une naissance plus considérée dans l'Est, que celle de son chef : celui-ci n'en fut que plus irrité, et sortit souvent hors des bornes d'une sévérité nécessaire dans sa position.

Telle était la situation des choses, lorsqu'à la fin de 1810 don Xavier Caro, ministre de la Régence, arriva à Santo-Domingo, en qualité de délégué du gouvernement espagnol, pour assurer son autorité dans l'Est. Comme il était natif de cette ville et qu'il y avait des parens, la Régence compta sur son influence [2] : d'un autre côté, elle

---

[1] J.-J. Delmonte devint, par la suite, sénateur de la République d'Haïti.
[2] Cette influence était réelle ; car Xavier Caro, avant de venir à Santo-Domingo, avait

l'éloignait en cette circonstance par un exil déguisé, parce qu'alors la Régence, a-t-on dit, avait la pensée d'une transaction avec Joseph Bonaparte, et que Xavier Caro s'y opposait fortement. Quoi qu'il en soit, ce délégué reçut des plaintes contre Juan Sanches, des accusations relatives à ses rapports avec Christophe, et ceux qu'il entretint avec le capitaine-général ne purent que se ressentir d'une juste méfiance.

En effet, peu avant son arrivée à Santo-Domingo, une mission, présidée par le général Jacques Simon, y était venue de la part de Christophe qui, après avoir vaincu le Môle, avait repris le fil de ses négociations avec Juan Sanches. Jacques Simon lui avait apporté un costume complet de lieutenant-général, de riches armes, et lui garantissait le commandement de la partie de l'Est et le secours de forces pour se maintenir indépendant de l'Espagne. Afin d'intéresser les habitans à ce projet, Christophe offrait encore (selon l'opinion commune dans l'Est), d'obtenir des Anglais, qu'ils y introduisissent *des milliers d'Africains* pour cultiver leurs terres, selon le système établi dans le Nord ; c'est-à-dire, par la contrainte ou l'esclavage déguisé [1].

porté la Régence à nommer *archevêque* du diocèse, le curé Pedro Valéra, natif de cette ville, qui fut *le premier indigène* appelé à cette haute dignité ; il en fit nommer d'autres, *chanoines* de la cathédrale : tels furent les prêtres Aybar, Thomas Correa, Correa y Cidron, Romualdo de Fromesta, et Thomas de Portez, actuellement *archevêque*. A son arrivée à Santo-Domingo, Xavier Caro fit publier, le 16 novembre 1810, une cédule de la Régence qui statuait sur toutes les parties du service public dans l'Est, d'une manière avantageuse pour ses habitans, sur les biens, le clergé, etc. L'ancienne Université de Santo-Domingo, qui avait produit des hommes remarquables par leur instruction variée, fut alors rétablie. Tous ces bienfaits furent sollicités de la Régence par Xavier Caro qui avait un attachement réel pour son pays natal.

[1] On pourrait révoquer en doute une telle proposition, à cause de *l'abolition de la traite*, en 1807, par la Grande-Bretagne ; mais il se peut que Christophe l'ait faite, pour capter les propriétaires. D'ailleurs, en 1820, il négociait avec sir Home Popham, pour l'introduction dans le Nord de 40 mille Africains qui lui auraient été fournis de la capture des navires négriers.

X. Caro retourna en Espagne en janvier 1811, laissant Juan Sanches atteint d'une hydropisie de l'abdomen qui faisait prévoir sa fin prochaine. Effectivement, il mourut le 12 février suivant; et, en ce moment, l'adjudant-général Campos Thabarrès venait à Santo-Domingo, de la part de Christophe, pour donner suite à son projet avec Juan Sanches : arrivé non loin de cette ville, il apprit la mort du Vainqueur de Palo-Hincado, et rebroussa chemin en toute hâte.

Sentant déjà les étreintes de la mort, le 7 février, Juan Sanches fit une adresse à ses compatriotes, où il leur recommanda de conserver l'union entre eux, la continuation de leur *soumission* à l'Espagne « jusqu'au résultat du sort « de Sa Majesté Ferdinand VII, » et il leur dit en outre : « Continuez les relations d'amitié *avec notre allié et* « *voisin* (H. Christophe), avec la même bonne foi, avec « la même sincérité *que vous m'avez vu garder.* » Le 7 mars suivant, l'*allié* du défunt, à son tour, fit publier cette adresse sur *la Gazette officielle de l'Etat d'Haïti*, et il fit célébrer avec pompes un service funèbre à sa mémoire, en ordonnant aux officiers civils et militaires de porter le deuil durant un mois.

A côté de Juan Sanches, se trouvait un autre indigène natif de Santo-Domingo, Nunez de Cacérès, qui devint *auditeur des guerres* par l'influence de Xavier Caro. Possédant une brillante instruction, d'un caractère dont la vanité s'accrut par cela même, il vivait en mésintelligence avec le capitaine-général, et cette mésintelligence était entretenue entre eux par André Munoz, revenu d'Espagne. Sans ces rapports difficiles, peut-être Juan Sanches eût-il proclamé l'indépendance de l'Est. Il la voulait, à condition de son alliance avec

Christophe, tandis que Nunez de Cacérès, qui admettait l'idée de l'indépendance, la voulait comme il la proclama en 1821.

En attendant cette époque, l'ancienne colonie de l'Espagne lui resta fidèle, sous l'administration des divers officiers qui y furent envoyés successivement pour la gouverner. Il y en eut trois comme intérimaires, — Manuel Cavallero, qui remplaça Juan Sanches; F. Valderama et José Marot; et trois autres gouverneurs titulaires: — Carlos de Urrutia, S. Kindelan, et Pascual Real qui fut embarqué et expulsé en 1821.

En temps opportun, nous parlerons de la *rétrocession* faite par la France à l'Espagne, de cette portion du territoire *haïtien*; mais les chefs qui la gouvernèrent, entretinrent des rapports de bon voisinage avec la partie occidentale; les produits de l'Est continuèrent à y être échangés contre des marchandises étrangères ou pour du numéraire.

A peine « Son Altesse Sérénissime Monseigneur le « Président, notre très-gracieux Souverain [1], » eut-il fait rendre à la mémoire de Juan Sanches, les honneurs funèbres dont il vient d'être parlé, qu'il songea à se faire rendre à lui-même les honneurs de la *Majesté* auxquels il aspirait, depuis qu'il avait conçu le projet d'immoler l'Empereur Dessalines pour le remplacer. Il était assez habile pour comprendre que l'approbation qu'il avait donnée à sa mort, rendait difficile le rétablissement de l'Empire; l'armée, les populations, quoique soumises

---

[1] C'est ainsi que Christophe fut qualifié dans l'ordre général de l'armée, pour le service funèbre chanté en mémoire de J. Sanches : cet acte fut signé par le lieutenant-général P. Romain, chef de l'état-major général.

sous son pouvoir absolu, s'étaient accoutumées, à tort ou à raison, à envisager le titre d'*Empereur* comme quelque chose de funeste [1] ; et d'ailleurs, il avait à *sa cour* présidentielle un homme (Juste Chanlatte) qui lui déclamait souvent les vers des grands poètes : or, cet acteur avait prononcé ceux-ci :

> Il faut un nouveau nom pour un nouvel empire...
> Le premier qui fut Roi fut un soldat heureux...

Roi fut donc le titre que Son Altesse Sérénissime préféra. Elle se ressouvint encore qu'en 1793 la ville du Cap eut, justement au mois de *mars*, un Roi et une Reine qui dominèrent *au Carénage*, l'une de ses sections [2].

A cet effet, le 26 du mois de mars, Christophe donna une fête au Fort-Liberté, où se rendirent avec lui sa famille et ses généraux et fonctionnaires publics. On y joignit *un carrousel*, à la manière des rois de France qu'on allait imiter. Madame la Présidente, à la tête des dames, avait le rang de *Reine*; Monseigneur le Président, à la tête des hommes, celui de *Roi*. L'occasion de le proclamer *Roi* s'offrait naturellement ; d'un mouvement *spontané*, les *chevaliers* de la fête firent entendre les cris de : *Vive le Roi ! Vive la Reine !* Ces titres demeurèrent aux deux époux, d'après ce jeu habilement combiné. Les troupes et la population de la ville, devenue le *Fort-Royal*, durent partager l'enthousiasme dont s'enivrèrent les hautes notabilités qui assistèrent à la fête ; le général

---

1 Voyez à ce sujet, une appréciation du règne de Dessalines, publiée en 1816 par ordre ou avec l'assentiment de Christophe, dans la note placée à la page 189 du 6ᵉ volume de cet ouvrage.

2 Voyez le 2ᵉ volume de cet ouvrage, page 403. Le mois de mars, consacré au Dieu de la guerre, convenait sous tous les rapports à l'avènement du Vainqueur du Môle, qui sut d'ailleurs bien résister à toutes les tentatives de la République.

Joachim Deschamps la parcourut avec un nombreux état-major, en proclamant *Leurs Majestés.*

Dans la soirée du même jour, Elles rentrèrent au Cap-Henry avec tous ceux qui les avaient accompagnées, et ceux-ci les y proclamèrent aussitôt, au grand ébahissement de la population et de la garnison.

On se mit à l'œuvre d'organisation, déjà préparée; et une foule d'actes consacrèrent l'établissement de la *Royauté* et de la *Noblesse.* Les idées du Nord reçurent leur application en cette circonstance.

Le 1er avril, un édit du roi fixa la devise royale : *Dieu, ma cause et mon épée*; un autre fixa ses armoiries en termes de blason : « il portait d'azur, au Phénix de gueu- « les, couronné d'or, accompagné d'étoiles de même ; au- « tour du Phénix ces mots : *Je renais de mes cendres,* etc. » Un troisième édit fixa celle des princes, ducs, comtes, barons et chevaliers du royaume; un quatrième, celles de la *bonne ville* du Cap-Henry, capitale du royaume.

Le 4, le conseil d'état tout entier, présenté par le grand maître des cérémonies, au roi et à la reine entourés de la famille royale, leur offrit *la loi constitutionnelle d'Haïti* qui reçut leur approbation et fut publiée. — Le 5, un édit royal créa ou plutôt régularisa la création d'une *noblesse héréditaire*, avec des titres, des dotations et *des fiefs*; un autre détermina le nombre de ces nobles : 4 princes, 8 ducs, 22 comtes, 37 barons et 14 chevaliers, sans limiter cependant ce nombre à ceux-là seuls, le roi pouvant créer des nobles à volonté. — Le 7, un édit érigea un siége archiépiscopal au Cap, et Corneille Brelle, devenu archevêque, fut aussi le grand aumônier du roi; [1] le même édit établit (sur le papier) trois évéchés

---

[1] J'ai fait, à Paris, la connaissance d'un ancien ministre de Naples, qui m'a dit qu'à cette

suffragans, aux Gonaïves, au Port-au-Prince et aux Cayes. — Le 12, le grand costume de la noblesse fut déterminé selon le titre des nobles. — Le 15, deux édits fixèrent la livrée du roi, de la reine, du prince royal, des princesses royales, et des nobles. — Le 20, l'ordre royal et militaire de *Saint Henry* fut créé; il était composé du roi, grand maître de l'ordre, du prince royal, de 16 grands croix, de 32 commandeurs, et du nombre de chevaliers qu'il plairait au roi de nommer; pour le moment, ce nombre fut fixé à 250: une dotation de 300 mille livres y fut attachée, à distribuer entre ceux qui en faisaient partie, les grands croix à 3500 livres chacun, etc. La croix portait l'image de Saint Henry, avec ces mots autour: *Henry, fondateur, 1811*, d'un côté; et de l'autre, une couronne de lauriers avec une étoile et la devise: *Prix de la valeur*.

Les dignitaires et chevaliers de cet ordre étaient tenus de prêter le serment, à genoux devant le roi, et « de jurer
« et promettre de lui être fidèles, de lui obéir, de le dé-
« fendre et soutenir, de lui révéler tout ce qui vien-
« drait à leur connaissance contre sa personne et son
« royaume, etc. »... Hélas! tant qu'il ne plairait pas à la divine Providence, de frapper sa royale personne *d'apoplexie et de paralysie!*

Le 3 mai, Sa Majesté se ravisa et exprima dans un édit « ses *véritables intentions* dans l'émission de quelques « dispositions contenues en celui du 5 avril, portant

époque, Christophe envoya à Peltier, journaliste à Londres, une dépêche pour Pie VII, afin de solliciter de lui *l'institution canonique* de son archevêque ; que Peltier envoya cette dépêche au même ministre pour la faire parvenir au Saint-Père ; ce ministre était alors en Sicile. Comme le Pape était en ce moment en France, il la remit au principal archevêque de cette île pour l'envoyer. Le Roi d'Haïti eut *la douleur* de ne pas même recevoir une réponse de Sa Sainteté : il passa outre.

« création de la noblesse; » et cela, par rapport *aux fiefs* donnés en dotation aux nobles. Il avait été dit que le fief revient *à l'aîné* des enfans mâles et légitimes; mais le roi déclara alors « qu'il n'avait pas prétendu faire jouir du
« bénéfice de cette faveur, les enfans *non issus* de leurs
« propres œuvres, qu'ils auraient pu avoir *légitimés.* »
Ensuite, il avait accordé aux nobles, le pouvoir *de vendre, d'aliéner et d'hypothéquer* ces biens; mais le roi déclara
« qu'il avait la ferme persuasion qu'ils ne voudraient
« pas user de ce pouvoir, sans des motifs puissans, et
« sans le consulter préalablement, étant leur ami et leur
« père. » Enfin, il déclara « que ce serait contradictoi-
« rement aux principes *de la saine politique*, consacrés
« par tous les gouvernemens policés, qu'il eût permis
« qu'après le décès des dignitaires sans descendans lé-
« gitimes, leurs collatéraux succédassent aux biens do-
« tés, ni que les dits biens passassent aux étrangers par
« le fait des dispositions ou du mariage de leurs veu-
« ves. »

En conséquence, l'édit du 3 mai arrêta « que *le fief*,
« apanage de l'aîné, quant aux *princes et ducs*, consis-
« terait dans *les deux sucreries* dont ils ont été
« dotés; et quant aux *comtes*, dans *la sucrerie* dont ils
« ont été pareillement dotés.[1] » Les seuls enfans *procréés* par un noble et *légitimés* par son mariage avec
leur mère, furent considérés comme *légitimes* et durent
jouir du droit *d'aînesse*. Ces aînés, indépendamment de
leur apanage, devaient partager la succession de leurs
père et mère, par égale portion avec leurs autres frères
ou sœurs. Les enfans *non procréés* par un noble, *mais*

---

[1] Les princes et ducs étaient des lieutenans-généraux ; les comtes, des maréchaux de camp. Il y eut aussi plusieurs grands maréchaux d'Haïti.

légitimés par lui, ne devaient avoir à son décès, qu'*un quart* de la totalité des biens, *le fief excepté*, et le reste des dits biens dotés « retournerait au domaine de la cou- « ronne. » A l'avenir, *nulle légitimation*, *nulle adoption*, ne pourrait être faite par un noble, s'il n'eût préalablement obtenu l'autorisation expresse du roi.[1] La douairière d'un noble ne pouvait convoler en secondes noces, qu'en vertu de son agrément. Aucun noble ne pouvait cumuler *plus d'un fief*. Sa veuve devait jouir, sa vie durant, des biens dotés, *à l'exception du fief*, et les dits biens être réunis au domaine de la couronne, immédiatement après le décès de la veuve.

Un nouvel édit du mois de mai forma la maison du roi et de sa famille, en énumérant les grands officiers attachés à leurs personnes, les gouverneurs *des palais royaux*, au nombre de 9, *des châteaux royaux*, au nombre de 7 : il y avait 14 chambellans, 14 pages, 5 maîtres des cérémonies, des hérauts d'armes, etc.

C'était le complément obligé du système monarchique, comme les dispositions de l'édit du 3 mai en étaient une conséquence. Mais on est porté à se demander ce que gagnait *le pauvre peuple* à tout cet étalage, à tout *ce luxe* qu'il occasionnait, pour soutenir ce système aux dépens de la misère publique ? Il gagna *à assister aux spectacles* qui vinrent ensuite, *à danser* en place publique, et c'est beaucoup *pour le peuple*.

Une église s'improvisa au champ de mars du Cap-Henry ; elle avait 250 pieds en largeur et en longueur ; sa

---

[1] Pour comprendre cette rétractation royale et toutes ces nouvelles dispositions, il faut savoir que dans le pays, bien des hommes, en épousant des femmes qui avaient eu des enfans naturels avec d'autres, *légitimaient* presque toujours ces enfans comme s'ils eussent été *procréés* de leurs œuvres.

coupole, 80 pieds d'élévation ; le dais du trône, une hauteur de 70 pieds : elle fut construite en moins de deux mois par tous les ouvriers du Nord et de l'Artibonite mandés à bref délai. Le 2 juin, le couronnement du roi et de la reine eut lieu avec grandes pompes dans cette église, par l'archevêque Corneille Brelle; les fêtes, à cette occasion, durèrent huit jours ; des envoyés officiels de la partie de l'Est y assistèrent, en souvenir de la recommandation testamentaire de Juan Sanches; des banquets somptueux furent donnés, etc., etc.

On est si heureux d'arriver à une telle dignité ! Mais le revers de cette médaille, ce furent l'orgueil humilié, le désespoir, un coup de pistolet au cœur qui n'eut jamais un sentiment de pitié pour ses semblables, un cadavre à peine recouvert de quelques pelletées de terre, et une mémoire exécrée de la postérité !

Juste Chanlatte, devenu comte des Rosiers, composa une cantate pour la circonstance; peu auparavant, il avait fait une ode sur la prise du Môle : dans ces deux pièces, il exalta tous les genres de mérites de H. Christophe, mais en se réservant, *in petto*, de tracer un jour le portrait du *Tyran*, si celui-ci lui laissait sa tête [1].

J. Prévot, comte de Limonade et secrétaire d'État des affaires étrangères, fit une « Relation des glorieux événe-
« mens qui ont porté Leurs Majestés royales sur le trône
« d'Haïti, suivie de l'histoire du couronnement et du sacre
« du roi Henry Ier, et de la reine Marie-Louise. » Il la dédia à Victor Henry, prince royal, héritier présomptif de la couronne, dont la triste destinée était d'être *égorgé* par ces nobles qui avaient tant juré et promis d'être fidèles à

---

[1] A la mort de Christophe, J. Chanlatte publia ce portrait au Cap : c'est l'histoire de tous les courtisans, de tous les hommes qui tremblent devant un tyran.

son père, contraint lui-même au suicide pour échapper à leurs fureurs.

On conçoit sans peine que les couronnes enrichies de diamans, les manteaux royaux, etc., etc., qui brillèrent au couronnement du roi et de la reine ne furent pas improvisés au Cap : toutes ces choses de grand luxe avaient été faites en Angleterre et étaient arrivées avant le carrousel du Fort-Royal.

Après le couronnement, le roi Henry prit les titres suivans :

« Henry, par la grâce de Dieu et la loi constitution-
« nelle de l'État, Roi d'Haïti, Souverain des îles de la
« Tortue, Gonave et autres îles adjacentes, Destructeur
« de la tyrannie, Régénérateur et Bienfaiteur de la nation
« haïtienne, Créateur de ses institutions morales, po-
« litiques et guerrières, Premier Monarque couronné du
« Nouveau-Monde, Défenseur de la foi, Fondateur de
« l'ordre royal et militaire de Saint-Henry, à tous pré-
« sens et à venir, salut. »

Ces titres pompeux concordaient parfaitement avec le faste habituel de l'homme, avec son caractère vain et orgueilleux. On regrette presque qu'il n'ait pas pris le titre d'*Empereur*, afin de pouvoir dire, au lieu de Souverain, — « *Roi* de la Tortue, Gonave et autres îles adja-
« centes. »

Bien d'autres actes furent publiés ensuite. Le 8 octobre un édit supprima les tribunaux de justice déjà établis, pour en créer de nouveaux, en même temps que le conseil privé travaillait à préparer les différens codes de lois qui devaient régir le royaume [1]. Une cour sou-

---

[1] Il est remarquable que le 8 octobre où Christophe régla *la justice* de son royaume, devint aussi *la date* où il se fit *justice* à lui-même en se suicidant.

veraine de justice siégeant au Cap, deux conseils supérieurs *devant siéger* au Port-au-Prince et aux Cayes, dix sénéchaussées et autant de cours d'amirauté furent décrétées pour être les unes établies, les autres *à établir* comme les conseils supérieurs [1]. La cour souveraine fut composée d'un président, d'un vice-président, de sept conseillers et de trois suppléans ; il y avait près d'elle un procureur général [2], un avocat général, un procureur et un substitut du procureur du roi, un greffier et huit huissiers. Inutile de dire la composition des conseils supérieurs qui n'existèrent que sur le papier ; mais chaque sénéchaussée avait un conseiller sénéchal, un lieutenant, un procureur du roi, un greffier et deux huissiers : il en était de même des cours d'amirauté.

Plusieurs ministères furent institués : celui de la guerre et de la marine, celui de la justice, celui des finances et de l'intérieur, celui des affaires étrangères.

Nous aurons à examiner les codes préparés par le conseil privé, qui ne les présenta que le 30 janvier 1812. Retournons dans la République d'Haïti.

Réduit à ses seules ressources financières, de même que le Sud, le département de l'Ouest eut à subir encore l'introduction clandestine de la fausse monnaie d'Espagne, qui y avait cours : le 12 mai, le président fit un arrêté à ce sujet. Dans le même mois, il soumit au sénat les comptes de l'administration générale des finances pour les examiner, et ce corps forma à cet effet une com-

---

[1] On est étonné que le même édit n'ait rien statué sur les tribunaux *à établir* dans l'Est d'Haïti, comme pour l'Ouest et le Sud : apparemment, devenu Roi, Henry jugea qu'il était convenable de respecter la possession de fait de *son frère* Ferdinand VII.

[2] Ce fut Juste Hugonin, qui reçut ainsi la récompense de sa conduite dans l'assemblée constituante de 1806 ; il était comte de Richéplaine.

mission de citoyens capables d'une telle opération : il s'agissait de ceux de l'année 1810.

Des avis reçus du Nord, ayant appris que Christophe faisait des dispositions militaires qui indiquaient son intention de marcher contre le Port-au-Prince, après une conférence du président avec les membres du sénat, qui eut lieu le 9 juin, le sénat fit une loi en date du 17, qui demanda aux citoyens de toutes les communes de l'Ouest *un emprunt* remboursable en 1812. La somme demandée fut fixée à 50 mille gourdes, destinées à former une caisse particulière au trésor public, afin de servir uniquement à la solde et à l'entretien des troupes qu'il fallait réunir et tenir à poste fixe au Port-au-Prince.

A raison de l'introduction récente de la fausse monnaie, et de l'enlèvement de la bonne par le commerce étranger opérant ses retours, l'idée vint au président de proposer au sénat, de décréter une loi qui autoriserait le gouvernement à faire *percer* les piastres fortes, à extraire dans leur milieu une petite pièce qui aurait également cours, au taux de 18 centimes, les piastres et autres pièces percées continuant néanmoins à circuler pour leur valeur intrinsèque. La loi fut rendue le 27 juin, elle fixa à 100 mille gourdes la somme des piastres qui seraient percées.[1]

Cet expédient financier, imaginé dans une circonstance difficile, donna lieu à une contrefaction considérable, dans l'Ouest même, qui eût été fatale à la République, sous tout autre chef que Pétion. Le gouvernement ne perça lui-même et ne mit en circulation, qu'une valeur

[1] A cette époque, on accusa Pétion d'avoir fait faire l'emprunt, pour soudoyer les troupes du Sud contre Rigaud. Mais les piastres percées et la petite monnaie tirée d'elles, ne circulèrent point dans le Sud. En outre, les recettes de diverses natures, en 1811, s'élevèrent

[1811] CHAPITRE XV. 417

de 7000 piastres en petites pièces de 18 centimes, sortant d'environ 40,000 piastres percées; mais le public lui en fournit, de sa contrefaçon, la somme de 660,000 gourdes.

Dans le Sud, le conseil départemental s'occupait aussi des finances, dans le mois de juin : le 25, il fit un arrêté qui établit un comité de surveillance et de vérification, auquel il donna toutes les attributions concernant cette matière, sous la condition d'en rendre compte au conseil avec ses observations, en lui proposant les mesures jugées utiles ou nécessaires. L'administrateur général des finances, établi également pour le département, était tenu de fournir au comité tous les renseignemens qu'il lui demanderait.

Le général en chef était malade depuis quelque temps, indépendamment de la blessure qu'il s'était faite au Pont-de-Miragoane et qui ne pouvait guérir. Dans cette situation, qui donnait déjà des inquiétudes, on apprit qu'un bataillon de la 17e demi-brigade, qui était can-

à 266,663 gourdes, et les dépenses générales à 327,964 gourdes : le déficit fut donc de 61,301 gourdes. Voici le détail de ces chiffres :

Recettes.		Dépenses.	
Droits d'importation.	23,639 g.	Approvisionnemens,	82,703 g.
d'exportation.	78,301	Habillemens, équipemens,	39,348
de l'impôt territorial,	11,994	Travaux et fortifications,	44,836
de consignation,	3,126	Marine,	6,996
de l'impôt communal,	2,868	Appointemens des officiers civils,	48,417
de pesage, tonnage,	8,169	Solde des troupes,	26,755
de warffage,	4,775	Arsenaux,	32,650
de patentes,	10,660	Hôpitaux,	9,063
de timbre.	135	Réparations de maisons,	3,330
Produits de la vente des denrées,	5,888	Fret et transport,	408
de loyers de maisons,	13,035	Remboursement de logemens,	9,068
du fermage en argent,	5,387	Traitement des invalides,	3,904
des amendes,	28	Dépenses diverses,	20,444
des 4 deniers pour livre,	2,911		
de diverses recettes extr.	95,727		
Total.	266,663 g.	Total.	327,964 g.

Tel fut le résultat financier du département de l'Ouest, en 1811. Nous ignorons celui du Sud, et nous ne pouvons rien savoir quant au Nord et à l'Artibonite, pour établir une comparaison.

tonné au Fond-Bleu, dans la Grande-Anse, marchait contre la ville des Cayes, dégarnie de sa garnison habituelle qui était tout entière employée à combattre les insurgés. Ce bataillon s'était révolté contre son chef Momus, et l'avait tué, parce qu'il voulait s'opposer à ce que son corps quittât le cantonnement qui lui avait été assigné.

Cette troupe arriva le 28 juin, par une marche rapide, aux Quatre-Chemins des Cayes, où elle s'arrêta pour rallier ses traînards. Le général Borgella était alors en cette ville ; il avait reçu l'ordre de Rigaud d'aller à Aquin, pour en revenir avec un bataillon de la 15e et parer aux éventualités ; mais, en apprenant que celui de la 17e était aux Quatre-Chemins, il s'y porta afin de savoir le motif pour lequel il avait tué son chef et marché sur les Cayes.[1]

Arrivé devant les rangs de cette troupe révoltée, il lui posa ces questions. Un nommé Atis lui répondit qu'ils étaient dans la misère, dépourvus de tout, et qu'ils venaient *réclamer leurs droits.* « Votre cause peut être « bonne, répliqua Borgella ; mais votre démarche est « mauvaise ; elle est celle de soldats indisciplinés. » Un lieutenant nommé Papillon lui fit voir sa chemise en lambeaux, en lui disant : « Quant à vous, vous avez de « l'argent à volonté. — Oui, j'en ai, dit Borgella, et je « sais aussi soulager l'infortune de mes camarades d'ar-
« mes. » Alors beaucoup de ces soldats dirent que c'était vrai, qu'ils avaient reçu eux-mêmes des bienfaits de lui, comme d'autres de divers corps. Ces aveux lui donnèrent

---

[1] Frémont était aux Cayes ; il se joignit à Borgella. Peu après cette affaire, il s'enfuit du Sud et vint au Port-au-Prince, où il fut fait commissaire des guerres. Rigaud l'avait révoqué de la charge d'administrateur des finances, et nommé Ch. Daguilh à sa place.

immédiatement une grande influence sur ce bataillon mutiné.[1]

Il en était là avec eux, quand le général en chef arriva avec les généraux Wagnac et Lys, des officiers d'état-major, et son escorte de guides appelés *les Carabiniers*. En voyant les soldats de la 17e, Rigaud, en colère, les invectiva, en les traitant de révoltés, etc. : ils lui répondirent en l'injuriant aussi, lui reprochant d'être la cause de leurs souffrances. Un lieutenant nommé Pierre Marie ordonna aux soldats *de faire feu* sur Rigaud ! Les fusils s'abattaient déjà, quand Borgella, devant eux, les releva avec sa canne, en criant sur les plus mutins, d'un ton d'autorité, s'il était possible qu'ils méconnussent les services rendus par Rigaud à la cause de la liberté, les rappelant d'ailleurs au respect qu'ils lui devaient comme chef. Sa voix fut heureusement écoutée de ces hommes, tandis que Rigaud fut entraîné par les autres généraux qui le persuadèrent de retourner aux Cayes.

Sur les lieux, Rigaud avait ordonné à Borgella de partir de suite pour Aquin, afin d'emmener la 15e, et les mutins avaient répondu qu'ils n'y consentiraient pas. Borgella continua à les apaiser ; et, feignant de rentrer aux Cayes, il prit la route par l'habitation O'shiel et se rendit à Aquin. Aussitôt après son arrivée, il fit partir la 15e avec lui et atteignit Cavaillon, le lendemain à 11 heures du matin.

Mais le bataillon de la 17e était entré aux Cayes, dès qu'il l'eût quitté aux Quatre-Chemins ; ce corps s'était emparé de l'arsenal, ce qui annonçait de sa part des des-

---

[1] A Jérémie, Borgella s'était créé des ressources en exploitant la sucrerie Breteuil : généreux envers les militaires de tous les corps, il leur faisait donner de l'argent et des soins, même à l'hôpital ; sa femme le secondait dans ces actes de patriotisme.

seins hostiles: on n'avait pu s'y opposer, vu l'absence de toute troupe. Ce fait se passa dans la soirée du 28. La garde nationale de la ville, les fonctionnaires et employés de l'administration des finances, les magistrats de l'ordre judiciaire, s'armèrent et se rendirent à la maison du général Rigaud, située sur la place du Marché, pour le défendre et se défendre eux-mêmes; car il était évident, par la tentative qui eut lieu aux Quatre-Chemins, que cette troupe révoltée en voulait aux jours du général en chef. Les généraux Bonnet et Lys, et d'autres officiers se rendirent aussi auprès de lui.

Vers 10 heures de la nuit, un frère du général Geffrard, adjudant de place, dévoué à Rigaud, alla devant l'arsenal, situé sur la place d'armes, pour observer les mouvemens de la 17e; un des soldats l'abattit d'un coup de fusil. Ce fut le signal de la sortie du bataillon de l'arsenal, avec deux pièces de campagne; il marcha contre la maison de Rigaud et attaqua ceux qui le défendaient, en tirant deux coups de canon; les boulets portèrent au rez-de-chaussée de la maison. Rigaud, malade, était déjà couché au premier étage. Mais Bonnet et Lys dirigèrent la défense; on repoussa les attaquans, qui furent dispersés dans la ville. Ils s'étaient enivrés la la plupart et n'avaient point à leur tête un officier capable de les diriger dans cet horrible attentat. Il y eut des morts et des blessés parmi les défenseurs de Rigaud; mais les autres passèrent la nuit à sabrer et fusiller tous les soldats de la 17e qu'ils rencontrèrent dans les rues. Une grande partie des révoltés sortirent de la ville, furent recherchés le lendemain dans la plaine, et périrent victimes de leur audace criminelle. Dans l'après-midi, le général Borgella rentra aux Cayes avec le bataillon de la 15.

Dès le matin, Rigaud donna l'ordre de fusiller, *sans jugement*, des hommes dont l'attachement connu pour Pétion les fit soupçonner d'avoir été les instigateurs et les auteurs de la révolte. Bois-Quénez, Georges aîné et un vieillard nommé Coquille, périrent ainsi, sans investigation préalable [1]. La fureur était à son comble ; on conseilla à Rigaud de faire mourir aussi le général Wagnac, supposé être le machinateur principal de la révolte de la 17e. Il hésitait encore à prendre cette dangereuse résolution, quand Borgella, entré aux Cayes, l'en dissuada. Borgella repoussa encore la proposition qui lui fut faite de mettre à mort plusieurs personnes dont les noms étaient portés sur une liste ; on voulait profiter de cette circonstance pour détruire celles qui n'avaient pas approuvé la scission du Sud. Borgella dut même donner publiquement des témoignages d'intérêt au général Wagnac, afin de préserver ses jours.

La considération dont il jouissait dans l'esprit public, l'influence qu'il avait exercée la veille aux Quatre-Chemins sur celui des soldats révoltés, en sauvant la vie à Rigaud, la présence du bataillon de la 15e, son ancien corps : tout donna à sa parole une prépondérance supérieure sur celle des furieux. Sa modération, son humanité, on peut dire aussi sa générosité en cette circonstance, lui rallièrent les hommes qui étaient secrètement *les partisans* de Pétion ; ceux du parti de Rigaud subirent l'influence qu'il exerça sur les déterminations du général en chef du Sud. Dès lors, l'opinion publique se fixa sur lui pour le remplacer ; car sa maladie faisait prévoir que

---

[1] Par la suite, la veuve de Quénez et sa famille devinrent l'objet de la sollicitude de Pétion qui les combla de bienfaits. On sait aussi que Joseph Georges, frère cadet de la victime des Cayes, jouit toujours de sa considération.

son existence serait abrégée par le dégoût qu'il manifesta aussitôt l'affaire du 28 juin.

Le 30, Rigaud publia une proclamation aux citoyens du Sud, pour en rendre compte. Il y dit que toute sa sollicitude se portait à étouffer l'insurrection de la Grande-Anse, afin de pouvoir réunir les forces du département et voler avec elles au secours de ses frères de l'Ouest, en cas d'agression de la part de Christophe, quand le bataillon de la 17e, poussé *par des hommes pervers* qui savaient la ville des Cayes dégarnie de troupes, s'y est porté rapidement dans l'intention de commettre les plus affreux attentats. En remerciant ceux qui prirent sa défense, il termina par « accorder *amnistie* à tous les sol-
« dats révoltés existant encore, qui se rendraient dans le
« délai de huit jours avec leurs fusils et leurs cartouches:
« ce délai expiré, ceux qui seront arrêtés par les pa-
« trouilles seront de suite fusillés. »

Rigaud disait vrai, quand il attribua la révolte de la 17e à la suggestion de quelques hommes étrangers à ce corps. Ces soldats souffraient aussi de privations, mais pas plus que ceux des autres régimens qui guerroyaient contre les insurgés. Le principal moteur de leur révolte fut le général Wagnac; Bois-Quénez et Longuefosse y prirent part. L'occasion était belle, la ville des Cayes n'avait aucune troupe; la marche rapide du bataillon qui y arriva par la route de Plymouth, avait été calculée pour surprendre Rigaud sans défense. On n'avait point l'intention *de le tuer*, mais *de l'arrêter* et de l'envoyer par mer au Port-au-Prince. Quand les soldats couchèrent en joue sur lui aux Quatre-Chemins, ce ne fut que dans un moment d'indignation occasionnée par les injures qu'il leur adressa : aussi, le général Borgella réussit-il facilement à relever leurs fusils. En y allant, le général Wagnac avait offert à Rigaud de les aller soumettre *seul* et de les contraindre à retourner à leur cantonnement. Lorsqu'ils prirent possession de l'arsenal, il leur fit dire de passer tranquillement la nuit; que le lendemain ils demanderaient à parler à Rigaud, qui viendrait indubitablement pour les entendre et essayer de les faire rentrer dans l'ordre; qu'alors, ils l'arrêteraient pour *l'embarquer*, et que lui, Wagnac, se prononcerait en faveur de Pétion.

C'était le rêve d'un honnête citoyen, qui pensait obtenir ainsi la fin de la scission du Sud. Rigaud était trop courageux pour se laisser arrêter sans se défendre; il eût été, sans nul doute, accompagné de Bonnet, de Lys et d'autres officiers ou citoyens qui, tous, eussent défendu le général en chef; on en serait venu à la voie du meurtre de part et d'autre. Contrairement aux ordres de Wagnac, le commandant Lafrédinière, qui partageait ses sentimens pour Pétion, fit boire des officiers et des soldats de la 17e et les excita à attaquer dans la nuit même, croyant, probablement, que ce corps aurait triomphé [1].

On doit se demander maintenant, si la trame ourdie par le général Wagnac fut une combinaison *spontanée* de sa part, ou si elle n'eut pas lieu par suite d'un concert préalable entre lui et Pétion.

Il est certain que ce dernier avait des hommes dévoués, qui transmettaient incessamment ses intentions aux partisans qu'il avait dans le Sud, particulièrement au général Wagnac et au colonel Henry, commandant la 18e demi-brigade, à Jérémie. A cette époque on citait,

---

[1] Renseignemens fournis à C. Ardouin, par Longuefosse, citoyen respectable des Cayes, connu pour son attachement à Pétion et au général Wagnac.

entre autres, les citoyens Brunet et Castor qui étaient ses intermédiaires auprès de Wagnac ; on disait que ce dernier les envoyait souvent au Port-au-Prince. Un marin nommé Boisfer, capitaine et propriétaire d'une de ces barges qui allaient au Môle, faisait aussi de fréquens voyages vers Jérémie, entrant dans les anses de la côte, où il trouvait des hommes apostés par Henry, pour lui rapporter ou les paroles ou les dépêches du président. A Miragoane demeurait le sieur Pradères, Français réfugié de Saint-Yague de Cuba, qui y faisait le commerce ; il avisait Pétion de tout ce qu'il apprenait et qui pût servir à ses combinaisons pour ramener le Sud sous son autorité [1].

On ne peut donc douter qu'il en forma, pour arriver à ce résultat qui importait au salut de la République, à raison des préparatifs que faisait Christophe pour marcher contre l'Ouest ; car il était aussi renseigné de ce qui se passait, surtout dans l'Artibonite, où il envoyait ses agens secrets ou ses espions, comme on voudra les nommer. Des bâtimens de guerre de la Grande-Bretagne venaient souvent au Cap et au Port-au-Prince ; dans cette dernière ville, leurs officiers étaient choyés, fêtés par Robert Sutherland, dont on connaît le dévouement à Pétion, qui l'estimait beaucoup ; ces officiers ne cachaient rien à ce négociant de leur nation, de ce qu'ils apprenaient au Cap ; et, par lui, le président savait ce que se proposait Christophe.

Lorsque le général Rigaud eut l'imprudence de le comparer à ce tyran, de lui attribuer tout ce que Blanchet

---

[1] Pradères était né au Cap. Il fut un des premiers qui apportèrent des provisions à Lamarre, au Môle, pour son armée : de là la considération que Pétion eut pour lui. Pradères contribua aussi à faire cesser la course des corsaires de Cuba contre nos caboteurs.

consigna dans l'adresse des citoyens du Sud, et qu'il prononça ces mots : « Je veux entrer aux Cayes en pan-
« toufles, » on peut croire que sa résolution habituelle fut de mettre en jeu tous les ressorts de la politique, afin d'exécuter sa volonté : de là l'affaire de la 17e.

Rigaud en sortit vainqueur, il est vrai ; mais il dut comprendre que son ancien prestige était évanoui dans le Sud. Il ne pouvait ignorer que Pétion y avait de nombreux partisans, et, par conséquent, qu'il serait exposé à de nouvelles tentatives de la même nature. Au fait, qu'avait produit, pour lui personnellement, la séparation de ce département de celui de l'Ouest? La vaine satisfaction d'en être le général en chef, de ne plus recevoir les ordres du Président d'Haïti. Mais, pour les citoyens, ses frères, une profonde division qui nuisait à leur sécurité. Avait-il éteint l'insurrection de la Grande-Anse, ramené l'ordre et la prospérité dans les finances, rétabli les bonnes mœurs et l'empire des vertus, substitué une meilleure discipline dans les troupes, mis plus d'activité dans la culture, plus de bonne foi dans les transactions commerciales, etc., toutes choses qu'il avait promis de faire par sa proclamation du 6 novembre 1810? Il y avait dit aussi : « J'ai assez vécu dans les emplois publics pour
« connaître les agitations et les peines qui en sont inséparables, et pour savoir apprécier *le calme et les dou-
« ceurs d'une condition privée.* »

Aussi, remarqua-t-on qu'à partir de l'affaire du 28 juin, ses facultés baissèrent chaque jour ; ce n'était plus le même homme. Accablé par la maladie, les chagrins consumaient son âme jadis si énergique ; la réalité des choses se dévoila à ses yeux : il comprit alors, sans doute, l'inanité de sa conception politique, qui le porta à opérer une division funeste dans sa patrie, où on le revit avec tant de plaisir, au lieu d'y aider le chef qui l'avait accueilli, ou de se borner à la condition d'une vie privée, où il aurait reçu encore les témoignages de la vénération de ses concitoyens jusqu'à la fin de ses jours. Tout en lui faisait prévoir que ce dernier moment ne tarderait pas à arriver : les esprits restèrent inquiets sur le dénouement.

En apprenant l'événement survenu aux Cayes, Pétion se décida à faire une apparition sur les limites du Sud et de l'Ouest. Le 8 juillet, il adressa un message au sénat où il lui dit « qu'il allait visiter les arrondissemens de « l'Ouest, et que si, rendu au Petit-Goave, le peuple du « Sud lui témoignait le désir de le voir dans ce départe- « ment, il en aviserait ce corps en prenant toutes les me- « sures convenables pour la prospérité du pays et pour « épargner le sang haïtien. »

Il est évident qu'il espérait que la tentative, même infructueuse de la 17e, eût pu déterminer quelque autre manifestation dans les troupes du Sud, le sachant à la tête d'une armée pour les soutenir. Il se porta jusqu'à l'habitation Berquin ; mais en apprenant que les généraux Borgella et B. Leblanc s'avançaient vers le Pont-de-Miragoane avec des troupes disposées à combattre, il se retira sur l'habitation Olivier. De là, il passa par les montagnes, se rendit à Baynet, puis à Jacmel, et retourna ensuite au Port-au-Prince.

Depuis plusieurs mois, le général Marion avait cessé de commander l'arrondissement de Jacmel, où il fut remplacé par le colonel Hilaire Martin, ancien chef de bataillon de la 16e demi-brigade et natif du Port-au-Prince : ce dernier, lors de la défection de ce corps en faveur de la scission du Sud, avait préféré passer dans l'Ouest ainsi que plusieurs autres officiers supérieurs. Nous ignorons les causes du remplacement de Marion, qui resta dans l'état-major général de l'armée.

Déjà aussi, le général Bergerac Trichet et le colonel Thomas Durocher avaient été remis en liberté et placés dans le même cadre. Quoique citoyens du Sud, ils ne cherchèrent point à s'y rendre pendant la scission.

A peu près à cette époque, Néret, ancien colonel de la 11e demi-brigade, revint dans le pays et débarqua au Port-au-Prince : il y fut accueilli par le président. Il avait été embarqué en 1803 avec le général Laplume ; après la mort de ce dernier, survenue à Cadix, Néret se rendit en France, et c'est de là qu'il s'était échappé pour revenir à Haïti par les États-Unis. Quelque temps après son retour, Pétion profita d'une vacance dans la 11e pour le replacer à sa tête ; ce brave colonel, qui combattit contre le parti de Rigaud, dans la première guerre civile, avait été revu avec enthousiasme par son ancien corps : pendant qu'ils étaient tous deux à Léogane, lui et Pétion vivaient en intimité.

Un autre officier de mérite et très-capable dans l'arme de l'artillerie, arriva dans la même année : Dupuche, ancien sous-lieutenant de la compagnie de Pétion, qui s'évada de l'île de Corse où il était placé comme tant d'autres déportés de 1802. Le président en fit aussitôt le directeur de l'arsenal du Port-au-Prince, et Caneaux resta colonel du 1er régiment d'artillerie.

CHAPITRE XVI.

Conspiration avortée du général Delva. — Il résiste à son emprisonnement et sort du Port-au-Prince. — Émotion dans la ville. — Promotion des généraux Métellus et Boyer au grade divisionnaire : ce dernier est nommé commandant de l'arrondissement du Port-au-Prince. — Ordre du jour du Président d'Haïti sur la conspiration. — Delva vient faire sa soumission et est mis en prison. — Il est jugé et condamné à 5 années de détention. — Appréciation de sa conduite. — Pétion provoque du sénat des dons nationaux en faveur des généraux. — Loi à cet effet. — Effet moral et politique de cette mesure. — Comparaison sur la nature de ces dons et des fiefs accordés par Christophe. — Mort d'André Rigaud aux Cayes. — Appréciation de sa conduite. — Le conseil du Sud élit le général Borgella à sa place. — Proclamation pacifique du nouveau général en chef. — Il écrit à Pétion et propose des arrangemens entre le Sud et l'Ouest. — Phases de la négociation. — Esprit qui anime le conseil du Sud, ses instructions à ses commissaires. — Esprit qui anime Pétion, ses instructions à ses commissaires. — Ils se réunissent au Grand-Goave et ne s'entendent pas : rupture des conférences. — Pétion informe le sénat de ces négociations infructueuses. — Le conseil du Sud publie tous les documens y relatifs. — — Espérances qui en résultent pour la fin de la scission du Sud.

Un mois était à peine écoulé depuis le retour de Pétion au Port-au-Prince, qu'au milieu des préoccupations que lui suggéraient la scission du Sud, et les préparatifs militaires de Christophe pour entrer en campagne contre l'Ouest, il eut encore à déjouer une conspiration contre sa vie et son pouvoir. Le brave général qui la conçut, qui mit tout en œuvre pour réussir dans ce projet, mérite néanmoins autant de regrets que ceux qui l'avaient précédé dans cette triste voie. On ne concevrait pas, qu'après l'expérience faite de ces diverses tentatives infructueuses, il ait pu s'y déterminer, si l'on ne s'expliquait une telle entreprise, par l'aberration des esprits à cette époque et cette déplorable ambition qui entraîna tant d'autres avant lui. Les généraux Yayou, Magloire Ambroise et Gérin avaient échoué dans leur rébellion ; le général Rigaud, se faisant le chef d'une faction considérable, avait réussi dans la sienne : le général Delva crut pouvoir réussir aussi en formant sa conspiration, sans considérer, peut-être, que Rigaud avait trouvé tous les élémens de son succès éphémère, dans la lutte antérieure entre le sénat et le Président d'Haïti, et qu'il avait offert plus de garanties que Gérin, qui tenta vainement de mettre le même projet à exécution.

Quoi qu'il en soit, Delva n'était guère qu'au début du sien, quand le président en fut informé. Indépendamment de son habileté à surveiller la conduite de tous les hommes importans de son époque, aucun chef n'inspirait comme lui des sentimens de profond attachement à sa personne. Sans entretenir *des mouchards*, comme font souvent les gouvernemens les plus policés, il était toujours renseigné de ce qui lui importait de savoir, par l'effet de ce dévouement. Ceux qui l'en avisaient, étaient d'ailleurs persuadés, certains, que jamais leurs noms ne seraient cités, pour ces renseignemens fournis à lui-même, sans intermédiaires. Patient, prudent et courageux, capable de combinaisons profondes, il savait attendre pour mieux réussir dans l'œuvre patriotique qu'il entreprit en faveur de son pays et de ses concitoyens ; et ce sont ces qualités supérieures, en outre de sa modération exemplaire, de son indulgente bonté, qui peuvent expliquer ses constans succès.

Il est donc certain, à l'égard du fait qui nous occupe,

que la première information qu'il reçut du projet du général Delva, lui fut donnée par une femme, — Madame Métellus, l'épouse du général de ce nom. Témoin de la haute considération que Pétion avait pour son mari, des faveurs qu'il lui accordait ; objet elle-même de ses attentions délicates et bienveillantes, par des cadeaux incessans, cette femme, Africaine de naissance comme son mari, d'une conduite régulière et d'une nature excellente, avait conçu pour Pétion un sentiment de gratitude qui prenait, pour ainsi parler, la forme d'un culte au chef de l'État. Elle lui fit savoir que Delva venait souvent voir le général Métellus, qu'il avait avec lui de longs entretiens dont le but était le renversement de Pétion, afin de substituer à sa place, ou Métellus ou lui-même Delva, si ce général ne voulait pas de la première autorité. Elle avait appris ce projet par les aveux de son mari, car ces époux vivaient dans la meilleure intelligence. Elle se fit d'abord l'avocat, le défenseur de Pétion, en représentant à son mari qu'il n'en avait reçu que des bienfaits, que le président avait en lui la plus grande confiance, et que ce serait la trahir affreusement que de prêter l'oreille aux suggestions du général Delva. On sait, au surplus, à quel point un véritable *Africain* peut porter la reconnaissance et le dévouement généreux de son cœur, quand il en a des motifs sérieux ; et l'on ne s'étonnera pas de ce que nous disons de cette femme. Après avoir ainsi disposé son mari, elle alla auprès de Pétion et lui raconta ce qui se passait : le président la chargea d'entretenir le général Métellus dans ces bonnes dispositions, et la pria de le tenir toujours avisé [1].

---

[1] On a su ces particularités par Madame Métellus elle-même.

Mais, ce ne fut pas de cette femme seule que Pétion reçut des informations sur le projet du général Delva, et ce n'était pas au général Métellus seul que ce dernier s'était adressé ; il avait cherché à y entraîner d'autres généraux, d'autres officiers supérieurs, colonels des corps de troupes de la garnison du Port-au-Prince : il était impossible qu'il n'y en eût pas parmi eux qui dévoileraient ce projet. Pour l'accomplir, il lui fallait le concours de bien des gens, comme dans toute conspiration : la sienne finit par arriver jusqu'aux soldats, si sympathiques à Pétion ; et les citoyens de la ville en furent eux-mêmes informés à la fin[1].

Nous connaissons encore une autre voie, par laquelle Pétion reçut une information positive, et la voici :

Les capitaines Desruisseaux et Boutte Geffrard (fils du général Geffrard) étaient tous deux de la garde du président : le premier, dans les chasseurs à pied ; le second, dans les chasseurs à cheval. Ils étaient venus des Cayes, avant la scission du Sud, et avaient pris service dans la garde, à la suite d'une malheureuse affaire où Desruisseaux avait tué un homme qui osa le frapper de son bâton. Convaincu que cet officier avait pu légitimement punir l'offenseur instantanément, Pétion n'avait pas voulu qu'on le poursuivît judiciairement, et Desruisseaux lui voua une affection sans bornes à cette occasion. Intimement lié avec Desruisseaux, Boutte Geffrard, que le général Delva avait gagné à son projet[2], essaya d'y faire

---

[1] Un officier qui avait des relations d'amitié avec mon père, a dit plusieurs fois chez lui, en ma présence, qu'il se passerait *de terribles choses* au mois *d'août* : l'événement qui survint, nous a donné lieu de soupçonner qu'il était du complot. Il est mort, je ne veux pas le nommer.

[2] La femme de ce général était la sœur de celle de Boutte Geffrard : de là la confiance qu'il eut en ce dernier.

participer son ami, pour entraîner ensuite d'autres officiers de la garde et même le corps. Mais Desruisseaux lui dit que, non-seulement un tel projet contre le président était criminel au plus haut degré, mais qu'il lui devait trop de reconnaissance, pour s'armer jamais contre sa vie et son autorité ; il ajouta : « Puisque tu sais toute la
« trame qui s'ourdit contre lui, il faut que tu ailles avec
« moi l'en informer ; mais, sois tranquille, je ne lui
« avouerai pas que tu as essayé de m'y entraîner. » Boutte hésitait, et Desruisseaux lui dit : « Si tu ne veux pas al-
« ler avec moi, je te dénoncerai au président, comme
« complice, ayant tenté de me séduire ; car je préfère
« mon devoir à ton amitié. » Force fut donc à Boutte de se rendre auprès de Pétion avec Desruisseaux, qui agit comme il le lui avait promis, et Boutte dévoila toute l'affaire.

Pétion, connaissant les relations du général Delva avec Boutte Geffrard, écouta bien ce dernier, et dit à ces deux officiers de ne pas ébruiter ce qu'ils savaient, qu'il allait prendre des mesures pour ramener Delva à de meilleurs sentimens, s'il était possible ; mais il ne fut pas dupe de l'intérêt que Desruisseaux avait montré à son ami. Quelques heures après qu'ils furent sortis du palais, il le manda auprès de lui : « Je vous ai fait appeler, lui
« dit Pétion, pour vous féliciter doublement de votre
« conduite. Vous m'avez appris ce que je savais déjà ;
« mais vous avez fait votre devoir, et je vous en remer-
« cie. Je vous loue encore plus d'avoir sauvé Boutte du
« mauvais pas où il s'était engagé ; sans nul doute, il
« avait essayé de vous y entraîner avec lui, et vous l'a-
« vez contraint à venir me parler : je connais trop les
« hommes et ses relations avec le général Delva, pour

« que vous puissiez croire que j'aie été dupe de votre
« sollicitude pour votre ami ; mais je ne vous en estime
« que davantage maintenant. Continuez à l'entretenir
« dans la fidélité qu'il doit à mon gouvernement : les
« officiers de ma garde ne doivent participer à aucun
« complot. » En présence d'un tel chef, exprimant
de tels sentimens, Desruisseaux ne put qu'avouer la vérité.[1]

Bien renseigné par diverses voies, le président s'attacha surtout à maintenir le général Métellus dans la ligne du devoir ; car c'était l'homme le plus important, par son influence sur la 11e demi-brigade et les populations des campagnes, par la considération dont il jouissait parmi les autres corps de troupes : il y réussit par lui-même et par la femme de ce général.

Delva ne put ignorer les entretiens du président avec lui, les visites de Métellus au palais ; il demeurait sur la place d'armes qui est en face de ce palais, et de chez lui, il pouvait le voir passer pour s'y rendre. D'ailleurs, on parlait dans toute la ville de la trame qu'il avait formée, et il dut comprendre que Pétion n'avait pas été le dernier à savoir cela. Sa position devint donc embarrassante ; mais il était plein de courage et capable de la plus grande audace. Nous n'affirmons pas qu'il eût l'intention qui lui fut imputée, mais voici ce qui se passa et qui fut connu de tout le public.

Le 23 août, il se rendit au palais du président, à cheval et escorté d'un guide ; c'était dans la matinée. Pétion était sous la galerie, du côté nord ; en le voyant arriver sous le péristyle, il se dirigea vers sa chambre à coucher.

---

[1] J'ai su ces particularités par une personne à qui Desruisseaux les raconta, bien longtemps après cet événement.

Delva lui dit: « Président, j'ai besoin de vous parler. — « Je ne veux pas vous entendre, répondit Pétion; ren- « dez-vous en prison. — *Monsieur* Pétion, répliqua « Delva en colère, écoutez-moi ! » Alors, le président donna l'ordre de l'arrêter, et alla dans sa chambre. En ce moment, Delva descendit les degrés de l'escalier, monta à cheval pour se rendre chez lui. L'ordre d'arrestation resta ainsi sans effet, aucun des officiers de garde n'osant aborder un général qui venait d'apostropher le Président d'Haïti du titre de *Monsieur*, et qui était d'ailleurs redouté pour son courage; sa colère en imposa.

Le général Boyer était dans les appartemens du palais; il en sortit et cria à la garde de la barrière, au général Lamothe Aigron, au chef d'escadron Cerisier, qui venaient au palais: « Arrêtez le ! » Mais, ni ces officiers supérieurs, ni ceux de la garde ne le firent : on feignit de ne pas comprendre un tel ordre, non précisé par le nom de celui qu'il fallait arrêter. Les pistolets de Delva qui étaient dans ses fontes, ceux *qu'on a cru voir* sous sa redingote, parlaient plus haut que le général Boyer : on savait que son collègue ne manquait guère un homme qu'il ajustait. On crut qu'il avait *des pistolets* sous sa redingote ; et c'est de là qu'on a pensé généralement alors qu'il avait l'intention *de tuer* le président.

En arrivant au palais, le général Lamothe Aigron reçut l'ordre d'aller l'arrêter chez lui, avec une partie de la garde, tandis que le général Boyer envoyait le chef d'escadron Cupidon, aide de camp de service ce jour-là, chercher la garde qui était chez lui pour renforcer celle du palais. Parvenu à la barrière de la maison de Delva, située au fond de la cour, Lamothe Aigron le vit à une fenêtre et lui dit qu'il avait ordre de le conduire en prison. Mais Delva lui répondit: « Si vous franchissez la « barrière, je vous tuerai. » Il avait, dit-on, deux pistolets à la main. Lamothe Aigron retourna au palais avec les soldats qui l'accompagnaient, pour demander au président s'il fallait arrêter le général Delva, *mort ou vif*.

Durant le temps qu'il mit pour venir demander cette explication, ce général monta à cheval, précédé de son guide, sortit de sa cour et prit la route à gauche, en passant dans la rue de la Révolution, se dirigeant hors de la ville sur le chemin qui conduit à Léogane. Les soldats de la garde le voyant partir, coururent à sa poursuite vainement; un sergent lâcha son coup de fusil, et la balle ne l'atteignit pas.[1]

On peut concevoir l'émotion qui eut lieu dans toute la ville du Port-au-Prince, à la nouvelle répandue de proche en proche, — que le général Delva était allé au palais pour tuer le président. Les officiers de tous grades s'y rendirent de toutes parts, beaucoup de citoyens aussi, la plupart armés; d'autres se précipitèrent sur l'arsenal, armés ou non : on s'attendait à quelque événement, tant le bruit circulait depuis quelques jours sur la conspiration du général Delva.

Quelques hommes, à cheval, le poursuivirent; le citoyen Beaugé, *son ennemi personnel*, saisit cette occasion pour prouver son zèle. Ils l'atteignirent sur la route, car il ne se pressait pas. Mais, chaque fois qu'il les voyait s'avancer, il s'arrêtait, leur faisant face, un pistolet à la main : aucun n'osa s'approcher, et ils le laissèrent poursuivre son voyage. Il avait une petite habitation dans les environs du Morne-à-Bateaux : c'est là qu'il passa plusieurs

---

[1] Ce sergent se nommait Tanis.

jours, sans que le gouvernement le fît rechercher.

La présence de tous les officiers au palais de la présidence, amena naturellement des explications ; le général Métellus dénonça formellement le fugitif [1]. Il y en eut qui prétendirent n'avoir rien su de son projet, et Métellus les interpella. Le président ne voulut pas en savoir davantage, et il déclara qu'à ses yeux, le général Delva était *le seul coupable*.

Le 23 août était un vendredi : à la parade du dimanche 25, les généraux Métellus et Boyer furent promus au grade de *général de division*. Le premier continua de commander l'arrondissement de Léogane, et ce n'est que le 22 septembre suivant que Boyer fut nommé commandant de l'arrondissement du Port-au-Prince, en continuant à être celui de la garde à pied et à cheval [2].

Le 28 août, le président publia l'ordre du jour qui suit :

Alexandre Pétion, Président d'Haïti.

La tranquillité publique a été menacée, et le gouvernement en danger. Le général de brigade Delva avait formé le dessein de changer la face de l'Etat, et elle ne pouvait l'être sans crime. Fort de la loi et sûr de la confiance du peuple et de l'armée, j'espérais le ramener de sa coupable erreur, m'expliquer en sa présence et celle des généraux, où il aurait pu me répondre : se voyant déjoué, il s'est porté *deux fois* au palais du gouvernement, *avec des armes cachées ;* et son projet était de les tourner *contre moi* [3]. Je lui ai ordonné de se rendre en prison ; il a formellement refusé d'obéir à mes ordres, et a pris la fuite.

1 En racontant toutes les particularités qui avaient eu lieu dans cette affaire.

2 J'ai vu la lettre de Pétion qui le nomma commandant de cet arrondissement. Il l'invita à entrer immédiatement en fonction, en lui disant qu'il avait donné avis de cette disposition, au général Frédéric, commandant de la frontière.

3 Je n'ai parlé que de la présence de Delva au palais, le 23 août ; mais Pétion a pu affirmer qu'il y est venu deux fois. Je ne dis que ce que j'ai su.

Soldats, vous êtes dégagés de l'obéissance que vous deviez au général Delva, qui a perdu ce titre par sa conduite et ne fait plus partie de l'armée de la République.

Vous m'avez toujours vu à votre tête, braver les fatigues et les dangers au milieu des circonstances les plus difficiles. Vous avez été témoins de ma vive sollicitude pour votre bien-être.

Confiance, discipline, courage : nous terrasserons nos ennemis, et nous aurons la gloire impérissable d'avoir rendu la paix et le bonheur à notre pays.

Signé : Pétion.

Après la publication de cet ordre du jour, Delva revint de nuit au Port-au-Prince et se rendit chez le général Métellus, afin qu'il intervînt auprès de Pétion en sa faveur. Madame Métellus alla au palais, à minuit, annoncer son arrivée chez son mari. Il la chargea de lui dire de se rendre en prison, escorté par quelques hommes de la garde du palais, commandés par un officier, et qu'il serait soumis au jugement d'une commission militaire. Pétion dit de plus à Madame Métellus, que si elle voyait qu'il n'avait pas confiance, qu'il crût à un attentat contre sa vie, il la priait d'aller avec lui jusqu'à la prison : ce qu'elle fit.

Le lendemain, la commission militaire fut formée sous la présidence du général de brigade Frédéric, égal en grade au prévenu ; ce qui prouve que le président considéra que sa soumission spontanée détruisait la partie de son ordre du jour, où il était déclaré *déchu* de son titre ou de son grade de général, ce qui n'était pas légal, d'ailleurs.

Au jugement de cette cause, le prévenu déclara qu'il avait appris avec la plus vive indignation, que *dans le public*, on l'accusait d'avoir voulu attenter à la vie *des hommes de couleur*, parmi lesquels il comptait ses meilleurs amis ; que toute sa conduite, dans tous les temps, protestait contre une si calomnieuse imputation ; et que, s'il avait été capable d'une chose aussi odieuse, il en eût trouvé l'occasion, lorsque le président envoya le chef d'escadron Cerisier, son aide de camp, en mission auprès de lui dans le Sud ; que cet officier lui avait dit avoir reçu pour *instructions*, du président, *de l'autoriser à tuer quelques vieux mulâtres du Sud*, afin de terroriser ceux qui s'étaient prononcés contre son autorité : il en appela à Cerisier.

On remarquera que l'accusation du gouvernement n'imputait pas une pareille intention au prévenu, et qu'il dit que c'était *dans le public* qu'on la lui attribuait. Néanmoins, le président ayant su de suite cette partie de sa défense, ordonna à Cerisier d'aller se faire entendre contradictoirement à la commission militaire. Il y vint et soutint n'avoir jamais dit une telle chose au général Delva, attendu que le président ne l'en avait point chargé. Le prévenu, de son côté, soutint qu'il lui avait ainsi parlé. Cette partie de la discussion n'eut aucune suite, vu l'impossibilité de prouver de part et d'autre [1].

Toutefois, on doit savoir gré à Delva d'avoir produit cette protestation qui honore sa mémoire : toute sa vie politique et militaire déposait, en effet, contre une pareille intention. Il se défendit aussi d'être allé au palais dans l'intention de tuer Pétion, et dit qu'il voulait seulement s'expliquer avec lui, d'après les bruits qui couraient à sa charge.

La dénonciation du général Métellus, publiquement

---

[1] Cette discussion, ainsi que la conspiration réelle, occasionnèrent la fuite de plusieurs citoyens dans le Sud. C'est à cette époque que partirent Dupré, J.-F. Lespinasse, D. Chanlatte, directeur de l'imprimerie nationale, etc. Lespinasse ayant abandonné sa maison de commerce aux soins d'un ami, se fit agriculteur sur l'habitation Laval que le général Gérin avait eue à ferme de l'État. C'est là qu'il contracta le goût pour les entreprises agricoles où il se distingua par la suite, en y développant une rare intelligence, en faisant preuve d'un courage, d'une persévérance au-dessus de tous les éloges.

articulée, était trop formelle sur le point principal de l'accusation, pour qu'il pût échapper à une condamnation. Néanmoins, la commission militaire n'appliqua point dans toute leur rigueur, ni le code pénal militaire, ni l'arrêté du sénat, de février 1807 : elle le condamna à subir cinq années de détention. Probablement, elle prit en considération la déclaration de Pétion, dans son ordre du jour, — « qu'il avait espéré le ramener de sa cou« pable erreur. » On savait combien il était indulgent, comment il avait agi envers Yayou, Magloire et Gérin ; et à l'égard de Rigaud, il venait de prouver encore sa modération.

La détention de Delva, dans la prison du Port-au-Prince, fut aussi adoucie que possible, à raison des constructions de ce lieu : d'abord mis dans une des chambres appelées *cachots*, il ne tarda pas à occuper une autre grande chambre dans la partie appelée *le civil* ; il eut la faculté de la meubler, d'y recevoir sa famille et ses amis, en toute liberté [1]. Nous aurons à dire plus tard, par quel horrible *assassinat* cette détention fut abrégée, après une période de quatre années. En attendant, faisons à son égard comme nous avons fait pour d'autres : examinons comment cet estimable officier a pu concevoir la funeste idée de conspirer pour renverser Pétion du pouvoir présidentiel, ce qui eût entraîné *sa mort*, parce qu'on n'arrive pas à un tel résultat pour *déposer* simplement le chef de l'État.

Nous avons déjà attribué sa pensée à un faux calcul de son esprit et à son ambition : l'un a égaré son jugement en le persuadant qu'il pouvait réussir dans son projet,

---

[1] Pétion lui fit conserver la ferme d'une grande caféterie du domaine qu'il avait au Petit-Goave : ce qui lui procurait des moyens d'existence dans sa détention.

l'autre a porté le trouble dans son cœur en y excitant le désir d'une position supérieure à celle qu'il occupait. Dès qu'un homme entre dans cette voie, il ne peut modérer son ardeur et il aspire au plus haut degré. Delva était un ancien colonel du Sud ; revenu dans le pays en 1807, il y trouva des égaux en grade par suite de leurs services durant son absence. Cependant, en l'envoyant à l'armée expéditionnaire du Môle, le président le promut au grade d'adjudant-général, peu après son retour ; il fut élevé à celui de général de brigade, en même temps que plusieurs autres officiers de mérite, dans la même année où la mort du sénateur Thimoté, occasionnée par sa faute et nécessitant son retour au Port-au-Prince, pouvait être une cause de retard dans son avancement. Pétion avait donc récompensé ses brillans services dans la péninsule du Nord, ce mâle courage qui le distingua sur tant de champs de bataille. Au moment où s'opérait la scission du Sud, il lui confia le commandement des troupes qui allèrent près d'Aquin ; quoique assisté du général Gédéon, nommé le même jour que lui, il dut ce commandement à son ancienneté militaire et à la confiance du président en ses talens pour la guerre, s'il fallait la faire. En cette circonstance, comme toujours auparavant, il se conduisit en bon citoyen ; sa lettre à Rigaud, du 28 novembre 1810, où il l'engageait à éviter la guerre, témoigne de ses sentimens patriotiques. Si, au Pont-de-Miragoane, il lui fit d'amers reproches sur sa conduite inqualifiable, ce fut à cause de ceux que Rigaud se permit d'adresser à son chef. Pétion pouvait lui interdire la parole, puisqu'il restait impassible et qu'il voulait user de modération ; il ne le fit pas, sans doute par considération pour un général qui soutenait la cause de la République, celle de son indivisibilité. Peut-être Delva se méprit-il sur les motifs du président en ce moment, qu'il crut que ce dernier était satisfait de la véhémence de ses paroles à Rigaud; et qu'alors que les derniers actes du Sud avaient excité la colère de Pétion, le président devait le distinguer entre ses généraux de brigade et l'élever au grade supérieur, ou au moins lui donner le brillant commandement de l'arrondissement du Port-au-Prince, vacant depuis la fuite de Lys. Si tel a été son espoir, le voyant déçu, il aura alors aspiré à quelque chose de mieux.

Il ne faut pas omettre non plus, dans nos *conjectures*, l'influence de l'idée généralement conçue, que Pétion préparait Boyer à le remplacer au pouvoir : idée qui occasionna les fautes politiques de Bonnet et de Lys, et Delva a pu la partager. Or, tous les hommes remarquables de cette époque avaient une opinion peu favorable de Boyer, sous le rapport *militaire* surtout qui dominait toutes les questions [1]. En le considérant comme *un favori* du président, qui paraissait avoir tant de faiblesse pour lui, à raison de ce qu'il eut *le tort* de souffrir de sa part dans sa maison, — nous osons *l'en blâmer* encore, parce que c'était une chose contraire aux bonnes mœurs, — ces hommes qui se croyaient plus de mérite que Boyer, se montraient impatiens; car ils avaient aussi leur ambition, si Boyer ne cachait pas la sienne. Sous tous les gouvernemens, le rôle de *favori* est toujours dangereux; il excite le mécontentement, la jalousie contre celui qui

---

[1] Bien des fois, j'ai entendu exprimer cette opinion à l'égard de Boyer; il ne l'ignorait pas lui-même : de là les malheureuses divisions entre lui et ses adversaires, qui influèrent sur les affaires du pays. L'histoire ne doit pas négliger l'appréciation des petites causes, qui produisent souvent de grands effets. On a dit d'ailleurs qu'étant en prison, Delva était surtout animé contre Boyer, probablement parce que ce dernier avait crié de l'arrêter le 23 août ou pour autres motifs que nous ignorons.

le remplit, et le chef lui-même finit par être l'objet de reproches amers, souvent à tort, mais cela est ainsi.

Nous concluons, en attribuant à toutes ces considérations le projet conçu par le général Delva. On doit le regretter, parce qu'il priva son pays d'un brave défenseur de sa cause. Son erreur, sa faute, comme celles de ses devanciers, favorisèrent la fortune politique de Boyer, qui cumula le commandement supérieur de la garde et celui de l'arrondissement du Port-au-Prince. La promotion de Boyer et sa nomination à ce dernier poste, furent peut-être des actes par lesquels Pétion voulut répondre aux reproches qu'on lui faisait à son égard, et comme pour relever le défi qu'ils exprimaient.

Au moment même où la conspiration avortée du général Delva laissait le pouvoir du gouvernement affermi, Pétion se résolut à le consolider encore plus, par un acte de bienfaisance nationale auquel il avait songé en 1807, mais qui avait plus d'importance dans l'actualité. Il s'agissait alors de vendre une habitation aux officiers de tous grades ; à la fin de 1809, il avait usé de sa dictature pour récompenser les services militaires d'anciens défenseurs de la patrie, en non-activité ou invalides par blessures : en 1811, c'était *à l'intérêt* des officiers généraux qu'il s'adressait, afin de les maintenir dans leur attachement au gouvernement libéral qui ne visait qu'à leur bonheur, qu'à celui de leurs familles et de tous les citoyens. Dans cette pensée, ce grand politique adressa au sénat le message suivant, en date du 27 août, la veille de son ordre du jour cité ci-dessus :

   Citoyens sénateurs,
Depuis longtemps le gouvernement a pensé qu'il était juste de

récompenser d'une manière éclatante et utile à eux-mêmes, les services rendus à la patrie par les généraux de la République, lesquels n'ont eu jusqu'ici d'autres avantages que ceux purement attachés à leurs grades, et dont la situation du pays n'a pas permis de leur faire jouir aussi souvent qu'il eût été raisonnable de le faire. Christophe, par des titres et des concessions immenses, a cherché à fixer l'attention des officiers généraux qu'il a égarés, par des qualifications *éphémères*, en usurpant *les droits du peuple*. Les principes du républicanisme n'admettent point *ces erreurs* desquelles résultent le despotisme et la tyrannie.

Je crois qu'il est de la dignité *du peuple libre* d'Haïti, de reconnaître d'une manière plus solide et plus généreuse *les services qui lui sont rendus*. Je vous propose donc, citoyens sénateurs, de décerner à chacun des officiers généraux de la République, la concession d'une habitation *sucrerie* à titre de don et de récompense nationale.

Je laisse à votre sagesse, à prendre le sujet de ma proposition en sérieuse considération, et à prendre telle délibération que vous jugerez convenable.

Signé : Pétion.

La propriété ! quelle immense influence n'exerce-t-elle pas sur l'esprit et le cœur des hommes en général ! Le danger qu'il y a dans les titres, les décorations, dans tous les honneurs qui ne flattent que leur puérile vanité, c'est qu'ils les entraînent souvent à des actes coupables. Mais lorsqu'un chef les rend *propriétaires*, surtout au nom *de la nation*, il leur accorde leur *indépendance personnelle*, par conséquent *la vraie liberté*, et avec elles la plénitude de leur dignité : leurs idées doivent s'agrandir alors, s'élever à la hauteur de leurs devoirs moraux et politiques, pour mieux servir leur patrie. Telle a été l'influence moralisante des propriétés données aux généraux de la République : on peut dire qu'à partir de cette époque, l'ambition *vaniteuse* fit place à celle qui *honore* toujours le citoyen ; ils n'eurent plus que la pensée de la *conservation*, au lieu de celle des *agitations*, dans les vues de satisfaire leur amour-propre par les hochets des grades militaires. Cette mesure salutaire en fit de véritables pères de famille, désormais préoccupés du désir louable de transmettre à leur postérité le bien qu'ils reçurent de la munificence nationale.

Nous ne saurions dire pourquoi la loi provoquée par le président, ne fut rendue que le 21 octobre suivant par le sénat. Il n'est pas à présumer qu'il rencontra de l'opposition dans ce corps, et il est plus probable que l'un et l'autre pouvoir auront encore réfléchi sur la mesure, puisque la loi contient, en faveur des adjudans-généraux et des colonels, une disposition qui ne se trouve pas prévue dans le message de l'exécutif.

« Le sénat affecte à chacun des généraux en activité
« de service, *en propriété* et à titre de *don national*, une
« habitation *sucrerie* : à chacun des adjudans-généraux
« et colonels, aussi en activité de service, une habitation
« *caféterie*. (Le Président d'Haïti fut chargé de délivrer
« les titres de concession.)

« Le don national ci-dessus fait, est converti dès ce
« jour *en propriété* foncière, et *pourront* lesdits généraux
« adjudans-généraux et colonels, *en disposer* comme bon
« leur semblera.

« Ne pourront, sous aucun prétexte, prétendre à une
« pareille faveur, les officiers qui, par leur ancienneté de
« service, parviendraient aux grades ci-dessus, attendu
« que ce don national n'est accordé *qu'aux services déjà*
« *rendus, et non au grade militaire* auquel on parvient;
« à moins que ce ne soit par des actions éclatantes qui
« tendent à sauver la République. »

Cette dernière disposition était *juste* et avait, par conséquent, un but *moral* : il fallait faire comprendre aux militaires, que leurs grades seuls ne leur donnaient pas droit à la concession délivrée au nom de la nation ; car autrement, c'eût été *enflammer* encore cette ambition vulgaire qui ne consiste qu'à porter *des épaulettes*, — *irriter* ce désir qui constitue une véritable *maladie de l'âme* : un bon *législateur* est semblable à un bon *médecin*. Néanmoins, cette disposition faisait pressentir ce qui est arrivé après, — que les autres officiers de grades inférieurs recevraient à leur tour des dons nationaux, pour les services rendus par eux à la patrie.

Il y a cette différence essentielle, entre *les dons* de la République et *les fiefs* de la Royauté de Christophe, que les premiers étaient irrévocablement acquis aux défenseurs de l'État qui les obtenaient, qu'ils pouvaient en disposer à leur gré, bornés seulement par la loi des successions, et sans jamais craindre *la confiscation* ; tandis que les seconds étaient acquis à titre précaire, pouvant retourner au domaine de la couronne, en cas qu'il n'y eût pas des enfans mâles légitimes et procréés réellement par les généraux anoblis. Ensuite, *la confiscation* pouvait arriver, non-seulement pour le fief, mais pour tous les autres biens particuliers, en cas de conspiration contre l'État ou le roi et sa famille, ce qui était tout un : or, S. M. ne se gênait pas pour porter de semblables accusations contre les généraux dont Elle voulait se débarrasser. Cette différence résultait sans doute de celle qui existait entre les deux systèmes politiques : l'un établissant *l'égalité*, l'autre *le privilége*. Aussi, Pétion put-il dire avec raison, que les qualifications du Nord étaient *éphémères* : en lisant les actes y relatifs, il put juger que la monarchie de Christophe n'existerait que pendant *sa vie*.

Après une longue maladie, celle de Rigaud s'éteignit aux Cayes, dans la nuit du 17 au 18 septembre, au milieu de sa famille et de ses amis éplorés. Nous ne connaissons pas les particularités intimes de sa dernière heure; mais nous savons qu'il fut généralement regretté dans sa ville natale et dans la plaine qui l'avoisine. Il ne put que l'être aussi dans tout ce département du Sud qu'il avait jadis commandé, gouverné, et qu'il avait placé de nouveau sous ses ordres. Nous entendons parler ainsi de la plupart des citoyens, peut-être même de ceux qui n'approuvèrent point la scission qu'il opéra entre le Sud et l'Ouest; car, malgré ce tort politique, on ne pouvait oublier les anciens services qu'il avait rendus à son pays, à la cause de la liberté qu'il fit triompher dans le Sud comme dans l'Ouest. La mort a le privilége d'attendrir les âmes.

La faute qu'il commit, fut sans doute plus le résultat de la faiblesse de son esprit que des mauvais sentimens de son cœur. Déjà, nous avons reconnu, apprécié en lui, peu de jugement comme homme politique, par les fautes qu'il fit dans la guerre civile avec Toussaint Louverture, « pour n'avoir pas apprécié sainement sa situa- « tion à l'égard du Directoire exécutif et de son agent.[1] » Eh bien! il pécha encore, en 1810, à l'égard de Pétion, par la même cause : insuffisance de lumières, incapacité politique. Sans doute, son ambition y eut une grande part; mais ce fut surtout pour n'avoir pu reconnaître qu'entre Pétion et la faction du sénat, il devait se décider en faveur du chef de l'État, plutôt que de se faire le chef de cette faction; ou tout au moins, essayer le rôle de

---

[1] Voyez tome 4 de cet ouvrage, page 217.

conciliateur entre eux. Il ne put reconnaître non plus, que sa carrière politique et militaire était *terminée* en 1800 ; qu'après sa déportation en 1802, Pétion était devenu, *à juste titre*, le chef du parti qu'il avait dirigé et qui venait de créer la République d'Haïti ; que son ancien lieutenant étant en possession du pouvoir, il devait le seconder maintenant, loin de lui faire opposition sous des prétextes frivoles, en écoutant des hommes passionnés. Son caractère vain et présomptueux ne put le porter à résister aux sollicitations de ces hommes ; il fut cause qu'il se méprit sur la signification de l'accueil qu'il reçut à son retour dans le pays. Cet accueil lui avait été fait, en ressouvenir de ses malheurs passés, pour compenser ses longues tribulations sur la terre étrangère, et il crut y voir l'expression de l'espérance qu'on fondait en lui, en ses talens : de là sa funeste idée de se saisir du pouvoir dans le Sud, peut-être avec l'espoir d'entraîner l'Ouest aussi, pour remplacer Pétion. S'il avait été moins vain, moins présomptueux, s'il avait eu plus de jugement, il eût attendu que le terme de sa présidence arrivât, afin de se poser en concurrent. La séparation qu'il opéra entre les deux départemens, dans la situation où il trouva le pays, fut encore une preuve de son manque de jugement ; et de quelque raison qu'il l'ait colorée, l'évidence du danger qu'il attirait sur le département du Sud, était pour ainsi dire palpable ; il n'y a qu'un esprit aussi léger que Rigaud qui pût la concevoir. Subissant l'influence des idées *de localité*, *de la jalousie* antérieure et surannée du Sud contre l'Ouest, ou plutôt les exhumant de la poussière des temps, il a laissé dans son département natal *le germe* qu'on y verra se développer plus tard, au grand désavantage du pays tout entier.

Malgré tous ces fâcheux résultats, les services antérieurs d'ANDRÉ RIGAUD et son influence sur les succès de *l'égalité civile et politique* obtenus par la classe à laquelle il appartenait, sur ceux de *la liberté naturelle et politique* de la classe plus nombreuse d'où sortait l'autre, ont été trop grands, trop réels, pour qu'on oublie ou qu'on dédaigne sa mémoire.

Nous aimons surtout en Rigaud, cette justice qu'il montra en faveur *des Noirs-Suisses*, dans l'Ouest ; cette audacieuse initiative que son cœur lui inspira, pour rendre à la liberté les 700 noirs qu'il émancipa dans la plaine des Cayes, en justifiant ainsi leur révolte contre les colons ; cet esprit d'organisation militaire dont il fit preuve au début de la révolution pour en assurer le succès et maintenir néanmoins l'organisation du travail ; ce courage qui l'animait aux combats ; cette fierté républicaine, tous ces nobles sentimens qui le portèrent à repousser avec indignation les offres corruptrices des Anglais, pour rester fidèle, moins à la France qu'à la cause de la liberté générale de la race africaine.

Lorsqu'un chef a su agir ainsi, remplir son devoir envers ses frères et l'humanité en général, sa mémoire a droit *au respect de la postérité* ; elle peut, elle doit être indulgente pour ce qui tient aux faiblesses de l'homme. Telle est notre conclusion sur la vie politique d'ANDRÉ RIGAUD.

Né en 1761, décédé en 1811, il a parcouru une carrière de 50 ans [1]. Ses funérailles ont eu lieu avec pompes ; son corps a été enterré sur la place d'armes des

---

[1] André Rigaud naquit aux Cayes, le 17 janvier 1761. Son père était un Provençal et sa mère, Rose Bossy, une Africaine. En 1777, il entra dans les chasseurs volontaires qui furent envoyés ensuite à Savanah, aux États-Unis.

Cayes, au pied de l'arbre de la liberté qu'il y avait planté; son cœur inhumé dans l'église de cette ville.

Il s'agissait ensuite de lui donner un successeur, d'après le système départemental adopté dans le Sud. C'eût été une tâche épineuse pour le conseil du gouvernement, si déjà l'opinion publique, — celle de l'armée et du peuple, — ne s'était pas hautement prononcée à cet égard, pendant la maladie de langueur du général en chef.

Lorsqu'il approchait de sa dernière heure, le colonel Bigot, se faisant l'organe de cette opinion, envoya Eugène Hays à Aquin porteur d'une lettre au général Borgella, où il lui disait : « Rigaud va mourir; nous avons « les yeux sur toi pour le remplacer. Rends-toi vite aux « Cayes où ta présence est nécessaire. » L'envoyé joignit ses instances à celles de Bigot ; il dit à Borgella, que ce colonel et d'autres officiers étaient résolus à immoler le général Wagnac aux mânes de Rigaud, dès qu'il rendrait le dernier soupir. Indigné d'un pareil projet, Borgella lui répondit : « C'est une raison de plus pour que je ne me « rende pas aux Cayes : croit-on, croyez-vous que j'ac- « cepterais le commandement pour permettre un tel « crime ? Je suis membre du conseil, mais je suis à mon « poste militaire ; je n'irai aux Cayes que lorsque le con- « seil m'y appellera. » E. Hays y retourna sans succès dans sa mission.

Le conseil, enfin, manda aux Cayes les généraux Vaval et Borgella; ils y arrivèrent dans la soirée du 17 septembre. Aussitôt, Bigot dit à Borgella sa résolution à l'égard du général Wagnac; son but était moins de sacrifier en lui un partisan de Pétion aux mânes de Rigaud, que de tuer le général commandant de l'arrondissement pour prendre sa place : infâme conception de son ambition ! Borgella lui fit d'inutiles représentations ; le voyant décidé à commettre cet assassinat, il se rendit chez Wagnac avec ses aides de camp et ses guides, et y passa la nuit afin de protéger sa vie. Cette démonstration, de la part de l'homme que l'opinion appelait au pouvoir de général en chef, en imposa et à Bigot et aux autres.

Le 21, le conseil se réunit sous la présidence du général de division Bonnet, le plus ancien des officiers généraux du Sud. Il y avait 16 membres présens, et le général Vancol, étant malade, envoya son bulletin cacheté qui fut le premier déposé dans l'urne de l'élection pour le généralat en chef. Sur les 17 voix, il y en eut 12 en faveur de Borgella, 4 pour Bonnet et 1 pour Vaval : en conséquence, Borgella fut nommé et proclamé, séance tenante, général en chef du département du Sud et président du conseil. Il remercia ses collègues du choix qu'ils avaient fait de lui, en acceptant cette mission et promettant de la remplir de manière à faire le bonheur de ses concitoyens. De quelque manière qu'on envisage son élection, elle fut un échec moral et politique pour Bonnet, l'ami intime de Rigaud : mieux eût valu qu'il fût resté au Port-au-Prince.

Le lendemain, le conseil se réunit de nouveau, dans la maison de Rigaud où il avait procédé à l'élection et où il tenait ses séances ; il reçut le serment du général en chef. Installé dans sa charge, Borgella invita le conseil, les fonctionnaires publics et les citoyens présens à cette cérémonie, de se rendre avec lui à l'église où un *Te Deum* fut chanté, les troupes y assistant aussi avec le peuple. Là, le conseiller Montbrun et le général en chef, après lui, prononcèrent chacun un discours à la louange de feu le général André Rigaud et convenable à la circonstance : Borgella y renouvela le serment qu'il venait de prononcer au sein du conseil départemental.

Le même jour, il émit une proclamation aux citoyens du Sud, qui fut rédigée par Bruno Blanchet et qui dut être soumise au conseil. Borgella avait dit au rédacteur d'y insérer — « que la division qui existait entre l'Ouest « et le Sud n'était qu'une querelle de famille, et qu'il es- « pérait que bientôt elle cesserait, selon le vœu de tous « les Haïtiens. » Mais ce rédacteur passionné, principal auteur de la scission, ne voulut pas lui attribuer l'initiative de cette pensée patriotique; il la rapporta à Rigaud, en ces termes et en la défigurant : « Le général Rigaud « pensait aussi que nos altercations avec l'Ouest, n'é- « taient qu'une querelle de famille, et que les intérêts « des deux départemens étaient indivisibles. » Borgella n'insista point, pour ne pas paraître envier cette initiative à la mémoire de Rigaud, et pour ne pas effaroucher les membres du conseil.

Dès que Pétion eut lu cette proclamation, il conçut les plus grandes espérances sur la fin de la scission du Sud ; car il ne fut pas dupe de l'artifice de Blanchet dans cette rédaction : il s'en exprima publiquement, en attribuant cette pensée conciliante à Borgella et non à Rigaud [1].

Le nouveau général en chef justifia son espoir, moins d'un mois après sa nomination, en lui écrivant, le 16 octobre, une lettre qui lui fut portée par le capitaine Auguste Rivière, quartier-maître de la 13 demi-brigade, homme estimable sous tous les rapports. Borgella notifia son élection à Pétion, en le qualifiant de *Président* et lui disant : « Nommé à cette place par le vœu de mes con-

---

[1] B. Blanchet était secrétaire du conseil départemental ; il contresigna la proclamation.

« citoyens, ma première pensée s'est portée sur les
« moyens à employer pour *rapprocher* les enfans d'une
« même famille, trop longtemps divisés : *avant* cet évé-
« nement, j'en avais senti *la nécessité*, et personne plus
« que moi n'est *convaincu* que l'envahissement de l'un
« des départemens par notre ennemi commun, Henry
« Christophe, doit indubitablement entraîner *la perte de*
« *l'autre*. Plein de cette vérité, ne voyant notre force
« que dans *notre union* et voulant donner une nouvelle
« preuve d'estime à nos frères de l'Ouest, je viens, au
« nom de mes concitoyens du Sud (de l'aveu du conseil,
« néanmoins), vous proposer *un pacte d'union* conve-
« nable aux intérêts communs... » Et il demanda à Pétion
de lui faire connaître les moyens qu'il désirerait employer pour y parvenir.

Il est entendu que cette lettre ne fut pas écrite par B.
Blanchet, au style plein de fiel ; elle le fut par un citoyen recommandable, nommé Duret, devenu secrétaire
particulier de Borgella. Ce fut encore une heureuse idée
de sa part, de la faire apporter par un officier de cette
brave 13e, qui avait inauguré la glorieuse guerre de l'indépendance, au Haut-du-Cap, sous les ordres de Pétion :
ce corps, le premier du Sud, devenait ainsi, par son
quartier-maître, une sorte de gage de la prochaine réunion de ce département sous son autorité.

Le Président d'Haïti accueillit avec distinction l'officier envoyé auprès de lui ; et il reçut aussi favorablement
l'ouverture du général en chef du Sud. Répondant à ses
sentimens patriotiques, il lui dit, entre autres choses
correspondantes à ses raisons politiques : « J'ai éprouvé,
« citoyen général, un bien véritable plaisir de l'ouverture
« que vous me faites, et d'apprendre que vous aviez

« *déjà senti la nécessité d'un rapprochement* qui devait
« rappeler la confiance dans toutes les classes de la so-
« ciété. Jamais proposition ne fut plus selon mon cœur,
« qui est dévoué sans réserve à tout ce qui peut faire le
« bonheur de nos concitoyens.... » Et il proposa à Borgella d'envoyer « au Port-au-Prince, » quelques personnes revêtues de sa confiance et de ses pouvoirs :
« Elles trouveront en moi tout l'empressement que vous
« pouvez désirer, à concilier les esprits en tout ce qui
« s'accordera avec mes devoirs.... »

Mais, dans cet intervalle, Borgella tomba sérieusement malade aux Cayes, et ne put donner suite immédiatement à cette négociation. Élu réellement par la
puissance de l'opinion publique, lui le moins ancien de
tous les généraux du Sud, sa démarche envers Pétion
donna une nouvelle impulsion aux sentimens des partisans que ce dernier y avait, une nouvelle direction aux
esprits dont l'opposition n'était qu'empruntée à celle
des meneurs de la scission : chacun put concevoir qu'elle
ne tarderait pas à avoir un terme, au profit de la République entière.

Mais une disposition aussi sage déplut aux hommes
dont elle contrariait les sentimens haineux ou l'ambition
effrénée : ils conçurent le projet de se débarrasser de
Borgella par *l'assassinat*, et d'autres généraux devaient
aussi subir son sort. Bigot fut celui qui en eut le premier l'idée, pour s'emparer du pouvoir ; le colonel Prou,
de la cavalerie, avec qui il s'était lié, le secondait dans
ce plan affreux avec d'autres militaires ; et Bruno Blanchet y entra, en leur promettant *des finances abondantes*
s'il était nommé administrateur général, à l'exclusion
de l'honnête Ch. Daguilh qui l'était, pour avoir le ma-

niement des deniers publics : sauf par lui à opérer une nouvelle *transplantation involontaire* de la caisse publique (selon l'expression de J. Chanlatte), au moment de la débâcle inévitable qui suivrait l'exécution de cet infâme projet [1]. Afin de dépopulariser Borgella aux yeux des troupes, les conjurés lui conseillèrent de se créer *une garde d'honneur* pour veiller à sa personne ; mais il repoussa cette idée, en leur disant que tous les soldats du Sud pouvaient le garder : il réussit à déjouer ce complot par des mesures prudentes, procédant en cela comme Pétion.

Rétabli de sa maladie, il fit une tournée dans les arrondissemens limitrophes de l'Ouest. Rendu à Aquin, le 29 novembre, il expédia son aide de camp Chardavoine, son ami dévoué, son fils adoptif, avec une lettre au président où il s'excusait du retard mis à répliquer à la sienne du 24 octobre, par la maladie qu'il venait d'éprouver ; et, adoptant sa proposition de l'envoi de commissaires revêtus de pouvoirs à fins d'arrangement, il dit à Pétion que le Petit-Goave ou Miragoane lui paraissaient plus convenables pour leur réunion, afin de faciliter le recours à leurs gouvernemens respectifs, en cas qu'il fallût un supplément d'instructions d'une part ou de l'autre, pour des cas imprévus.

Le nouvel envoyé de Borgella était, pour le Président d'Haïti, un garant de sa bonne foi et de son désir d'arriver à quelque arrangement sérieux ; il l'accueillit avec

---

[1] Bigot était un mulâtre très-brun : afin de gagner les masses à son projet, il disait : « Borgella, Lys, *blanco* ; Bonnet, *quasi blanco*. » (Ce sont *des blancs*). Lui et Prou se vantaient réciproquement dans le public, comme des hommes importans et terribles. « Vous voyez ce Prou, disait Bigot, c'est un homme terrible ; moi qui suis son ami, j'en ai peur. » — « Ce Bigot, disait Prou, est redoutable par sa valeur ; il commande la 19e qui est composée des hommes les plus fameux du Sud. »

amitié, on peut le dire, pour faire rejaillir ce sentiment sur le général en chef du Sud. Le 4 décembre, il lui remit sa réponse où l'on reconnaît qu'il insinuait à Borgella de ne donner que des pouvoirs et instructions qui pussent faire cesser la séparation du Sud de l'Ouest ; il s'attacha à le persuader de cette nécessité pour pouvoir résister bientôt à une agression de Christophe, dont il connaissait les préparatifs militaires ; à le convaincre, ou plutôt les membres du conseil départemental, qu'il n'avait jamais eu aucun sentiment hostile contre le Sud [1]. Enfin, il proposa le Grand-Goave comme point de réunion de quatre commissaires de part et d'autre, et comme lieu intermédiaire entre Miragoane et le Port-au-Prince. Pétion chargea verbalement Chardavoine de dire à Borgella que s'il pouvait se débarrasser, par *l'annulation*, du conseil départemental, dont il ne pouvait admettre l'existence contraire à la constitution, il lui laisserait le commandement *en chef* du département du Sud, afin de satisfaire, autant que possible, aux exigences de l'esprit *de localité*.

[1] Dans cette lettre du 4 décembre, Pétion disait à Borgella : « Des intérêts tenant au système *de localité*, les opérations forcées du gouvernement pour soutenir la guerre du Môle, ont peut-être fait croire qu'il n'existait point de balance proportionnelle en faveur du Sud ; quelque passion a aussi dirigé l'opinion, en mettant en avant que *les finances* du Sud avaient été sacrifiées à l'Ouest, lorsqu'il est prouvé, par les comptes généraux, que l'administration de l'Ouest a payé *en plus* une somme de 121,842 gourdes 73 en faveur de celle du Sud, dans l'exercice de 1810. »

Voici le résultat de ces comptes généraux pour les deux départemens :

Recettes.		Dépenses.	
Domaines,	108,149 78	Guerre,	707,349 26
Douanes,	614,881 68	Intérieur,	46,193 54
Patentes et timbre,	24,822 20	Extraordinaires et imprévues,	83,807 14
Accidentelles et imprévues,	59,741 62	Arriérés,	226,999 54
Diverses,	373,505 69	Diverses,	95,648 50
Total,	1,179,100 87	Total,	1,159,097 98

En comparant ce résultat financier à celui de 1811, pour l'Ouest seul, cité dans une note précédente, on reconnaît l'influence déplorable que produisit la scission du Sud sur les revenus publics.

Mais Borgella n'eût pas fait une telle chose, alors même qu'il l'eût pu; et cette proposition de Pétion ne prouve que l'esprit de conciliation qu'il mettait à arriver à une solution utile aux deux départemens. D'accord avec Borgella pour l'envoi des commissaires du Sud au Grand-Goave, le 20 décembre, mais tenant au système départemental, le conseil nomma le général *Vaval*, *Montbrun*, deux de ses membres, *E. Berret*, habitant de Cavaillon et major dans la garde nationale, et le chef de bataillon *Médor*, commandant de la place d'Aquin, par un acte du du 13 décembre, en leur donnant des instructions auxquelles ils devaient nécessairement se conformer.[1]

Par l'acte de leur nomination, le conseil qualifiait Pétion, de « Président de l'Ouest; » il reconnaissait que la concorde était *nécessaire* entre les deux départemens; « — qu'il est *de toute évidence* que *la rupture* qui existe « entre le Sud et l'Ouest, *ne saurait être utile qu'à l'en-* « *nemi commun et rendre redoutable toute agression* de « sa part; qu'*une union* sincère, franche et durable *est* « *devenue plus nécessaire que jamais*, par les événemens « *extérieurs* qui marquent l'époque actuelle; que l'indé- « pendance proclamée de l'Amérique Espagnole, que la « guerre qui menace d'éclater entre l'Angleterre et les « États-Unis, peuvent produire des résultats qu'il est « impossible de calculer ni de prévoir. » En conséquence: « la base du traité sera *la justice* qui n'est autre chose, « entre gouvernemens, que *l'égalité et la réciprocité*. » Et, d'après les propositions faites par les commissaires au Grand-Goave, il paraît que leurs instructions leur en-

---

[1] E. Berret, auteur de la lettre citée au précédent chapitre, qui nous a fourni des renseignemens sur les particularités de la scission. Vaval, Médor et Berret, étaient des amis particuliers de Borgella, qui, en les désignant, voulut éviter des paroles irritantes dans les discussions, alors même qu'on ne s'accorderait pas.

joignaient de déclarer : — « que les deux départemens
« seront *indépendans* l'un de l'autre et se constitueront
« comme ils le jugeront convenable ; que le président
« Pétion sera reconnu par le département du Sud, pour
« le Président du département de l'Ouest, et le départe-
« ment de l'Ouest reconnaîtra le général Borgella, pour
« Général en chef et Président du département du Sud. Il
« y aura entre les deux départemens, *une alliance offen-
« sive et défensive.* etc.[1] »

De son côté, le Président d'Haïti nomma les citoyens
Manigat, ex-sénateur ; *Lamothe*, doyen du tribunal d'appel de l'Ouest ; *A. D. Sabourin*, colonel, et son aide de
camp, et *Balthazar Inginac*, son secrétaire particulier,
auxquels il donna des pouvoirs et ses instructions. D'a-
près leurs propositions, en réponse à celles du Sud, ces
instructions portaient : — « que les deux départemens
« sont et ne peuvent faire que le même pays *indivisible,*
« et former la République d'Haïti dont le Président d'Haïti
« est le chef, aux termes de la loi constitutionnelle de
« l'Etat. Ce premier point, une fois admis, le Président
« d'Haïti, désirant sincèrement le retour de l'union et de
« la concorde, admettra, par l'entremise de ses députés,
« tous les moyens conciliatoires qui peuvent offrir de la
« satisfaction et de la sécurité aux citoyens du Sud, étant
» dans la ferme intention de procurer à ses concitoyens
« la plus grande somme de bonheur possible. »

On conçoit sans peine, qu'une seule séance suffit aux
commissaires... pour ne pas s'entendre ; et après s'être
donné, le 21 décembre, d'abord l'accolade fraternelle, puis
avoir déjeûné ensemble, ils se séparèrent les uns des autres.

[1] C'était absolument *le fédéralisme* que voulait le conseil du Sud : espèce de rêve qu'ont eu bien d'autres hommes après ceux-là, en appréciant fort mal les besoins du pays.

Pétion ne publia rien sur ces négociations infructueuses. Le 25 décembre, il adressa un message au sénat avec copie de toutes les pièces y relatives: il lui témoigna son regret de la persistance que mettait le conseil du Sud dans ses prétentions. « J'ai fait tout ce que l'honneur de la nation et mes devoirs pouvaient me permettre de faire, » dit-il en terminant.

Mais le conseil départemental remplit les vues du président : il avança la soumission du Sud, sans le vouloir, en donnant la plus grande publicité aux documens de la négociation, tant d'un côté que de l'autre. Montbrun, qui écrivait fort bien, fit un rapport qu'il signa ainsi que ses collègues-commissaires, et où il inséra des phrases à la manière de Blanchet. Après avoir rendu compte au conseil de toutes les opérations au Grand-Goave, — sans omettre *l'accolade fraternelle et le déjeûner*, — il dit des propositions des commissaires de l'Ouest :

« Cette réponse contenant *des prétentions exagérées*
« et contraires à la liberté et à l'indépendance *du peuple*
« du département du Sud, qui a le droit imprescriptible
« de faire des lois pour son bonheur ; — considérant que
« *la volonté du président Pétion est constamment de do-*
« *miner* le département du Sud, contre les principes de
« la constitution qu'il lui plaît de réclamer aujourd'hui,
« après en avoir déchiré toutes les pages, après l'avoir fou-
« lée aux pieds, pour établir *sa domination tyrannique*
« et mettre *sa volonté arbitraire* à la place des lois ; —
« considérant qu'il a employé *des moyens illicites* pour
« se faire continuer dans la place de Président d'Haïti,
« quoiqu'il dût *déposer* son pouvoir après les quatre an-
« nées révolues, qualité que le peuple de l'Ouest a pu lui
« donner, *en supposant* qu'il ait été libre dans ce choix;

« — considérant qu'il n'en est pas de même *du peuple*
« du Sud, qui a manifesté d'une manière énergique *et ir-*
« *révocable* la volonté de se gouverner comme il lui con-
« vient, en renonçant *pour jamais* à l'autorité que le
« président Pétion *veut avoir et veut rendre héréditaire*
« *dans sa famille*, comme *d'un bien* à lui appartenant[1] :
« les députés du Sud ont déclaré que les conférences
« étaient terminées et qu'ils allaient, conformément à
« leurs instructions, se retirer dans leur département. »

Après ce rapport, où *l'esprit de localité* se montre sans équivoque, où Pétion est considéré comme *un tyran*, où l'on voit percer *les reproches* qu'on lui faisait par rapport à Boyer, envisagé comme membre de sa famille, le conseil lui-même fit une *adresse* aux citoyens du Sud, pour expliquer ses motifs dans les négociations qui n'aboutirent pas au gré de ses désirs. Quoique ce document respire plus de calme que les précédens émanés de la même source, on reconnaît que le conseil regrettait d'avoir, jusque-là, qualifié Pétion de *président* ; il n'y est plus traité que de *général* ; il se termina ainsi : « Main-
« tenant, citoyens, *c'est à vous à prononcer* ; dites de
« quel côté sont *les torts*, de quel côté est *la droiture* ;
« dites quel est le gouvernement qui, se jouant des obli-
« gations qu'on lui avait *imposées* et qu'il avait *consen-*
« *ties*, a voulu *prolonger les malheurs* qui pèsent sur les
« deux départemens.... » Cette adresse porte la date du 28 décembre.

Or, le peuple auquel on faisait cet appel, — surtout le peuple armé et organisé régulièrement (les troupes),

---

[1] La nomination de Boyer au commandement de l'arrondissement du Port-au-Prince, paraît avoir suggéré cette pensée. Ce *petit homme* (selon l'expression de Lamothe Aigron), était un vrai cauchemar pour bien des gens.

ne prêta attention qu'à une chose : c'est que le moins ancien des généraux, que le conseil avait été *forcé* de nommer général en chef, pensait, lui homme *de guerre*, qu'il était temps d'en finir avec *les procès-verbaux*, pour se rapprocher du chef de l'État. Il ne vit que sa démarche personnelle ouvrant une négociation dans ce but ; il reconnut dans les dépêches de Pétion, l'expression de sentimens qui n'étaient pas ceux « d'un *tyran*, voulant « substituer aux lois, *sa volonté arbitraire* pour *dominer* « le Sud. » Le travail de la réconciliation commença immédiatement dans l'esprit de *ce peuple*, qui était tenu de se partager entre la guerre faite aux insurgés de la Grande-Anse et les limites du Sud et de l'Ouest ; et ces idées de réconciliation arrivaient justement à cette époque de l'année où les haines et les dissensions disparaissent dans des embrassemens, où la fraternité entre les hommes reprend son heureux empire [1].

Quant *aux citoyens*, dont le devoir n'est pas de guerroyer, mais qui ont tout à craindre de la guerre, les considérations exposées par les deux chefs, dans leurs dépêches respectives, sur ce qu'il y avait à redouter de la part *de la royale personne du Nord* ; le souvenir des faits passés dans le Sud en 1800 : tout les porta à réfléchir aussi sur les conséquences probables de la continuation d'une scission entre les deux départemens, qui, loin de procurer la sécurité à eux et à leurs familles, les mettait plus en danger, et qui n'avait pas du reste accompli son programme : — meilleure administration, prospérité, bonheur, etc., etc.

Les esprits étaient donc disposés, dans le Sud, à un re-

---

[1] L'adresse du conseil est du 28 décembre : ordinairement, on se réconcilie le 1ᵉʳ janvier, en oubliant mutuellement ses torts.

tour aux idées sages. Ce fut l'œuvre du général Borgella lui-même, dont les sentimens patriotiques étaient connus de tous : la publicité donnée par le conseil départemental aux pièces de la négociation, les mit encore au grand jour ; car il était évident qu'il inclinait, avec un noble désintéressement, à reconstituer *l'unité* de la République.

L'année 1811 se termina ainsi, en laissant de grandes espérances, non en apparence, mais au fond de la société, pour la cessation d'un état de choses qui compromettait l'existence de la République, alors que Christophe se préparait sérieusement à marcher contre elle.

Et dans une situation pareille, qui durait depuis cinq années, qui divisait la malheureuse Haïti et la livrait à toutes les horreurs de la guerre civile, était-il possible qu'aucun de ces divers gouvernemens songeât à développer l'intelligence de la jeunesse par des établissemens d'instruction publique ? Préoccupés du présent et de l'avenir du pays, selon leurs vues politiques, absorbés dans les opérations de la guerre, ayant si peu de finances pour y subvenir, ils étaient contraints d'ajourner ces utiles établissemens jusqu'à des temps meilleurs.

Dans la note placée à l'une des pages du chapitre précédent, on a pu voir que sous Pétion, gouvernant l'Ouest seulement, *la solde* des troupes même, pendant l'année 1811, n'a été portée qu'à la modique somme de 26,755 gourdes : ce qui prouve qu'elles la recevaient fort irrégulièrement, sans cesser, pour cela, d'être dévouées à leur pays. La République se bornait à les rationner et habiller le mieux possible ; c'est ce que l'on voit dans les deux articles *approvisionnemens et habillement* de la note.

Le gouvernement scissionnaire du Sud ne pouvait mieux faire à ces différens égards; et celui du Nord et de l'Artibonite était aussi dans le même cas.

CHAPITRE XVII.

Défection d'une partie de la flotte de Christophe en faveur de la République. — Capture, après combat, de la frégate haïtienne par une frégate anglaise qui l'amène à la Jamaïque. — Borgella se plaint de cette action aux autorités de cette île. — Sa réclamation n'est pas admise. — Naufrage de son envoyé, qui est secouru et ramené aux Cayes par une frégate anglaise. — Codification des lois du royaume de Christophe en un code unique sous le titre de *Code Henry*. — Examen de cette législation : sévérité barbare de la loi pénale militaire. — Proclamation de Christophe sur la défection de sa flotille, et annonçant sa campagne contre le Port-au-Prince. — Les arrondissemens de Jérémie et de Tiburon proclament l'autorité du Président d'Haïti. — Borgella marche contre Jérémie et renonce bientôt à ce dessein. — Ses dispositions, en apprenant que Pétion envoie une députation auprès de lui. — Défection des troupes qui sont avec lui : elles rentrent aux Cayes où le général Wagnac rétablit l'autorité du Président d'Haïti. — Le général Bonnet est retenu prisonnier. — Défection du général B. Loblanc et de l'arrondissement de Nippes. — Borgella se rend à Aquin où il se réunit à d'autres généraux du Sud. — La députation de Pétion l'y trouve et lui remet sa dépêche : propositions du président. — Borgella persuade les généraux réunis autour de lui, de se soumettre à l'autorité du Président d'Haïti. — Sa réponse parvient à Pétion au Petit-Goave. — Ordre du jour de Pétion en entrant dans le Sud. — Son entrevue, à Trémé, avec Borgella et les autres généraux. — Ils se rendent tous aux Cayes. — Pacification entière du Sud. — Fuite de Bruno Blanchet à l'étranger. — Le général Bonnet demande et obtient un passeport pour s'y rendre. — Pétion fait brûler les archives du conseil départemental. — Lettres blâmables du général Boyer à Pétion. — Dispositions militaires qu'il fait au Port-au-Prince, en apprenant la marche de Christophe. — Il en avertit Pétion. — Récit de l'apparition antérieure d'une prétendue *Vierge* au Cul-de-Sac. — Bataille de Santo où l'ennemi est vainqueur, mais qui sauve le Port-au-Prince. — Le général Magny s'arrête à Drouillard. — Christophe fait donner des assauts qui sont repoussés au fort de Sibert, par les généraux Métellus et Bergerac Trichet.

Dans cette nouvelle année, bien des événemens survinrent en Haïti et influèrent sur ses destinées. Ce fut l'époque où la politique gouvernementale de Pétion commença à porter ses fruits, au grand étonnement de ses adversaires, plutôt que ses ennemis, peut-être même à celui de ses amis qui avaient confiance en lui personnellement, mais qui pouvaient douter de l'efficacité de ses moyens.

Le premier de ces événemens heureux eut lieu sur les côtes du Sud. Une partie de la flotte de Christophe croisait dans ces parages : la frégate appelée *la Princesse Royale Améthyste*, la corvette *l'Athénaïs*, et le brig *le Jason*.[1] A bord de la frégate se trouvait le contre-amiral Jean Bernadine.

On peut juger de l'extrême sévérité qui régnait sur la flotte, par celle qui existait dans l'armée de terre. Des actes despotiques de l'amiral et de ses officiers, suscitèrent un mécontentement sourd parmi l'équipage de la frégate ; mais il fallait un chef pour en prendre la direction et le faire éclater. Ce chef se trouva dans la personne du commissaire aux vivres, objet lui-même de quelques tracasseries: c'était *Eutrope Bellarmin*, jeune homme de couleur et plein de bravoure. On prétend même qu'il avait formé le dessein qu'il exécuta, avant de partir du Cap. A un jour convenu entre les conjurés, à la fin de janvier, ils se rebellèrent contre l'amiral et ses officiers, comme par un mouvement électrique; tout l'équipage y prit part et reconnut Eutrope pour son chef. Généreux autant que brave, celui-ci n'attribua qu'au système du gouvernement de Christophe, les rigueurs dont usaient l'amiral et les officiers; il ne voulut pas que le sang fût versé, mais il les fit prisonniers et les mit dans l'impossibilité de tenter de reprendre leur commandement.[2]

En ce moment, la frégate était par le travers de Mira-

[1] La frégate portait le nom de la fille aînée du Roi d'Haïti, la corvette, celui de sa fille cadette, le brig, celui de l'un de ses généraux.

[2] Eutrope fut secondé en tout par Passeveau, autre jeune homme de couleur du Cap.

goane, et les deux autres bâtimens étaient fort au loin sur les côtes. Eutrope la dirigea dans ce port où il fit connaître qu'il faisait défection avec son brave équipage, en faveur de la République: peu leur importait la scission du Sud, c'était à des républicains qu'ils se rendaient. Leur premier soin fut de débarquer à Miragoane, l'amiral et les officiers prisonniers pour les mettre en sûreté; et les autorités de cette ville les accueillirent, comme des frères qu'on pouvait porter à embrasser la cause de la République.[1] Eutrope déclara qu'il serait facile de réunir la corvette et le brig à la frégate, attendu que le même mécontentement régnait à leur bord parmi l'équipage de ces navires.

La joie fut grande à Miragoane: les citoyens de toutes les classes, comme les autorités, témoignèrent à Eutrope et à son équipage les plus vifs sentimens de reconnaissance et de fraternité, pour leur audacieuse action qui privait Christophe de la principale force de sa marine. L'autorité militaire dépêcha immédiatement auprès du général en chef du Sud, pour lui annoncer cette heureuse nouvelle. Borgella se rendit de suite à Miragoane, emmenant avec lui les deux frères Gaspard et d'autres officiers de marine, et le colonel Bigot pour commander les troupes qu'il allait faire mettre à bord de la frégate, afin de mieux réussir à capturer les deux autres navires. Il fit un accueil cordial à Eutrope et à l'équipage de la frégate, dont il donna le commandement supérieur à Augustin Gaspard, secondé de son frère, Eutrope n'étant pas marin; il eut aussi des égards pour l'amiral et ses officiers qu'il rendit à une pleine liberté et qui, touchés

---

[1] J.-B. Backer était commissaire général de la flotte et se trouvait à bord de la frégate; il fut débarqué à Miragoane avec les autres officiers.

de la sympathie qu'on leur témoignait, abjurèrent toute fidélité à Christophe.

La frégate partit à la rencontre de la corvette et du brig qu'elle atteignit. On fit signal aux officiers de se rendre auprès de l'amiral pour tenir conseil et recevoir des ordres; ils vinrent et furent faits prisonniers: les deux équipages adhérèrent sans difficulté à la défection, et de nouveaux officiers leur furent donnés. Cette manœuvre étant ainsi heureusement accomplie, les trois navires reprirent la route et se dirigèrent sur Miragoane où était encore le général en chef du Sud. Ils arrivèrent en vue du port et auraient pu y entrer dans la soirée du 1er février; mais les officiers républicains remirent au lendemain pour que leur arrivée fût une fête, un triomphe au grand jour. Ils oublièrent cette maxime de César: — de ne jamais remettre au lendemain ce qu'on peut faire le jour même.

Depuis que des négociations avaient eu lieu entre le Sud et l'Ouest, les communications étaient plus fréquentes entre les deux départemens : on n'avait pas tardé à apprendre au Port-au-Prince, la défection de la frégate et le projet de capturer les deux autres navires. Dans ces circonstances, il y arriva une frégate anglaise, *la Southampton*, commandée par Sir James Lucas Yeo, venant de la Jamaïque et en dernier lieu du Cap. On ne pouvait pas savoir encore dans ces deux endroits la défection de la frégate du Nord; ce fut au Port-au-Prince que le commandant anglais l'apprit. Tant là qu'au Cap, les officiers de S. M. B. ne manquaient jamais de visiter Pétion et Christophe; ces deux chefs les régalaient presque toujours, l'intérêt respectif des deux États étant de se bien faire venir dans l'opinion de la Grande-Bretagne.

Or, *l'opposition* du temps imputa à Pétion, d'avoir suggéré à Sir J. L. Yeo, l'idée d'aller capturer la frégate *l'Améthyste* et même les deux autres navires, afin que les scissionnaires du Sud ne fussent pas en possession d'une marine qui eût pu nuire à l'Ouest, puisque le conseil départemental avait persisté dans la séparation. C'est une imputation que l'histoire ne peut *ni admettre ni réfuter*, mais transcrire dans ses pages, comme tant d'autres accusations portées contre ce chef [1].

Nous ferons seulement remarquer, que les Anglais se montrèrent toujours plus favorables à Christophe qu'à Pétion; qu'ils lui procurèrent la frégate *l'Améthyste*, de la Jamaïque, dans le temps où ils ne fournirent à Pétion que deux brigs; qu'ils étaient des ennemis irréconciliables de Rigaud, et du Sud qui partageait ses idées politiques. Rigaud n'était plus, mais son système prévalait encore dans ce département, et l'on sait que les autorités de la Jamaïque, qui l'avaient dénoncé à Pétion comme un agent secret de la France, ne le reconnurent point en qualité de général en chef indépendant de Pétion. Alors, n'est-il pas *possible*, même *probable*, que, sans aucune suggestion et pour donner une nouvelle preuve à Christophe, de l'intérêt que la Grande-Bretagne prenait à son système gouvernemental, Sir J. L. Yeo aura jugé lui-même convenable de s'emparer de la frégate haïtienne, soit pour la rendre au « Premier Monarque « couronné du Nouveau-Monde, » soit pour en priver le Sud, selon que le décideraient les autorités de la Jamaïque dont il relevait [2]?

---

[1] Dans ses Mémoires de 1843, B. Inginac avoue que Sir J.-L. Yeo avait été *vu chez lui*, quelques jours avant de quitter le Port-au-Prince, et que l'opposition l'accusa plus principalement d'avoir été *l'auteur* de la capture de la frégate *l'Améthyste*; mais il s'en défend.

[2] On verra dans ce chapitre, une proclamation de Christophe, expliquant *les motifs* de la capture de *sa frégate*.

Quoi qu'il en ait été, la frégate anglaise, partie du Port-au-Prince, rencontra l'autre, le 2 février au jour, tout près de Miragoane ; les deux autres navires étaient aussi en vue. Sir J. L. Yeo demanda à A. Gaspard, en vertu de quelle autorité il naviguait avec ces trois bâtimens ? Sur la réponse du commandant haïtien, qu'il était soumis à celle du général en chef du Sud, l'Anglais lui dit qu'il ne reconnaissait pas *une telle autorité*, et il le somma de se rendre avec lui à la Jamaïque.

La fierté de Gaspard, de Bigot et de leurs compagnons, se révolta à cette sommation, et Gaspard refusa de s'y soumettre. Sans autre préalable, la frégate anglaise lâcha une bordée contre *l'Améthyste* et la désempara en partie, avant qu'on y eût le temps d'achever le branle-bas pour se préparer à un combat inévitable ; une seconde bordée brisa le gouvernail et désempara entièrement la frégate haïtienne, qui manœuvrait pour aborder son ennemie, tout en lui ripostant. Bigot demandait l'abordage, ayant une nombreuse infanterie sous ses ordres.

Une fois le gouvernail brisé, ce ne fut plus possible. Le cruel Anglais se plut alors à massacrer ces Haïtiens ; il tourna autour de *l'Améthyste* dans tous les sens, la criblant de son artillerie. Bigot fut emporté bientôt par un boulet ; A. Gaspard reçut une mitraille qui le blessa au point de ne pouvoir se tenir debout. Sur le pont, dans la chambre, les cadavres étaient pêle-mêle. Gaspard fit héler Sir J. L. Yeo, en lui disant de cesser cette boucherie inutile, le pavillon ayant été abattu par un boulet ; qu'il devait bien voir que la résistance avait cessé [1]. *L'Améthyste* fut ainsi capturée. Durant le combat, les deux au-

---

[1] J'ai entendu A. Gaspard raconter ces particularités.

tres navires avaient donné dans le port de Miragoane et échappèrent ainsi à *la Southampton*.

En prenant possession de sa proie, et sur leur demande, Sir J. L. Yeo fit débarquer à Miragoane les hommes du Sud, blessés ou non, et retint à bord une partie de ceux du Nord qui ne demandèrent pas à descendre. Il fit voile aussitôt pour le Port-au-Prince, en remorquant la frégate haïtienne démâtée. Ce fut un spectacle déchirant pour les habitans de cette ville, le jour où ils virent traîner ainsi ce navire de guerre : ils montrèrent une indignation toute patriotique. Le retour de la frégate anglaise contribua à faire penser que Pétion avait désiré ce déplorable résultat ; mais, s'il accueillit les Haïtiens qui furent débarqués au Port-au-Prince, s'il fit soigner les blessés parmi eux, ce ne fut pas une preuve convaincante de sa participation. Les Anglais passèrent plusieurs jours à mettre *l'Améthyste* en état de faire le trajet du Port-au-Prince à Port-Royal.

Le général Borgella, présent à Miragoane, fut péniblement impressionné de la prise de la frégate : il attendait l'entrée des trois bâtimens pour écrire à Pétion et lui annoncer officiellement leur défection. Son intention était de lui dire de compter sur l'assistance de cette flottille, en cas d'attaque contre le Port-au-Prince de la part de Christophe ; car, malgré le dénouement de la négociation suivie au Grand-Goave, il avait le projet, dans ce cas, d'offrir au président d'aller à son secours avec les troupes du Sud. L'action du commandant anglais ayant dérangé son projet, ce fut auprès du gouverneur et de l'amiral de la Jamaïque qu'il envoya, pour s'en plaindre : de Miragoane, il expédia à Port-Royal le chef d'escadron Solages, son aide de camp, qui prit passage aux Cayes

sur une petite goëlette. Cet officier fut froidement reçu par ces autorités, qui lui répondirent que la capture de la frégate haïtienne n'avait eu lieu, « que parce que le gou-
« vernement du Sud *n'était pas reconnu* comme régu-
« lièrement établi. » Il dut quitter Port-Royal. A peine partie, la goëlette fit naufrage ; Solages et tout l'équipage furent heureusement sauvés en mer, par une frégate anglaise commandée par le capitaine Devis, qui se rendait dans ce port. Ramenés là, ils furent renvoyés aux Cayes sur la même frégate [1]. »

Pendant que ses navires de guerre passaient au pouvoir de ses ennemis, le Roi d'Haïti procédait paisiblement, *en législateur*, dans sa bonne ville du Cap-Henry. Le 30 janvier, son conseil privé, composé de douze membres présidés par l'archevêque Corneille Brelle, duc de l'Anse, lui adressa un discours en forme de rapport, sur la codification des lois qui devaient régir le royaume.

« Il appartenait à V. M., lui dit-il, au Fondateur de nos
« institutions *morales, politiques et guerrières*, de nous
« donner des lois sages, qui immortaliseront la gloire de
« votre règne.... Les grandes choses que V. M. a faites
« pour le peuple haïtien, ne trouvent point *de modèle ni*
« *d'exemple*, dans aucune page de l'histoire.... Il fallait
« au peuple haïtien un code de lois simples, sages, qui
« consacrât, d'une manière solennelle, ses droits, ses de-

---

[1] En montant à bord de cette frégate, Solages fit le signe *de détresse* des Francs-Maçons. Le capitaine Devis l'était ; il l'accueillit *en frère*, le combla de caresses et le conduisit dans sa chambre où il lui donna des hardes pour s'habiller. De retour à Port-Royal, Solages fut mieux accueilli de l'amiral qui chargea Devis de le ramener aux Cayes. Malgré l'insuccès de sa réclamation, ayant appris par Solages, les attentions dont il avait été l'objet depuis son naufrage, le général Borgella fit un accueil distingué au capitaine Devis. La Loge des Cayes le fêta à son tour, comme un véritable frère ; et de cette circonstance naquit la haute opinion de Borgella, en faveur des Anglais bien nés : il était franc-maçon aussi.

« voirs, et qui fût analogue au climat, à ses mœurs, à
« ses besoins, et principalement adapté à un peuple
« agricole et guerrier. Le génie appréciateur de V. M.,
« qui embrasse les diverses ramifications des besoins du
« peuple, *conçut le plan* de ce code, en développa les
« règles ; vous voulûtes que ses bases reposassent sur
« ces principes sacrés que la divinité a gravés dans le cœur
« de tous les hommes : *Justice et Equité*.... Le conseil....
« se glorifie d'avoir, sous les auspices du GRAND HENRY,
« travaillé à poser les bases de la félicité et de la prospé-
« rité du peuple haïtien¹. »

Ce code unique fut composé de diverses lois : — loi
civile, loi de commerce, loi sur les prises, loi de procédure civile, loi de police correctionnelle et criminelle, loi
de procédure criminelle, loi concernant la culture, loi
militaire comprenant les règlemens de toutes natures
sur cette matière, loi pénale militaire, y compris les jugemens. Le 20 février, un édit du roi les adopta pour
former *le Code Henry*, et ordonna de les publier le 24,
pour avoir leur exécution à partir de ce jour. En conséquence, « toutes les lois anciennes, édits, ordonnances,
« règlemens et arrêtés ayant traité des matières conte-
« nues dans le présent code, sont et demeurent abrogés,
« etc. »

Le lecteur comprend, à cette énumération de lois, que
les cinq codes français furent déguisés sous ce titre : il y
avait alors un *Code Napoléon*, il y eut un *Code Henry*.
Le conseil privé s'attacha aussi à des inversions gramma-
ticales, à une rédaction rapprochée, mais quelque peu

---

1 Parmi les douze membres du conseil privé, l'archevêque C. Brelle surtout était destiné
à éprouver toute *la justice et l'équité* du Grand Henry ; car il fut royalement condamné à
périr d'inanition dans un cachot, probablement à cause de ses méfaits.

différente de celle des codes français, afin de mieux attribuer « au génie appréciateur du Grand Henry » le mérite de l'invention [1]. La loi sur les prises, les lois militaires, étaient empruntées à celles de la France ; celle sur la culture, à cette foule de règlemens locaux de tous les régimes précédens ; et cela ne pouvait être autrement, car il était impossible de rompre avec les anciennes traditions législatives.

Dans le code appelé *loi civile*, on remarque cette disposition : « L'épouse d'un haïtien, fût-elle *étrangère*, est « de droit **Haïtienne**. » Christophe faisait ainsi prévaloir *un principe* qui est dans la nature des choses, en dépit de la loi politique qui *exclut* les étrangers de la société haïtienne : la femme doit suivre la condition de son mari. Il s'ensuivait, par réciprocité, que l'*Haïtienne* qui épouserait un étranger, deviendrait *étrangère* aussi ; mais le même code donnait au roi, la faculté de faire recouvrer la qualité d'Haïtien, quand on l'avait perdue, en comprenant les femmes qui seraient dans ce cas.

Le *divorce* n'étant pas permis dans le royaume, on ne copia point les dispositions du Code Napoléon à cet égard; et au chapitre de la filiation des enfans légitimes ou nés dans le mariage, il était dit : « Le *père* ne peut contester « la légitimité de l'enfant conçu durant son union con« jugale. » En disant *père* au lieu de *mari*, on en faisait *forcément* l'auteur de la naissance de l'enfant. Le conseil privé avait voulu être agréable en cela au Grand Henry,

---

[1] Exemple. *Code français :* On ne peut déroger, par des conventions particulières, aux lois qui intéressent l'ordre public et les bonnes mœurs. — *Code Henry :* Aucunes conventions particulières ne peuvent reposer sur des bases qui contrarient ou qui blessent les lois, concernant l'ordre public et les bonnes mœurs.

Il est vrai que les Haïtiens ne sont pas obligés de bien écrire *le français*, et j'en donne souvent la preuve.

qui jouissait *du droit du seigneur* dans son royaume; mais il fit ajouter des articles additionnels à la fin de la loi civile, qui *supprimèrent* ce singulier article 97 et donnèrent au *mari* la faculté du *désaveu*, sauf à lui à ne pas en user envers le souverain [1].

Celui-ci comprit que l'exemple tracé par le chef de l'État, en toutes choses, étant presque toujours imité, il fallait borner le droit de ses sujets: d'ailleurs, il était le Fondateur des institutions *morales* du royaume. Toutefois, la loi pénale ne contenait aucune peine contre *l'adultère*; ce ne fut que quatre ans après, le 28 janvier 1816, qu'une ordonnance royale en établit, sur *les remontrances* du ministre de la justice, y est-il dit, et « attendu que *les mœurs* sont les bases de toute société « policée; que les enfreindre, c'est rompre tous les liens « qui unissent ses membres; et que, pour les conserver, « il faut *réprimer* ceux qui tenteraient de les corrompre, « en faisant connaître *l'énormité du crime, et y infliger* « des peines corporelles proportionnées au délit. » Il est donc singulier que ce monarque, qui affectait tant de respect pour les mœurs, eût oublié ou négligé tout d'abord d'établir ces peines.

Il y a eu cette différence entre Christophe et Pétion (puisqu'il est convenable de toujours comparer leur influence sur les destinées du pays), que si Pétion eut le tort que nous lui avons reproché, si ses discours plaisans en cette matière tendaient *à relâcher les mœurs*, à perpétuer celles de la société coloniale, du moins on ne put jamais dire qu'il manqua à ses devoirs envers qui que ce

---

[1] Il eût été plus simple ne pas publier cet article 97, de ne pas le laisser dans ce Code, à moins que les articles additionnels ne soient venus plus tard, après la publication: ce qui ne paraît pas, ces articles n'étant pas insérés dans un acte séparé.

soit ; on le considéra constamment *pur* sous ce rapport: tandis que Christophe, malgré sa sévérité de mœurs *apparente*, malgré ses discours, a donné lieu à une foule de chroniques scandaleuses racontées comme *certaines*.

Dans son système pénal, il adopta des expressions originales pour les peines infligées aux condamnés : il y avait détention *au ban du roi*, ou emprisonnement correctionnel ; détention *à la barrière neuve*, ou réclusion. Les *galères* étaient les travaux forcés, probablement avec chaînes aux pieds. Le cas de *conspiration* contre l'État, l'attentat contre la personne du roi, celle de la reine, celle du prince royal et celle des princesses royales, entraînaient *la confiscation des biens et la flétrissure* contre *la famille* du supplicié : hors ces cas, les délits et les crimes étaient *personnels*. Le fonctionnaire qui détournait à son profit les deniers publics dont il était comptable, était renfermé pendant *dix années* à la barrière neuve, et condamné à restituer *le double* de ce qu'il aurait détourné. Aucun cas *de vol*, quelles que fussent les circonstances aggravantes, n'emportait peine de mort, mais plusieurs années à la barrière neuve ou réclusion.

L'instruction des procédures criminelles se faisait *par écrit* : le jour du jugement, le prévenu ou l'accusé comparaissait pardevant les juges, *en la chambre du conseil* (non pas en séance publique); là, il subissait un dernier interrogatoire sur la sellette, après quoi il était renvoyé à la prison : alors les juges opinaient sur le jugement à rendre. Mais, dans l'instruction écrite, les témoins étaient *confrontés* avec le prévenu ou accusé, pour qu'il pût fournir ses reproches contre eux ou ses observations contre leurs témoignages. C'était la procédure criminelle des **temps anciens**.

La loi sur *la culture* offrait sans doute une foule de dispositions sages et équitables à l'égard des cultivateurs ; mais hélas ! elles n'étaient *qu'écrites*. Ils avaient droit *au quart* des revenus bruts des propriétés, à des soins dans leurs maladies ou infirmités, ou leur vieillesse [1]. Les heures de travail étaient fixées ; les mendians, les vagabonds, réprimés : L'autorité militaire avait la police des campagnes. La *grande culture* surtout jouissait de toute la sollicitude de ce code rural, pour produire de bonnes denrées, par leur préparation, par les usines prescrites, par les instrumens aratoires, les machines, etc. La plantation des vivres et grains de toutes espèces étaient ordonnée, et l'État devait en avoir une partie à sa disposition. Des peines correspondantes au manque d'exécution de toutes les prescriptions du code étaient établies contre les propriétaires, les fermiers et les cultivateurs : *les amendes* dominaient parmi ces peines de la loi *écrite*, mais le régime réel était autre chose.

La *loi militaire*, en 503 articles, était la réunion de tous les règlemens sur ce service. « Tout Haïtien, depuis « l'âge de 12 ans jusqu'à l'âge de 60 ans, qui n'est point « militaire et en activité de service, compose les milices « du royaume. »

La *loi pénale militaire*, en 113 articles, comprenant la forme de procédure devant les conseils de guerre, était la dernière du *Code Henry* et digne en tout de ce nom fameux dans *le crime*. Il s'y trouvait 7 cas de *destitution*,

---

[1] Ce code rural prescrivit l'établissement d'un hôpital sur chaque habitation, d'un autre dans les jardins pour les maladies contagieuses ; des officiers de santé devaient soigner les cultivateurs malades : assurément, rien de tout cela n'était exécuté. Ce qu'il y eut de réel, c'est que ces producteurs agricoles étaient contraints, par le bâton, la force matérielle, à résider sur les habitations où ils étaient placés comme sous les régimes antérieurs, à y travailler péniblement : le séjour des villes ou bourgs leur était interdit, sous peine d'être traités comme vagabonds, etc.

4 de mise *aux fers*, en prison, 29 *de barrière neuve* ou *réclusion*, 2 où le mot de *mort* était écrit, et 46 où *la peine de mort* était dissimulée par l'expression de *passer par les armes*, qui ne signifie pas autre chose ; et la preuve de ceci, c'est qu'à l'article 110 de la loi sur l'exécution d'un condamné, il est dit : « il sera *passé par les « armes*, jusqu'à ce que *mort* s'en suive, par le détache- « ment qui l'aura conduit[1]. » L'art. 109 prescrivait, qu'au lieu de l'exécution, « l'adjudant d'armes fera pu- « blier à la tête de chaque troupe, un ban portant dé- « fense, *sous peine de la vie*, de crier *grâce*. » C'était un nouveau cas de *mort* possible.

Le *duel* était positivement *défendu* par le roi, et tout militaire ou autre individu attaché à l'armée ou à sa suite, qui serait convaincu de s'être battu en duel, «sera *passé « par les armes*, comme rebelle au roi, violateur de la « justice, et perturbateur du repos et de la tranquillité « publique, » disait le deuxième paragraphe du même article 77.

« Toute conspiration ou attentat contre la personne « du roi, celle de la reine, du prince royal ou *du « royaume*, emportera *peine de mort* contre celui ou « ceux qui se seront rendus coupables de ce crime, con- « tre leurs complices, contre ceux qui en auraient eu con- « naissance et qui ne l'auraient pas dénoncé aux autori- « tés, *leurs familles seront flétries et déshonorées, et « leurs biens confisqués* au profit de l'État. » Article 80.[2]

Tout ce système de rigueur, de sévérité extrême,

---

1 « Faire passer un soldat par les armes, » c'est le faire *fusiller* par jugement d'un conseil de guerre.

2 Cet article, copié textuellement, faisait partie de la loi pénale militaire ; il y a omission du cas de conspiration ou attentat contre la personne *des princesses royales*, mais dans la loi pénale civile, ces cas sont prévus.

ayant *précédé* la publication du *Code Henry*, on comprend pourquoi eut lieu la défection de la frégate *l'Améthyste*, presqu'au même moment où ces lois étaient présentées à la sanction royale, par le conseil privé de Sa Majesté; pourquoi les équipages des deux autres navires adhérèrent si facilement à cette défection. La loi pénale militaire ayant été publiée à la fin de février, on comprendra encore mieux la défection importante qui la suivit sous les murs du Port-au-Prince, peu de mois après.

En parlant du code pénal *militaire* de 1806, nous avions dit qu'il s'y trouvait 28 cas où la peine de *mort* était appliquée. En 1807, le sénat réduisit ces cas à 8 ; et en 1812, Henry 1er les portait à 51 ! Qu'avaient donc gagné les troupes du Nord et de l'Artibonite, à passer sous les ordres du général en chef qui provoqua la mort de l'Empereur Dessalines? Aussi, les marins *du Nord* donnèrent un exemple qui ne pouvait qu'être imité par les troupes de l'armée de terre ; ce furent celles de *l'Artibonite* qui eurent l'honneur de le suivre : exemple frappant de l'influence qu'exerce *la législation* sur les idées des hommes !

Soit que Christophe connût plus tôt, ou seulement dans les premiers jours de mars, la défection de sa frégate, le 8 il émit une proclamation au peuple et à l'armée d'Haïti, où il disait : « L'attentat le plus inouï, la
« trahison la plus atroce de quelques misérables scélé-
« rats, ont livré au pouvoir des révoltés du Sud, ma
« frégate *la Princesse Royale Améthyste*, après que les
« traîtres ont eu porté leurs mains criminelles sur leur
« amiral et quelques autres de leurs officiers. Par suite
« de cette infernale entreprise, que le génie seul de la
« rébellion a pu inventer, deux autres de mes bâtimens

« ont subi le même sort, induits en erreur et trompés par
« les signaux des révoltés. Ils ont fait dans cette occa-
« sion, comme dans toutes les autres, usage de leur arme
« naturelle : la perfidie ! Naviguant ensuite *sans com-
« mission* d'aucune puissance légale, ces bâtimens ont
« été capturés comme *forbans*; car aucun souverain
« n'est exempt d'éprouver des trahisons, mais tous sont
« intéressés à punir les traîtres. Soudain je me suis
« levé : *mon repos était celui du lion*. Je me décide à
« marcher contre *le Port-aux-Crimes*, pour réduire les
« rebelles. J'ai retenu trop longtemps l'ardeur de mes
« braves soldats...... »

Et il s'adressait ensuite aux citoyens de toutes les classes, dans l'Ouest et le Sud, pour les inviter à se rallier à son autorité, en promettant *de protéger les bons, de n'importe quelque couleur*.[1] Aux troupes, il disait : « Militaires égarés, avez-vous pu méconnaître si long-
« temps votre véritable chef, *le père* du soldat ? etc. » En effet, il venait de le prouver par sa loi pénale militaire *si douce, si humaine* !

On se tromperait, si l'on croyait que ce fut à la nouvelle reçue de la défection de sa flotille, que Christophe se décida à marcher contre le Port-au-Prince ; il se préparait auparavant à cette campagne, en réunissant à Saint-Marc des munitions de guerre, de l'artillerie de campagne et de siége, des projectiles, etc. Dès le 12 janvier, un ordre du jour de Pétion annonçait ces préparatifs, en ordonnant les dispositions nécessaires à la résistance : le 20 du même mois, les troupes des arrondisse-

---

[1] Sujet à caution sous ce rapport, il donnait d'avance sa parole royale, dans le temps même où il avait appris que c'était un mulâtre qui avait opéré la défection de sa frégate.

mens de Léogane et de Jacmel durent se réunir à celles du Port-au-Prince, et les gardes nationales se tenir prêtes à marcher, au premier ordre.

La scission du Sud restait toujours comme un obstacle à la défense parfaite de la République, menacée par son cruel ennemi. Mais la Providence voulut que ce fût au moment même où il comptait le plus sur cette funeste division, qu'elle dut finir.

Le 7 mars, veille du jour de la proclamation du *Lion du Nord*, le colonel PIERRE HENRY, son homonyme, se prononça à Jérémie, à la tête de la 18ᵉ demi-brigade, en faveur de l'autorité du Président d'Haïti.[1] Cette affaire avait été si bien menée, que le général Francisque fut surpris quand elle éclata, et il fut contraint de se retirer de la place avec quelques officiers et ses guides, se dirigeant aux Cayes. Après son départ, tous les citoyens se prononcèrent comme la 18ᵉ. Dans l'arrondissement de Tiburon, le colonel Lepage, de la gendarmerie, entraîna également dans le mouvement une partie de la 19ᵉ et les citoyens.

Lorsque le général Francisque sortit de Jérémie, il s'était arrêté un instant à Dalmarie; de là il en avait informé Borgella, par une lettre qui lui parvint aux Cayes. Le lendemain, ce dernier partit avec la 13ᵉ, un bataillon de la 17, et un détachement de dragons pour se porter à Jérémie. Quel que fût antérieurement son désir de mettre un terme à la situation où se trouvait le Sud à l'égard de l'Ouest, son devoir de général en chef lui commandait

---

[1] Depuis l'affaire de Gérin surtout, le colonel Henry, qui ne voulut pas y prendre part, s'était dévoué à Pétion; et celui-ci avait pour lui les plus grands égards, pour avoir neutralisé l'ancienne influence de Bergerac Trichet sur la 18ᵉ. Pétion ne négligeait pas non plus Madame Henry qui, comme Madame Metellus, exerçait une grande influence sur son mari. Cette femme ne voyageait jamais sans ses pistolets qu'elle maniait habilement.

de maintenir son autorité, puisque le conseil du gouvernement l'avait décidé ainsi. Il y a pour le militaire et l'homme politique, une obligation de se respecter soi-même, sous peine de déchoir dans l'opinion, dans la considération qu'il doit exiger de ses adversaires. Mais arrivé sur l'habitation Lesieur, dans les hauteurs de Pestel, Borgella reçut une autre lettre de Francisque, déjà rendu aux Cayes, qui lui apprenait que le colonel Lepage avait adhéré à la résolution du colonel Henry. Dès lors, il n'y avait lieu qu'à une chose: retourner aux Cayes, pour délibérer avec le conseil sur le parti qu'il fallait prendre en cette circonstance, les troupes qu'il avait avec lui ne suffisant pas pour marcher contre deux arrondissemens en défection. Il reprit la route des Cayes dans ce dessein.

Arrivé sur l'habitation Béret-Saint-Victor, dans les montagnes de Cavaillon, le 14 mars, il reçut une lettre de Panayoty et Frémont qui lui mandaient, qu'ils venaient dans le Sud, chargés d'une mission auprès de lui de la part du Président d'Haïti. Il leur répondit immédiatement, de l'attendre ou à Miragoane ou à Aquin, où il allait se rendre pour les recevoir. Cette mission lui prouvait que Pétion était déjà informé de la défection des arrondissemens de Jérémie et de Tiburon, et elle entrait dans ses vues de consulter le conseil départemental. Dans son désir d'éviter toute guerre, il communiqua cette nouvelle aux officiers supérieurs qu'il avait avec lui : le général Faubert, le colonel Léveillé, de la 15ᵉ, etc., et leur dit son intention d'en conférer avec le conseil, après avoir vu les envoyés du président.

Aussitôt, Léveillé conçut le projet de devancer toute délibération à ce sujet, de faire défection pour s'en faire un mérite aux yeux de Pétion ; il embaucha les officiers et les soldats de son corps, en leur faisant toutes les promesses en usage dans ces sortes de cas. Malgré l'ordre de Borgella, de faire défiler les troupes pour s'arrêter au carrefour de Cavaillon, Léveillé entraîna la 13e et les autres corps au pas de course, pour rentrer aux Cayes.

Ne les trouvant pas à ce carrefour, Borgella expédia le chef d'escadron Solages pour tâcher de les devancer aux Cayes, avec ordre au général Bonnet de prendre des mesures en conséquence. Mais Solages, les rencontrant à la rivière l'Ilet, fut retenu par le colonel Léveillé. Celui-ci rentra aux Cayes dans une grande effervescence, et fit prisonnier le général Bonnet qui allait au-devant de ces troupes, sur la levée des Quatre-Chemins. Dans ce moment, le général Wagnac se déclara en faveur de l'autorité du Président d'Haïti, et les membres du conseil départemental et les citoyens de la ville furent contenus par la force militaire placée sous les ordres de ce général : parmi les citoyens, il y en eut qui adhérèrent au mouvement.

Wagnac se conduisit en honnête homme, comme toujours, en bon citoyen et chef modéré dans l'exercice de son autorité; il fit respecter tout le monde, surtout Madame Borgella et sa famille, en souvenir des services que lui avait rendus le général en chef. Mais Léveillé inspira des craintes pour leurs jours aux hommes les plus courageux : le général Bonnet fut de ce nombre, tant ce colonel le menaçait après l'avoir fait prisonnier. Trouvant le moyen de lui échapper un instant, Bonnet chercha à se cacher, fut poursuivi tumultueusement par les soldats dirigés par Léveillé et ses officiers, et on le rencontra sous le théâtre de la salle de spectacle, où il courut encore le plus grand danger. A cet instant, le général Wagnac parvint à le protéger, et l'amena chez lui où il le garda pour le soustraire à toute insulte de la soldatesque. Ce fut une triste destinée pour un officier de cette importance !

Le général Francisque se trouvait chez Borgella, au moment de l'entrée des troupes en désordre ; il s'évada à pied par les fossés, avec ses aides de camp, pour aller à la rencontre du général en chef [1]. Celui-ci s'était décidé à retourner aux Cayes, par rapport à la mutinerie de Léveillé ; mais ayant joint Francisque qui lui apprit les événemens, et reçu au même moment une lettre de sa femme, qui lui mandait l'arrestation de Bonnet, il se résolut à se rendre à Aquin où étaient les généraux Vaval et Lys, et l'adjudant-général Véret, avec un bataillon de la 15e, fort de 600 hommes : il y arriva avec le général Francisque. Solages, échappé des mains de Léveillé, vint l'y joindre.

Pendant que l'arrondissement des Cayes se plaçait sous les ordres du Président d'Haïti, celui de Nippes suivait le même mouvement par l'action du général Bruny Leblanc : le 14 mars, il était soumis avec la 16e demi-brigade.

Le 10, le président avait reçu du colonel Henry, l'information de la soumission de l'arrondissement de Jérémie. En élevant cet officier au grade de général de brigade pour le commander désormais, il adressa le même jour un message au sénat, où il l'informait des particu-

---

[1] En voyant revenir la 13e et les autres troupes, du balcon où il était, Francisque croyait que c'était le général en chef qui rentrait aux Cayes. Mais Madame Borgella lui dit : « Vous « vous trompez, M. Borgella n'est pas avec ces troupes : jamais il ne souffrirait *le désordre* « qu'elles manifestent. Il a dû se rendre à Aquin. Sauvez-vous, allez l'y joindre : la 15e est « là ; c'est votre ancien régiment à tous les deux, il vous soutiendra. »

Quand Borgella apprit cette particularité et la dignité que montra sa femme en cette circonstance, son amour pour elle fut à son comble.

larités de cet événement qui lui faisait présager le terme de la scission du Sud, par les précédens résultant des négociations infructueuses du Grand-Goave. Par ce message, Pétion dit au sénat : « Ce qu'il y a de plus satis- « faisant, citoyens sénateurs, c'est qu'il n'y a pas eu une « seule goutte de sang de répandue. »

Le fait est, que le colonel Henry lui avait laissé ignorer l'assassinat du chef d'escadron Delaunay, sénateur et commandant de la place de Jérémie. Cet officier, étant malade, se trouvait à la campagne en changement d'air; aussitôt le mouvement opéré dans la ville, on alla sur l'habitation où il se tenait et on l'égorgea pendant la nuit. Le seul motif de ce crime fut attribué au désir de le remplacer dans son emploi militaire. Henry fut coupable de le laisser commettre, s'il ne l'ordonna pas lui-même. Delaunay pouvait être écarté, sans aucun danger pour le plein succès de la soumission de l'arrondissement; et le silence que ce colonel garda envers le président, sur cet assassinat, fait présumer qu'il l'ordonna, par quelque haine qu'il avait pour la victime.

En même temps qu'il ordonnait la sortie du Port-au-Prince, de plusieurs corps de troupes, pour se porter au Pont-de-Miragoane et aider, par sa présence sur ce point, aux défections dans les autres arrondissemens du Sud, Pétion se décida à envoyer Panayoty et Frémont auprès de Borgella, porteurs d'une dépêche en date du 11 mars. Il lui parla des motifs qu'il avait eus d'agir avec patience et modération, à l'occasion de la scission du Sud, par son espoir que la douceur et la persuasion produiraient avec le temps leur effet sur les esprits; mais que le moment était arrivé où chacun devait reconnaître la nécessité de revenir *à l'unité* dans le gouvernement, afin de

sauvegarder les familles et la République, menacées des plus grands malheurs. « Je viens *vous proposer*, lui dit-il, « *de rendre la paix et le bonheur à la République* ; il y « va *de votre gloire,* et vous trouverez toujours mon « cœur ouvert, prêt à devancer cet heureux moment....
« La circonstance présente *n'apportera pas* de change-
« ment essentiel à ce que je comptais faire en faveur de
« nos concitoyens du Sud, quand j'ai envoyé une dépu-
« tation au Grand-Goave, si ce n'est dans le commande-
« ment de la Grande-Anse que le colonel Henry conservera
« comme général de brigade, grade auquel je viens de
« l'élever, en considération de ses services. Si vous vous
« décidez *à reconnaître le gouvernement*, je suis prêt à
« envoyer une seconde députation, chargée *de stipuler*
« les articles partiels et accessoires qui devront vous
« donner *la sécurité et la garantie de mes promesses*,
« — la base de ma proposition préalablement admise.
« *Je vous parle*, citoyen général, *en frère et en ami*, et
« je ne vous ferai pas l'injure de croire que vous ne soyez
« pas convaincu de la sincérité de mes sentimens. Réu-
« nissons nos armes contre Christophe ; *réparons le passé*
« *par sa défaite ;* rappelons la prospérité et le bonheur
« dans notre pays. Je vous écris avec la confiance que
« *votre cœur m'entendra....* »

On ne pouvait agir et parler avec plus de franchise que ne le fit Pétion en cette circonstance, ni ménager davantage les susceptibilités de l'amour-propre, non-seulement de Borgella, mais des membres du conseil du Sud, généraux et autres. Ce qu'il disait *des stipulations* à faire et dont il avait conçu la pensée déjà, se rapportait à la promesse *verbale* donnée à l'aide de camp Chardavoine, de laisser à Borgella le commandement *en chef* du Sud, pourvu que le conseil départemental cessât d'exister, et qu'il reconnût son autorité de Président d'Haïti, pour rétablir *l'unité* du gouvernement et *l'indivisibilité* de la République. Mais, du reste, quel langage fraternel, que de sentimens patriotiques dans cette lettre !

Après le départ de Panayoty et de Frémont, le président se mit en route ; il avait avec lui les généraux Marion et Lamothe Aigron, Sabourin, Inginac et d'autres officiers et ses aides de camp. Les autres généraux et officiers de l'Ouest restèrent au Port-au-Prince pour assister le général Boyer, en cas que l'armée du Nord parût. Pétion y laissa aussi le bataillon des grenadiers à pied de sa garde et les chasseurs à cheval, emmenant dans le Sud les chasseurs à pied et les grenadiers à cheval, et des détachemens des autres troupes d'infanterie.

Les deux envoyés du président trouvèrent le général Borgella à Aquin, avec les généraux Francisque, Vaval, Lys, Faubert et l'adjudant-général Véret. En recevant de leurs mains la dépêche de Pétion, Borgella réunit en conseil ces officiers du Sud, afin de prendre leurs avis, mais en leur proposant tout d'abord *de se soumettre* à l'autorité du Président d'Haïti. Indépendamment de ses sentimens de patriotisme qui le portèrent à cette résolution, des termes de la dépêche présidentielle qui l'y engageaient, il y avait convenance, nécessité, puisque déjà les arrondissemens de Jérémie, de Tiburon, des Cayes et de Nippes, avaient pris ce parti, et que celui d'Aquin seul restait à se prononcer.

Vaval et Francisque acceptèrent sa proposition ; mais, contre son attente, Lys, Faubert et Véret y résistèrent, préférant, disaient-ils, guerroyer contre le président avec le seul bataillon de la 15ᵉ, resté fidèle par attachement à

Borgella, ancien colonel de ce corps. Lys poussa même son amour-propre, mal placé en cette occasion, jusqu'à dire « qu'il aimait mieux compromettre *le sort du pays*, « que de se soumettre au Président d'Haïti. » Un tel langage ne partait pas de son cœur, toujours si dévoué à Pétion et au pays ; il était l'effet de sa position particulière dans la scission du Sud, de sa fuite regrettable du Port-au-Prince. Lys ne vit que de l'humiliation pour lui, dans une détermination où il ne s'agissait que d'un sacrifice en faveur de la patrie. Mais il fut facile à Borgella de le ramener à des idées plus raisonnables, à ses vrais et constans sentimens, en lui exposant que son amour-propre personnel aurait le droit aussi de le porter à la résistance, puisqu'il allait descendre de son rang de général en chef du Sud : car, il ne visait nullement à la conservation du commandement de ce département, que lui avait fait proposer le président et dont il renouvelait la promesse par sa dépêche.

Ses collègues agréant enfin ses judicieuses raisons, Borgella expédia son aide de camp Solages avec les envoyés du Président d'Haïti, porteur d'une lettre du 16 mars, en réponse à sa dépêche. Il lui disait que Panayoty et Frémont, avec lesquels il s'était longtemps entretenu, lui feraient part de ses idées, de ses réflexions et de ses sentimens.

« J'ai lu avec une attention particulière, ajouta-t-il,
« votre dépêche portant la manifestation des sentimens
« de paix, d'union et de concorde. Ces sentimens coïn-
« cident parfaitement avec les miens. C'est de leur du-
« rée, c'est dans l'harmonie qui doit toujours exister
« entre les enfans d'une même famille, que naîtra la féli-
« cité de notre commune patrie... Mais, vous le savez,

« président, le temps seul devait nous préparer ce bon-
« heur ; le temps seul pouvait assoupir les préventions,
« calmer les haines et mettre désormais chaque citoyen
« à même de porter son offrande sur l'autel de la patrie:
« c'est là que brûle le feu sacré de la Liberté.... Je vous
« déclare avec la franchise qui doit caractériser tout
« militaire, *et sans détour comme sans répugnance*,
« que votre autorité est pleinement reconnue dans ce
« département. C'est moins la faiblesse qui me dirige,
« que le patriotisme et l'amour de la paix.

« Permettez-moi une réflexion qui naît des circons-
« tances et de la tranquillité publique. La constitution
« du 27 décembre 1806, dont vous nous offrez la garan-
« tie, demande quelques changemens, surtout à l'article
« du *pouvoir exécutif*. Dans un pays où les lumières ne
« sont pas généralement répandues, où les passions sont
« sans cesse irritées par l'amour du pouvoir, ne vous
« semble-t-il pas nécessaire *de perpétuer l'autorité* dans
« les mains du pouvoir exécutif? Un gouvernement *tem-
« poraire* peut-il convenir à un peuple facile à égarer et
« à faire éclater *des factions*, pour favoriser les préten-
« tions secrètes de ceux qui convoitent le gouverne-
« ment?....

« Je sollicite de vous *un ordre du jour* portant *oubli
« du passé*, la promesse d'une garantie et sans aucune
« restriction, aussi bien que la cessation de l'anarchie
« où ce département se trouve livré depuis peu de jours.
« Je vous demande aussi *une entrevue*, et je me porterai
« avec confiance dans le lieu que vous désignerez.... »

Borgella avait néanmoins admis dans sa lettre, l'idée
exprimée par le président, d'une sorte *de convention* où
des garanties seraient *stipulées* en faveur du Sud. Mais,

avec l'entraînement qui se propageait dans ce département, pour le retour à l'autorité du Président d'Haïti, il n'y avait plus lieu à exécuter une promesse évidemment faite pour décider le conseil départemental à se dissoudre : les événemens étaient accomplis, et *la garantie* de la sécurité pour tous, devait résulter de la parole d'un chef qui ne manqua jamais à la sienne, et de l'ordre du jour que Borgella réclama de lui.

Sa lettre parvint à Pétion, le 17, au Petit-Goave. Le président accueillit Solages avec la bienveillance la plus marquée, et lui dit que la conduite de son général était celle *du meilleur citoyen* de la République ; qu'il n'en était pas étonné, parce qu'il avait toujours apprécié son noble caractère, même quand ils étaient tous deux jeunes officiers. Le 18, il publia l'ordre du jour réclamé par Borgella, en disant aux troupes : « Soldats, Dieu a cou-
« ronné nos efforts. Nos frères nous attendent et nous
« appellent dans le Sud ; nous y entrons comme pacifi-
« cateurs : c'est assez vous dire ! Ordre, obéissance, res-
« pect des propriétés, oubli du passé : voilà le mot d'or-
« dre de l'armée. Il est expressément ordonné de ne rien
« dire sur qui que ce soit, sous peine de punition exem-
« plaire ; et de reconnaître dans la propriété de tous, ce
« que l'on doit à ses amis et à ses frères.... »

Arrivé sur l'habitation Olivier, il adressa un message au sénat pour l'informer de la soumission du Sud, par la lettre qu'il venait de recevoir du général Borgella, tant en son nom qu'en celui des généraux qui se trouvait à Aquin avec lui, et de la part des généraux Wagnac et B. Leblanc.

« Je vais me rendre à la capitale du Sud, dit-il, afin
« de raffermir les esprits et de cimenter l'union la plus

« parfaite. Je n'oublierai jamais, citoyens sénateurs, que
« la patrie demande des défenseurs, et que toute ma
« conduite doit être dirigée vers les moyens de conserver
« ceux que nous possédons, et d'acquérir, s'il est pos-
« sible, un plus grand nombre. »

Sur l'habitation Cadillac, près de Saint-Michel, le président renvoya Panayoty et Solages auprès de Borgella, porteurs d'une nouvelle dépêche et de la copie de son ordre du jour. Par cette dépêche du 18 mars aussi, en lui témoignant sa vive satisfaction des sentimens qu'il trouvait exprimés dans la sienne du 16, il lui disait : « Je suis entré dans la partie du Sud, *non pas pour y ven-*
« *ger aucune récrimination personnelle*, mais bien *pour*
« *y réunir les esprits et tous les cœurs*, à la seule et uni-
« que cause qu'il nous convient d'adopter pour nous
« sauver de la tyrannie de Christophe, et procurer à tous
« et chacun la garantie assurée de leurs droits.... Lors-
« qu'il sera permis de réviser la constitution, ou que la
« volonté du peuple s'expliquera à ce sujet, *la question*
« *que vous me proposez sera décidée....* [1] Je me mettrai
« en route demain pour Aquin, où j'espère vous embras-
« ser.... Je vous prie de rendre *aux généraux* qui sont
« avec vous, le témoignage *de toute mon affection* et de
« la satisfaction que j'aurai à les voir. » Et en post-scriptum : « J'avais eu *des inquiétudes* sur le sort du général
« Bonnet, qui a couru des dangers aux Cayes : le géné-
« ral Wagnac me tranquillise, en m'assurant que ses
« jours sont en sûreté. » Sollicitude qui honore la mémoire de Pétion !

---

1 On reconnaît ainsi, que l'idée d'élire le Président d'Haïti *à vie*, vint de l'initiative prise par le général Borgella, d'après des considérations puisées aux sources les plus pures : — pour amortir le désir effréné du pouvoir, calmer l'ambition, empêcher les factions de naître, assurer enfin une longue tranquillité au pays.

De Cadillac, il se rendit à Trémé où vinrent le joindre les généraux Borgella, Vaval, Francisque, Lys, Faubert, et l'adjudant-général Véret, le 20 mars. Les troupes de l'Ouest étaient en bataille des deux côtés de l'avenue des beaux arbres qui conduisait de la barrière à la maison principale. Borgella s'étant avancé, le président descendit du perron pour le recevoir et l'embrasser, ainsi que les autres généraux. Pétion et Borgella passèrent dans le salon où ils causèrent quelques instans, avant d'admettre les autres. Le président lui exprima de nouveau, la satisfaction qu'il éprouvait de sa conduite désintéressée qui sauvait la République, et qui lui méritait la reconnaissance de la nation et la sienne en particulier : « Car, « n'en doutez pas, lui dit-il, nous serons bientôt atta- « qués par Christophe ; j'ai eu des informations posi- « tives à cet égard : notre union seule peut nous sau- « ver. »

Le 21, le Président d'Haïti fit son entrée aux Cayes, avec les troupes de l'Ouest et escorté des officiers généraux du Sud : Borgella était à sa droite, et Lys à sa gauche [1]. Il donna à ce dernier le pas sur Francisque et Vaval, afin de lui prouver qu'il ne conservait aucune rancune contre lui. Il fit plus envers ces deux généraux : tout près de la ville, le colonel Léveillé vint au-devant de lui avec quelques-uns des officiers de la 13e, et le salua très-bruyamment en se vantant d'avoir pris les armes pour sa cause. Pétion lui dit : « Colonel, j'ai remarqué

---

[1] On remarqua qu'en entrant aux Cayes, Pétion avait un pied chaussé d'une botte, et l'autre, chaussé d'un soulier porté *en pantoufle*. Il donna pour raison qu'il souffrait au talon de ce pied ; mais comme il avait dit qu'il voulait entrer aux Cayes *en pantoufles*, on a pensé généralement qu'il ne voulut pas en avoir le démenti. Si telle fut son intention, passons-lui cela, à raison de sa conduite d'ailleurs si digne. Il avait reconnu en Borgella, le grade de *général de division*, pour avoir été général en chef du Sud.

« que vous n'avez salué ni le général Borgella, ni le gé-
« néral Lys : ce sont vos chefs, veuillez leur témoigner
« *le respect* que vous leur deve͞ » Force fut à Léveillé
de s'exécuter, à ces paroles du chef de l'Etat qui maintenait *l'autorité* dans la personne de deux officiers de mérite [1].

Mais il eut pour le digne général Wagnac tous les
égards, toute la considération qu'il méritait par sa conduite modérée, par les belles qualités de son âme. Dès le
14 mars, jour où Wagnac s'était prononcé en faveur de
Pétion, cet officier général, en lui rendant compte des
événemens passés aux Cayes, avait dit dans sa lettre :
« J'ai une grâce à vous demander, président ; c'est de
« me donner la satisfaction de témoigner *ma reconnais-*
« *sance* au général Borgella, qui m'a sauvé la vie *en plu-*
« *sieurs reprises, ainsi qu'à beaucoup de vos amis,*
« depuis qu'il a pris le commandement. Je vous prie, mon
« cher président, de lui être utile en cette circonstance. [2] »

Il eût suffi de ce beau sentiment exprimé si loyalement
par le brave Wagnac, au moment même où il replaçait
l'arrondissement des Cayes sous l'autorité du Président
d'Haïti, pour que Pétion eût pour lui cette haute estime
qu'il lui avait déjà accordée depuis 1806, et qu'il lui

---

[1] Comme il avait fait envers Sans-Souci, par rapport à H. Christophe.
[2] Le général Wagnac ne fut pas le seul qui témoigna des nobles sentimens de Borgella :
le juge de paix Salomon, dans une lettre postérieure aux événemens accomplis, en date
du 1ᵉʳ novembre 1812, dit à Pétion :

« Le général Borgella, plus juste, plus généreux, *ou moins soupçonneux* que le feu géné-
« ral Rigaud, m'a mis *hors des cachots* après bien des angoisses durant trois mois, et plus
« encore pendant l'assassinat de mes deux compagnons sus-nommés (le vieillard Coquille
« et Georges aîné). »

Ces mots de réticence ne détruisent pas *le fait*, quoiqu'ils amoindrissent la première
appréciation de la justice et de la générosité de Borgella. Salomon était connu, comme
Wagnac, pour être *partisan* de Pétion : si le général en chef du Sud le relaxa des cachots,
c'est qu'il ne pensait pas que *la persécution* fût un moyen de gouvernement, et que chacun,
au contraire, pouvait avoir ses idées et ses sentimens dans toute sa liberté.

montra constamment. Wagnac fut promu au grade de *général de division* dû à son mérite et à ses services. Le président pourvut à presque tous les emplois publics, d'après ses recommandations.

Bruno Blanchet n'avait pas attendu son arrivée pour s'enfuir à l'étranger : il se fit justice à lui-même [1].

Mais ce que l'on doit regretter, c'est que le général Bonnet demanda au président un passeport pour s'y rendre aussi. Il fit en cela une nouvelle *faute politique*, plus impardonnable que celle qui l'amena dans le Sud : car, il n'ignorait pas que Christophe était là, menaçant la République ; il avait trop contribué à la fonder, pour l'abandonner en cette circonstance. C'était sur les remparts du Port-au-Prince qu'il devait aller se réconcilier avec Pétion, en le secondant encore [2]. Qu'importait sa mésintelligence avec Boyer, en présence *de la patrie* réclamant le service de tous ses défenseurs ?

Le département du Sud avait cessé d'être en scission avec celui de l'Ouest, l'autorité du Président d'Haïti y était désormais reconnue, d'après la constitution et sa réélection en mars 1811. Le chef de l'Etat qui montra toujours tant de tact dans les affaires publiques, qui avait proclamé hautement *l'oubli du passé* avant de pénétrer dans le Sud ; ce chef sentit qu'il n'avait point à parler de nouveau au peuple, sur les événemens qui avaient occasionné cette discorde civile. Quelque rédaction qu'il aurait adoptée dans une proclamation ou une adresse, c'eût été toujours un acte désobligeant pour tous

---

[1] Quelque temps après, Blanchet revint aux Cayes. Sa présence y occasionna un tel mécontentement, que des officiers militaires le frappèrent dans les rues : ce qui le porta à se réfugier à Santo-Domingo.

[2] Puisqu'il ne comprenait pas ce devoir sacré, Pétion ne devait pas lui refuser le passeport.

les citoyens qui avaient été entraînés dans la scission, à plus forte raison pour ceux qui y avaient pris une part active, avec des démonstrations de passion ou de rancune contre le Président d'Haïti. Pétion s'en abstint avec raison, par un haut sentiment de patriotisme.

Il avait accueilli les réfugiés de l'Ouest, comme tous les autres citoyens ; mais il jugea convenable d'anéantir publiquement tous les registres, tous les papiers du conseil départemental, comme une signification de l'entier *oubli du passé, de l'union et de la concorde* qui devaient désormais exister entre le Sud et l'Ouest, ces deux départemens constituant alors *l'unité* de la République d'Haïti. Cette destruction officielle avertissait chacun, et surtout ses anciens partisans dans le Sud, qu'il ne fallait plus récriminer, rechercher les traces des opinions émises contre lui.

En prenant cette résolution, Pétion donna encore un témoignage d'estime à Borgella et à Lys ; il les prévint de son intention de faire brûler les archives départementales sur la place d'armes, en présence des troupes et du peuple, et il les engagea *à ne pas se trouver* à cette opération : « Des hommes comme vous, leur dit-il, ne doi-« vent pas y assister [1]. »

Elle eut lieu le dimanche 22 mars, jour *des Rameaux*, précédant cette sainte semaine où l'Eglise catholique commémore pieusement la mort du Divin Rédempteur,

---

[1] Pétion avait passé plusieurs heures à causer avec Borgella, sur les événemens antérieurs depuis le commencement de la révolution ; il lui expliqua les motifs de sa conduite en diverses circonstances. En lui disant de s'abstenir d'assister à cette opération, il ajouta en souriant : « Quant à Francisque et aux autres généraux, ils ont à peine participé aux « actes du conseil, ou plutôt *en militaires, qu'en hommes politiques* : cela vous serait plus « sensible, à vous et à Lys. » Borgella se donna une forte *migraine*, et Lys eut *mal aux dents* : ils se firent excuser auprès du Président d'Haïti, *de ne pouvoir* l'accompagner à la parade.

où l'Humanité entière devrait toujours se confondre dans un seul esprit, — celui de la Charité, — afin de bannir toute haine entre les enfans d'un même père. Le chef qui conçut cette pensée *d'union*, qui comprit si bien ses devoirs envers ses concitoyens, ses frères, qui était animé de cet esprit évangélique, méritait bien aussi les grâces divines attachées aux actes de son gouvernement, et d'emporter dans la tombe les regrets universels du peuple sur le cœur duquel *il régna*.

Mais voyons s'il mérite réellement, les louanges que nous donnons à sa conduite dans la pacification du Sud; si tout ce qu'il fit à cette occasion ne fut pas l'effet de l'impulsion de son propre cœur; si Pétion, enfin, peut être considéré comme un chef soumis *aux influences* de ceux qui l'entouraient.

Parmi ces hommes, Boyer passait aux yeux des opposans du temps, pour celui qui influençait le plus l'esprit du président, et nous en avons parlé déjà, à propos de sa mésintelligence avec Bonnet et d'autres. Examinons si Pétion encourut ce reproche; car il faut dire *la vérité tout entière*, quand on la connaît par tradition ou documens; autrement, on n'est pas digne d'écrire sur les faits historiques, on ne recommande pas son œuvre à l'estime du public. Voici des extraits de lettres adressées par Boyer au président, au moment où il allait dans le Sud.

Le 17 mars, il lui accusa réception de sa lettre du 16, par laquelle Pétion l'informait de la soumission des généraux B. Leblanc et Wagnac : « Cette heureuse circons« tance, dit-il au président, présage la pacification géné« rale du Sud ; car je ne présume pas que *les désorgani*« *sateurs réfugiés à Aquin* (Borgella, Lys, Vaval, etc.) « conservent encore *le coupable espoir* de résister à votre

« autorité. Trop de motifs ont dû, depuis peu, leur faire
« reconnaître *l'énormité de leurs fautes*, pour qu'ils n'en-
» visagent pas *votre clémence* comme leur seule res-
« source.... Mettez le temps à profit, président, et per-
« mettez *à mon amitié* de vous engager, en toute chose,
« *à bien mûrir vos réflexions avant de vous décider* à tout
« ce qui peut devenir important. Ayez toujours à la pen-
« sée *le salut commun, votre gloire et l'étendue de vos
« obligations*. Tout est ici dans la plus parfaite tranquil-
« lité; *tous les cœurs* ont paru être satisfaits de vos suc-
« cès; il semble même que l'esprit public se rectifie de
« plus en plus, et que l'esprit de parti fait place à la
« raison. [1] »

Ainsi, tandis que les dépêches de Pétion à Borgella
respiraient un esprit de concorde, des sentimens de réconciliation, qu'elles tenaient un langage amical et fraternel; dans sa lettre, Boyer ne voyait que « de la clé-
« mence à exercer envers les coupables, les désorganisa-
« teurs réfugiés à Aquin! » Etait-ce là le langage *d'une
vraie amitié* pour le chef qui voulait *oublier le passé*,
réunir tous les cœurs dans le saint amour de la patrie ?
Fallait-il chercher à exciter son orgueil? Et Boyer croyait
qu'il pouvait engager Pétion « à bien mûrir ses réflexions
« avant d'agir!!! » Le salut commun, la gloire personnelle du président, ses obligations envers son pays, con-
sistaient à opérer comme il fit, à ne pas faire sentir *à des
frères, des amis*, qu'il prenait envers eux un ton *de su-*

---

[1] Par cette même lettre du 17 mars, Boyer annonçait au président, qu'un soldat du 20ᵉ
régiment venait d'arriver de Saint-Marc, d'où il disait s'être sauvé le 12. Il dit à Boyer, que
les troupes transportaient des boulets, de Marchand à Saint-Marc; qu'elles étaient menées
avec une verge de fer; mais qu'il n'avait pas entendu parler d'une prochaine campagne
contre le Port-au-Prince. Il n'y avait que quatre jours, en effet, que la proclamation du 8
avait été publiée au Cap.

périorité résultant de son autorité ; car des hommes comme eux *méritaient* tous ces ménagemens. Nous les verrons bientôt *sur les remparts* du Port-au-Prince, — Borgella, Lys, Francsque, — et nous saurons s'ils surent *s'y réfugier* avec honneur.

Ce n'est pas tout : encore une lettre à citer, du 19 mars. Par celle-ci, Boyer accusait réception de deux autres de Pétion, des 17 et 18, et de son ordre du jour, qu'il fit imprimer par ses ordres et expédier aux fonctionnaires publics, en le publiant aussi. Il lui dit : « L'heureuse cir-
« constance de la soumission du Sud aux ordres du gou-
« vernement, a comblé ici *le peuple* de la plus vive allé-
« gresse.[1] *Le bonheur* que vous avez eu d'atteindre ce but
« *sans effusion de sang*, vous donne en quelque sorte
« de nouveaux droits à la reconnaissance publique, *et*
« *doit nécessairement augmenter la confusion et la*
« *honte de vos ennemis.* Quelle leçon *pour les méchans* !
« Et que de réflexions cette occasion fait naître sur les
« vicissitudes humaines ! Continuez, président, l'ouvrage
« que vous avez commencé ; la Providence bénira vos
« efforts. *Songez à l'avenir ! soyez clément, mais soyez-le*
« *avec dignité. Pardon* de la liberté de mes observations ;
« mais mon cœur et mes principes m'empêchent de vous
« parler différemment. »

Pétion eut dans le Sud, de nombreux *adversaires* et un seul *ennemi* : Bruno Blanchet. Il est à croire que beaucoup de ces adversaires ne le devinrent, que parce qu'ils étaient *les ennemis* de Boyer, dont les discours, comme les lettres citées ci-dessus, ne savaient pas toujours *ménager* ceux qui lui faisaient ombrage. De ce qu'il était

---

[1] Il y eut illumination *spontanée* au Port-au-Prince. — Journal *l'Écho*, du 22 mars, N° 12.

le favori du président, et qu'on le croyait *influent* sur son esprit, on lui imputait une grande part dans ce dont on se plaignait, et cela suffisait pour lui attirer *la haine* de bien des gens[1]. Revenons à cette lettre du 19 mars.

Comment, en présence de l'ordre du jour du 18, qui recommandait *l'oubli du passé entre des frères*, qui excitait *l'allégresse du peuple*; en présence de la sagesse du Président d'Haïti, de sa modération, obtenant la soumission du Sud *sans effusion de sang*, — ce qui réjouissait le cœur de Boyer, sans nul doute : comment a-t-il pu écrire à Pétion que ce qui faisait *son bonheur*, « de-« vait *nécessairement* augmenter la confusion et la honte « de ses ennemis ? » Comment a-t-il pu lui dire ensuite : « Soyez clément, mais soyez-le avec dignité ? » Boyer avait raison de terminer, par lui demander *pardon* de ses observations !

Mais l'Histoire, dans sa juste sévérité, *ne peut lui pardonner ses instigations* : elles étaient *déplacées*, comme sa propre *rancune* contre ses ennemis. Ce n'était pas là le devoir *d'un ami* du chef de l'État. On peut *soutenir* un gouvernement qu'on reconnaît convenable pour son pays, même celui qui ne l'est qu'à raison des circonstances qui dominent une situation ; on peut *défendre* le chef de ce gouvernement contre des attaques passionnées, mais *il ne faut pas l'irriter*. Nous verrons Boyer lui-même à l'œuvre *de la réconciliation* entre le Nord et la République, et nous lui décernerons alors *les louanges qu'il mérita* ; nous lui en décernerons bien d'autres ! mais en ce moment, à l'égard de celle du Sud, nous croyons qu'il

---

[1] En tous les temps, *les favoris*, ou même *ceux qui passent pour tels*, sont sujets à éprouver de la haine : haine injuste, surtout à l'égard de ces derniers. Et que dire, par rapport à ceux qui passent pour être *des conseillers intimes* !...

encourut, pour ses deux lettres, *un juste blâme*. Il avait assez profité des fautes de ses concurrens, pour pouvoir être *modéré*; et l'on dirait *qu'il les redoutait* encore, si Pétion se réconciliait franchement avec eux [1]!

Empressons-nous de faire *son éloge*, après l'avoir blâmé.

Le 22 mars, tandis que le Président d'Haïti accomplissait aux Cayes l'acte qui effaçait toutes les traces de la scission du Sud, le commandant de l'arrondissement du Port-au-Prince apprenait la marche de l'armée de Christophe. Il sut que des troupes nombreuses étaient arrivées au Mirebalais : le général Magny en avait le commandement supérieur. Boyer expédia aussitôt le chef d'escadron Lerebours, son aide de camp, pour aller en toute hâte en avertir le président; il fit tirer *l'alarme* et battre *la générale* pour réunir les troupes et les citoyens sous les armes.

Ce fut un moment de sérieuse réflexion pour tous, après la joie ressentie des événemens du Sud, à raison de la présence du président dans ce département avec une partie des troupes. Néanmoins, comme il avait prévu tous les cas d'une campagne contre le Port-au-Prince, Boyer se conforma au plan de défense qu'il avait adopté [2]. Il en sortit dans l'après-midi du 22, à 4 heures, avec les grenadiers à pied de la garde, les chasseurs à cheval, les bombardiers du 1er régiment d'artillerie, les 3e, 10e, 11e et 22e demi-brigades, en laissant dans la ville le 1er régiment d'artillerie, la 23e et la garde nationale.

---

[1] Quand j'émets de pareilles opinions au sujet du *général*, c'est que je me sens fort de ma conscience dans mes rapports avec le *Président d'Haïti*.

[2] Lettre de Boyer à Pétion, du 25 mars : « Et, conformément au plan que vous aviez « adopté, j'ai pris les positions pour attendre l'ennemi. »

La 25ᵉ occupait déjà le fort construit à Sibert, sous les ordres du général Bergerac Trichet : dans la nuit, le général Métellus arriva de Léogane, et il alla en prendre le commandement en y réunissant la 11ᵉ.

Les gardes nationales de Jacmel et de Baynet étaient déjà placées sur l'habitation Latan : le général Gédéon les y joignit avec les 3ᵉ et 10ᵉ et en eut le commandement.

Le général Boyer alla occuper l'habitation Bonrepos, avec les grenadiers de la garde, la 22ᵉ et une partie des bombardiers.

Il fit placer le colonel Per avec les chasseurs à cheval et l'autre partie des bombardiers, sur l'habitation Santo : cette cavalerie envoya des vedettes au-delà de la Croix-des-Bouquets, pour surveiller la marche des troupes venant par le Mirebalais et avertir de leur apparition.

A la Croix-des-Bouquets et à Jumécourt se tenaient la 12ᵉ et la garde nationale de la plaine, sous les ordres du général Frédéric : le fort du bourg avait été augmenté et armé [1].

On considérera, peut-être, que c'était là une grande dissémination des forces qu'on avait à opposer à l'invasion du Nord. Mais il paraît que le président avait été informé de divers projets de Christophe, qui nécessitaient l'occupation de tous ces points en même temps, parce qu'à tous aboutissaient des routes où son armée pouvait passer, afin *de surprendre* le Port-au-Prince sans défense. Elle pouvait pénétrer dans la plaine par la route de l'Arcahaie, éviter Sibert, et passer soit à Latan, soit à Bonrepos; ou bien en y pénétrant par la route du Mi-

---

[1] L'occupation de ces différentes positions est ainsi indiquée dans la lettre de Boyer, du 25 mars.

rebalais, passer soit à Santo, à la Croix-des-Bouquets, ou à Jumécourt[1]. D'après les dispositions arrêtées d'avance par Pétion, et que le général Boyer suivit alors, on obviait à ces risques; car les troupes occupant ces différens points se reliaient entre elles et pouvaient s'avertir mutuellement, pour se concentrer autant que possible sur le point le plus menacé.

On a vu la mention de l'ordre du jour du président, en date du 12 janvier, annonçant la prochaine invasion de Christophe; mais, quelques jours auparavant, il s'était passé un fait vers la Croix-des-Bouquets, qui est curieux. Une prétendue *Vierge* avait apparu à des cultivatrices de la plaine; elles disaient l'avoir vue sur un arbre *du figuier maudit*[2], vêtue de linge blanc; sa figure était cachée par un voile blanc. Elle avait dit à ces crédules femmes, qu'une puissante *armée* viendrait bientôt dans la plaine, et qu'il ne fallait pas lui résister, parce que ce serait *désobéir à Dieu*. Après cette exhortation, cette Vierge s'était envolée *dans le ciel*, disaient ces imbéciles, ou ces *commères*, qui propagèrent si bien cette ridicule fable, que bientôt presque tous les cultivateurs et leurs femmes se rendaient incessamment au pied *du figuier maudit*, pour prier : des dévotes, des âmes faibles de la ville, allèrent aussi faire chorus à ces croyances superstitieuses[3].

Le président jugea la chose selon son vrai sens : que c'était une manœuvre du *Défenseur de la Foi*, qui essayait d'exploiter l'ignorance, afin de ne pas rencontrer

---

[1] Elle eût pu encore pénétrer dans la plaine, par la route des Crochus.

[2] On connaît toutes les superstitions qui se rattachent, dans le pays, à l'arbre qu'on nomme ainsi.

[3] A la fin de 1811, et encore au commencement de janvier 1812, on voyait *une comète* à longue queue, au nord-ouest du Port-au-Prince : les esprits faibles étaient prédisposés à la superstition.

beaucoup de résistance, quand il se leverait *de son repos de Lion*. Il fit inviter l'abbé Gaspard, curé du Port-au-Prince, à se rendre sur les lieux pour employer l'autorité de la religion sur ces esprits crédules et les persuader de rejeter cette fable.

Ce prêtre s'y rendit, en effet, avec la croix et la bannière de l'église, escorté de chantres, d'enfans de chœur,.... et de dévotes surtout : il y trouva une foule nombreuse. Après des aspersions d'eau bénite, sur l'arbre désigné comme ayant servi de refuge *à la Vierge*, et avoir entonné des chants du rituel, il fit une allocution à ses auditeurs attentifs, à la suite de laquelle il leur déclara, qu'il fallait reconnaître si c'était réellement *la Sainte Vierge* qui était venue se faire voir un instant ; que dans ce cas, *le figuier maudit* participerait de sa sainteté et résisterait à l'action *du feu* qu'il allait y faire mettre. Mais les fagots assemblés autour de l'arbre, l'enflammèrent si bien, qu'en peu d'instans le feu s'étendait du tronc aux branches. L'expérience était concluante, les spectateurs ébahis condamnèrent la prétendue *Vierge* comme un *imposteur* [1].

C'en était un, en effet, un homme habillé en femme, un espion de Christophe, nommé *Bosquette*, qui avait joué ce rôle et qu'on appela plus tard *la Vierge Bosquette*, quand on sut les particuralités de sa mort, par ordre de Christophe.

Le lundi 23 mars, l'ennemi fit une reconnaissance du côté de Sibert, sans attaquer cette position : c'était appa-

---

[1] Après cette opération, l'abbé Gaspard publia sur le 2ᵉ numéro du journal *l'Écho*, du 12 janvier, une sorte d'épître aux fidèles, où il les conseillait de ne pas ajouter foi aux faux docteurs des sectes grossières *du fétichisme* ; car on croyait alors, que c'en était un qui avait emprunté la forme d'une Vierge, pour mieux se faire agréer. Nous avons ce journal sous les yeux.

remment pour y attirer les forces républicaines et faciliter la prise du Port-au-Prince, selon le plan de l'invasion.

Ce plan résultait des rapports de Bosquette. Il avait fait savoir que la Croix-des-Bouquets et Sibert étaient fortifiés ; que probablement les troupes du Port-au-Prince se partageraient pour défendre ces deux points, et qu'entre eux, il y avait une grande distance qui n'était pas gardée. Alors, Christophe fit passer le gros de son armée par le Mirebalais, 14,000 hommes environ, avec ordre au lieutenant-général Magny, duc de Plaisance, de descendre au Cul-de-Sac, d'éviter la Croix-des-Bouquets en débouchant par la Savanne-Blond, près de Santo : ce qui le mènerait sur la grande route de la plaine au Port-au-Prince, où il entrerait *l'arme au bras*, en laissant les troupes républicaines à Sibert et à la Croix-des-Bouquets. Toutefois, il avait prévu que, contre son attente, Magny pouvait avoir à combattre ; et que, *s'il était vainqueur*, il devrait se borner à aller s'établir à Drouillard, à une lieue du Port-au-Prince ; et là, il attendrait *le Roi* [1].

Ces instructions formelles sauvèrent la ville, comme on va le voir, et prouvent que Christophe n'avait pas le génie de la guerre, ou tout au moins l'intelligence de cet art ; car il est des cas où il faut laisser une certaine latitude à ses généraux.

A peu près à 1 heure de l'après-midi du 24 mars, une vedette des chasseurs à cheval, placée au pont de l'habi-

---

[1] Après le siége de 1812, j'ai entendu le général Magny raconter ces choses à mon père. Il ajouta : « Je savais bien, par les prisonniers que nous avions faits, que le président était « dans le Sud, et qu'il n'y avait point de troupes ici (au Port-au-Prince). Mais les instruc- « tions du Roi étaient formelles ; en prenant la ville, *ma tête fût tombée*. Il disait sans « cesse, qu'un officier ne doit *jamais* s'écarter de ses instructions : je suivis les miennes, et « *je m'en réjouis* aujourd'hui plus que jamais. »
Honorable parole, bien digne du vertueux Magny !

tation Bédet, vit arriver les troupes de l'ennemi sortant du Mirebalais. On aurait eu avis de leur marche plus tôt, si l'on avait placé une autre vedette sur l'habitation Lemeilleur, comme paraît l'avoir ordonné le général Boyer. Vers 2 heures, il fut informé, à Bonrepos, de cette marche de l'ennemi; il joignit le général Gédéon et sa brigade, à Latan, et toutes ces troupes, moins les gardes nationales de Jacmel et de Baynet laissées là, se portèrent au pas de course à Santo, où étaient les chasseurs à cheval avec une pièce d'artillerie légère. Les troupes ennemies étaient déjà rangées en bataille.

« C'était, dit Boyer au président, dans sa lettre du
« 25 mars, *comme vous l'aviez présumé,* sa plus forte
« colonne; et nous avons su, par le rapport des prison-
« niers que nous avons faits, qu'il y avait 9 régimens. Ils
« étaient en bataille, dans la savanne entre Santo et la
« Croix-des-Bouquets. Je vis bien cette extrême supé-
« riorité de l'ennemi; mais il ne me parut pas conve-
« nable de me retirer devant lui : ce qui ne pouvait faire
« qu'un fort mauvais effet sur nos troupes. Elles fai-
« saient la meilleure contenance et brûlaient d'ardeur
« de combattre. L'ennemi fit le mouvement pour nous
« attaquer; alors la pièce d'artillerie légère tira, et à
« peine eut-elle le temps de redoubler un second coup,
« que nos troupes chargèrent l'ennemi qui ploya, et il
« fut aussitôt chargé par le colonel Per avec sa cavalerie.
« L'ennemi fut mis en déroute; on lui prit deux dra-
« peaux et des prisonniers. Mais, s'étant rallié, il revint
« à la charge; et enfin, la grande supériorité du nombre
« l'emporta. Les 3e et 10e régimens furent contraints de
« replier, et je restai engagé avec le bataillon de la
« garde, ayant été obligé de mettre *pied à terre* à sa tête.

« L'ennemi nous chargea avec fureur.... Je parvins à
« me retirer sur Drouillard, afin d'y rallier les troupes...
« Je m'avançai de nouveau jusqu'à la Grande-Rivière
« pour faciliter le ralliement des soldats ; j'y fus encore
« assailli par l'ennemi, et enfin, je suis rentré en ville.
« J'ai de suite pris toutes mes dispositions, assisté par
« les généraux Bazelais et Gédéon, pour la garantir d'un
« coup de main, en attendant votre arrivée. »

D'après cette lettre, il paraît que Pétion avait été informé ou qu'il avait présumé, que la plus grande force de l'ennemi déboucherait cette fois dans la plaine, par la route du Mirebalais. La nouvelle étant parvenue, le 22 mars, de l'arrivée de troupes nombreuses dans ce bourg, il est à présumer aussi que, si le président avait été présent au Port-au-Prince, il se fût placé à Santo avec la majeure partie de ses forces pour les attendre. Le général Boyer ne lui a pas dit, dans sa lettre, quel était le nombre de combattans qu'il avait là sous ses ordres ; mais on s'est accordé, alors, à porter ce nombre à environ 1200 hommes d'infanterie et 200 hommes de cavalerie. En supposant même 2000 hommes, c'était une grande audace de sa part, que d'attaquer les 9 régimens ennemis avec si peu de troupes ; mais il eut raison de le faire, par les motifs qu'il a déduits : son judicieux jugement maintint le moral de nos soldats, quoique, en définitive, il ait perdu la bataille ; ils restèrent convaincus qu'à nombre égal, ils pourraient encore repousser l'ennemi.

Enfin, Boyer *sauva* le Port-au-Prince, à raison des instructions données par Christophe à Magny ; car, s'il ne l'eût pas attaqué, ce général eût poursuivi sa marche et y fût entré.

L'ennemi s'attendait si peu à rencontrer de la résistance à Santo, qu'il crut que les coups de canon de l'artillerie légère partaient d'une fortification élevée là[1]. Au second coup, le brave chef d'escadron Gentil Cantabre et une partie des meilleurs chasseurs à cheval, reçurent toute la mitraille de cette pièce : Cantabre eut la cuisse cassée et mourut deux ou trois jours après, au Port-au-Prince. Ce déplorable effet de l'inattention de l'officier d'artillerie, ou de trop de précipitation de la part des cavaliers, empêcha de charger l'ennemi avec plus de succès. Les bombardiers, les 3e et 10e eurent un élan auquel il ne put résister.

Mais le général Magny parvint à rétablir le combat, en faisant déployer ses ailes pour envelopper cette poignée de braves qui lui étaient opposés ; c'est alors que ces trois corps replièrent, et que les grenadiers à pied de la garde durent donner contre l'ennemi pour protéger leur retraite. A ce moment, la cavalerie du Nord étant encore éloignée, Magny fit réunir ses guides à ceux des généraux sous ses ordres, et il ordonna de les lancer contre la garde, en même temps que l'infanterie faisait un feu roulant contre elle. Ce corps résista pendant un instant à tout ce choc ; mais se voyant sur le point d'être enveloppé, il dut faire retraite : les cavaliers le chargèrent avec succès. Le général Boyer, à pied, courut le plus grand danger : son aide de camp Souffrant dut presque le mettre sur son cheval pour le sauver[2]. La garde seule perdit près de 150 hommes dans ce combat,

---

[1] C'est ce qui occasionna la mort de l'espion Bosquette. Il avait assuré qu'en y passant, on ne trouverait ni troupes ni canon : or, le fait prouvait qu'il était encore *un imposteur* ; il périt comme tel. Voilà bien une punition de la véritable Sainte Vierge.

[2] Souffrant, le même qui était aide de camp de Bonnet, qui tua J.-L. Longueval devant Saint-Marc : l'un des plus braves officiers d'Haïti.

y compris plusieurs de ses plus vaillans officiers; et les autres corps essuyèrent aussi des pertes regrettables.

« J'ajouterai, dit Boyer au président, que les officiers « et les soldats se sont bien battus. Le général Gédéon « s'est conduit en héros, comme à son ordinaire ; le co- « lonel Per et le commandant Poisson ont répondu à ce « que vous attendiez de leur bravoure. Enfin, chacun « s'est bien montré. Mais nous avons à regretter de « grandes pertes, en plusieurs braves et excellens offi- « ciers : David, Rinchère, Rey, Rémy n'ont pas encore « paru ; il paraît certain que les deux premiers ont péri.» Tous les quatre avaient subi ce malheureux sort.

Lorsque Boyer retourna sur ses pas, dans l'intention de rallier les soldats qui s'étaient jetés dans les bois de l'habitation Goureaux, il était nuit ; et l'on dit à cette époque, que ce ne fut pas l'ennemi qui s'avança contre lui et les hommes qui l'accompagnaient ; mais qu'un cabrouet, qui avait été abandonné tout attelé de ses bœufs, ayant été entraîné par ces animaux pris de frayeur, le bruit que fit le véhicule fut si grand, qu'on crut que c'était la cavalerie ennemie qui venait au grand trot : une véritable déroute eut lieu, et Boyer perdit son chapeau galonné que l'ennemi ramassa à terre ensuite. Des officiers voulaient retourner pour le chercher ; il leur dit que le chapeau d'un général pouvait être remplacé, mais qu'il serait désolé de la mort d'un seul d'entre eux, à cause de sa coiffure. Il avait raison.

Pendant la bataille de Santo, les gardes nationales laissées à Latan se portèrent à Sibert. Ce fort n'était pas assez grand pour contenir les deux régimens qui y étaient déjà, augmentés encore de ces hommes qu'il fallut y recevoir cependant, leur retraite sur la ville pouvant les faire tomber au milieu de l'ennemi vainqueur : de sorte que, cette garnison était exposée à perdre beaucoup de monde, en cas de siége de la part de l'ennemi. Le général Frédéric conserva aussi ses positions à la Croix-des-Bouquets et à Jumécourt. Entre ces deux points, Sibert était le plus exposé.

Après sa victoire à Santo, dans la nuit le général Magny marcha sur Drouillard, où il s'arrêta, conformément à ses instructions.

Dans la même nuit et pendant la journée du 25, des échappés de la bataille, blessés ou non, entrèrent incessamment au Port-au-Prince. Cette ville était loin de pouvoir offrir une longue résistance, si l'ennemi marchait contre elle ; mais tous les hommes valides étaient sur pied et disposés à combattre. Le colonel Dupuche, directeur de l'arsenal, se multiplia dans cette nuit de terrible attente ; il fit placer des canons aux deux portes de l'arsenal pour défendre ce dépôt d'armes et de munitions ; il en fit traîner sur toute la ligne, du fort Marchand au fort Léogane, pour résister autant que possible aux attaques présumées de l'ennemi [1]. Caneaux, colonel du 1er régiment d'artillerie, seconda aussi le général commandant de l'arrondissement, comme tous les autres officiers supérieurs. Les soldats battus à Santo et rentrés en ville, ne remplirent pas moins leurs devoirs en se rendant dans les postes ou fortifications, dès qu'ils arrivaient. Chacun, enfin, se rappela qu'après la bataille de

---

1 Dans cette nuit où l'on s'attendait à être attaqué par l'ennemi, je vis le brave Dupuche à cheval, se portant dans les postes. Son costume était singulier : il avait un schako de soldat, en cuir, un gilet rond, et il était armé d'un sabre, d'une paire de pistolets à la ceinture, d'un trabucco ou tromblon et d'un porte-voix passés en bandoulière sur ses épaules. Il resta armé ainsi durant tout le siége, et nos soldats en plaisantaient avec lui-même, qui riait comme eux.

Sibert, le 1er janvier 1807, on avait repoussé les troupes de Christophe, et on eut encore cet espoir. Mais les malheureuses femmes se rappelèrent également qu'elles avaient fui le danger ce jour-là ; néanmoins, il y en eut beaucoup qui restèrent avec courage pour le partager, et pas un acte de désordre n'eut lieu dans cette circonstance.

« Croyez, président, que je ne négligerai rien pour
« défendre la place jusqu'à votre arrivée, et je ne doute
« point que nous ne reprenions nos avantages sur l'en-
« nemi. Tout le monde paraît bien disposé, mais on
« soupire après votre arrivée. Vous savez combien on
« vous aime. » Telle fut la fin de la lettre du g̃ ͬ
Boyer, du 25 : il lui apprenait encore que dans la matinée de ce jour, l'ennemi avait attaqué Sibert, et qu'il avait été repoussé.

Effectivement, Christophe ayant appris le succès de son brave lieutenant à Santo, crut pouvoir enlever le fort de Sibert d'assaut ; il en fit donner plusieurs qui échouèrent devant la vaillance de Métellus, de Bergerac Trichet et de leurs compagnons. Le lendemain, il fit établir des batteries de canons de siége, que les troupes sous ses ordres directs avaient traînés de Saint-Marc. Cette colonne était forte de 6000 hommes et composée de sa maison militaire ou *garde haïtienne*, formée des plus beaux hommes de son armée, tant à pied qu'à cheval, et de la plus grande partie des grénadiers des autres corps. Dans les assauts donnés à Sibert, il en périt un grand nombre, par la mitraille et une fusillade bien nourrie : la vaillante 11e s'y connaissait.

Le 16 mars, le sénat avait rendu un décret qui déclarait que le colonel Henry, les troupes sous ses ordres et les citoyens de la Grande-Anse, avaient *bien mérité de la patrie* en reconnaissant l'autorité du Président d'Haïti. Le 25, ce corps fit un autre acte qui déclara aussi que le général Boyer et les troupes du Port-au-Prince avaient également *bien mérité de la patrie*, dans la journée du 24 ; et ce même jour, il se déclara *en permanence*, vu l'état de guerre où se trouvait le siége du gouvernement.

CHAPITRE XVIII.

Pétion retourne au Port-au-Prince, en apprenant la marche de Christophe. — Le fort de Sibert est assiégé et évacué : mort du général Métellus. — Promotion du général Gédéon au grade divisionnaire. — Christophe fait *brûler* les blessés de Sibert. — Réorganisation de la flotte républicaine. — Abandon de la Croix-des-Bouquets. — Borgella commande la première ligne de défense du Port-au-Prince; Gédéon, la seconde. — Les batteries ennemies ouvrent leur feu contre la place. — Lys prend le commandement du fort National. — Mort de Verger dans une mine. — Pétion quitte le palais et occupe la loge des francs-maçons. — Petit-Brueil est tué par une bombe. — Borgella est blessé à la tête. — Le général Guerrier enlève les postes de la ligne extérieure, commandés par les généraux Frédéric et Marion. — Borgella lui est opposé et arrête ses succès. — Combats entre la flotte de la République et celle du Nord : F. Bernard est blessé. — Conduite partiale des officiers de deux frégates anglaises. — Pétion ordonne la circulation d'une petite monnaie dans l'arrondissement de Nippes. — Fabrication de fausse-monnaie au Port-au-Prince. — Le général Guerrier échoue, le 31 mai, dans de nouvelles attaques contre les postes commandés par Borgella. — Embauchage des soldats ennemis par ceux de la République. — Le colonel Marc Servant, du 7ᵉ régiment de Saint-Marc, provoque la défection de son corps et de deux autres en faveur de la République. — Le général Magny y est entraîné malgré lui. — Christophe revient de Saint-Marc, en apprenant ce fait. — Il convoque ses généraux en conseil de guerre, et ordonne la levée du siége en retournant à Saint-Marc. — Son armée évacue dans la nuit du 14 au 15 juin. — Pétion ne veut pas la poursuivre : motifs qu'il en donne. — Les troupes du Sud retournent à leurs cantonnemens, sur l'ordre que Pétion leur fait donner par Borgella. — Borgella, Lys, Francisque et B. Leblanc retournent aussi dans ce département.

Le chef d'escadron Lerebours avait compris l'importance de la mission dont il était chargé auprès du Président d'Haïti : parti du Port-au-Prince le 22 mars, vers 10 heures du matin, il était rendu aux Cayes le 23, à la fin du jour.

Pétion ne fut nullement étonné de la nouvelle qu'il

apportait; mais il fut heureux qu'elle vînt sitôt convaincre les esprits dans le Sud, *de l'urgence* de la fraternelle réconciliation qui venait de s'opérer. Le danger commun allait cimenter l'union entre les citoyens des deux départemens, en les réunissant sur le même champ de bataille. A son insu, Christophe servait ainsi *la cause* de la République, de même qu'il l'avait servie, en envoyant sa députation au Port-au-Prince au moment de l'entrevue du Pont-de-Miragoane, et qu'il venait encore de la servir, par ses étonnantes instructions au général Magny. Les tyrans sont souvent dupes de leur perversité.

Il n'y avait pas de temps à perdre dans l'actualité. Le président fit appeler les officiers généraux présens aux Cayes, et leur communiqua la nouvelle transmise par Lerebours, en leur ordonnant de se tenir prêts à partir avec lui pour le Port-au-Prince, excepté Wagnac et Vaval qui durent rester aux Cayes et à Aquin.

Pétion donna le même ordre aux troupes de l'Ouest venues avec lui; mais il voulut que ce fût le général Borgella qui commandât à celles du Sud de marcher au Port-au-Prince: nouveau trait de délicate convenance envers celui qui venait de prouver qu'à ses yeux, *la patrie* était plus chère que *le pouvoir*. Et quels égards, quelle considération ne témoignait-il pas, par cet acte, aux idées et aux sentimens des citoyens du Sud! Qui, parmi eux, après cela, pouvait encore garder au fond du cœur, le moindre vestige de rancune contre le chef de l'État ?[1]

Nous ignorons si le général Bonnet était déjà parti

---

[1] Une partie de la garde nationale du Sud vint coopérer aussi à la défense du Port-au-Prince. On distinguait E. Berret à la tête de celle de Cavaillon : il mit un zèle sincère en cette occasion, et d'autant plus louable, qu'il avait adopté avec chaleur l'idée de la scission et qu'il l'avait défendue dans les conférences du Grand-Goave. Il était un intime ami de Borgella : c'est dire qu'il fut un citoyen estimable sous tous les rapports.

pour l'étranger, quand Lerebours apporta la nouvelle de la marche de l'ennemi commun ; mais, s'il foulait encore de son pied le sol des Cayes, de cette ville où reposent les restes de B. Ogé, de Geffrard, de Rigaud, son devoir était de transformer *en cartouches* le passeport qu'il avait obtenu, pour aller les brûler au Port-au-Prince, sur les remparts de ce boulevard de la Liberté.

Les troupes avaient défilé dans la nuit même : le 24, au jour, le président et les généraux quittèrent les Cayes ; le 26, à 8 heures du matin, ils entrèrent au Port-au-Prince. On ne peut se figurer ce qu'éprouvèrent soldats et citoyens, quand Pétion arriva dans cette ville, que par le souvenir de son retour après la bataille de Sibert, le 1er janvier 1807 : il semblait à chacun, que l'on ne devait plus rien redouter de la part de l'ennemi.

Dans l'après-midi du même jour, il parut sur la route de la Coupe et sur les mornets environnans : c'était pour commencer l'investissement de la place. Pétion, qui avait fait la tournée de tous les postes, de toutes les fortifications, dès son arrivée, se transporta au fort du Gouvernement et fit tirer plusieurs coups de canon de 24 contre les troupes qui paraissaient : on les vit se retirer.

Dès ce jour aussi, on entendit de la ville, le canon qui grondait contre le fort de Sibert. Quoiqu'il ripostât de la même manière, on put juger que l'ennemi l'emporterait à la fin, même par la famine, le fort n'ayant été construit que pour arrêter sa marche dans la grande route. Il s'y trouvait trop d'hommes agglomérés dans un petit espace, pour qu'il n'y eût pas beaucoup de pertes en tués et blessés. Néanmoins, les généraux Métellus et B. Trichet y tinrent bon pendant les journées des 26, 27, 28 et 29 mars ; mais dans la soirée de ce dernier jour, ils résolurent l'évacuation du fort, pour tenter de traverser les troupes ennemies et gagner la Croix-des-Bouquets ou la la Coupe, afin de rentrer au Port-au-Prince par la montagne à laquelle cette ville est adossée.

Cette évacuation s'opéra d'abord assez heureusement, vers 8 heures du soir, par une nuit obscure où il pleuvait; mais un tambour heurta contre une branche d'arbre et donna le premier éveil aux ennemis qui étaient le plus près. Aussitôt, ils se mirent à la poursuite de nos gens; nos blessés, abandonnés, poussèrent des cris: ce fut alors un sauve-qui-peut épouvantable. Le brave Métellus, qui avait acquis non-seulement de l'embonpoint, mais de l'obésité, ne put marcher dans cette déroute, quoique assisté du vaillant Morisset, son aide de camp, chef d'escadron, et des autres officiers de son état-major: il étouffa entre leurs mains et termina ainsi sa glorieuse carrière, parcourue en tout temps au service de la liberté de ses frères. Ce fut une perte pour la République, et Pétion la ressentit vivement. Il fallut abandonner ce cadavre gisant par terre, aux insultes d'un ennemi impitoyable ! [1]

Bergerac Trichet, les colonels Néret, de la 11e, Jean Dugotier, de la 25e, et Jérémie, commandant les gardes nationales de Jacmel et de Baynet, presque tous leurs of-

---

[1] En 1819, quand je dépouillai les papiers pris dans la retraite de Goman, je trouvai une lettre que lui écrivit Christophe, où il lui rendait compte du résultat de la bataille de Santo et de l'évacuation du fort de Sibert. En lui parlant de la mort de Métellus, son secrétaire avait d'abord écrit : « Métellus, le bras droit de Pétion, *est mort.* » Ces deux mots furent effacés et remplacés par ceux-ci : *a mordu la poussière.* Le général Borgella reconnut que cette lettre avait été écrite par Prézeau, qui était son cousin. En 1820, après la mort de Christophe, Prézeau étant venu avec lui au Port-au-Prince, je lui parlai de cette lettre et lui demandai pourquoi il avait changé l'expression; il me répondit : « C'est le Roi qui me « l'ordonna; il aimait ces sortes d'expressions ; il me dit: Écrivez, *a mordu la poussière.* » Cette même lettre disait à Goman, qu'on avait pris le chapeau galonné du général Boyer.

ficiers et la plus grande partie des soldats, réussirent à se dégager des étreintes de l'ennemi ; ils arrivèrent en ville, les uns en passant par les bois des diverses habitations du canton des Varreux, qui aboutissent aux salines du littoral, vers le fort Lamarre, les autres par les habitations à l'est de Sibert : ceux-ci mirent plus de temps, en raison du long détour qu'il leur fallut faire.

Toutes les troupes venant du Sud étaient arrivées au Port-au-Prince, le 29 : le président se vit en mesure de former une forte colonne, principalement de grenadiers, pour l'envoyer au secours de Sibert et faciliter l'évacuation de ce fort. C'était une entreprise hardie, lorsqu'il y avait à présumer que ce point était bloqué, cerné en tous les sens ; il fallait qu'elle fût confiée à un officier général audacieux et plein de résolution : le courageux Gédéon fut celui qui lui parut propre à remplir cette mission. Il venait de se distinguer à Santo, et au moment où il allait courir de nouveaux hasards, Pétion récompensa ses services par le grade de général de division. Gédéon partit avec sa colonne, se dirigeant par la Coupe pour pénétrer dans la plaine et arriver à sa destination, à peu près à la même heure où l'évacuation de Sibert s'opérait. Vers minuit, des militaires venant de là étant parvenus au fort Lamarre, annonçant l'évacuation, le président expédia son aide de camp Chéri Gateau auprès de Gédéon, avec ordre de rentrer en ville.

Parmi les braves de la garnison de Sibert, ceux qui périrent par l'effet de la canonnade ennemie ne furent pas les plus malheureux. Les prisonniers faits dans la nuit de l'évacuation, furent placés à bord d'une corvette de la flotte du Nord ; elle avait paru dans la baie pendant la semaine sainte, et ce bâtiment était mouillé au Fossé, petit port sur le littoral des habitations Drouillard et Truitier : à son bord se trouvaient les projectiles et les autres munitions de guerre nécessaires au siége du Port-au-Prince. Il semble qu'ayant préservé les prisonniers valides, Christophe devait agir avec encore plus d'humanité envers *les blessés*; mais ce monstre, qui se compara *au lion* dont il n'avait pas la générosité, prétendant qu'on ne pouvait en avoir soin, les fit porter sur l'habitation Drouillard, où il occupait la maison principale ; et là, dans son quartier-général, il fit dresser un immense bûcher sur lequel on jeta environ 100 blessés de Sibert. Il reput ses yeux du spectacle que leur offrirent les cris déchirans, les angoisses des malheureuses victimes de la guerre, quand le feu les dévorait [1] !

En contraignant ses soldats à cet acte barbare, il leur inspira l'idée de passer au service de la République, qui ménageait, secourait ceux qui tombaient en son pouvoir : dès ce jour, des désertions individuelles commencèrent dans leurs rangs ; elles furent comme le précurseur de la défection qui s'opéra plus tard.

Nous venons de parler de la flotte du Nord. Depuis la scission du Sud, celle de la République était désorganisée; plusieurs de ces navires se trouvaient aux Cayes, au moment de la séparation, et y restèrent, notamment *le Conquérant*, *le Flambeau*, sous les ordres des frères Gaspard, *la Présidente*, etc. Au moment de son départ des Cayes, le président donna ordre de les faire venir au Port-au-Prince, avec la corvette et le brig du Nord mouillés à Miragoane depuis le combat entre les deux frégates ; mais

---

[1] Après le siége de Jacmel, en 1800, il avait commis de pareilles horreurs. Voyez tome 4 de cet ouvrage, page 151.

il fallut quelques semaines pour organiser les équipages de tous ces navires, qui s'étaient éparpillés dans les petits ports du Sud. Vers les premiers jours de mai, la flotte se réorganisa, et le président la plaça sous les ordres du commandant Frédéric Bernard, l'état maladif de Panayoty, après sa mission, l'empêchant d'en prendre le commandement.

Après l'évacuation de Sibert, le président fit abandonner le fort de la Croix-des-Bouquets par le général Frédéric, qui vint occuper avec la 12e et la garde nationale de la plaine, les hauteurs du morne l'Hôpital, au-dessus de Turgeau, afin d'empêcher l'ennemi de cerner la ville du côté sud.

Dans la place, dont le pourtour fut divisé en deux lignes, le général de division Borgella eut le commandement de la première, qui s'étendait du rivage de la mer, à l'ouest du fort Léogane, jusqu'au fort Marchand où aboutit le chemin menant au fort National : dans cette ligne se trouvaient les forts Léogane, de l'Hôpital, du Gouvernement et Marchand, et les redoutes de l'Hôpital et des Casernes. Borgella se tenait au fort du Gouvernement, derrière le palais de la présidence, avec les généraux Bazelais et Faubert. Le général de brigade Lamothe-Aigron commandait le fort Léogane, et l'adjudant-général Voltaire, celui de Marchand : les autres étaient placés sous les ordres d'officiers supérieurs.

Le commandement de la seconde ligne fut confié au général de division Gédéon, qui se tenait au fort Lamarre : il y avait dans cette ligne, outre ce fort, ceux de La Croix, Gomier et Éveillard, et la redoute Touron, placée au rivage de la mer, à l'ouest du fort Lamarre ; deux autres redoutes fut construites, l'une entre les forts

Gomier et Eveillard, l'autre entre ce dernier et le fort Marchand.

Le fort National était sous le commandement du colonel d'artillerie Patience, très-capable dans son art. De cette position, qui domine la place, on découvrait la maison principale de Drouillard, servant de logement à *l'Hôte Royal* qui vint visiter la République. Patience lui lança quelques boulets de 36 à toute volée. Mécontent de cet essai qui troublait son repos, le *Lion* fit immédiatement démolir une maison secondaire de son séjour, qu'on remonta dans une position où elle n'était pas aperçue de l'officier d'artillerie, et il s'y réfugia avec moins de faste, mais avec plus de sécurité pour sa personne sacrée.

Déjà, dès le 26 mars, il avait ordonné de dresser des batteries contre la ville. A l'est du fort National, ses ingénieurs avaient choisi une position élevée, mais éloignée, d'où les canons de siége pouvaient cependant porter leurs boulets contre ce fort et celui du Gouvernement, à ce dernier pour atteindre en même temps le palais de la présidence. Vis-à-vis les forts Eveillard et Gomier, ils en établirent deux autres, qui battaient ces forts et le fort National. En face du fort Lamarre, sur un monticule de l'habitation Robert, était une autre batterie dirigée contre lui. Pour le moment, suivant les règles du génie militaire, l'ennemi se contenta de ces batteries encore éloignées de la place, sauf à se rapprocher davantage. Christophe aimait à procéder méthodiquement à la guerre, comme il aimait à parler catégoriquement.

Le lundi 6 avril, vers 6 heures du matin, *le premier coup de canon* tiré contre la ville fut dirigé sur le fort du Gouvernement, sans doute en représailles des coups que Pétion avait fait tirer de là le 26 mars. Borgella était appuyé sur un gabion, sa longue-vue à la main, observant l'ennemi ; il paraît qu'il fut aperçu dans cette position, car le boulet vint frapper contre le gabion et y resta dans la terre, en en jetant sur Borgella, et sur Solages et Chardavoine, ses aides de camp, qui se tenaient à côté de lui. Echappé heureusement au projectile, il leur dit : « Puisque ce boulet ne m'a pas atteint, c'est un bon présage : aucun autre ne me tuera. »

La canonnade de cette batterie ennemie et de toutes les autres, s'ouvrit par ce coup qui faillit enlever ce brave général ; elle dura toute la journée. Le fort du Gouvernement y riposta de suite ; le fort National et les autres ne furent point avares de leurs boulets : ce fut un tapage épouvantable, et il continua ainsi pendant deux mois et demi que dura le siège. Bientôt, de nouvelles batteries furent dressées par l'ennemi, plus à proximité des fortifications de la place : les forts National, Lamarre et du Gouvernement, furent surtout ceux qu'elles canonnèrent.

Quand le président reconnut que le fort National était l'objet essentiel que l'ennemi avait en vue, il chargea le général Lys d'en prendre le commandement, ayant Patience sous ses ordres. Il ordonna de construire des redoutes hors de ce fort, sur la chaîne de monticules qui l'avoisinent au sud-est, pour mieux le garantir : il y en eut deux principales qui furent désignées par les numéros 1er et 2. L'ennemi finit par s'établir si près de ces redoutes, avec ses gros canons, que nos soldats adressaient la parole à ceux du parti contraire.

Après avoir passé huit jours au fort National, Lys y fut remplacé par le général Francisque, qui en passa autant et qui fut relevé par le général Bruny Leblanc, pendant le même temps¹. Mais alors Lys y retourna et resta jusqu'à la fin du siége, ses connaissances, comme artilleur, le rendant plus propre que les deux autres généraux aux opérations nécessitées par une situation de plus en plus grave. Les colonels Léger, Vase, et divers autres officiers de leur grade, commandèrent successivement les redoutes : il y eut de chaudes affaires, l'ennemi ayant tenté plusieurs fois de les enlever pour se rendre maître du fort National. Mais il fut toujours repoussé. C'était là qu'il périssait le plus de monde de part et d'autre².

Les ingénieurs ennemis firent pratiquer une mine, qui devait faire sauter en même temps les redoutes et le fort National. De notre côté, on en pratiqua une aussi dans le fossé de la redoute N° 1er; elle allait aboutir à celle de l'ennemi, qui, entendant le travail, ouvrit la galerie et se tint à l'affût, dans un moment de repos de nos ouvriers. Ceux-ci ayant aperçu ensuite une clarté, s'arrêtèrent et firent leur rapport à Méroné et Verger, qui les dirigeaient. Tous deux pénétrèrent en même temps dans la galerie, afin de s'en assurer. Méroné était en avant, il vit cette clarté qui prouvait que notre mine avait été découverte, et il s'arrêta en disant à Verger que nos ouvriers avaient raison. Mais Verger voulut s'en assurer aussi, et il passa devant Méroné qui fit ses efforts pour le retenir : à ce moment, une décharge de coups de fusil eut lieu et atteignit Verger, qui poussa d'horribles cris et mourut. Méroné rétrograda dans la galerie et se sauva, et les soldats ennemis y entrèrent de leur

---

1 B. Leblanc devint ensuite le commandant en second de la ligne sous les ordres de Gédéon.

2 Le colonel J.-J. Sudre, de Jacmel, fut tué dans la redoute, N° 1er.

côté et retirèrent le cadavre de l'infortuné Verger. Ce digne ami de notre cause fut vivement regretté par Pétion et Borgella [1].

On comprendra que, dans la relation du siége du Port-au-Prince, à moins d'avoir sous les yeux un journal mentionnant chaque affaire importante, chaque incident, dans l'ordre chronologique, il est impossible de tout classer d'une manière satisfaisante. Nous ne possédons pas un pareil document, et nous y suppléons par nos souvenirs et par des traditions fugitives.

Dans les lignes de la place, Pétion avait fait mettre des obusiers entre les forts Lamarre et La Croix ; ils lançaient leurs projectiles contre la batterie ennemie placée tout près du premier de ces forts. Il y en avait au fort National, qui lançaient les leur contre les batteries à proximité des redoutes N° 1er et 2. Mais l'ennemi y avait des obusiers et des mortiers ; il y répondait, et ils envoyat des bombes contre le fort du Gouvernement, près duquel nous avions nous-mêmes un gros mortier qui lui ripostait. Ses boulets tombant autant sur le palais de la présidence que sur le fort, on garnit la galerie à l'est de la chambre à coucher de Pétion, de sacs remplis de terre pour l'abriter. Un matin, une bombe de 12 pouces vint tomber à quelques pas de Pétion, qui parlait à des officiers, dans la partie entre les deux ailes du palais ; elle n'éclata pas, ce qui lui fit dire avec le plus grand sang-froid : « Les artilleurs ennemis emploient de bien « mauvaises mèches ! »

---

[1] Verger était ce Français qui se sauva des Cayes avec Borgella, en 1803, pour aller joindre les indigènes : il était notaire au Port-au-Prince, et avait enseigné à Méroné, le latin, le français et les mathématiques. A partir du jour de sa mort, on remarqua des signes d'aliénation mentale en Méroné, qui devint entièrement fou quelques années après.

Mais les officiers, émus du danger qu'il eût couru comme eux, si la bombe avait éclaté, lui représentèrent qu'il était convenable de quitter le palais pour habiter une maison de la ville où il serait plus en sûreté; il se moqua d'eux. En peu d'instans, on apprit cette particularité en ville, et des fonctionnaires publics, des citoyens se rendirent au palais pour l'engager à s'en retirer; le sénateur Larose réussit mieux à l'en persuader [1]. C'est alors qu'il alla habiter le local de la loge des francs-maçons, désignée sous le nom de *l'Amitié des Frères réunis*, près du magasin de l'État [2]. On y éleva encore, dans la cour, à l'est, une sorte de rempart en sacs remplis de terre; mais Pétion se tenait incessamment dans les lucarnes de la maison, une longue-vue à la main, pour observer les postes de la ligne extérieure sur le morne l'Hôpital; et, certes, à cette hauteur qui dominait le rempart, il n'était pas à l'abri d'un boulet, pas plus que lorsqu'il allait visiter les fortifications de la place.

Au fort du Gouvernement, une bombe de l'ennemi éclata et tua le chef de bataillon d'artillerie Petit-Breuil; et un jour que le général Borgella était dans son hamac, se reposant des veilles de la nuit, un boulet vint traverser le corps de garde où il était; des éclats d'une poutre le frappèrent à la tête et lui firent une blessure, heureusement légère. Au fort National, le général Lys venait

---

[1] Le palais et ses dépendances furent criblés de boulets : on ne passait pas dans les cours, pendant la canonnade, sans courir de grands risques. Nos soldats, toujours plaisans, donnèrent le nom de *rat-de-caze* aux boulets qui brisaient les maisons; les bombes étaient appelées *softs*, ainsi que les obus. Ils désignaient l'une des batteries ennemies au nord de la place, par le nom de *Malfini*, parce que ses boulets tombaient comme à l'improviste, de même que cet oiseau de proie du pays, quand il prend une poule, une volaille quelconque.

[2] Pétion ne voulut jamais faire partie de cette société dont il plaisantait souvent les membres : il eut l'occasion de les plaisanter encore par les emblêmes peints sur les murs de leur temple.

d'appuyer sa longue-vue sur l'épaule d'une sentinelle; à peine il l'eût retirée et fait un pas, un boulet enleva la tête de ce malheureux soldat. Ce général était d'ailleurs exposé à tout moment, à périr comme ses subordonnés, par tous les projectiles qui tombaient dans le fort, de diverses batteries ennemies. Du reste, dans tous les forts surtout, les autres généraux se montraient aussi impassibles que lui, traçant à tous leurs inférieurs l'exemple du courage. Quand les boulets de l'ennemi manquaient les forts, ils traversaient la ville en toutes les directions, et personne n'était à l'abri de la mort; il arriva nécessairement des accidens, mais ce sont les maisons surtout qui en furent criblées.

Dans la première quinzaine du mois d'avril, on reconnut que l'ennemi manœuvrait sur les hauteurs du morne l'Hôpital, de manière à y gagner du terrain pour cerner la place dans son côté sud. Le maréchal de camp Guerrier, comte du Mirebalais, commandait ses forces dans cette partie; il établit des postes en regard de ceux du général Frédéric; chaque jour, c'étaient des combats entre eux. Un de ces jours où l'engagement était plus sérieux, le général Boyer sortit à la tête de la garde à pied, monta sur ce morne et fit établir un poste sur l'habitation Bussy, qui dominait le principal de ceux de Guerrier; et il y fit placer un obusier et deux canons, dont une couleuvrine de 16, pour le battre efficacement: Eveillard, devenu colonel de cette garde, en eut le commandement. Il y eut alors, de notre côté, une ligne de postes retranchés, depuis le sommet du morne jusqu'au bas, guerroyant sans cesse avec l'ennemi: le capitaine Desruisseaux, de la garde, se distingua dans l'une de ces affaires.

Mais, à la fin d'avril, la garde fut remplacée par d'autres troupes, ce beau corps paraissant plus utile dans la place; il s'y tenait toujours prêt, comme une colonne mobile, à se porter sur tout point de la ligne où l'ennemi tenterait un assaut. Alors, le président jugea nécessaire de partager le commandement de la ligne extérieure entre deux généraux. Le général Frédéric resta dans la partie supérieure, et le général Marion alla se placer à Bussy, où se trouvaient l'obusier et les deux canons: chacun avait divers postes sous ses ordres, qui se reliaient et s'appuyaient.

Au commencement du mois de mai, la troupe du général Guerrier ayant été renforcée, il se porta résolument contre le poste le plus élevé de la montagne, et l'enleva après une vigoureuse résistance. Cette affaire commença au jour et attira l'attention générale. Aussitôt, descendant contre l'autre poste, Guerrier réussit encore à l'enlever, malgré les efforts de nos soldats. Dominant toujours chacun des autres qu'il attaqua successivement, avec des masses qu'il lançait contre eux, il les prit et arriva enfin à celui de Bussy où était le général Marion. Là, il y eut une résistance que bien des militaires, spectateurs passifs de ces combats, jugèrent insuffisante à raison de l'importance de cette position. Guerrier en chassa Marion, qui descendit à un autre poste plus bas, commandé par le colonel Néret et occupé par la 11e. Le brave général ennemi fit de suite tourner les canons et l'obusier contre ce poste, qu'il cribla de projectiles en attendant qu'il le fît attaquer par son infanterie.

Durant ces combats, Pétion avait sa longue-vue à la main, observant l'attaque et la résistance, et espérant que le général Marion eût pu repousser l'ennemi. Mais, en voyant enlever le poste de Bussy, il se décida à remplacer ce général qui, de même que Frédéric, ne pouvait plus influer sur le moral des troupes. Il envoya un aide de camp appeler le général Borgella ; il était environ 2 heures de l'après-midi : « Mon cher général, lui dit-il, « vous avez dû observer, comme moi, ces succès de « l'ennemi depuis ce matin. — Oui, président, répondit « Borgella, et je regrette que le général Marion n'ait pu « garder son poste principal. — Les troupes n'auront « plus confiance en lui, et je voudrais le remplacer ; mais « par qui ? » Il est évident que Pétion désirait que ce fût par Borgella ; mais il sembla craindre de le fâcher, en le retirant de la première ligne de la place pour l'envoyer à l'extérieur. « N'importe le général que vous désignerez, « président, il ira : chacun doit se pénétrer de son de-« voir. — Oui ; mais, mon ami, il faut à présent un of-« ficier de réputation, qui puisse ranimer le courage de « nos soldats. — Tous vos généraux ne sont-ils pas dans « ce cas, président ? Ordonnez. — Voulez-vous y aller « vous-même ? — Certainement, président ; si vous me « l'ordonnez, j'irai de ce pas. — Eh bien ! rendez-vous-y, « mon cher général, » lui dit Pétion, satisfait et lui serrant la main. « Mais, président, vous ne me donnez pas « un ordre écrit pour prendre le commandement aux « mains de Marion ? — Cela n'est pas nécessaire : Marion « comprendra que vous n'avez pu quitter votre ligne que « par mes ordres. Partez, car le temps presse. Je vous « donne *carte blanche* : il s'agit d'imposer à l'ennemi et « de l'empêcher d'aller plus loin. [1] »

---

[1] Nous croyons nous rappeler, sans en être bien sûr, que le général Marion subit le jugement d'un conseil de guerre à cette occasion ; mais il aurait été acquitté, car ce n'est pas le courage qui lui manquait ; et probablement, le président n'agit ainsi que pour l'exemple, comme un avertissement donné à tous les officiers. Bien des militaires disaient alors, qu'il était étonnant qu'il n'eût pas envoyé des troupes au secours de Marion et de Frédéric ;

Tel fut, à peu de chose près, l'entretien qui eut lieu entre le chef de l'État et le général qui venait de faire le sacrifice de tout amour-propre personnel pour se soumettre à son autorité. D'un côté, on reconnaît en Pétion la continuation de ces ménagemens dont il usa envers Borgella, de l'estime profonde qu'il avait pour son caractère loyal, son mérite militaire et sa bravoure ; de l'autre, on voit le modeste patriotisme, toujours prêt à se sacrifier pour le salut général, à se dévouer à l'accomplissement d'une mission périlleuse.

Borgella quitta donc le président et se rendit à franc étrier au poste où il devait joindre le général Marion, pour lui notifier verbalement l'ordre de le remplacer ; il était accompagné de ses aides de camp Solages et Chardavoine, qui allaient partager ses périls [1]. Marion ne fit aucune difficulté de lui remettre le commandement, parce qu'il n'y avait pas à douter de la parole d'un tel officier général, son ancien compagnon d'armes de la Légion de l'Ouest, et qu'il ne pouvait avoir quitté la ligne qu'il défendait, que par ordre du président [2].

Pendant que Marion lui donnait des renseignemens sur les divers corps de troupes qu'il allait avoir sous ses ordres, une balle vint frapper à mort un soldat qui était tout près d'eux ; en même temps, Guerrier faisait sortir du poste de Bussy, ses troupes divisées en trois colonnes pour enlever celui occupé par Néret. Borgella arrivait à point pour notifier, à lui aussi, *l'ordre* du président consistant en ces mots : « Vous n'irez pas plus loin ! »

Marion partit, mais Bauvoir était là, la 15e y était

---

mais il paraît qu'il craignit que l'ennemi n'attaquât en même temps les lignes de la place : la garnison n'était que d'environ 8,000 hommes, et l'ennemi doublait ce nombre, au moins.

[1] Il avait en ce moment avec lui deux de ses guides, Louis Pierre et Saint-Surin.

[2] Francisque prit alors le commandement de cette ligne.

aussi. S'adressant à ce corps, Borgella demande à ses anciens soldats s'ils se rappellent le temps où il était à leur tête? Ces simples paroles suffirent pour les animer : leur chef de bataillon Bontemps les rallia à cette voix si connue d'eux tous, et ils su virent leur général escorté de son vaillant adjudant-général, en marchant droit au poste où la brave 11e se défendait à outrance : les soldats ennemis tentaient déjà d'arracher les pieux formant le rempart.

Le fusil à la main [1], Borgella pénétra dans le poste ; il ne se contenta pas de tirer comme ses soldats, il monta sur le rempart. A cette action téméraire, 11e et 15e se confondent, officiers supérieurs et inférieurs se mêlent, et tous ensemble chassent l'ennemi qui rentre dans le poste de Bussy. Alors, Guerrier fait jouer les canons, à boulets et mitraille ; mais il avait échoué pour la première fois dans cette fameuse journée. Inutile de dire que Borgella fut arraché du rempart où il avait monté, par la sollicitude de ses aides camp et même des soldats : le moment était décisif, il fallait ce trait de courage audacieux.

Toutes les troupes sous ses ordres surent bientôt qu'elles avaient à leur tête un général capable de le renouveler, si cela était nécessaire. Dès ce jour, Bauvoir conçut pour lui cette haute estime qu'il lui conserva toute sa vie; il se connaissait trop en bravoure, pour ne pas admirer cette qualité guerrière en son chef actuel. Néret, qui dut la conservation de son poste à l'exemple qu'il traça à ses soldats, ne lui en accorda pas moins [2].

---

[1] C'était un fusil espagnol, garni en argent.
[2] J'ai été témoin des éloges adressés à Borgella, à cette occasion, par divers officiers de la 11e, notamment le brave Boulonnais.

Quand, dans les lignes du Port-au-Prince, on vit l'ennemi, jusque là victorieux, repoussé, chassé de ce poste, ce fut un frémissement de joie bien naturelle; et, en apprenant que ce succès était dû au général Borgella, tous les militaires apprécièrent davantage le dévouement patriotique qu'il montra dans le Sud, en reconnaissant l'autorité du Président d'Haïti : ce fut la cause du respect et de la considération que l'armée de la République lui porta constamment.

Le vaillant général ennemi dont il borna le triomphe, Guerrier, non moins appréciateur d'un mérite qu'il sentait en lui-même, conçut aussi pour Borgella une estime toute particulière. Un jour arriva où il la lui témoigna publiquement, en présence de tous les officiers généraux réunis *au Cap*, sans se douter alors qu'il adviendrait une époque où, *au Port-au-Prince même*, son héroïque défenseur serait *humilié*, considéré comme *traître* à cette République qu'il aida puissamment à triompher là et au Cap, — tandis que lui, Guerrier, serait *honoré* comme l'un de ses meilleurs citoyens.[1]

En attendant le temps où ils devaient se réunir dans un commun accord, pour continuer à servir leur patrie, Guerrier reçut la juste récompense due à sa valeur dans cette journée ; il fut promu lieutenant-général et nommé duc de *l'Avancé* par son roi : titre qui signifiait qu'il occupait le poste *avancé* dans le siége du Port-au-Prince.

Quant à Borgella, il reçut aussi une récompense flatteuse pour son cœur dévoué à la République. Pétion avait observé ce dernier combat d'un œil attentif; aussi-

---

[1] Pendant *les erreurs* de 1843 ! Guerrier avait droit d'être *honoré* comme un citoyen dévoué à son pays. Borgella avait également droit d'être *respecté*, au moins ; car son dévouement à la République ne fut jamais douteux.

tôt qu'il en eût vu le résultat, il expédia le colonel Pitre aîné, son aide de camp, auprès de Borgella. Pitre lui dit : « Le président m'a chargé de vous complimenter en son « nom; il a admiré votre courage. Mais il m'a chargé de « vous rappeler aussi, qu'il vous a envoyé au poste de « l'honneur, comme *général*, et non en qualité de *ca-« pitaine de grenadiers*. Il vous prie de ne plus vous « exposer ainsi. — Remerciez le président de ma part, « lui répondit Borgella ; mais dites-lui que j'ai dû agir « comme je l'ai fait. »

L'estime du chef de l'Etat, l'intérêt pris à sa conservation par un ancien ami, la conscience d'un devoir militaire accompli pour le salut de la patrie : voilà la plus précieuse des récompenses pour un général républicain.

On avait repoussé l'ennemi ; mais il foudroyait trop le poste de la 11e, par son artillerie, pour le conserver. Bauvoir en fit construire d'autres dans des positions plus convenables, en s'entendant à ce sujet avec Borgella, et avec l'intention d'abandonner celui-là ; les soldats en étaient avertis. Un jour que le colonel Néret se rendit en ville pour se faire arracher une dent dont il souffrait, l'ennemi ayant lancé de nombreux projectiles, la troupe profita de cette circonstance et sortit du poste, malgré les officiers ; le même effet se produisit à l'instant dans un autre poste occupé par un bataillon de la 21e sous les ordres de Calix Saintard. Les chefs durent excuser ces braves soldats, à raison de l'extrême danger qu'ils couraient dans ces positions abandonnées. L'ennemi en profita pour s'y établir et s'avancer.

Borgella fixa son quartier-général sur le morne Phelipeaux, où jadis Pétion avait établi une batterie de canons contre les Français, en possession du Port-au-Prince : de là, il pouvait voir ses postes avancés et leur porter secours en cas d'attaque. Son habitude était de s'y rendre surtout de nuit, pour obliger officiers et soldats à veiller, à se préserver des surprises. Un jour, l'adjudant-général Bauvoir lui fit dire, que le poste où il se tenait, était presque démantelé par l'artillerie ennemie ; il s'y rendit. Ce courageux officier lui demanda par où il voulait commencer son inspection : « Général, est-ce en « dedans ou en dehors du poste ? — En dehors d'abord, « lui répondit Borgella. » Et tous deux et leurs officiers en sortirent, s'exposant le plus gaîment du monde à la fusillade et à la canonnade ennemies : aucun d'eux ne fut atteint. S'étendant le jour dans un hamac placé dans son ajoupa au quartier-général, pour se reposer des veilles de la nuit, une fois il remarqua en plein midi, que le feu de l'ennemi était plus vif qu'à l'ordinaire ; croyant à une attaque projetée contre ses postes avancés, Borgella se lève et s'y rend : peu d'instans après son départ, un obus lancé contre le quartier-général, brisa l'ajoupa et tomba au milieu de son hamac en éclatant.

Pendant un de ces combats journaliers de poste à poste, Pétion portant toujours la plus grande attention à la ligne extérieure, envoya un aide de camp dire à Borgella, qu'il lui recommandait de ne pas chercher à enlever ceux de l'ennemi, mais de garder les siens : sa prudence lui conseillait de ne pas exposer le moral des troupes à s'affaiblir par un insuccès. C'est par ce motif qu'il se refusa constamment à permettre à des officiers supérieurs, d'attaquer l'ennemi sur d'autres points. Parmi eux, celui qui désirait le plus de faire de telles tentatives, était le général Gédéon dont le courage le portait à cela.

On apprit que l'ennemi parcourait la plaine du Cul-de-Sac en pillards. Le président chargea le général Frédéric d'aller réprimer ce brigandage. Ce général s'y rendit à la tête d'une colonne, rencontra le lieutenant-général J.-P. Daut, duc de l'Artibonite, mit sa troupe en déroute et faillit à le faire prisonnier. Le duc lui laissa son chapeau galonné, en compensation de celui du général Boyer.

A la fin de mai, notre flotte était enfin réorganisée. Celle du Nord ayant paru dans la baie, elle sortit à sa rencontre, le 25, et engagea le combat en vue du Port-au-Prince. Au moment où il y avait lieu de croire que la nôtre allait obtenir un succès complet, son commandant Frédéric Bernard reçut une blessure, et *la Furieuse* sur laquelle il montait, fut endommagée dans sa mâture : la nuit survenant alors, elles se séparèrent, et la flotte ennemie alla mouiller au Fossé. Quelques jours après, elle en sortit, se dirigeant vers Saint-Marc : la nôtre la poursuivit et la joignit du côté du Mont-Roui où une nouvelle action s'engagea, le 1er juin, et se renouvela dans la matinée du 2 ; mais il n'y eut rien de décisif.[1]

Depuis plusieurs semaines, deux frégates anglaises étaient venues mouiller dans la rade du Port-au-Prince ; leurs officiers, descendant à terre, allaient tous les jours visiter les lignes de la place ; on voyait leurs canots se diriger vers le port du Fossé, et de là ils se rendaient à Drouillard auprès de Christophe. Quoiqu'il fût à présumer qu'ils lui rendaient compte de la situation de la place, d'après leurs observations, ce n'eût été encore rien de dangereux ; mais les commandans de ces navires de guerre, dans leur partialité en faveur du « Régénérateur

---

[1] Nous puisons ces détails, dans une lettre de Pétion au général Henry, en date du 3 juin.

« et Bienfaiteur de la nation haïtienne, » eurent l'indignité d'amener à leur bord, des officiers aides de camp de cette Majesté; là, la longue-vue à la main, ces derniers observaient la position de nos troupes et des fortifications: Félix Ferrier, Dupuy et d'autres, suivant ce qu'on apprit, vinrent ainsi assez souvent sur ces frégates, sans doute par l'ordre du roi.

Les Anglais agirent encore plus mal. Le président organisa une expédition de barges bien armées et montées d'une forte infanterie, dans l'intention d'aller capturer la corvette du Nord qui était à l'ancre, au Fossé. Cette idée lui était venue, parce que deux ou trois des prisonniers de Sibert, s'étant jetés à la mer pendant la nuit, avaient eu le bonheur de gagner le Port-au-Prince à la nage, et avaient rapporté qu'il se trouvait peu de forces sur la corvette. Cette entreprise était d'autant plus facile à exécuter, que l'année 1812 fut très-pluvieuse, ce qui occasionnait des nuits fort obscures. Mais, le soir où les barges partaient, on vit lancer plusieurs *fusées* du bord des deux frégates anglaises: c'était le signal convenu entre leurs officiers et Drouillard; par ces fusées, ils avertissaient la corvette royale de se tenir prête. Christophe, sachant par ses amis que l'expédition se préparait, y avait fait monter un fort bataillon de sa garde: aussi nos barges furent-elles accueillies par une vive fusillade accompagnée de la mitraille de l'artillerie de la corvette; cette opération manqua.

En venant assiéger le Port-au-Prince, il ne négligea pas d'exciter « le noble comte de Jérémie » à se ruer contre la Grande-Anse, afin d'inquiéter au moins les défenseurs de cette ville. Au commencement d'avril, il renvoya un frère de Jean-Baptiste Lagarde, qui était allé dans le Nord, avec des armes, des tambours, une trompette et environ 40 quarts de cartouches : cet agent des insurgés débarqua ces objets entre Corail et Pestel [1]. Mais, quoi que fît S. M. *Très-Barbare*, Goman et son lieutenant restèrent assez paisiblement, pour que les généraux Henry et Wagnac pussent envoyer au Port-au-Prince des détachemens de troupes pendant le siége ; ils y expédièrent aussi de la poudre, des boulets, et des vivres et grains du pays pour la subsistance des troupes [2].

Le colonel Tahet, commandant provisoire de l'arrondissement de Nippes, en expédiait habituellement aussi. Comme plus voisin de l'Ouest, cet arrondissement avait des rapports commerciaux plus fréquens avec le Port-au-Prince, que tous les autres du Sud : le président se décida, par ce motif, à publier le 14 mai, un arrêté qui y autorisait la circulation de la petite monnaie extraite des piastres fortes, en 1811, que le peuple appelait *d'Haïti*.

Il y en avait une fabrique vraiment *populaire* au Port-au-Prince ; car, pendant le siége, chacun frappait de cette monnaie à son aise, sauf les risques qu'on courait d'être emporté par les boulets. Dès la fin de 1811, des orfèvres de la ville l'avaient contrefaite : — c'était si fa-

---

[1] Lettre du général Wagnac à Pétion, rapportant la déclaration d'un insurgé fait prisonnier, en date du 19 avril.

[2] Le 21 mai, le trésorier Cator, chargé du service de l'administrateur Pinet, écrivit au président que cette administration était *sans argent et sans crédit* ; il y contribuait peut-être. Et le 2 juin, il expédia au Port-au-Prince 172 barils de farine, que le général Wagnac prit *de force* chez les commerçans qui refusaient de vendre à l'État. Quels que fussent ces commerçans, étrangers ou nationaux, ils étaient de la pire espèce de leur profession, et Wagnac eut raison d'agir ainsi, pour alimenter les troupes assiégées. Les frères Gaspard écartés de tout emploi dans la marine, offrirent néanmoins leur service gratuit en transportant ces approvisionnemens sur leur goëlette-caboteur.

cile ! L'un d'eux fut poursuivi et condamné par le tribunal criminel. Le siége survenant, la police ne pouvant s'exercer comme auparavant, les fabricans (la plupart militaires) se plaçaient dans les quartiers les plus fréquentés par les boulets ; et là, on entendait à tout moment le bruit du marteau sur l'enclume. C'était le jour, pendant la canonnade, que ces fabricans se livraient à ce travail, où ils empiétaient sur le droit du gouvernement ; mais la nuit, ils étaient autour des remparts pour le soutenir contre l'ennemi : c'était une compensation. Toute la vieille argenterie des habitans passait ainsi au creuset, où elle s'alliait démesurément avec du cuivre ; et ces habitans finirent par être de compte à demi avec les orfèvres improvisés : de cette manière, les associés se tiraient d'embarras avec la cherté des comestibles, vu la présence de tant de troupes. A la fin, la dépréciation inévitable des *d'haïtis* fut telle, qu'il fallait une forte somme pour l'achat de n'importe quoi.

Un jour, le commandant J.-J. Saint-Victor Poil, chef de la police, surprit un individu en flagrant délit de fabrication ; il l'arrêta et le contraignit de porter toutes les pièces à conviction saisies sur les lieux : c'étaient une petite enclume, des marteaux, un chaudron en cuivre, etc., et il le fit conduire avec ce singulier attirail pardevant le Président d'Haïti. En passant près du magasin de l'État, où se faisait la distribution journalière des rations aux troupes, ce malheureux devint l'objet de la risée des soldats, plutôt *pour s'être laissé prendre* en flagrant délit, que *pour le crime* de fabrication de fausse monnaie. Une grande partie d'entre eux le suivirent à la loge, en se moquant de lui, même en présence de Pétion, qui ne put s'empêcher de rire aussi, en comprenant leur pensée et en voyant l'accoutrement du prévenu, « chargé de « tous les péchés d'Israël. » Il l'interrogea : le prévenu prit un air et un ton piteux, en confessant *son crime*, d'ailleurs indéniable. Pétion ordonna de le mettre en prison pour quelques jours, et dit à cette occasion : « Je « suis sûr que la plupart de ceux qui se moquent de lui « fabriquent eux-mêmes de la fausse monnaie : laissez-« les faire. *Soldats*, ils en profitent pour acheter les « choses de première nécessité ; *citoyens*, ils paieront « les impôts ou supporteront leur part de perte, quand « nous pourrons régler cela. » Cette décision, que Pétion seul pouvait rendre ainsi, donna une nouvelle activité aux forges des faux monnayeurs ; mais, quand vint le règlement prévu, il n'y eut pas une seule voix qui s'élevât contre ce que voulut le chef de l'État [1].

Parlons d'une affaire plus sérieuse.

Le général Guerrier, voulant poursuivre son but, qui était de cerner la place au sud, se décida à renouveler ses attaques avec la même vigueur que le jour où il enleva tant de postes. A cet effet, le 31 mai à 5 heures du matin, ses troupes commencèrent une vive fusillade contre les divers postes sous les ordres de Borgella. Celui-ci jugea immédiatement de son intention ; il forma de sa réserve un fort détachement des 15e et 16e, commandé par

---

[1] Le 18 février, le président avait écrit au sénat, pour lui exposer le tort que faisait déjà la contrefaçon de cette petite monnaie : ce qui le porta à demander aux États-Unis des matrices pour en fabriquer une meilleure. Afin de s'y préparer, il proposa au sénat de vendre les emplacemens vides des villes et 17 sucreries, dont le paiement aurait lieu en *piastres*, par ceux qui désiraient les acheter.

« Une considération, dit-il, qui n'échappera point à votre perspicacité, citoyens sénateurs, « est la force morale que vous donnerez à l'État, en créant *des propriétaires*. Vous devez « avoir reconnu déjà le bien qu'a fait la loi du 22 octobre 1811, par la tranquillité qui en « est survenue et par le nerf que vous avez introduit dans l'État, à la satisfaction générale. »

Le sénat rendit la loi réclamée, le 16 mars suivant.

le chef de bataillon Adonis, ayant sous lui le chef de bataillon Dugazon, tous deux d'une bravoure éprouvée. Il donna pour instructions à Adonis, de se porter au-devant de l'ennemi pour s'opposer à ce qu'il enlevât les postes; mais de ne pas le poursuivre en cas de succès, et surtout de ne pas aborder ses retranchemens, pour ne pas essuyer un revers possible, qui le mettrait à même d'en profiter. En cela, Borgella se conformait à l'ordre que lui avait envoyé le président, et dont il approuvait la prudence.

Au jour clair, l'affaire devint plus grave. Guerrier faisait tous ses efforts pour enlever les postes, qui combattaient ses troupes avec acharnement, tandis qu'Adonis et Dugazon les appuyaient. Borgella avait quitté son quartier-général et s'était porté sur les lieux avec le reste de sa réserve. Ses soldats, encouragés par sa présence et par l'exemple que leur traçait Bauvoir, faisaient une contenance admirable; l'ennemi perdait beaucoup de monde, sans pouvoir réussir sur un seul point.

Soit que Pétion craignît le même résultat que le jour où le général Marion eut le malheur de succomber dans son poste, soit que Gédéon vînt lui demander à aller prendre part à cette affaire, il envoya cet officier général avec quelques troupes pour appuyer celles de Borgella. Mais il ne pouvait lui avoir donné pour instructions, de ne pas le voir, de ne pas s'entendre avec lui sur ce qu'il y avait de mieux à faire. Il ne l'envoyait pas, certainement, pour prendre le commandement de la ligne extérieure : donc, Gédéon devait s'en référer à celui qui l'avait, et se concerter avec lui.

Loin d'agir ainsi, et probablement dans l'espoir d'obtenir un succès par lui seul, Gédéon se dirigea contre l'ennemi sans voir Borgella. Il s'adressa au commandant

Adonis et lui ordonna de se joindre à lui pour attaquer l'ennemi dans ses retranchemens. Cet officier lui opposa les ordres positifs qu'il avait reçus de son chef immédiat; mais Dugazon passa outre ces ordres et suivit Gédéon. Bientôt ce brave chef de bataillon fut tué, et Gédéon lui-même forcé à la retraite, après avoir perdu beaucoup d'hommes imprudemment menés contre les retranchemens ennemis. Pendant qu'il combattait ainsi, le président s'était porté au fort de l'Hôpital et avait envoyé à Borgella un détachement de la 18e commandé par le chef de bataillon Louis François. Aidé de cette force, il la réunit à sa réserve et se mit à leur tête, marchant contre l'ennemi qui, en repoussant Gédéon, était sorti de ses retranchemens; en le voyant venir, l'ennemi y rentra.

Dans un moment où son poste fut attaqué avec vigueur, Bauvoir ne put résister à l'entraînement de sa vaillance habituelle. « Dans la chaleur du combat, l'adju-
« dant-général Bauvoir prit la tête d'une compagnie de
« grenadiers et d'une autre de chasseurs de la 23e, et il
« a enlevé un rempart ennemi dans lequel il a trouvé
« une douzaine de fusils, plusieurs caisses de cartouches
« et fait deux prisonniers; il y avait 18 morts dans ce
« poste qu'on a brisé et abandonné, parce qu'il est do-
« miné par le canon ennemi. L'affaire a duré depuis
« 5 heures du matin jusqu'à midi, et nos troupes ont
« montré un courage vraiment stoïque; toutes ont voulu
« rivaliser d'audace. [1] »

[1] Lettre de Pétion au général Henry, du 2 juin. Le président lui demandait des vivres, et lui recommandait de ne pas souffrir qu'on en vendît à des caboteurs de la Jamaïque qui venaient en chercher, à cause de l'embargo que les États-Unis avaient établi sur leur commerce, parce que la guerre entre eux et la Grande-Bretagne était imminente.

Le 25 mai, le fameux J.-B. Lapointe, étant à Jérémie, écrivit à Pétion et se plaignit d'être persécuté ; il réclama *sa justice et sa générosité*, en sollicitant la permission de venir combattre au Port-au-Prince. Mais Pétion n'accepta point ses offres de services, tout en ordonnant de ne pas le persécuter. Lapointe arrivait de la Jamaïque.

Les chefs de bataillon Alain (ancien commandant de place au Môle), Bauval, de la 17e, et Toureaux, se distinguèrent aussi par leur courage. Le général Gédéon, quoique repoussé, fut brillant de valeur.

Cette affaire du 31 mai mit hors de combat, en tués et blessés, près de 200 hommes de nos troupes : l'ennemi parut avoir éprouvé une perte plus sensible, attendu qu'il vint attaquer nos postes retranchés. Son résultat raffermit le moral de l'armée assiégée, et produisit l'effet contraire sur les assiégeans.

Il ne se passait pas une nuit, sans qu'il y eût des désertions dans les rangs de ces derniers ; il en venait en ville de tous les corps de troupes du Nord et de l'Artibonite : tous ces transfuges s'accordaient à dire, qu'il y avait un profond mécontentement dans l'armée royale ; et comment ce sentiment n'existerait-il pas au fond des cœurs ? On a vu quelle était la législation pénale codifiée par « le Grand Henry. » Sous un régime aussi barbare, comptant pour rien la vie des hommes, il n'en pouvait être autrement, surtout lorsque ces militaires savaient que celui de la République garantissait la sécurité de tous.

Nos soldats venaient en aide à cette disposition intime de leurs frères d'armes, de leurs concitoyens. Les batteries ennemies étaient si rapprochées de nos redoutes près du fort National, avons-nous dit, qu'on se parlait des unes aux autres. Chacun des soldats de la République devint *un orateur* à son tour, expliquant aux assiégeans ce régime de douceur pratiqué, ordonné et maintenu par le Président d'Haïti, le comparant à celui établi par Christophe, qu'ils décriaient avec une verve spirituelle dans leur langage *créole*, empruntant leur éloquence aux nombreux proverbes, qui étaient mieux compris des soldats *royalistes*, que tous les discours qu'on pourrait leur adresser *en français*.

Comme beaucoup de ces derniers portaient des chapeaux de paille et avaient des sandales grossières aux pieds, appelées *sapates* dans le pays [1], les républicains leur disaient en créole : « Qui Roi zautes gagné pour chef ?
« Cé *Roi chapeaux paille*, *Roi sapates*. Zautes cé esclaves
« li ; li faire zautes travail comme cheval ; li méné zautes
« ici pour faire la guerre, pour li capable régné, et
« femmes zautes, pitites zautes va crié dio dans gé.
« Nous, nous gagné Président qui cé papa nous, zami
« nous : alla bon chef ! li défende officiers batte nous,
« pace qué nous cé *républicains*. Camarades, frères,
« houn ! couté bien ça nous di zautes ! *Roi* pas bon dans
« pays-ci ! cé la *République* qui bon pou gouverné nous [2]. »

Et pour prouver leurs sentimens de fraternité, nos soldats envoyaient *leurs pains* dans les batteries ennemies, en disant aux autres que c'était la nourriture qu'ils recevaient de la République, tandis que leur roi ne leur donnait qu'*un épi de maïs* pour chacun d'eux. Pétion ayant appris cette heureuse idée de nos soldats, fit envoyer chaque jour un certain nombre de pains dans le même but ; mais il arriva que les officiers ennemis s'en

---

[1] Du mot espagnol *sapatos*.
[2] « Quel est le Roi que vous avez pour chef ? C'est *le Roi aux chapeaux de paille*, *le Roi*
« *aux sapates*. Vous autres, vous êtes ses esclaves ; il vous fait travailler comme des chevaux ; il vous a conduits ici pour faire la guerre, afin de pouvoir régner, et vos femmes,
« vos enfans pleureront, auront les larmes aux yeux. Nous, nous avons un Président qui
« est notre père, notre ami : voilà un bon chef ! Il défend à nos officiers de nous battre,
« parce que nous sommes *des républicains*. Camarades, nos frères, écoutez bien ce que
« nous vous disons : *Les Rois* ne conviennent pas à notre pays ; c'est *la République* qui
« doit nous gouverner. »

emparaient, au détriment de leurs soldats : ce qui ne plaisait guère à ceux-ci. On apprit ces particularités par de nouveaux transfuges.

Au fort Lamarre, le même langage était journellement tenu aux militaires de la batterie qui était à sa proximité. Là, le général Gédéon, les chefs de bataillon Nazère et Victor Poil, se distinguaient parmi les autres officiers, embaucheurs comme les soldats. Ils avaient heureusement à parler aux hommes du 3ᵉ régiment, formé à l'Arcahaie et de gens de l'Artibonite ; ils se connaissaient, pour avoir été du même corps. Le 7ᵉ régiment se trouvait aussi dans la batterie ennemie ; c'étaient encore d'anciens camarades d'armes, et des hommes de Saint-Marc et de l'Artibonite. Ces deux corps de troupes avaient été sous les ordres du général Pétion, pendant la guerre de l'indépendance, et beaucoup d'officiers et de soldats de cette époque, étaient encore dans leurs rangs. Marc Servant, homme de couleur, colonel du 7ᵉ, était l'un de ces anciens officiers, et fort aimé dans son corps, qu'il commandait avec modération.

Pendant que les républicains embauchaient ses troupes, Christophe était à Saint-Marc où il s'était rendu, pour voir la reine et toute sa cour qu'il y avait fait venir : les délices de la royauté sont si enivrantes !

Le général Magny avait le commandement de la ligne qui s'étendait du rivage de la mer au fort National ; son quartier-général était à Robert, où la première batterie avait été élevée contre le fort Lamarre.

Quand le colonel Marc Servant eut reconnu que l'esprit des militaires de son corps avait été suffisamment préparé par les doctrines républicaines, il se hasarda à faire des réflexions à ce sujet ; et il trouva officiers et soldats plus disposés encore à la défection qu'il ne l'espérait. Ils devinrent à leur tour des embaucheurs dans les rangs du 3e régiment, dont les officiers et les soldats étaient aussi préparés que ceux du 7e. De ces deux corps, la défection passa au 14e qui occupait l'une des batteries élevées en face le fort Éveillard, et l'on sait qu'une partie de ce régiment s'était déjà soulevée au Gros-Morne, en faveur de la République ; ce n'étaient pas les mêmes hommes, sans doute, mais le même esprit y régnait. Le colonel Zacharie Tonnerre commandait ce corps, formé dans l'Artibonite et cantonné ordinairement aux Gonaïves.

Marc Servant et ses principaux complices dans la conjuration, se hâtèrent de la terminer avant le retour de Christophe à Drouillard ; et sachant bien que le général Magny aurait la tête tranchée, si la défection s'opérait dans les rangs de sa division, sans qu'il fît partie des troupes qui voulaient passer au service de la République, ils se décidèrent, non à lui communiquer d'avance leur dessein, mais à le lui déclarer au moment même où ils feraient connaître leur intention au fort Lamarre, pour l'entraîner malgré lui, dût-on le retenir prisonnier, afin de le sauver d'une mort inévitable. Magny était estimé, vénéré, aimé avec raison par ses troupes : officier d'honneur, il ne fût pas entré de lui-même dans une pareille conjuration, ayant déjà prêté serment de fidélité à Christophe. S'il l'avait découverte, il eût employé tous les moyens à sa disposition pour la faire avorter ; mais il n'en sut rien, tant il y eut unanimité de sentimens parmi ces troupes.

Venant donc pour visiter la batterie, comme à son ordinaire, le 12 juin, les colonels et leurs officiers lui déclarèrent leur résolution, en présence des soldats qui applaudirent. Tous le prièrent de se joindre à eux pour passer sous l'autorité du Président d'Haïti, en lui représentant qu'ils ne pouvaient plus endurer la tyrannie de Christophe, et qu'il serait sa victime tôt ou tard et même de suite, s'il ne voulait pas entrer avec eux au Port-au-Prince. Ce fut un coup de foudre pour le général Magny, surtout lorsqu'il n'avait reçu aucune information préalable. Son premier mouvement fut de tenter d'user de son autorité, pour ramener ces troupes *à leur devoir*; il les trouva impassiblement résolues. Il essaya de se retirer, on le retint avec respect, en lui témoignant tous les égards dus à son noble caractère, en lui représentant de nouveau qu'il périrait pour n'avoir pas même su la conjuration. Cette sollicitude soutenue le vainquit enfin; il apprécia les raisons déduites en sa faveur, comme les motifs qui déterminèrent la défection. D'ailleurs, Magny connaissait Pétion depuis longtemps; il savait qu'il allait se trouver sous un chef qui lui avait toujours témoigné une haute estime, une franche amitié; il ne put donc ressentir de la répugnance à passer sous ses ordres. Et le système *républicain* qu'il allait embrasser, ne fut-il pas l'objet de son amour dans ses jeunes ans? Ses premières armes ne se firent-elles pas sous les drapeaux d'une *République?*

Aussitôt qu'il eut adhéré, les chefs firent sortir des remparts de la batterie, le capitaine Dalzon, quartier-maître du 3ᵉ régiment, jeune homme de grand courage, de nobles sentimens, muni d'un pavillon parlementaire, — blanc, — pour avertir la garnison du fort Lamarre qu'il avait à parler. On le laissa s'approcher du fort, et il déclara aux officiers supérieurs l'intention des troupes de la batterie et du 14ᵉ. Le général Gédéon et tous ses compagnons reconnurent en Dalzon, un ancien ami, un camarade d'armes ; ils accueillirent ses paroles avec le plus vif enthousiasme, et Gédéon lui proposa de monter au fort pour aller annoncer cette bonne nouvelle à Pétion. Mais il dut retourner auprès de ses chefs pour obtenir leur consentement : ce qui eut lieu. Dalzon revint, on lui donna une échelle et il entra dans le fort où il reçut les embrassemens fraternels de Gédéon et de ses officiers. Monté bientôt à cheval, il fut accompagné par un aide de camp et arriva auprès du Président d'Haïti, déjà informé par un officier envoyé par le général Gédéon, pendant qu'il retournait à la batterie. Pétion lui fit un accueil distingué et plein d'amitié, en s'informant avec bienveillance du général Magny et de tous les autres officiers supérieurs qui avaient contribué à cette défection patriotique, inspirée par le génie tutélaire d'Haïti, accomplie avec courage.

Pendant que Dalzon venait auprès de Pétion, les relations de fraternité militaire s'établissaient entre les braves du fort Lamarre et ceux de la batterie : le canon, le fusil ne se faisaient plus entendre, car les cœurs s'étaient épanchés, compris, dans un sentiment commun pour la patrie. Le président renvoya Dalzon avec un de ses aides de camp, porter ses paroles de félicitation au général Magny et à tous ses compagnons. Il fut décidé que l'entrée de ces troupes aurait lieu le lendemain 13 juin, pour leur donner le temps de préparer leurs canons à cet effet, pour avoir les femmes de plusieurs officiers qui étaient à quelque distance. Madame Zacharie Tonnerre était de ce nombre.

Toutes les troupes de la place, tous les citoyens apprirent en un instant cette heureuse défection, qui fit présager une prompte évacuation et la levée du siége par Christophe. Averti, il quitta Saint-Marc sans délai et vint à Drouillard à toute bride : le 14 il s'y trouvait. Il en était temps, car le reste de son armée manifestait déjà des dispositions à imiter ce qui venait d'avoir lieu. Il y convoqua ses généraux en conseil de guerre, et ils décidèrent avec lui d'évacuer dans la nuit du 14 au 15. N'ayant pas trop foi dans ses troupes, il repartit immédiatement pour Saint-Marc, en laissant le commandement supérieur au général Martial Besse, l'un de ses grands maréchaux : il lui ordonna de faire sacrifier les prisonniers faits à Santo et à Sibert, au nombre d'environ 200 : ces infortunés militaires furent tués aux Sources-Puantes [1].

Dans les nuits du 12 au 13, du 13, au 14, il y eut de nombreuses désertions parmi les troupes contenues dans la fidélité à leurs drapeaux, par la discipline sévère du Nord. Le 13, le Président d'Haïti se porta au fort Lamarre, avec sa garde à pied et à cheval, pour recevoir les troupes qui se joignaient aux siennes.

Leur entrée en ville, par la porte Saint-Joseph voisine du fort, eut lieu avec toute la solennité militaire en pareil cas, et tout exceptionnelle dans cette circonstance. Ce n'étaient pas des vaincus d'une place assiégée, sortant en présence des vainqueurs ; c'étaient des frères, des compagnons d'armes, abjurant un gouvernement détesté autant que détestable, renonçant à servir ses passions, sa haine, son despotisme infâme, sa cruelle tyrannie,

---

[1] On s'accorda généralement à dire, à cette époque, que Christophe était consterné, abattu, par ce revers inattendu. Il est certain du moins que la politique de Pétion lui parut plus redoutable que jamais, parce qu'il ne put ou ne voulut pas s'avouer à lui-même, que ses cruautés étaient la seule cause du mécontentement de ses troupes.

pour passer sous les lois de celui qui n'avait en vue que le bonheur général et celui de chaque individu en particulier. C'était encore l'abjuration d'un système fondé par l'orgueil et la vanité, établissant *l'inégalité entre des égaux*, une monarchie au profit d'une famille, pour adopter un autre où chacun tenait son rang en vertu de la loi, où *l'égalité* existait entre les enfans d'une même famille, tous habiles à jouir de leurs droits, la République, enfin, régie au profit de tous.

Ce fut aux cris de: *Vive la République! Vive le Président d'Haïti!* que ces troupes entrèrent au Port-au-Prince. Elles reçurent de toute l'armée assiégée, de tous les citoyens, hommes et femmes, des témoignages éclatans de satisfaction pour leur conduite si patriotique.

Le colonel Marc Servant fut promu au grade de général de brigade avant son entrée: d'autres officiers reçurent également du Président d'Haïti, les grades qu'ils acquirent par leur concours à cette œuvre méritoire.[1] Il fit un accueil plein de fraternité au général Magny et à eux tous.

Magny ne lui cacha point que sa défection était forcée, étant lié par son serment; mais il dit aussi que s'étant soumis à la nécessité, Pétion pouvait compter qu'il ne trahirait pas la République : il pria le président de le laisser sans aucune fonction, afin de sauver les jours de sa famille.[2] Pétion ne lui en témoigna que plus d'estime, et condescendit à son vœu. Ce général ne tarda pas à

---

[1] Parmi eux, on distinguait Jean-Gilles Gonave qui devint colonel du 7e régiment. C'est alors que Denis Toussaint, Antoine Rémy, Guillaume, Jacques Louis, Benoît Batraville, etc., etc. tous officiers de mérite, passèrent au service de la République et honorèrent leur pays par une conduite toujours digne du respect de leurs concitoyens.

[2] Christophe la respecta, parce qu'il apprit les circonstances qui forcèrent Magny à entrer au Port-au-Prince.

recevoir son don national, comme les autres généraux qui venaient de reconnaître le gouvernement de la République, dans le Sud.[1]

La journée du 14 juin fut épouvantable, par la canonnade des batteries en possession de Christophe. On jugea par cela même, que c'était le signe avant-coureur de l'évacuation de son armée; il semblait qu'elle voulait épuiser ses munitions et ses projectiles.

Dans la ligne extérieure, un transfuge vint dans la matinée du 14 auprès du général Borgella; il lui annonça que le général Guerrier faisait tous les préparatifs pour l'évacuation. Borgella en avisa le président qui lui envoya l'ordre de s'en assurer, en observant les mouvemens de l'ennemi; que cela arrivant, il ferait battre une *diane* générale par les tambours des corps sous ses ordres. L'évacuation de l'armée ennemie devait s'opérer, en effet, d'abord par les troupes les plus éloignées. Aussitôt que la nuit se fit, Borgella envoya le chef de bataillon Alain à la tête d'un détachement pour épier leurs mouvemens; cet officier se convainquit de leur départ vers 8 heures du soir, et la diane fut battue: un feu de joie la suivit par ordre de Borgella. A ce signal, ce ne fut qu'un cri universel dans toutes les lignes de la place, dans tous les forts: le feu de joie et la diane y furent répétés. *Les principes* de la République avaient prévalu sur ceux de la Royauté !

Le 15 au jour, Borgella reçut l'ordre du président de rentrer dans la place avec ses troupes. Elles se joignirent aux autres, et toutes sortirent avec le président, par la porte Saint-Joseph. Chacun croyait qu'il allait pour-

---

[1] Magny reçut la sucrerie appartenant jadis à Caradeux *le Cruel*, l'une des plus belles propriétés du Cul-de-Sac.

suivre l'ennemi sur la route de Saint-Marc ; mais arrivé près de Sibert, il ordonna la contre-marche pour rentrer en ville : dans l'après-midi, toute l'armée y était rendue.

En voyant Borgella, Pétion lui avait dit son intention à ce sujet : « Tous les officiers supérieurs, lui dit-il,
« toutes les troupes paraissent désirer que je poursuive
« l'ennemi qui s'enfuit au pas de course ; mais je n'en
« ferai que le simulacre. Je veux ménager le sang de
« mes concitoyens ; nos pertes ont été assez grandes
« déjà depuis le commencement de notre guerre civile.
« La défection qui vient de s'opérer dans l'armée de
« Christophe, doit prouver que sa puissance est ébran-
« lée ; le temps achèvera de l'abattre : désormais, il n'o-
« sera plus marcher contre nous. Cicatrisons nos plaies ;
« employons toutes nos facultés à procurer au peuple, la
« plus grande somme de bonheur et de prospérité pos-
« sible : c'est là le devoir du gouvernement, et ce sera
« aussi la plus belle bataille que nous pourrons livrer au
« tyran qui opprime les populations soumises à ses or-
« dres [1]. »

Quelle sagesse et quelle intelligence dans cette politique basée sur l'humanité ! Quel patriotisme en même temps de la part de ce grand citoyen ! Comme il jugeait bien des événemens récemment arrivés, du présent et de l'avenir de sa patrie !

La défection de la flottille du Nord avait prouvé l'influence des sentimens humains sur les cœurs ; la fin de la scission du Sud, celle d'une conduite modérée ; la défection des troupes sous les remparts du Port-au-Prince,

---

[1] Notes biographiques dictées par Borgella.

l'empire des idées républicaines sur l'esprit de ces hommes. Maintenant, il ne s'agissait plus que d'opérer la conversion des convictions politiques, par le spectacle du bonheur et de la prospérité que produit un gouvernement qui respecte les droits des individus, en le comparant à celui qui les viole et qui s'abreuve de sang.

Quand le temps arriva où ce résultat fut obtenu, que l'Artibonite et le Nord se réunirent à l'Ouest et au Sud, d'une manière pacifique, on en fut étonné ; mais il était dans la nature des choses. Il y fallait du temps, sans doute; mais n'en faut-il pas toujours pour opérer le bien ? La sagesse politique consiste à le vouloir, à tout combiner pour y arriver, et à savoir attendre : c'est ce qui distingua Pétion parmi ses contemporains. La plupart ne voyaient que combats à livrer, que batailles à gagner, pour assurer l'avenir de la République; lui, ne voyait qu'institutions à fonder, que droits à respecter, pour la faire chérir d'abord, afin d'assurer son empire sur les âmes : tout son avenir était là, et Pétion réussit dans l'œuvre qu'il avait entreprise.

En évacuant, l'armée ennemie avait laissé autour du Port-au-Prince, non-seulement son artillerie de siége, mais celle de campagne et des projectiles en quantité considérable ; elle encloua les canons et brisa leurs affûts. A Drouillard, on trouva aussi un attirail de guerre important. Tous ces objets furent apportés successivement à l'arsenal de la ville.

Durant la première semaine qui suivit l'évacuation, la population alla visiter ces terribles batteries qui brisaient ses maisons : elles étaient savamment construites. On reconnut que l'ennemi en préparait plusieurs autres, notamment au lieu appelé *Bois-de-Chêne*, qui auraient extrêmement nui aux fortifications de la place et à la ville entière, sans l'heureuse défection qui survint dans ses rangs. Elle donna à la République un vieil artilleur européen, nommé Jelikens, devenu Haïtien en 1804. Comme les boulets qu'il lançait contre le fort Lamarre, manquaient souvent le but et tombaient en ville en brisant les maisons, nos soldats avaient donné le nom de *Cassé-Cazes* à la batterie qu'il dirigeait : en entrant en ville, il ne fut plus désigné lui-même que par ce sobriquet, qu'il acceptait gaîment.

Lorsque le président renvoya les troupes du Sud dans leurs cantonnemens respectifs, il leur en fit donner l'ordre par le général Borgella. C'était en même temps remplir la promesse qu'il lui avait faite, insinuer à ces troupes le respect pour *l'autorité*, et donner à ce général un nouveau témoignage de son estime pour son désintéressement lors de sa soumission, en récompensant encore par cette déférence la conduite qu'il venait de tenir dans le siége du Port-au-Prince. Il n'y avait plus lieu de le reconnaître pour commandant en chef du département du Sud, ainsi que nous l'avons dit ; mais du moins il y faisait respecter son nom par cet ordre émané de lui [1].

Pétion désirait qu'il restât au Port-au-Prince, lieu de sa naissance. Borgella lui ayant demandé l'habitation *Custines*, située tout près de Cavaillon, pour son don national, il l'engagea à prendre de préférence l'habitation *Borgella*, près de la Croix-des-Bouquets, qui avait ap-

---

[1] Cet ordre donné au colonel Léveillé, de la 13e, paraît avoir été cause de son suicide à Saint-Michel, pendant son retour aux Cayes ; on le crut ainsi, parce qu'on ne sut pas le vrai motif de ce regrettable désespoir. Peut-être cependant, avait-il espéré sa promotion au grade de général de brigade, en récompense de sa défection au 14 mars, surtout en voyant élever Wagnac à celui de général de division. Quelle que fût la cause de son suicide, on doit le plaindre.

partenu à son père, afin de demeurer dans l'Ouest. « Vous « serez près de moi, lui dit-il: pourquoi voulez-vous « aller dans le Sud? Vous serez au milieu de gens que vous ne « pouvez plus estimer. » Mais Borgella insista, en lui représentant qu'il avait habité le Sud depuis longtemps, et qu'à Custines, s'occupant de ses travaux de culture, il n'aurait d'autre société que celle de ses véritables amis qui viendraient l'y voir. Pétion lui donna cette propriété; mais, par la suite, il parut croire qu'en refusant toutes ses avances, Borgella conservait un certain mécontentement, et il y eut du refroidissement de sa part: des faits le prouveront.[1]

En même temps, le général Lys lui demandait pour don national, une habitation située aussi dans le Sud où il alla habiter le Petit-Trou dont il avait jadis commandé la place. Le général Francisque était du Sud et y retournait naturellement; il eut aussi son don national dans la plaine des Cayes. Bruny Leblanc était dans le même cas, et eut le sien près de l'Anse-à-Veau. Pétion ne le rétablit pas dans le commandement de cet arrondissement, qu'il laissa au colonel Tahet [2].

---

[1] Borgella n'éprouvait aucun mécontentement, et il n'eût pas eu raison d'en avoir à l'égard de Pétion, qui avait tout fait pour lui prouver son estime. Mais, résidant dans le Sud depuis 1796, il s'y était créé des habitudes et y avait de vrais amis. Il donna la préférence à l'habitation Custines, parce que cette propriété réunissait une foule d'avantages; elle avait plus de 2,000 carreaux de terre, susceptibles de recevoir tous les genres de culture; elle est située sur la rivière de Cavaillon, et ses produits pouvaient être transportés aux Cayes par eau, etc. L'habitation Borgella ne pouvait soutenir une comparaison avec elle. Ne désirant pas un emploi, de commandant d'arrondissement par exemple, Borgella se proposait de jouir paisiblement sur sa propriété, en véritable habitant: ce qu'il obtint durant sept années consécutives. Il est à croire que Pétion avait *des vues* sur lui, quand il l'engageait à demeurer au Port-au-Prince: le moment viendra où nous dirons ce qui nous porte à penser ainsi.

[2] Il paraît qu'il attribua, ou à la faiblesse, ou à la mauvaise foi de Bruny Leblanc, sa défection en faveur de Rigaud, qui avait compromis les troupes de Delva à Trémé. Ce général ne reprit ce commandement qu'à la mort de Tahet, peu avant celle de Pétion, et sur les instances réitérées du général Boyer.

Ces quatre généraux demeurèrent ainsi sans emploi, et ne s'occupant que de leurs travaux agricoles ; mais ils faisaient partie de l'état-major général de l'armée, comme il y en avait d'autres dans l'Ouest : Bazelais, qui en était le chef, Lamothe Aigron, le sous-chef, Nicolas Louis, Marion, et Bergerac Trichet. Gédéon remplaça Métellus dans le commandement de l'arrondissement de Léogane.

L'issue du siége du Port-au-Prince mit une trève à la guerre qui désolait le pays depuis cinq ans. Forcé d'abandonner cette entreprise, Christophe, dont l'orgueil fut humilié, se retira *la vengeance* dans le cœur.

Dans le livre suivant on verra quels crimes odieux il ajouta à ses forfaits antérieurs ; mais on verra aussi qu'ils occasionnèrent de nouvelles défections parmi ses troupes.

RÉSUMÉ DE LA DEUXIÈME ÉPOQUE.

La révolution qui renversa l'empereur Dessalines en abrégeant sa vie, créa pour Haïti une situation extrêmement difficile, par les prétentions élevées dans toutes les classes de la société, à raison des accusations portées contre ce chef pour justifier cet attentat. Ces prétentions nécessitaient alors des mesures pour le maintien de l'ordre et de la tranquillité publique, afin de faciliter l'établissement du nouveau régime que les révolutionnaires jugeaient le plus convenable aux intérêts du pays. Ce fut l'occasion d'une divergence de vues entre les principaux généraux qui dirigèrent la révolution.

H. Christophe, général en chef de l'armée, reconnu chef provisoire du gouvernement, à cause de son rang, de son ancienneté et de l'initiative qu'il avait prise pour abattre l'empereur, voulut n'employer que la contrainte et la rigueur qui étaient dans ses idées et ses habitudes.

Gérin, ex-ministre de la guerre et de la marine, qui avait été à la tête de l'insurrection du Sud, inclinait aussi vers ces moyens, à cause de son caractère despotique.

Mais Pétion, commandant de la 2e division de l'Ouest où l'empereur fut abattu, jugea qu'il fallait user de voies de douceur et de persuasion sur les esprits, parce que la modération ordinaire de son caractère l'y portait naturellement, et qu'il pensait qu'on devait être conséquent aux principes de la révolution.

Le chef provisoire du gouvernement tenant aux prérogatives de son autorité, il s'ensuivit aussitôt une situation telle, qu'on put prévoir des dissensions civiles imminentes, au grand détriment de la nation.

A ses exigences, Christophe joignit aussi de telles prétentions à succéder purement à l'autorité impériale détruite par la révolution, que ce fut encore une cause de dissentiment entre lui et Pétion surtout, qui, par l'éclat de ses antécédens, était devenu l'âme de ce mouvement politique. Aux prétentions de Christophe, Pétion opposait la nécessité de limiter les attributions de l'autorité exécutive, dérivant d'institutions républicaines qu'il préférait à toutes autres. Leurs relations se ressentirent de ce dissentiment qui se manifesta dans divers faits.

Enfin, une assemblée de représentans du peuple se forma au Port-au-Prince, dans le but de constituer le pays selon le système de gouvernement qui lui paraîtrait le plus propre à fonder le bonheur général. Réunie par ordre de Christophe, d'après le vœu formellement manifesté par Pétion et Gérin, organes de l'armée et du peuple de l'Ouest et du Sud, il espérait qu'au moyen d'une majorité gagnée à ses vues, ou plutôt intimidée par ses antécédens, il réussirait à faire voter une constitution telle qu'il la désirait. Mais, averti de ses manœuvres, Pétion les déjoua en recourant à de fausses élections pour avoir la majorité dans les vues qui dominaient dans les deux départemens. La réunion de l'assemblée constituante étant au siége de son autorité divisionnaire, il lui fut facile, indépendamment de cette majorité illégale, d'influencer ces membres en général, même la plupart de ceux qui avaient promis à Christophe de seconder ses intentions. Des actes de ce dernier survenant dans ces circonstances, qui prouvèrent sa volonté de dominer d'une manière absolue, Pétion fit constituer la République d'Haïti avec des attributions si restreintes pour le pouvoir exécutif, en investissant un sénat de la dictature, que Christophe se mit à la tête d'une armée pour venir dissoudre l'assemblée constituante, au moment même où elle consacrait en lui l'autorité provisoire dont il était revêtu. La guerre civile devint donc la seule issue d'une situation aussi tendue.

Il fallut repousser son agression, et une bataille sanglante inaugura cette guerre fratricide. Elle fut d'abord au désavantage de Pétion; mais, échappé à sa défaite, il contraignit Christophe à se retirer dans l'Artibonite, par le concours qu'il reçut de Gérin. Celui-ci voulut l'y poursuivre, tandis que Pétion pensait qu'il était plus urgent d'organiser le gouvernement de la République, vu la vacance de la présidence par la rébellion de Christophe à la constitution. Ce dernier organisa alors l'État d'Haïti, par une autre constitution qui lui accordait la plénitude du pouvoir.

Pendant que Pétion et Gérin étaient divisés sur la question militaire, une révolte éclatait dans la Grande-Anse, en menaçant d'envahir tout le département du Sud. Cet événement porta le sénat, chargé de la direction des affaires publiques, à se rallier à l'opinion de Pétion; et, après l'avoir investi du commandement du département de l'Ouest, et Gérin de celui du Sud, ce corps finit par élire Pétion à la Présidence de la République, en s'occupant de l'organisation administrative et militaire. Déçu dans l'espoir qu'il nourrissait d'être appelé à la présidence, mécontent de la principale loi rendue sur l'administration générale, Gérin offrit sa démission du sénatoriat qui ne fut pas acceptée; mais il devint le chef d'une opposition qu'il forma contre le Président d'Haïti, et le sénat qui partageait ses vues. Cette opposition fit prévoir des suites fâcheuses pour la sûreté publique, car des ambitions particulières pouvaient s'en prévaloir pour parvenir à leurs fins.

Cependant, le sénat s'identifia tellement aux vues du chef de l'Etat, qu'il lui délégua l'exercice d'une partie de la dictature qu'il avait reçue, et finit par la lui déférer entièrement, en s'ajournant, afin qu'il pût briser les résistances qui se manifestaient et qu'il fît profiter à la République un soulèvement survenu dans la péninsule du nord contre la tyrannie de Christophe.

Durant l'ajournement du sénat, des efforts furent tentés pour aller au secours de ces partisans de la République, une armée fut confiée à la bravoure du général Lamarre qui débarqua dans la péninsule. Mais deux généraux qui avaient rendu des services signalés au pays, Yayou et Magloire Ambroise, égarés par leur ambition et par de perfides conseils, conspirèrent contre la République et périrent victimes de leur égarement. Les finances périclitant par l'incurie du secrétaire d'Etat Blanchet, le Président d'Haïti se vit forcé de le révoquer pour appeler à cette charge un autre citoyen ; et par cet acte nécessaire, il s'attira la haine du fonctionnaire déchu, et quelque mécontentement de la part des membres influens du sénat, à cause de son remplaçant.

En reprenant ses séances, ce corps manifesta ce mécontentement par divers actes : un dissentiment entre lui et le Président d'Haïti se fit jour, sur la marche que ce dernier avait donnée aux affaires publiques pendant l'ajournement. Ses pouvoirs extraordinaires cessaient de droit par la reprise des séances du sénat, et ce corps hésitait à le déclarer officiellement. Mécontent de ce ménagement, Gérin renouvela sa démission du sénatoriat et se retira dans le Sud dont il était le commandant supérieur : ses discours publics contre le Président d'Haïti portèrent celui-ci à s'y rendre aussi, afin de neutraliser son opposition. Irrité de sa présence dans ce département et de l'accueil qu'il y reçut des populations, Gérin donna sa démission militaire qu'il accepta : ce général se retira dans ses foyers, couvant sa jalousie déplorable contre Pétion.

Revenu dans l'Ouest, le Président d'Haïti retrouva le sénat disposé plus que jamais à lui susciter des tracasseries. Ce corps commit l'imprudence de rédiger contre lui un véritable acte d'accusation qualifié de Remontrances, qu'il lui lut en face : des reproches injustes y étaient articulés contre son administration et la politique qu'il suivait dans le gouvernement de l'Etat. Il y opposa le calme de la sagesse, afin de ne pas entrer en lutte ouverte avec le corps législatif. Mais enhardis par ces procédés, les membres influens le portèrent à rendre un acte qui retirait formellement les pouvoirs extraordinaires délégués au Président d'Haïti. Convaincu à son tour du péril qu'offrait cette conduite pour la chose publique, Pétion éleva un colonel influent au grade de général de brigade, pour prouver au sénat qu'il entendait retenir les attributions nécessaires et inhérentes au pouvoir exécutif.

Il résolut d'entreprendre une campagne aussitôt, afin de détourner l'attention publique de ces tiraillemens entre les deux pouvoirs, et de dégager l'armée sous les ordres de Lamarre, des forces dirigées contre elle par Christophe. Des circonstances imprévues la firent échouer devant Saint-Marc, et il fallut rentrer à la capitale. Ce résultat fâcheux contraignit Lamarre à rentrer enfin dans la ville du Môle dont le siége mémorable commença aussitôt.

Mais, pendant cette campagne, des intrigues s'étaient ourdies entre quelques membres du sénat, dans le but de rappeler Gérin à l'activité militaire ; ils l'avaient mandé au Port-au-Prince, sous prétexte de l'employer à porter secours à l'armée qui assiégeait Saint-Marc. Ce général n'ayant pas mis un grand empressement à se rendre à cet appel, n'y arriva qu'après le retour du Président d'Haïti. A ce sujet, celui-ci lança une proclamation qui rendait compte des opérations de la campagne et où il se montrait irrité de ces intrigues, menaçant ceux qui en étaient les auteurs et les qualifiant de factieux. Cet acte porta le sénat à demander formellement au président, que Gérin fût activé ; et sur le silence qu'il garda, ce corps le rappela à ses fonctions sénatoriales. En s'installant, Gérin attaqua le pouvoir du Président d'Haïti ; une séance scandaleuse s'ensuivit, où d'autres membres du sénat protestèrent publiquement contre ces manœuvres.

Le sénat, convaincu du danger d'une telle situation, s'ajourna dès ce jour. Sa dictature passa nécessairement aux mains du Président d'Haïti, secondé par le général Bonnet, récemment nommé secrétaire d'Etat par ce corps dont il faisait partie.

Pendant ces tiraillemens entre les deux pouvoirs, dans l'Est d'Haïti, les naturels se soulevaient contre la domination française, au nom de Ferdinand VII, retenu prisonnier en France par l'empereur Napoléon qui fit envahir l'Espagne par ses armées, pour substituer un membre de sa famille à celle des Bourbons. Cette levée de boucliers inattendue finit par être couronnée de succès, à l'aide des Anglais devenus les alliés de l'Espagne ; et l'ancienne possession de cette puissance se replaça complètement sous son obéissance, avec des vues d'alliance de la part de quelques-uns des naturels en faveur de la République d'Haïti, de la part d'un plus grand nombre en faveur de l'Etat d'Haïti, dans le Nord.

Rappelé enfin à l'activité militaire par Pétion, à l'occasion d'une nouvelle campagne contre cet État, le général Gérin ne tarda pas à manifester encore son mécontentement et à exciter celui des troupes placées sous ses ordres, alors que des difficultés naturelles impossibles à vaincre, obligèrent l'armée à rentrer dans ses foyers. Il se retira dans le Sud, cette fois avec l'intention de conspirer ouvertement contre le Président d'Haïti. Pendant que ce dernier était occupé avec le secrétaire d'Etat, à pourvoir à tous les besoins de la place du Môle, la conspiration de Gérin éclatait et l'entraînait au suicide, par son insuccès.

Cet événement malheureux, dû seulement à l'obstination et à la jalousie de ce vieux défenseur de la liberté, raviva dans l'esprit des membres dissidens du sénat et parmi d'autres citoyens, le mécontentement qu'ils couvaient contre le Président d'Haïti. Dans ces circonstances, le général André Rigaud arriva aux Cayes. Revenu de sa longue captivité en France, il fut revu avec joie par les populations et le chef du gouvernement lui-même ; mais les opposans, l'ancien secrétaire d'Etat Blanchet surtout, toujours haineux à cause de sa révocation, jetèrent les yeux sur lui, pour être le chef de leur faction, afin de ruiner le pouvoir du Président d'Haïti. Celui-ci ne s'en tint pas à la juste méfiance que pouvait lui inspirer sa fuite de France, d'après les avis qui lui parvinrent, ni à l'entourage qui se forma aussitôt autour de lui ; il le promut à un grade supérieur dans l'armée et lui confia la mission d'aller pacifier la Grande-Anse dont la révolte avait pris de l'accroissement, par suite de la conspiration de Gérin.

En ce moment même, la place du Môle allait succomber sous le rude siége qu'elle supportait, et par la mort héroïque de Lamarre. Ce nouvel événement ne tarda pas, en effet, à arriver ; il donna un nouvel essor aux idées d'opposition contre le pouvoir du Président d'Haïti, rendu responsable de ce malheur.

Ce fut l'instant choisi par l'ambition rajeunie de Rigaud, qui le guettait pour ourdir la trame conçue par Blanchet, entièrement maître de son esprit. Il profita de sa position militaire et politique pour organiser une scission entre le Sud et l'Ouest : elle s'opéra, en dépit du bon sens et de toutes les considérations qui militaient en faveur d'une plus forte union, s'il se pouvait, entre ces deux départemens, afin de résister au colosse du Nord dégagé de toute entrave par la chute du Môle.

Un si grave événement exigeait toute la prudence et la modération de Pétion, pour éviter une collision par les armes avec le Sud et conjurer l'orage du côté du Nord. Il se montra tel qu'on pouvait l'attendre de son patriotisme éclairé, en souscrivant à la séparation et espérant tout du temps qui sait amener des réflexions raisonnables. Et quoique des actes furibonds, inspirés par Blanchet, excitassent sa colère, réélu de nouveau à la première magistrature de la République, il ne se départit pas de sa ligne de conduite.

Pendant cette déplorable scission, Christophe consolidait son autorité et se déclarait Roi, en organisant une monarchie et une noblesse dans le Nord et l'Artibonite.

La mort naturelle de Rigaud survenant alors, son pouvoir passa aux mains du général Borgella qui, comprenant le danger permanent qui menaçait l'Ouest et le Sud, fit des ouvertures de conciliation au Président d'Haïti, afin d'asseoir leur union sur des bases qui permissent au Sud de secourir l'Ouest, en cas d'attaque. Acceptées avec faveur par Pétion, ces ouvertures n'aboutirent à rien de satisfaisant.

Cependant, elles donnèrent lieu aux idées de rapprochement entre les deux départemens, quand la défection d'une partie de la flotte de Christophe s'opéra dans le Sud.

Irrité par ce fait intelligent, ce dernier se résolut à entreprendre définitivement la campagne à laquelle il se préparait déjà contre le Port-au-Prince.

La Providence, qui veillait au salut de la République, amena dans ce moment même la fin de la scission du Sud, par l'initiative de quelques chefs militaires, suivie de la soumission patriotique du général Borgella et de ses lieutenans, aux ordres du Président d'Haïti.

Tous ensemble, ils vinrent défendre le Port-au-Prince pendant plus de deux mois qu'en dura le siége posé par Christophe. Mais une défection de ses troupes en faveur de la République, le contraignit à le lever et à se retirer dans le Nord.

Alors survint une longue trêve entre les deux Etats : forcée de la part de Christophe, elle entrait dans les vues politiques de Pétion. Chacun de ces deux chefs n'eut plus qu'à s'occuper de l'administration intérieure de la partie du pays soumise respectivement aux gouvernemens établis ; et dans cette nouvelle époque de l'histoire nationale d'Haïti, on verra tous les résultats produits par les principes dont ils étaient la personnification.

TABLE DES MATIÈRES

CONTENUES DANS CE LIVRE.

PÉRIODE HAÏTIENNE.

DEUXIÈME ÉPOQUE.

LIVRE DEUXIÈME.

CHAPITRE PREMIER.

Situation d'Haïti après la mort de Dessalines : prétentions élevées par toutes les classes de citoyens. — Conduite des généraux H. Christophe, Gérin et Pétion, et réflexions à ce sujet. — Imputations contre Pétion et Gérin, réfutées par les faits. — Mission de Bonnet au Cap ; examen de ce que lui dit Christophe. — Retour de Bonnet au Port-au-Prince. — Attitude prise par Pétion. — Proclamation de Christophe au peuple et à l'armée. — Ses insinuations à Yayou, à propos d'une cabale contre lui dans l'arrondissement de Léogane. Punitions subies par Lamarre et Quique ; Dieudonné se suicide. — Pétion rétablit l'ordre et l'autorité de Yayou à Léogane. — Lettre de Christophe aux généraux, pour la formation de l'assemblée constituante et sa réunion au Port-au-Prince. — Christophe fait communiquer à Pétion ses vues sur l'autorité à attribuer au chef de l'État dans la constitution. — Réponse de Pétion. — Origine de leurs divisions. — Dissimulation de Christophe et ses projets. — Il publie un acte pour rassurer le commerce étranger dans ses relations avec Haïti. — Il invite Pétion à contraindre les soldats déserteurs à rejoindre leurs corps. — Pétion élude cet ordre. — Mécontentement de Christophe. — Il envoie Dartiguenave en mission dans le Sud pour y recevoir des plaintes et conférer des commandemens en invitant Pétion à l'aider de ses conseils. — Pétion persuade Dartiguenave de ne pas s'y rendre, et écrit ses motifs à Christophe. — Dartiguenave lui écrit aussi et attend de nouveaux ordres au Port-au-Prince. — Irritation de Christophe ; il rappelle Dartiguenave au Cap, et écrit une lettre arrogante à Pétion. — Fière réplique de Pétion expliquant ses motifs et ceux qu'il a eus pour ne pas repousser du Port-au-Prince un bataillon de la 20e qui s'y est réfugié, en lançant des menaces à Christophe. — La guerre devient imminente............................... Tome VI 401

CHAPITRE II.

Formation de l'assemblée constituante. — Pétion s'y fait élire pour instituer la République. — Aveu que lui fait Roumage aîné, député du Cap, au sujet de la constitution préparée par ordre de Christophe. — Pétion fait faire *de fausses élections* dans l'Ouest et le Sud, pour avoir la majorité et déjouer ce projet. — Examen de ce procédé. — Rapports confidentiels de J. Hugonin et F. Ferrier à Christophe. — Sa proclamation du 18 décembre.

— Examen de cet acte par lequel il se prépare à la guerre civile. — L'assemblée constituante ouvre ses séances le 18 décembre. — Elle forme un comité de constitution présidé par Pétion. — Limitation extrême des attributions du pouvoir exécutif. — J. Hugonin en informe Christophe. — Sa proclamation du 24 décembre qui déclare Pétion et d'autres *en état de révolte*. — Le 27, le comité présente un rapport et un projet de constitution à l'assemblée, qui le vote à la majorité. — Examen du rapport du comité. — Analyse de la constitution. — Protestation contre elle, signée par 25 députés du Nord et de l'Artibonite. — Joie publique au Port-au-Prince. — Christophe est élu *Président d'Haïti*. — Élection de 24 sénateurs. — Christophe en marche contre le Port-au-Prince. — Il fait assassiner les généraux Dartiguenave et Cangé, et plusieurs autres officiers. — Le général Bazelais vient annoncer sa marche à Pétion. — Mesures que prend Pétion. — Il sort du Port-au-Prince contre l'ennemi. — La majorité des sénateurs constitue et organise le Sénat, qui se déclare en permanence et prend quelques mesures. 445

CHAPITRE III.

Vraie cause de la guerre civile entre H. Christophe et A. Pétion, personnifiant l'un et l'autre des systèmes politiques opposés. — Bataille de Sibert où Pétion est défait : danger qu'il court. — Dévouement de Coutilien Coustard qui est cause de son salut et qui périt. — Pétion s'embarque sur un canot du littoral. — Le général Yayou rallie l'armée républicaine pour défendre le Port-au-Prince. — Fuite des familles de cette ville. — Le Sénat transporte son siège à Léogane, et donne l'ordre au général Magloire Ambroise d'évacuer la ville, dans la pensée que Pétion est mort ou prisonnier. — Magloire enjoint au colonel Lys d'exécuter cet ordre en le transmettant à Yayou. — Lys le laisse ignorer et aide Yayou à défendre la ville. — Lamarre s'échappe de la prison et va contribuer à la défense. — La 24e demi-brigade le replace à sa tête : il se réhabilite sur le champ de bataille. — Sa réconciliation avec Yayou. — Les assauts de l'ennemi sont repoussés sur tous les points. — Le chef de bataillon Frédéric se distingue au fort National. — Pétion, débarqué au Carrefour, rentre au Port-au-Prince aux acclamations des troupes et des citoyens. — Il fait recueillir les blessés de l'ennemi pour les soigner. — Arrivée des troupes de Jacmel, et de celles du Sud sous les ordres de Gérin. — Les sénateurs reviennent au Port-au-Prince. — Nouveaux assauts de l'ennemi toujours repoussés. — Le 8 janvier, Christophe retourne à l'Artibonite, après avoir fait incendier le Cul-de-Sac. — Une insurrection contre la République éclate dans la Grande-Anse. — Goman en est le chef reconnu. — Examen de la situation. — Opinion de Gérin sur les mesures à prendre. — Opinion de Pétion. — Ils ne s'accordent pas. — Réfutation des motifs personnels attribués à Pétion. — Ils vont au Boucassin avec l'armée et rentrent ensuite au Port-au-Prince. 481

CHAPITRE IV.

Divers actes du Sénat procédant à l'organisation de l'administration publique, — appelant à la prestation de serment des sénateurs élus pour le Nord et l'Artibonite, — se justifiant à propos de la guerre civile, imputée à Christophe seul, — le mettant ensuite *hors la loi*, en accordant amnistie aux troupes et aux populations qu'il a égarées. — Nouvelle campagne à l'Arcahaie et retour de l'armée au Port-au-Prince. — Examen des reproches adressés à Pétion à ce sujet. — Sa lettre au Sénat, demandant le recrutement de l'armée, et arrêté pris à cet effet. — Ses vues politiques pour ne pas faire une guerre active à Christophe. — Départ du général Francisque et du colonel Borgella avec la 15e demi-brigade, pour Jérémie. — Arrêtés du Sénat sur les formalités à remplir par les propriétaires dépossédés de leurs biens sous Dessalines, — sur les administrateurs des finances, — sur le costume de ses membres, — sur les emplois à accorder aux députés du Nord et de l'Artibonite restés au Port-au-Prince. — Lettre de Pétion au Sénat, lui demandant la réforme du code pénal militaire de 1806, et arrêté sur les amendemens portés à ce code et à la loi sur les conseils spéciaux. — Communications qu'il fait au Sénat de lettres reçues du général français Ferrand et de l'étranger. — Actes de Christophe : il fait des promotions dans son armée, ordonne le meurtre du général Larose après qu'il eut ravagé l'Arcahaie par ses ordres. — Il fait faire une constitution, en date du 17 février : principales dispositions de cet acte qui crée *l'État d'Haïti* dans le Nord et l'Artibonite et le nomme *président et généralissime des forces de terre et de mer*, en instituant un conseil d'État législatif. — Loi rendue par ce corps sur la division du territoire de l'île d'Haïti. — Proclamation qui met *hors la loi*, Pétion, Gérin et leurs complices. 521

CHAPITRE V.

Le sénat remplace plusieurs de ses membres qui ont pris parti dans la rébellion de Christophe. — Il décrète une amnistie pour les fautes et délits commis antérieurement à la constitution. — Il rend une loi sur l'organisation de l'administration générale, placée sous la direction d'un seul secrétaire d'État. — Conduite de Gérin à cette occasion. — Loi sur les patentes. — Pétion est élu *Président d'Haïti*. — Lois abolissant le quart de subvention remplacé par l'impôt territorial, et sur le cabotage. — Pétion prête serment pardevant le sénat. — Il est *seul* autorisé à proposer des candidats aux emplois vacans. — Loi interprétative de celles rendues sur les propriétés confisquées des anciens colons. — Loi fixant les appointemens des fonctionnaires et employés de l'administration. — Promotions de généraux sur la proposition de Pétion. — Le sénat lui défère la faculté de *désigner* ceux des candidats qu'il croit propres à remplir les emplois vacans, — d'entretenir les relations extérieures, de conduire les négociations, de conclure tous traités ou conventions d'alliance, de commerce, etc., sous la réserve de sa sanction. — Motifs de ces délégations de pouvoirs : mission politique de Théodat Trichet en Angleterre. — Diverses lois sur l'enregistrement, le timbre et autres objets de finances, etc. — Amnistie accordée aux insurgés de la Grande-Anse. — Le territoire soumis à Christophe est déclaré en état de révolte. — Diverses lois sur l'organisation d'un régiment de dragons, d'un corps de gendarmerie, des demi-brigades d'infanterie, sur la police des villes, sur celle des campagnes. — Pétion propose au sénat *de vendre* une habitation à chaque officier de l'armée, de tous grades : le sénat n'accueille pas sa proposition. — Examen de leurs vues respectives sur le système agricole de la République, par l'analyse de la loi sur la police des campagnes. — Lois sur la discipline militaire et sur la direction des douanes. — Comparaison entre le système fiscal de l'Empire et celui de la République. — Effets produits dans les campagnes, par l'exemple que trace Pétion sur ses fermes, aux propriétaires et fermiers de l'État. — Lois sur le commerce, sur l'avancement dans l'armée, sur les vols de café dans les campagnes. — Mesures ordonnées par le sénat, à l'occasion de dilapidations commises dans les finances. T. VII. 3

CHAPITRE VI.

Le conseil d'État du Cap prend diverses mesures. — Lois sur les émolumens alloués aux officiers et la solde des troupes. — sur l'administration des finances. — Christophe conçoit l'idée *de vendre* les biens du domaine et ajourne cette mesure : réflexions à ce sujet. — Lois sur l'organisation des tribunaux, — sur les droits des enfans naturels, — sur la tutelle et l'émancipation. — Appréciation du régime établi par Christophe. — Conduite tenue par le général Lamothe Aigron, qui est cause de son renvoi du sénat. — Insurrection de J.-L. Rebecca au Port-de-Paix, et de Massez au Gros-Morne, en faveur de la République. — Mort de Rebecca. — Répression ordonnée par Christophe. — Toussaint Bouffet. — Proclamation de Pétion, décret du sénat, sur l'insurrection du Nord. — Expédition militaire confiée au général Bazelais qui s'empare des Gonaïves. — Pétion marche contre Saint-Marc. — Lutte des insurgés sous les ordres de Nicolas Louis. — Bazelais évacue les Gonaïves. — Pétion lève le siège de Saint-Marc et retourne au Port-au-Prince. — Propos attribués au général Yayou pendant la campagne. — Nouvelle expédition militaire sous les ordres du général Lamarre qui débarque dans la péninsule du Nord. — Son début dévoile la loyauté de son caractère. — Loi du conseil d'État sur les denrées du pays. — Conduite habile de Christophe envers un corsaire français naufragé. — Il marche contre Lamarre et l'assiège au Port-de-Paix. — Lamarre évacue cette place: mort des généraux Pourcely et Raphaël. — Ajournement du sénat et ses causes. — Décret qui délègue la *dictature* militaire et administrative à Pétion, durant l'ajournement du sénat. — Adresse du sénat au peuple et à l'armée, pour justifier cette mesure. — Conspiration du général Yayou. — Lettre de Pétion à Lamarre sur cet événement. — Mort de Yayou. — Jugement, condamnation et exécution de ses complices, au Port-au-Prince. 52

CHAPITRE VII.

Effet produit par la conspiration de Yayou. — L'insurrection de la Grande-Anse continue et y est circonscrite. — Résultat de l'opposition du général Gérin à Pétion. — Effet produit sur son esprit par un pamphlet politique de Juste Chanlatte. — Blanchet aîné est révoqué de la charge de secrétaire d'État, et nommé secrétaire général du gouvernement : il demeure mécontent. — César Thélémaque le remplace en qualité de secrétaire d'État. — Lamarre marche contre le Port-de-Paix et provoque du président une campagne contre Saint-Marc. — Il est battu et sa troupe dispersée dans les bois. — Il envoie le général Nicolas Louis au Port-au-Prince, à cause de ses excès. — Il reprend l'offensive et bat l'ennemi. — Premières relations de commerce entre Cuba et le Môle, par des Français. — Le général Magloire Ambroise fait suspecter sa fidélité à la République et est appelé à résider au Port-au-Prince. — Divers actes du secrétaire d'État pour avoir des ressources financières. — Pétion fait payer Jacob Lewis des marchandises livrées à Dessalines. — Le général Bonnet commande en chef les troupes en campagne contre Saint-Marc. — Bataille livrée sous les murs de cette ville, où sont tués Barthélemy Mirault et J.-L. Longueval. — Retour de l'armée au Boucassin. — Bonnet va à Jacmel pour déjouer les trames de Magloire Ambroise. — Ce général s'évade du Port-au-Prince et s'y rend aussi. — Il y est arrêté en flagrant délit de rébellion, par le colonel David-Troy, et s'empoisonne. — Évasion de ses complices. — Le président envoie des troupes à Jacmel, sous les ordres du colonel Gédéon. — Examen de la conduite de Borno Déléard qui part pour l'étranger. — Arrestation et assassinat de plusieurs citoyens de Jacmel : pillage de leurs objets mobiliers. — Jugement sur la conduite de Pétion en cette circonstance. — Le camp du Boucassin est placé sous les ordres du général Gérin. — Sa sévérité outrée envers les militaires. 99

CHAPITRE VIII.

Le Sénat reprend ses séances et célèbre l'anniversaire de l'Indépendance d'Haïti. — Indice de froideur entre ce corps et Pétion; ses causes. — Message au Président d'Haïti, et sa réponse. — Réflexions sur ces actes. — Adresse du Sénat au peuple. — Gérin renouvelle sa démission de sénateur, qui est acceptée. — Diverses lois rendues, principalement sur les finances. — Ordre du jour du Président sur l'habillement des troupes, les déserteurs, etc. — Gérin, mécontent, quitte le camp du Boucassin et va dans le Sud. — Lois accordant des pensions viagères en récompense des glorieuses actions de *Coutilien*

Coustard et de *Jean-Louis Rebecca*. — Mort héroïque de *Pierre Derenoncourt* et de l'équipage du garde-côtes *la Constitution*. — Honneurs rendus à leur mémoire par une loi du Sénat. — Lamarre et son armée vengent leur mort, en battant les troupes du Nord. — Insuccès de Lys et David-Troy, au Mirebalais. — Marion chasse l'ennemi des Crochus. — Nouvelles lois rendues sur les hôpitaux et la marine militaires.— Sévérité du Sénat envers des comptables.—Rappel de Thimoté au Sénat, élection de Delaunay et de Lamarre comme sénateurs. — Création et formation de la garde du Président d'Haïti. — Célébration de la fête de l'Agriculture. — Départ de Pétion pour le Sud, et ses causes. — Combats entre Lamarre et les troupes du Nord qui sont vaincues. — Le Sénat décrète que l'armée expéditionnaire a bien mérité de la patrie. — Pétion arrive à Jérémie. — Conduite de Gérin à son égard. — Il ui écrit et donne sa démission de commandant du département du Sud. — Réponse de Pétion qui l'accepte. — Réflexions à ce sujet. — Formation du corps *des Éclaireurs*, à Jérémie. — Autres mesures prises par Pétion. — Mort du général Blanchet jeune qui reçoit les honneurs dus à son rang.—Pétion va aux Cayes : accueil qu'il reçoit dans tout le Sud. — Il fait célébrer aux Cayes un service funèbre à la mémoire des braves morts dans la première guerre civile. 130

CHAPITRE IX.

Correspondance militaire de Lamarre avec le sénat : effet qu'elle produit. — Le sénat ordonne des mesures militaires contre l'ennemi qui paraît au Boucassin, et rappelle Pétion qui est encore aux Cayes. — Le général Bazelais combat l'ennemi et le chasse. — Retour de Pétion au Port-au-Prince. — Situation des esprits. — Faits relatifs à Bergerac Trichet qui est arrêté et mis en prison par ordre de Pétion. — Mort de César Thélémaque. — Le sénat le remplace provisoirement par J.-C. Imbert. — Pourquoi il ne nomma pas Bonnet. — Pétion répond à une lettre de Th. Trichet sur sa mission en Angleterre. — Un sénateur propose de retirer les pouvoirs extraordinaires donnés à Pétion ; le sénat adopte la proposition et nomme un comité pour préparer le projet de décret. — Il se décide à aller en corps faire des Remontrances à Pétion. — Accueil qu'il en reçoit. — Impassibilité de Pétion : il demande le document pour y répondre, et n'y répond pas. —Examen des accusations contenues dans cet acte.—Le sénat se donne une garde particulière.—Il ordonne la levée générale de la garde nationale et la réunion des troupes, pour entrer en campagne. — Il ajourne le vote du décret sur les pouvoirs accordés à Pétion. — Pétion l'informe des motifs qu'il a eus pour créer provisoirement l'arrondissement de Tiburon. — Un comité est nommé pour faire un rapport à ce sujet. — Le sénat rend le décret qui rapporte celui du 1er juillet 1807 relatif aux pouvoirs extraordinaires donnés au Président d'Haïti : il décide l'impression de ses actes et procès-verbaux pour les envoyer aux autorités civiles et militaires. — Méditations et résolution de Pétion à ce sujet. — Il élève le colonel Métellus au grade de *général de brigade*, afin de prouver au sénat qu'il continue l'exercice de ses pouvoirs extraordinaires.— Les troupes applaudissent à cette promotion. — La question politique est résolue par cette décision militaire. — Lettre de Marion au sénat, relative à Michel. — Lettre de David-Troy à ce sujet. — Michel se rend au Môle où Lamarre l'accueille et finit par solliciter en sa faveur auprès de Pétion. — Rapport du comité sur l'arrondissement de Tiburon et vote du sénat qui le confirme. — Ce corps décide que ses membres peuvent toucher leurs indemnités directement du trésor : Pétion ordonne de les payer.—Le sénat rend la loi du 24 août, préparée par Daumec, sur l'organisation des tribunaux de la République. 163

CHAPITRE X.

Campagne de Lamarre dans les hauteurs du Port-de-Paix ; ses succès. — Campagne de

Pétion contre Saint-Marc; ses succès. — Situation fâcheuse des troupes de Lamarre. — Pétion lui envoie des secours, d'accord avec le sénat. — Souscription volontaire au Port-au-Prince, et contributions dans toute la République. — J.-C. Imbert résiste au sénat. — Mission à la Jamaïque, à propos de l'Anglais Goodall. — Gérin envoie des provisions au Môle. — Le sénat l'en félicite. — Combat devant Saint-Marc et entre les flottes ennemies. — Intrigues ourdies au Port-au-Prince. — Pétion se décide à lever le siége de Saint-Marc. — Le sénat prend des mesures militaires pour aller au secours de l'armée, et écrit à Gérin de venir au Port-au-Prince pour les diriger. — Gérin accepte, mais tarde à s'y rendre. — Retour de Pétion en cette ville. — Le sénat fait organiser sa garde. — Il rend les lois sur la trésorerie générale et les attributions du secrétaire d'État. — Arrière-pensée du sénat dans cette dernière loi. — Adresse de Pétion au peuple et à l'armée, où il parle *des factieux* qui ont tramé secrètement. — Le sénat lui écrit de les faire arrêter. — Il élit Bonnet, secrétaire d'État. — Arrêté de Pétion qui rend les commandans d'arrondissement indépendans les uns des autres, et soumis au Président d'Haïti *seul*. — Revers de Lamarre, détresse de ses troupes. — Il apprend le retour de l'armée au Port-au-Prince, et replie au Môle. — Sa situation et son courage. — Organisation de la secrétairerie d'État par Bonnet. — La garde du sénat est formée. — Gérin arrive au Port-au-Prince. — Le sénat le complimente et écrit à Pétion de l'activer. — Dénonciation d'abus, etc., au sénat. — Ce corps rappelle Gérin aux fonctions sénatoriales. — Sa motion d'ordre et sa déclaration sur *un plan* d'organisation qu'il a médité. — Modé propose *de traîner* Pétion à la barre du sénat. — Gérin *l'accuse* de prolonger la guerre. — Protestation de plusieurs sénateurs. — Mesures militaires ordonnées par Pétion. — Le sénat ne se réunit plus. — Gérin retourne à l'Anse-à-Veau d'où il écrit à Pétion. — Réponse de Pétion. — Examen des causes de rivalités entre plusieurs personnages. — Deux actes législatifs de Pétion. — Ordre en conseil du Roi d'Angleterre qui autorise les relations commerciales des sujets britanniques avec Haïti. 202

CHAPITRE XI.

Causes diverses de l'insurrection des Indigènes de l'Est contre les Français. — Projet de Juan Sanches de Ramirès. — Faits de don Torribio Montès, gouverneur de Porto-Rico. — Il déclare la guerre au général Ferrand : réponse de celui-ci. — Conspiration de Juan Sanches. — Convention entre les Anglais et T. Montès, pour l'expulsion des Français de l'Est. — Conspiration de Cyriaco Ramirès vers Azua, et ses relations avec Pétion : il en reçoit des armes et des munitions. — J. Sanches en reçoit de Christophe. — Le colonel Aussénac est battu par C. Ramirès, à Malpasso et Savana-la-Mula. — Il est forcé d'abandonner Azua. — J. Sanches prend les armes à Seybo. — Ferrand marche contre lui. — Combat entre eux à Palo-Hincado, où Ferrand est vaincu : il se tue. — Le général Barquier lui succède et se prépare à défendre Santo-Domingo. — Les Anglais donnent leur concours aux indigènes pour s'emparer de Samana. — Commencement du siége de Santo-Domingo. — Divisions entre C. Ramirès et J. Sanches. — Ce dernier s'adresse à T. Montès, qui le réduit à un rôle subalterne. — J. Sanches convoque une assemblée d'habitans à Bondilla. — Cette junte déclare que les indigènes ont pris les armes au nom de Ferdinand VII, leur légitime souverain, et reconnaissent J. Sanches pour capitaine-général et intendant par intérim. — Motifs de cette déclaration. — C. Ramirès se retire sur sa propriété. — Mesures que Pétion et Bonnet prennent pour secourir le Môle, assiégé par Christophe. — Les troupes du Nord y pénètrent de nuit et en sont chassées ensuite. — Plusieurs lettres de Lamarre demandant des secours. — La flotte en apporte au Môle. — Incident produit par une corvette anglaise. — Mort violente du sénateur Thimoté, et ses causes. — Sentimens exprimés au président par Lamarre, à cette occasion. — Proclamation du Président d'Haïti annonçant une nouvelle campagne contre Christophe. — Promotion de Bauvoir, Voltaire et Beauregard, au grade d'adjudant-général. — Faits passés aux Abricots, relatifs à Goman. 239

CHAPITRE XII.

Pétion rappelle le général Gérin à l'activité militaire, en lui donnant le commandement d'une division dans la campagne qui s'ouvre. — Il nomme Bonnet et Lamarre, généraux de division. — Bonnet commande une autre division de l'armée. — Elle se porte au Mirebalais et ne peut traverser l'Artibonite, par la crue des eaux. — Le plan de la campagne ne peut s'exécuter. — Nouvelle expédition à la Sourde, sous les ordres du colonel Lys. — Désertion considérable des troupes. — Attaque infructueuse du fort de la Sourde où meurt le colonel David-Troy. — Retraite de la colonne par l'ancienne partie espagnole, et son retour au Port-au-Prince. — La désertion des troupes contraint Pétion à y retourner aussi. — Conduite du général Gérin, qui retourne à l'Anse-à-Veau. — Promotions de généraux de brigade. — Le général Lys va remplacer à Jérémie le général Francisque, qui vient occuper sa place au Port-au-Prince. — Pétion fait commencer les fortifications de cette ville. — Combats entre la flotte républicaine et celle du Nord, où la première obtient des avantages. — Le Môle est approvisionné et soutient le siége. — Mesures financières provoquées par Bonnet. — Acte concernant le commerce et la condition des étrangers dans la République. — Arrêté du Président d'Haïti qui distribue des concessions de terre à titre de *don national*, aux officiers et soldats invalides ou en non-activité de service. — Cette mesure est étendue aux gérans ou conducteurs des habitations rurales. — Capitulation de Santo-Domingo envers les Anglais et les Indigènes. — Portrait de Juan Sanches de Ramirès. — Pétion et Christophe lui envoient des députations qui le félicitent sur ses succès. — Rétablissement du commerce des bestiaux. — Projets de Juan Sanches pour faire scission avec l'Espagne et s'allier avec Christophe. — Conspiration du général Gérin, qui se suicide. — Jugement sur lui. — Proclamation de Pétion à ce sujet. — Bergerac Tricbet et Thomas Durocher sont emprisonnés pour leur complicité. — Arrêté qui fixe la garde des généraux. — Lys revient au Port-au-Prince, et Francisque retourne à Jérémie. — Retour en Haïti de F. Garbage et Quayer Larivière. 276

CHAPITRE XIII.

Le général André Rigaud arrive de France aux Cayes. — Accueilli avec allégresse, il se rend au Port-au-Prince, sur l'invitation de Pétion. — Réception qui lui est faite par tous les citoyens, honneurs qu'il reçoit du Président d'Haïti. — Il est promu *général de division*. — Réflexions sur les circonstances dans lesquelles il retourne dans le pays. — Pétion supprime la charge de secrétaire d'État et la remplace par celle d'un administrateur général des finances. — Il révoque Bonnet et le remplace par J.-C. Imbert. — Examen des motifs donnés pour ces mesures et de ceux qui ont pu réellement les occasionner. — Les Anglais informent Pétion, que Rigaud est envoyé par la France dans un but politique. — Pétion lui en donne connaissance et il l'avoue, en expliquant sa conduite. — Autre renseignement sur le retour de Rigaud. — Justification des mesures politiques de Pétion. — Il charge Rigaud de pacifier la Grande-Anse, et place les forces du département du Sud sous ses ordres. — Idée que conçoivent les factieux, à cette occasion. — Situation critique de la place du Môle. — La flotte de la République ne peut rien faire pour elle, celle du Nord ayant une frégate. — Projet audacieux conçu par Lamarre, d'enlever cette frégate à l'abordage, et repoussé par Panayoty. — Lamarre est tué par un boulet. — Éveillard lui succède. — La prise des forts de la Presqu'île contraint la flotte à fuir au Port-au-Prince. — *Le Derénoncourt* est détruit sur la Gonave. — Christophe donne le nom de *Cap-Henry* à la ville du Cap. — Honneurs funèbres rendus à Lamarre, au Port-au-Prince. — Pétion expédie des barges qui apportent quelques secours au Môle. — Éveillard est tué par une balle. — Toussaint Paul le remplace. — Combats et résolution de ce chef. — Il envoie au Port-au-Prince, les insignes militaires de la garnison du Môle, et évacue les forts qui lui restent. — Tous les défenseurs du Môle sont successivement faits prisonniers. — Mort glorieuse de Toussaint Paul, à la citadelle Henry. 313

CHAPITRE XIV.

Situation des esprits après la chute du Môle : reproches faits à Pétion. — Rigaud se fait le chef de la faction du sénat et se place sous l'influence de Bruno Blanchet. — Il a une entrevue avec Goman et ne réussit pas à le porter à la soumission. — Il propose à Pétion un plan d'organisation qui n'est pas accepté. — Son amour-propre froissé le porte à des reproches injustes. — Réflexions sur ce plan et sur ses lettres à Pétion. — Le projet de la scission du Sud se concerte à Jérémie, entre Rigaud et Blanchet. — Opinion du colonel Borgella à ce sujet. — Moyens constitutionnels employés pour y parvenir. — Faits survenus aux Cayes où Rigaud et Blanchet arrivent subitement. — Des députés de communes se constituent en assemblée départementale, prononcent la séparation du Sud de l'Ouest, nomment Rigaud général en chef du département et lui adjoignent un conseil privé pour l'administrer. — Réflexions sur ces actes. — Motifs de la participation qu'y prend Borgella. — Attitude primitive des généraux qu'il entraîne par son exemple. — Les généraux Bonnet et Lys quittent le Port-au-Prince et se rendent dans le Sud. — Examen des causes probables de leur défection. — Mesures militaires que prend Pétion. — Députation qu'il envoie auprès de Rigaud. — Rigaud et son armée vont près du Pont-de-Miragoane. — Pétion s'y rend et l'invite à une entrevue. — Christophe envoie une députation au Port-au-Prince. — Rigaud et Pétion en présence au Pont-de-Miragoane : leur conduite respective. — Pétion consent à la séparation, et retourne au Port-au-Prince. — Ce que fait Rigaud dans le Sud. — Ordre du jour de Pétion contre les malveillans qui tiennent des propos. — Il fait travailler aux fortifications du Port-au-Prince. . . 330

CHAPITRE XV.

Acte de l'assemblée départementale du Sud, réglant l'exercice du pouvoir conféré à Rigaud : injure qui y est faite à Pétion. — Adresse de Pétion au peuple et à l'armée. — Il invite les sénateurs présens au Port-au-Prince à rentrer en session. — Ces sénateurs appellent ceux qui sont dans le Sud. — Ceux-ci font défaut, et les autres constituent le sénat. — Le 9 mars, Pétion dépose le pouvoir présidentiel. — Le sénat le réélit pour 4 années. — Il prête serment : discours à cette occasion. — Interpellation qui lui est faite à l'église, par Saget, ancien constituant. — Modération de Pétion. — Loi sur le commerce. — Acte du conseil du Sud sur les finances. — Rigaud publie une adresse des citoyens du Sud à leurs frères de l'Ouest : accusations insérées dans cet acte contre Pétion. — Paroles qu'il prononce en le lisant. — Il fait faire aussi une adresse des citoyens de l'Ouest à leurs frères du Sud : accusations qu'elle contient contre Rigaud. — Conduite de Juan Sanches, à Santo-Domingo. — Conspiration ourdie contre lui. — La Régence d'Espagne y envoie Xavier Caro. — Députation envoyée par Christophe à Juan Sanches : concert entre eux. — Retour de Xavier Caro en Espagne. — Adresse de Juan Sanches à ses concitoyens, et sa mort. — Christophe lui fait rendre des honneurs funèbres. — Il se fait nommer *Roi d'Haïti*, établit la monarchie et la noblesse dans le Nord et l'Artibonite. — Ses actes sur ces institutions. — Titres fastueux qu'il adopte. — Etat des finances dans l'Ouest. — Soulèvement d'un bataillon de la 17e dans la Grande-Anse. — Il se porte aux Cayes. — Rigaud va à sa rencontre aux Quatre-Chemins et court des dangers. — Borgella le protége. — Les soldats mutinés l'attaquent dans sa maison en ville. — Ils sont défaits par la garde nationale, etc. — Répression sanglante de cette révolte et meurtre de quelques partisans de Pétion. — Borgella protége la vie du général Wagnac. — Proclamation de Rigaud, accordant amnstie aux soldats en fuite. — Wagnac est l'auteur de leur révolte. — S'il a agi d'après les instructions de Pétion. — Maladie de Rigaud, chagrins qu'il éprouve. — Pétion va au Pont-de-Miragoane avec des troupes, et revient au Port-au-Prince. 389

CHAPITRE XVI.

Conspiration avortée du général Delva. — Il résiste à son emprisonnement et sort du Port-au-Prince. — Émotion dans la ville — Promotion des généraux Métellus et Boyer au grade divisionnaire : ce dernier est nommé commandant de l'arrondissement du Port-au-Prince. — Ordre du jour du Président d'Haïti sur la conspiration. — Delva vient faire sa soumission et est mis en prison. — Il est jugé et condamné à 5 années de détention. — Appréciation de sa conduite. — Pétion provoque du sénat des dons nationaux en faveur des généraux. — Loi à cet effet. — Effet moral et politique de cette mesure. — Comparaison sur la nature de ces dons et des fiefs accordés par Christophe. — Mort d'André Rigaud aux Cayes. — Appréciation de sa conduite. — Le conseil du Sud élit le général Borgella à sa place. — Proclamation pacifique du nouveau général en chef. — Il écrit à Pétion et propose des arrangemens entre le Sud et l'Ouest. — Phases de la négociation. — Esprit qui anime le conseil du Sud, ses instructions à ses commissaires. — Esprit qui anime Pétion, ses instructions à ses commissaires. — Ils se réunissent au Grand-Goave et ne s'entendent pas : rupture des conférences. — Pétion informe le sénat de ces négociations infructueuses. — Le conseil du Sud publie tous les documens y relatifs. — Espérances qui en résultent pour la fin de la scission du Sud. 428

CHAPITRE XVII.

Défection d'une partie de la flotte de Christophe en faveur de la République. — Capture, après combat, de la frégate haïtienne par une frégate anglaise qui l'amène à la Jamaïque. — Borgella se plaint de cette action aux autorités de cette île. — Sa réclamation n'est pas admise. — Naufrage de son envoyé, qui est secouru et ramené aux Cayes par une frégate anglaise. — Codification des lois du royaume de Christophe en un code unique sous le titre de *Code Henry*. — Examen de cette législation : sévérité barbare de la loi pénale militaire. — Proclamation de Christophe sur la défection de sa flotille, et annonçant sa campagne contre le Port-au-Prince. — Les arrondissemens de Jérémie et de Tiburon proclament l'autorité du Président d'Haïti. — Borgella marche contre Jérémie et renonce bientôt à ce dessein. — Ses dispositions, en apprenant que Pétion envoie une députation auprès de lui. — Défection des troupes qui sont avec lui : elles rentrent aux Cayes où le général Wagnac rétablit l'autorité du Président d'Haïti. — Le général Bonnet est retenu prisonnier. — Défection du général B. Leblanc et de l'arrondissement de Nippes. — Borgella se rend à Aquin où il se réunit à d'autres généraux du Sud. — La députation de Pétion l'y trouve et lui remet sa dépêche : propositions du président. — Borgella persuade les généraux réunis autour de lui, de se soumettre à l'autorité du Président d'Haïti. — Sa réponse parvient à Pétion au Petit-Goave. — Ordre du jour de Pétion en entrant dans le Sud. — Sa entrevue, à Trémé, avec Borgella et les autres généraux. — Ils se rendent tous aux Cayes. — Pacification entière du Sud. — Fuite de Bruno Blanchet à l'étranger. — Le général Bonnet demande et obtient un passe-port pour s'y rendre. — Pétion fait brûler les archives du conseil départemental. — Lettres blâmables du général Boyer à Pétion. — Dispositions militaires qu'il fait au Port-au-Prince, en apprenant la marche de Christophe. — Il en avertit Pétion. — Récit de l'apparition antérieure d'une prétendue *Vierge* au Cul-de-Sac. — Bataille de Santo où l'ennemi est vainqueur, mais qui sauve le Port-au-Prince. — Le général Magny s'arrête à Drouillard. — Christophe fait donner des assauts qui sont repoussés au fort de Sibert, par les généraux Métellus et Bergerac Trichet. 463

CHAPITRE XVIII.

Pétion retourne au Port-au-Prince, en apprenant la marche de Christophe. — Le fort de Sibert est assiégé et évacué : mort du général Métellus. — Promotion du général Gédéon au grade divisionnaire. — Christophe fait *brûler* les blessés de Sibert. — Réorganisation de la flotte républicaine. — Abandon de la Croix-des-Bouquets. — Borgella commande la première ligne de défense du Port-au-Prince; Gédéon, la seconde. — Les batteries ennemies ouvrent leur feu contre la place. — Lys prend le commandement du fort National. — Mort de Verger dans une mine. — Pétion quitte le palais et occupe la loge des francs-maçons. — Petit-Brueil est tué par une bombe. — Borgella est blessé à la tête. — Le général Guerrier enlève les postes de la ligne extérieure, commandés par les généraux Frédéric et Marion. — Borgella lui est opposé et arrête ses succès. — Combats entre la flotte de la République et celle du Nord : F. Bernard est blessé. — Conduite partiale des officiers de deux frégates anglaises. — Pétion ordonne la circulation d'une petite monnaie dans l'arrondissement de Nippes. — Fabrication de fausse-monnaie au Port-au-Prince. — Le général Guerrier échoue, le 31 mai, dans de nouvelles attaques contre les postes commandés par Borgella. — Embauchage des soldats ennemis par ceux de la République. — Le colonel Marc Servat, du 7ᵉ régiment de Saint-Marc, provoque la défection de son corps et de deux autres en faveur de la République. — Le général Magny y est entraîné malgré lui. — Christophe revient de Saint-Marc, en apprenant ce fait. — Il convoque ses généraux en conseil de guerre, et ordonne la levée du siège en retournant à Saint-Marc. — Son armée évacue dans la nuit du 14 au 15 juin. — Pétion ne veut pas la poursuivre : motifs qu'il en donne. — Les troupes du Sud retournent à leurs cantonnemens, sur l'ordre que Pétion leur fait donner par Borgella. — Borgella, Lys, Francisque et B. Leblanc retournent aussi dans ce département. 510

FIN DU SEPTIÈME VOLUME.

Paris. Impr. de Moquet, 92, rue de la Harpe.

www.ingramcontent.com/pod-product-compliance
Lightning Source LLC
Chambersburg PA
CBHW070332240426
43665CB00045B/1454